河北省文物考古研究院
中国人民大学考古文博系　编著

河北灵寿岗北墓地
考古发掘报告

任　涛　王晓琨　主编

上海古籍出版社

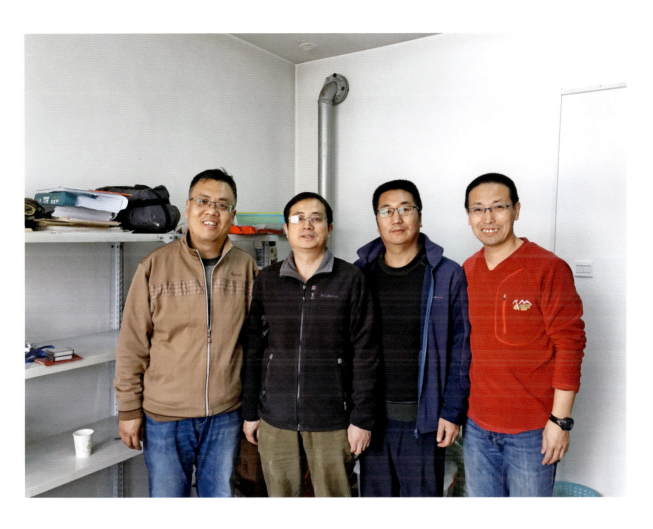

岗北资料移交

（左起：张晓峥、徐海峰、刘连强、王晓琨）

徐海峰研究员清点发掘资料

人大校门前的合影
（左起：聂佩芸、方晴、王秦岭、董耘、阿热阿依）－出发去鹿泉整理

目　录

图表目录

图 版 目 录

壹 历史及环境背景

岗北墓地位于河北省灵寿县狗台乡岗北村西北100米处,位于河北省西部,太行山东侧,东经114°26′,北纬38°36′,与盖家庄、岗北庄等村相邻,地势西高东低,海拔100至500米(图1-1)。

灵寿县夏商属冀州,春秋时属鲜虞国,战国初为魏所破,隶属于魏;20余年后,中山复国,辖灵寿并迁都于此;后中山国为赵武灵王所灭,灵寿县归属于赵;秦统一后,归钜鹿郡;汉置灵寿县,属常山郡;三国魏晋时沿袭汉制;北周立蒲吾郡;隋初属恒州,607年(隋大业三年)辖灵寿县,617年(义宁元年)改属燕州;621年(唐武德四年)改隶并州,643年(贞观十七年)还隶恒州,768年(大历三年)划入泒州,774年(大历九年)泒州废,还于恒州,820年(元和十五年)改属镇州;五代后梁时,灵寿县属镇州;后唐初,改镇州为真定府,不久又改为镇州;942年(后晋天福七年),改镇州为恒州,辖灵寿县;后汉又改恒州为镇州,辖灵寿县;1073年(宋熙宁六年),改为灵

图1-1 岗北墓地位置示意

寿镇，并入行唐县，1075年（熙宁八年）恢复灵寿县；金属河北西路真定府，元中期废恒州，隶真定路，1368年（明洪武元年）改属路为府；清初沿袭明制，雍正年间改属正定府。

1913年（民国二年），灵寿县隶属范阳道；1914年（民国三年）撤范阳道置保定道，辖灵寿县；1928年（民国十七年）废道，直属河北省统辖；1937年（民国二十六年），属第十一行政督察区；1938年（民国二十七年），成立晋察冀边区冀西区，辖灵寿县，秋，灵寿县划属冀西区三专区；1940年上半年（民国二十九年），改属冀西区第五专区；1942年（民国三十一年），属北岳区第五专区；1944年（民国三十三年），改属北岳区第四专区，7月，北岳区分为冀晋、冀察两区，灵寿县属冀晋区；1946年（民国三十五年）4月，调整行政区划，撤销联合县，灵寿县属冀晋区第三专区；1947年（民国三十六年）6月，改属冀晋区第四专区；1948年（民国三十七年）6月，改属北岳区第四专区；1949年（民国三十八年）1月，建立新察哈尔省，灵寿县属察哈尔省建屏专署，8月，河北省人民政府成立，灵寿县属河北省石家庄专区；1958年10月，灵寿与正定合县；1962年1月1日，恢复灵寿县至今。

有关岗北村的区划归属，清代之前的材料缺失。根据康熙二十四年（1685年）陆陇其《灵寿县志》记载，岗北村属菅村社；1930年（民国十九年）成立岗北乡，与青廉乡等隶属于第一区；1938年（民国二十七年），县抗日政府将被日伪控制的岗北村划入五区；中华人民共和国成立后，于1953年将岗北村划入四区盖家庄乡（镇）；1981年，属阜安公社；1987年，划入马阜安乡；1996年，马阜安乡与狗台乡合并，统称北狗台乡，岗北村为其所辖。

灵寿县位于太行山隆起中部、阜平隆起东南部、山西台隆东麓与华北凹陷的接壤地带，其大地构造受阜平褶皱束的控制，隆起总走向为北北东。岗北村的地质状况为轻变质岩，厚度2500米，主要为各种片岩、板岩、千枚岩、白云质大理岩和石灰岩等。

岗北村地形属于下元古时代形成的丘陵地带，属太行山东麓，植被稀疏，土层薄，质地粗，含砾多，有机质缺乏，水土流失严重。

岗北村气候属北温带亚湿润气候，处于半干旱、半湿润季风区，冬夏长，春秋短，四季分明，光照充足，雨量集中，年平均气温13.7℃，无霜期约190天，年平均降雨量417毫米，有冰雹、旱灾、寒潮等灾害性天气出现。

贰　岗北墓地概况

　　1998年4～7月，为配合朔黄铁路建设，河北省文物研究所对铁路沿线的岗北墓地进行了抢救性发掘，发掘总面积20 000余平方米，清理东周时期墓葬152座，出土陶、铜铁、玉石、骨蚌器等600余件（组）。同年进行发掘的还有平山的仿驾庄、北七汲和中七汲、灵寿青廉等墓地。大量东周时期墓葬的发掘，为中山国的研究提供了弥足珍贵的第一手资料。

　　岗北墓地位于河北省灵寿县狗台乡岗北村西北100米处，属太行山东麓丘陵地带，地势西高东低，平均海拔165.2米。墓地因历年取土，已形成两处黄黏土质的高台。墓地西倚东灵山，南距中山国灵寿城故址约350米。

　　岗北墓地分为北区和南区，两区南北相距约300米。北区发掘墓葬74座，南区发掘墓葬78座。墓皆开口于耕土层下，均为长方形竖穴土坑墓。依葬具可将墓葬分为有棺有椁、有棺无椁和未见葬具三种类型。有棺有椁（一椁一棺、一椁双棺）的墓葬，墓圹规模相对较大；有棺无椁（一棺、双棺）的墓葬，墓圹规模相对较小。有棺有椁的墓葬，一般墓壁斜直内收，表面有加工痕，较平整，有的在近角相邻的两壁有4～9个不等的蹄形脚窝，个别墓有壁龛，无生土二层台；有棺无椁的墓葬，墓壁相对较直，壁面粗糙，个别墓有壁龛，无脚窝，部分墓葬有生土二层台。棺椁皆腐朽成灰，从灰迹观察，椁平面呈长方形或"Ⅱ"形，椁上盖板，横向排列，板宽15～20厘米，排列均匀；板长超出椁宽，略短于墓底的宽度。棺位于椁室中央或偏向一侧，一般为长方形，多仅容身而略有宽余。椁壁比棺壁厚得多，椁壁厚约8～10厘米，棺壁厚约5厘米。有2座一棺一椁墓葬，棺底部铺有5厘米厚的青膏泥。葬式为仰身直肢和屈肢两种，屈肢葬者或仰身或侧身，双腿向左或向右屈膝，屈膝角度多在90°以上。棺内一般放置铜器、玉器、玛瑙器、石器、骨器等小件器物；陶器大多放置在棺椁之间，少量放置在棺内，个别放置在壁龛内。

　　这批墓葬虽多数被盗，但仍出土大量陶器、铜器、铁器、玉器、玛瑙器、石器、骨器。

　　陶器出土数量最多，以泥质（部分陶器中掺杂有少量砂粒）灰黑陶为主，还有少量夹砂灰陶和夹砂红陶。器型有鼎、盖豆、平盘豆、壶、球腹壶、盘（碗）、匜、盆、鸟柱盆、罐、筒形器、鬲、甗以及纺轮等，大多是专为随葬而制作的明器，少量为实用器，某些器型明显为仿铜器。部分器物器表有纹饰，有黑色压光纹带、瓦棱形纹、凸弦纹、凹弦纹、划纹、绳纹等，还有少量彩绘（仅M105出土7件）。彩绘用红、白彩绘制，纹样有S形纹、云雷纹、波折纹、鳞形纹、兽面纹等。还有为数不少的素面磨光陶。陶器多成组出土，主要有以下几种组合：鼎、豆、壶，鼎、豆、壶、盘（碗）、匜，鼎、豆、壶、盘（碗），鼎、豆、壶、匜，鼎、豆、壶、盘、匜、鸟柱盆、筒形器等。

铜器有短剑、铍、环首刀、带钩、铃、镜、桥形饰、环、锥等。

玉石器有玉环、玉璧、玛瑙环、石圭以及料珠等。

骨器主要有簪、算筹等。

为全面反映该墓地的情况,下面将分区以墓葬为单位进行介绍。

叁　岗北墓地北区

岗北墓地北区在朔黄铁路西南—东北长约150米、西北—东南宽约60米的铁路占地范围内，共清理东周时期长方形土坑竖穴墓74座[1]，其中葬具为一棺一椁者38座，一棺者30座，双棺者1座，未见葬具者5座。除2座合葬墓（1座为单棺，1座为双棺）外，余皆为单人葬。四分之三的墓葬头向北（偏西或偏东），四分之一的墓葬头向南（偏东或偏西）[2]。仰身直肢者最常见，亦有仰身或侧身屈肢者。共有42座墓出土有陶器。其中一棺一椁的墓为28座，随葬陶器2～11件，多为仿铜礼器，除一座墓放置在壁龛中外，余皆放置在棺椁之间或棺内；一棺的墓为12座，随葬陶器1～5件，多为实用器，皆放置在棺内。

一、98LGM1

（一）墓葬位置

98LGM1位于灵寿岗北墓地北区的最西边，M3西南侧、M5西北侧。开口于耕土层下，墓口距地表20厘米。

（二）墓葬形制

长方形土坑竖穴墓，近底有生土二层台，口大底小，四壁斜收，壁面经加工，较平整，生土硬底。墓口长260厘米，宽140厘米；墓底长186厘米，宽63厘米；墓深170厘米；二层台宽20厘米，高28厘米。墓内填土为五花土，经夯实，夯层厚约20厘米。葬具为一棺，长186厘米，宽63厘米，存高28厘米。人骨架一具，仰身直肢，面向朝右，保存状况较差，头向北偏东5°。无随葬品（图3-1）。

---

[1]　《简报》为75座，其中1座无任何资料，实为74座。

[2]　墓葬的方向采用以下两种方式标明：人骨架可辨头向的墓葬，用"头向"；人骨架头向无法辨明的墓葬，用"墓向"。下同。

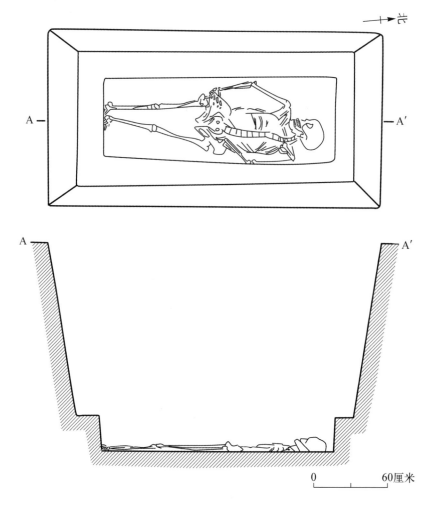

0　　　　　60厘米

图3-1　98LGM1平剖面图

二、98LGM2

（一）墓葬位置

98LGM2位于灵寿岗北墓地北区的西南部，东邻M4，在M5的西南侧。开口于耕土层下，墓口距地表20厘米。

（二）墓葬形制

长方形土坑竖穴墓，口大底小，墓口长284厘米，宽153厘米；墓底长264厘米，宽133厘米；墓深248厘米。葬具为一棺一椁，椁长233厘米，宽115厘米，存高16厘米；棺长176厘米，宽62厘米。人骨架一具，仰身直肢，头向北（图3-2）。

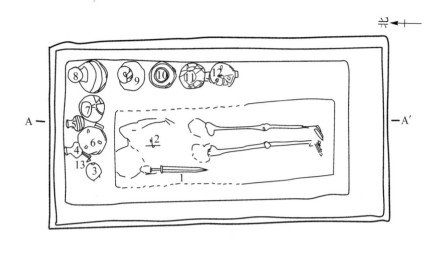

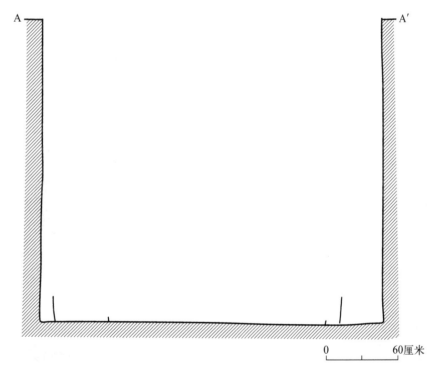

图3-2　98LGM2平剖面图

1.铜短剑　2.铜带钩　3.陶匜　4.陶球腹壶　5.陶球腹壶　6.陶鼎　7.陶盖豆　8.陶壶
9.陶壶　10.陶盘　11.陶盖豆　12.陶鼎　13.石圭

（三）随葬品[1]

出土随葬品13件(组)(图3-3、3-4,图版一、二)。其中陶器10件,位于北侧和东侧北半段

---

[1]　因资料整理与考古发掘时间间隔较久,少部分随葬品实物未见,记录资料也缺如,故具体器物举例仅限于
　　　　资料整理时所见。

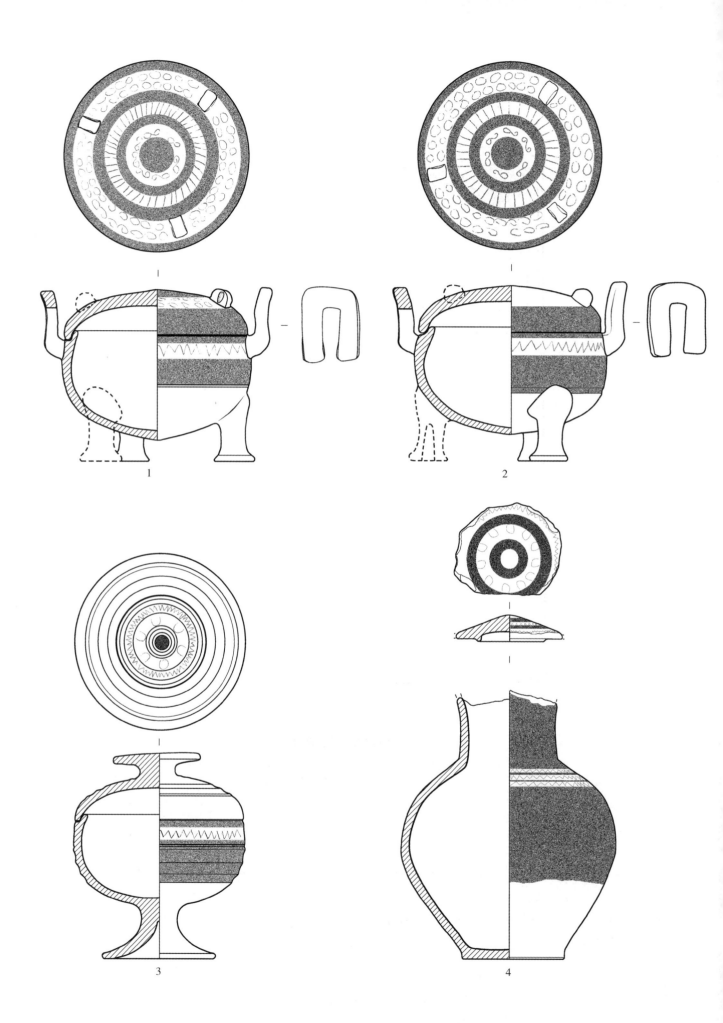

1

2

3

4

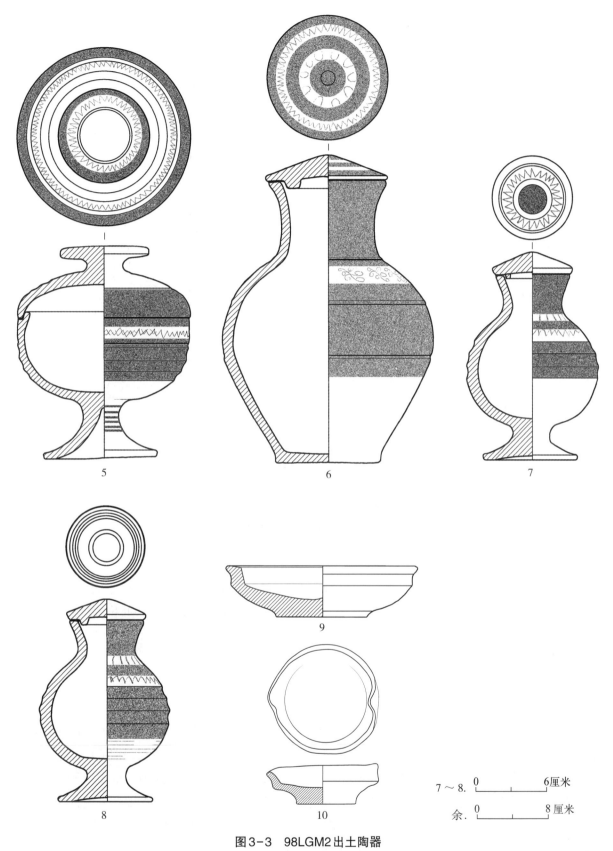

图3-3　98LGM2出土陶器

1. 鼎（98LGM2：6）　2. 鼎（98LGM2：12）　3. 盖豆（98LGM2：7）　4. 壶（98LGM2：8）　5. 盖豆（98LGM2：11）　6. 壶（98LGM2：9）
7. 球腹壶（98LGM2：4）　8. 球腹壶（98LGM2：5）　9. 盘（98LGM2：10）　10. 匜（98LGM2：3）

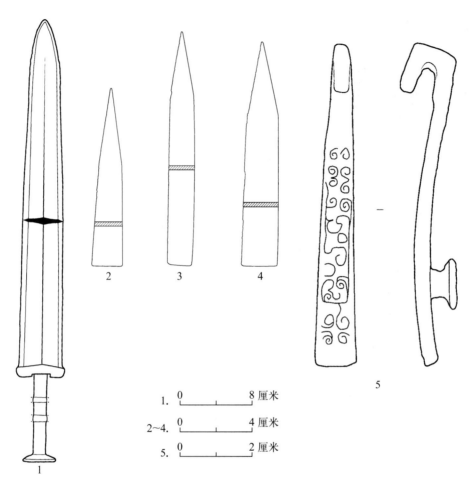

图3-4　98LGM2出土器物

1.铜剑(98LGM2：1)　2、3、4.石圭(98LGM2：13-1、13-2、13-3)　5.铜带钩(98LGM2：2)

的棺椁之间,有鼎2件、盖豆2件、壶2件、球腹壶2件、盘1件、匜1件;石圭1组,位于北侧和东侧北半段的棺椁之间;铜器2件,位于棺内,其中青铜短剑竖置于右臂处,剑尖朝下,青铜带钩置于胸部。

1. 陶器

鼎　2件。

98LGM2：6,修复。泥质灰黑陶。覆钵形弧顶盖,方唇,盖面中部有三个等距分布的半圆饼状钮,中穿一细孔;鼎子口内敛,方圆唇,弧腹,圜底,三蹄形足,足下部中空,口侧附加对称"Π"形双耳,耳稍外撇。器表饰黑色压光纹带和凹弦纹,表皮脱落严重。盖面中心饰压光圆形纹,向外至口沿有三圈压光纹带,纹带间纹饰依次为S形卷云纹、平行短斜线纹、双排卷云纹;鼎口沿下和腹上部各有一窄一宽压光纹带,其间饰一圈波折纹,腹部压光纹带下缘有一匝凹弦纹。盖口径20.4厘米,高4.8厘米;鼎口径18厘米;通高18.4厘米。

98LGM2：12,修复。泥质灰黑陶。覆钵形弧顶盖,方唇,盖面中部有三个等距分布的半圆饼状钮；鼎子口内敛，方圆唇，弧腹，圜底，三蹄形足，足下部中空，口侧附加对称"Π"形双耳，耳稍外撇。器表饰黑色压光纹带和凹弦纹，表皮脱落严重。盖面中心饰压光圆形纹，向外至口沿有三圈压光纹带，纹带间纹饰依次为S形卷云纹、平行短斜线纹、双排卷云纹；鼎口沿下和腹上部各有一窄一宽压光纹带，其间饰一圈波折纹，腹部压光纹带下缘有一匝凹弦纹。盖口径20.1厘米，高5厘米；鼎口径18厘米；通高18.8厘米。

盖豆　2件。

98LGM2：7，修复。泥质灰黑陶。覆钵形盖身，束腰短圆柄上接圆饼状捉手；豆子口内敛，方唇，弧腹，内圜底，底部中心有一乳突，束腰圆柄下接喇叭口形底座。器表饰黑色压光纹带和瓦棱形纹，表皮脱落严重。捉手顶面中心饰压光圆形纹，向外依次为压光纹带、半圆弧形纹、波折纹、压光纹带各一圈；盖身中部饰三道瓦棱形纹，其下至口沿压光。豆口沿下一圈压光纹带，其下一圈波折纹；腹中部饰四道瓦棱形纹并压光。盖口径19厘米，高7.2厘米；豆口径16.2厘米，底座径12.5厘米；通高22.4厘米。

98LGM2：11，修复。泥质灰黑陶。覆钵形盖身，束腰短圆柄上接圆饼状捉手。豆子口内敛，方唇，弧腹，内圜底，底部中心有一乳突，束腰圆柄下接喇叭口形底座。器表饰黑色压光纹带和瓦棱形纹，表皮脱落严重。捉手顶面外缘有波折纹和压光纹各一圈；盖身中部饰三道瓦棱形纹，中间一道瓦棱形纹上饰波折纹；豆口沿下有一圈压光纹带，其下为一圈两条交错叠压的波折纹，腹中部饰四道瓦棱形纹并压光；豆柄饰螺旋形纹；其余纹饰漫漶不清。盖口径19.2厘米，高7.6厘米；豆口径17.5厘米，底座径12.5厘米；通高22.6厘米。

壶　2件。

98LGM2：8，修复。泥质灰黑陶。斗笠形盖，子口；壶敞口，方唇，长颈，溜肩，鼓腹，下腹斜收，假圈足，平底。器表饰黑色压光纹带和凸、凹弦纹，表皮脱落较严重。盖面中心饰压光圆形纹，中部和边沿各有一圈压光纹带，纹带间内为一圈半圆弧形纹，外为一圈波折纹；壶肩中部饰一圈交叉S形卷云纹，颈肩部和肩腹部各饰一匝凸弦纹，腹中部饰一匝凹弦纹。盖口径13.4厘米，高3.6厘米；壶口径13厘米，底径11.6厘米；通高32.8厘米。

98LGM2：9，残。泥质灰黑陶。斗笠形盖，子口；壶口部残缺，长颈，溜肩，鼓腹，下腹斜收，假圈足，平底。器表饰黑色压光纹带，表皮脱落严重。盖面中心饰压光圆形纹，中部和边沿各有一圈压光纹带，纹带间内为一圈半圆弧形纹，外为一圈波折纹；壶肩部有三圈波折纹，纹饰间以窄压光纹带相隔，其余口至腹中部皆压光。盖高2.9厘米；壶底径10.6厘米；残高28.4厘米。

球腹壶　2件。

98LGM2：4，稍残。泥质灰褐陶，陶色不匀。斗笠形盖，子口；壶敞口，方圆唇，束颈，溜肩，垂腹，束腰短圆柄下接圆台形底座，底内凹。器表饰黑色压光纹带和瓦棱形纹，表皮局部脱落。盖面中心饰压光圆形纹，向外依次为一圈波折纹和一圈压光纹带；壶颈部压光，向下依次为一圈竖向平行短线纹、一圈压光纹带、一圈波折纹、三道瓦棱形纹并压光。盖口径4.5厘米，高2.2厘米；壶口径6.2厘米，底座径8厘米；通高16.8厘米。

98LGM2：5，稍残。泥质灰黑陶。斗笠形盖，子口；壶敞口，方圆唇，束颈，溜肩，垂腹，束腰短圆柄下接圆台形底座,底内凹。器表饰黑色压光纹带和瓦棱形纹,表皮局部脱落。盖面纹饰漫漶不清;壶颈部压光,向下依次为一圈竖向平行短线纹、一圈压光纹带、一圈波折纹、三道瓦棱形纹并压光、螺旋形纹;柄及底座纹饰漫漶不清。盖口径4.2厘米,高2厘米;壶口径6.2厘米,底座径7.9厘米;通高16.3厘米。

盘　1件。98LGM2:10,稍残。泥质灰陶。外折窄平沿,尖圆唇,折壁,假圈足,平底,内底中心有一小乳突。口径21厘米,底径10.1厘米,高5.4厘米。

匜　1件。98LGM2:3,稍残。泥质灰陶。匜口平面呈桃形,一侧有尖嘴状流,对应一侧为弧形内凹。敞口,圆唇,折壁,假圈足,平底。口大径12厘米、小径11.5厘米,底径6.6厘米,高4厘米。

2. 铜器

短剑　1件。98LGM2:1,青铜,范铸。圆筒形茎,中部2个套环节结缺失,喇叭口形首,窄格,剑身呈柳叶形,中脊两侧各有一条凹槽,较浅。通长46.9厘米,茎长8.5厘米,剑身最宽4.8厘米。

带钩　1件。98LGM2:2,青铜,范铸。体呈梯形,略外弧,方角钩,椭圆形钮。钩面饰浅浮雕卷云纹。长8.55厘米,最宽1.11厘米,最厚0.46厘米。

3. 石器

石圭　1组。98LGM2:13,大小不一。青灰色石质,板状。

98LGM2:13-1,梯形上部斜削成尖,平底。长9.4厘米,底宽1.7厘米,最厚0.25厘米。

98LGM2:13-2,体狭长,长方形上部斜削成尖,平底。长12.4厘米,底宽1.4厘米,最厚0.21厘米。

98LGM2:13-3,长方形上部斜削成尖,平底。长11.9厘米,底宽2厘米,最厚0.26厘米。

三、98LGM3

(一)墓葬位置

98LGM3位于灵寿岗北墓地北区的西北部,M1的东北侧、M6的西北侧、M19的西北侧。开口于耕土层下,墓口距地表20厘米。

(二)墓葬形制

长方形土坑竖穴墓,近底有生土二层台。墓圹长296厘米,宽164厘米,深240厘米。二层台宽26~40厘米,高46厘米。葬具为一棺,长216厘米,宽90厘米,存高46厘米。人骨架一具,仰身直肢,面向朝左,头向南偏西75°。无随葬品(图3-5)。

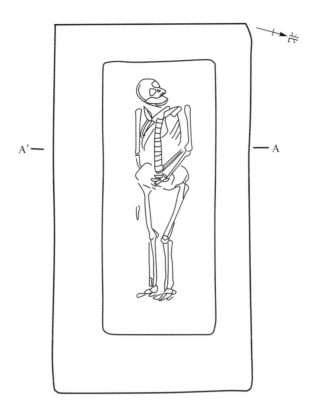

图3-5　98LGM3平剖面图

四、98LGM4

（一）墓葬位置

98LGM4位于灵寿岗北墓地北区的西南部，M2的东侧，M5的南侧，M7的西侧。开口于耕土层下，墓口距地表20厘米。

（二）墓葬形制

长方形土坑竖穴墓，圹长300厘米，宽185厘米，深380厘米。葬具为一棺一椁，椁长238厘米，宽126厘米，存高51厘米；棺长197厘米，宽70厘米。墓向北偏西7°（图3-6）。

（三）随葬品

出土随葬品12件（组）（图3-7、3-8，图版三、四）。其中陶器11件，10件位于西侧棺椁之间，

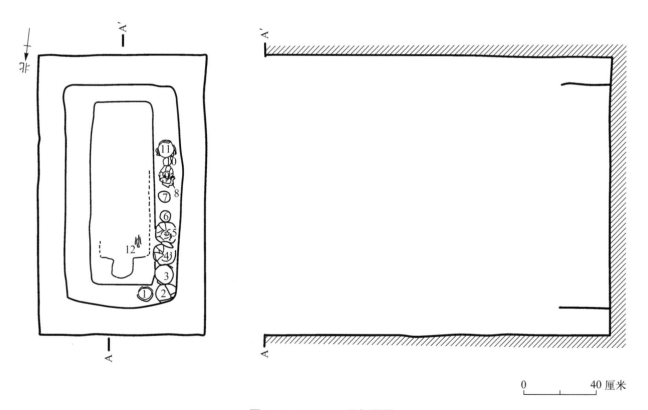

图3-6　98LGM4平剖面图

1.陶盘　2.陶鼎　3.陶鼎　4.陶壶　5.陶壶　6.陶匜　7.陶盘　8.小陶壶　9.陶盖豆　10.小陶壶　11.陶盖豆　12.石圭

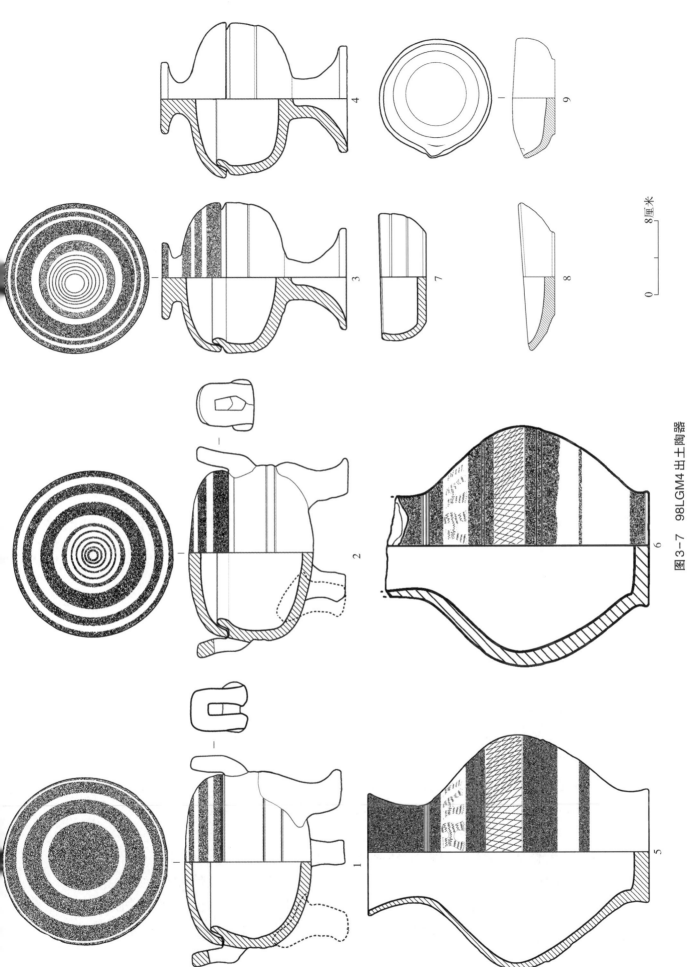

图3-7　98LGM4出土陶器

1. 鼎（98LGM4：2）　2. 鼎（98LGM4：3）　3. 盖豆（98LGM4：4）　4. 盖豆（98LGM4：11）　5. 壶（98LGM4：9）　6. 壶（98LGM4：5）　7. 盘（98LGM4：7）　8. 盘（98LGM4：1）　9. 匜（98LGM4：6）

0　　　　　　8厘米

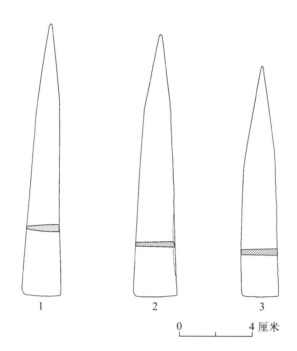

0   4厘米

图3-8 98LGM4出土器物

1～3.石圭(98LGM4:12-1、12-2、12-3)

1件位于北端棺椁之间的西侧,有鼎2件、盖豆2件、壶2件、盘2件、匜1件、小壶2件;石圭1组,位于棺内人骨右胸处。

1. 陶器

鼎　2件。

98LGM4:2,修复。泥质灰黑陶。覆钵形弧顶盖,方唇;鼎子口内敛,方圆唇,弧腹,圜底,三蹄形足,口侧附加对称"∏"形双耳,耳稍外撇。器表饰黑色压光纹带和凹弦纹,脱落严重。盖面中心压光圆形纹,再外至口沿有两圈压光纹带,纹带间纹饰脱落;鼎腹中部有一组2匝凹弦纹。通高14厘米,鼎口径11.5厘米,盖口径14.2厘米,盖高3.4厘米。

98LGM4:3,修复。泥质灰黑陶。覆钵形弧顶盖,方唇;鼎子口内敛,方圆唇,弧腹,圜底,三蹄形足,口侧对称附加"∏"形双耳,耳外撇。器表饰黑色压光纹带和凹弦纹,脱落严重。盖顶中心饰同心圆纹,其外至口沿饰有三圈压光纹带,纹带间纹饰不清;鼎腹中部饰一组2匝凹弦纹。通高13.2厘米,口径11.5厘米;盖口径13.6厘米,盖高3.4厘米。

盖豆　2件。

98LGM4:9,修复。泥质灰黑陶。覆钵形盖身,短圆柄上接圆饼状捉手。豆子口内敛,圆唇,上直壁,下壁弧收,内圜底,圆柄下接喇叭口形底座。器表饰黑色压光纹带和凹弦纹,脱落严重。捉手顶面中部饰同心圆纹,边沿一圈压光纹带;盖身存三圈压光纹带;豆盘壁中部饰一匝凹弦纹,其余纹饰不清。盖口径16.2厘米,高6.5厘米;豆口径12.7厘米,底座径14.1厘米;通高20.4厘米。

98LGM4：11，修复。泥质灰黑陶。覆钵形盖身，束腰短圆柄上接圆饼状提手；豆子口内敛，圆唇，弧腹近底弧收，内圜底，圆柄下接喇叭口形底座。盖身依稀可见黑色压光纹带，腹中部有一道瓦棱形纹。盖口径16.9厘米，高7.2厘米；豆口径13.6厘米，底座径11.2厘米；通高20.5厘米。

壶　2件。

98LGM4：4，修复。泥质灰黑陶，陶色不匀。敞口，方唇，束颈，溜肩，鼓腹，假圈足，平底。器表饰黑色压光纹带和凹、凸弦纹，脱落严重。颈部压光，颈肩结合部有一组三匝凹弦纹，其下依次为"H"形内填锯齿纹带、一匝凸弦纹并加饰压光纹带、网格纹、一匝凸弦纹并加饰压光纹带，一圈压光窄纹带。口径13厘米，底径12厘米，高31.4厘米。

98LGM4：5，残。泥质灰黑陶。口部残缺，溜肩，鼓腹，假圈足外撇，平底。器表饰黑色压光纹带和凹、凸弦纹，脱落严重。颈部饰一组3匝凹弦纹并加饰压光纹带，其下纹饰漫漶不清，腹上部和中部各饰一匝凸弦纹并加饰压光纹带，其间饰一圈网格纹。底径12.4厘米，残高39.4厘米。

盘　2件。

98LGM4：7，稍残。泥质灰陶。方圆唇，弧壁，平底。壁中部饰2匝凹弦纹。口径13.2厘米，底径9.5厘米，高5.1厘米。

98LGM4：1，修复。泥质灰陶。敞口，方唇，斜弧壁，假圈足。口径15.9厘米，底径8.7厘米，高3.5厘米。

匜　1件。98LGM4：6，修复。泥质灰陶，陶色不匀。匜口平面呈桃形，一侧有尖嘴状流，方圆唇，弧壁，假圈足，平底。口大径12.5厘米，底径8厘米，高4.7厘米。

2. 石器

石圭　1组12件。98LGM4：12，形制相近，大小不一。青灰色石质，片状。其中有8件一面涂红色，应为朱砂。

98LGM4：12-1，等腰三角形，体与尖分界不明显，平底。长14.5厘米，宽2.17厘米，最厚0.36厘米。

98LGM4：12-2，梯形上部斜削成尖，平底。长14厘米，宽2.4厘米，最厚0.3厘米。

98LGM4：12-3，长方形上部斜削成尖，平底。长12.3厘米，宽2厘米，最厚0.33厘米。

五、98LGM5

（一）墓葬位置

98LGM5位于灵寿岗北墓地北区的西部，M1的东南侧，M4的北侧，M8的西北侧，M9的西南侧。开口于耕土层下，墓口距地表20厘米。

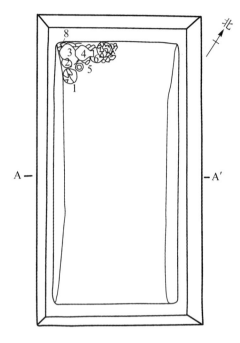

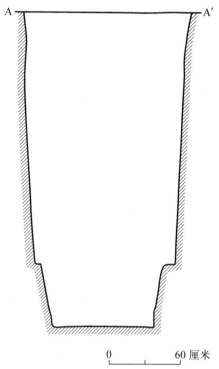

图 3-9　98LGM5 平剖面图

1. 陶壶　2. 陶匜　3. 陶壶　4. 陶壶　5. 陶小壶
6. 陶器残片　7. 陶鼎　8. 陶球腹壶

（二）墓葬形制

长方形土坑竖穴墓，近底有生土二层台。墓口长492厘米，宽274厘米；墓底长412厘米，宽162厘米；墓深500厘米。二层台宽12～20厘米，高96厘米。葬具不详。无人骨架。墓向北偏西32°（图3-9）。

（三）随葬品

出土陶器8件（图3-10，图版五），有鼎1件、壶3件、匜1件、球腹壶2件和残片1件。位于墓内西角内。

鼎　1件。98LGM5：7，修复。泥质灰陶。覆钵形弧顶盖，盖面中部有三个等距半圆形板状钮，圆唇；鼎子口内敛，圆唇，弧腹，圜底，三蹄形足，口侧对称附加 "∏" 形双耳，耳外撇。盖顶中部有一匝凹弦纹。鼎腹上部饰一圈横压竖排波折纹压光纹带。通高15.5厘米，鼎口径14.2厘米。

壶　3件。

98LGM5：3，修复。泥质灰陶。敞口，方唇，长颈，溜肩，鼓腹，假圈足，底稍内凹。盖口径16.4厘米，高6.4厘米，口径12.5厘米，底径16.2厘米，高33.2厘米。

98LGM5：4，修复。泥质灰陶，表皮脱落严重。敞口，方唇，束颈，鼓腹，假圈足较矮，底稍内凹。口径11.5厘米，底径15.6厘米，高30.7厘米。

匜　1件。98LGM5：2，修复。泥质灰陶，表皮脱落严重。匜口平面呈桃形，一侧有尖嘴状流，圆唇，折壁，假圈足，平底。口大径14.8厘米、小径13厘米，底径8.2厘米，高4.7厘米。

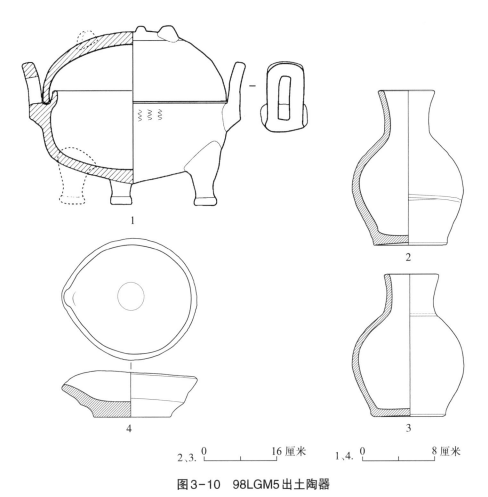

图 3-10 98LGM5 出土陶器

1.鼎(98LGM5:7) 2.壶(98LGM5:3) 3.壶(98LGM5:4) 4.匜(98LGM5:2)

六、98LGM6

（一）墓葬位置

98LGM6位于灵寿岗北墓地北区的西北部,M1的东北侧,M3的东南侧,M9的西北侧,M19的西南侧。开口于耕土层下,墓口距地表深20厘米。

（二）墓葬形制

长方形土坑竖穴墓,近底有生土二层台。墓圹长268厘米,宽152厘米,深150厘米。二层台宽19厘米,高36厘米。葬具为一棺,长260厘米,宽92厘米,存高38厘米。人骨架一具,仰身屈肢,面向朝上,头向北偏西15°(图3-11)。

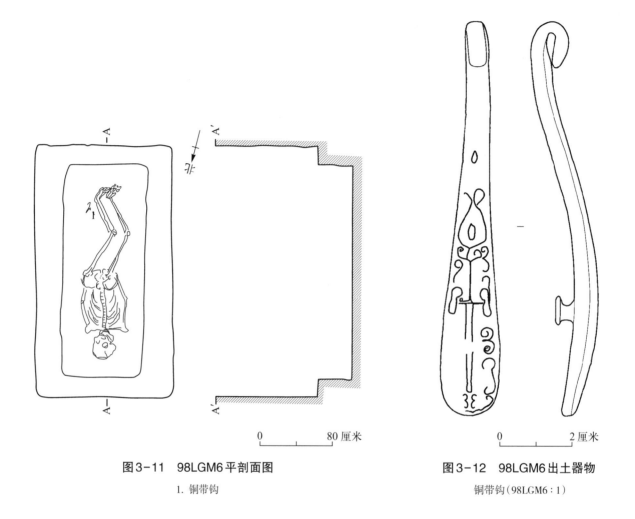

图 3-11　98LGM6 平剖面图
1. 铜带钩

图 3-12　98LGM6 出土器物
铜带钩（98LGM6：1）

（三）随葬品

棺内左小腿下部出土铜带钩1件。

铜带钩　1件。98LGM6：1，青铜，范铸。狭长琵琶形，兽首钩，圆钮残。钩面阴刻云雷纹。长10.5厘米，最宽1.6厘米，最厚0.5厘米（图3-12，图版六）。

七、98LGM7

（一）墓葬位置

98LGM7位于灵寿岗北墓地北区的西南部，M4的东侧，M8的西南侧，M13的西侧。开口于耕土层下，墓口距地表深20厘米。

（二）墓葬形制

长方形土坑竖穴墓。墓圹长280厘米，宽175厘米，深170厘米。葬具为一棺一椁。椁长220厘米，宽120厘米，存高40厘米；人骨架一具，仰身直肢，头向北偏西26°（图3-13）。

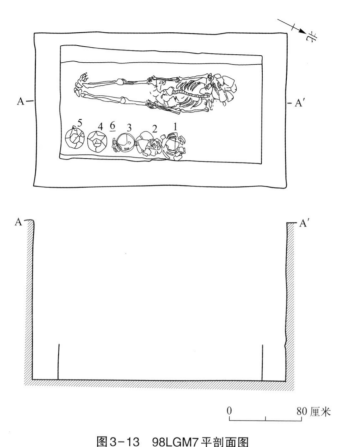

0   80厘米

图3-13 98LGM7平剖面图

1.陶壶 2.陶壶 3.陶鼎 4.陶豆 5.陶豆 6.铜带钩

（三）随葬品

出土随葬品6件（图3-14，图版七），其中陶器5件，有壶2件、豆盖2件、鼎1件；铜带钩1件。位于棺内人骨架左侧下半部。

1.陶器

鼎 1件。98LGM7：3，修复，缺盖。泥质灰陶。子口内敛，方唇，弧腹，圜底，三蹄形足，口侧附加对称长方形板状双耳，耳稍外撇。通高18.1厘米，口径15.3厘米。

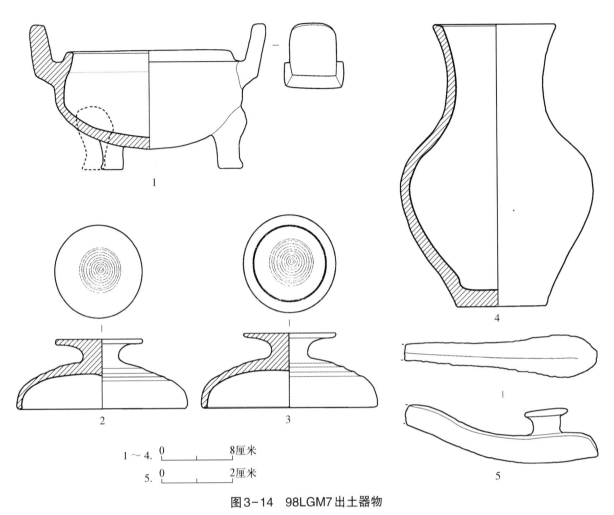

图3-14　98LGM7出土器物

1. 鼎（98LGM7：3）　2. 豆盖（98LGM7：4）　3. 豆盖（98LGM7：5）　4. 壶（98LGM7：2）　5. 铜带钩（98LGM7：6）

豆盖　2件。

98LGM7：4，修复。泥质灰黑陶。覆钵形盖身，束腰短圆柄上接圆饼状捉手。器表饰黑色压光纹带和瓦棱形纹，脱落殆尽。捉手顶面中心饰同心圆纹多圈，盖身中部饰3道瓦棱形纹。高7.5厘米，口径18.6厘米，捉手径9.4厘米。

98LGM7：5，修复。泥质灰黑陶。覆钵形盖身，束腰短圆柄上接圆饼状捉手，捉手顶面内凹。器表饰黑色压光纹带和瓦棱形纹，脱落殆尽。捉手顶面中心饰同心圆纹多圈，盖身中部饰3道瓦棱形纹。高7.9厘米，口径19厘米，捉手径9.9厘米。

壶　2件。98LGM7：2，修复。泥质灰陶。敞口，方唇，长颈，鼓腹下腹斜收，平底。口径12.9厘米，底径9.6厘米，高30厘米。

2. 铜器

带钩　1件。98LGM7：6，青铜，范铸。狭长琵琶形，中起脊，钩部残缺，枣核形钮。残长5.3厘米，最宽1.1厘米，最厚0.73厘米。

八、98LGM8

（一）墓葬位置

98LGM8位于灵寿岗北墓地北区的西部，M5的东南侧、M7的东北侧、M10的西南侧、M12的西侧。开口于耕土层下，墓口距地表深20厘米。

（二）墓葬形制

长方形土坑竖穴墓，圹长260厘米，宽150厘米，深325厘米。葬具为一棺。无人骨架。墓向北偏东84°。墓被盗扰（图3-15）。

（三）随葬品

出土陶器4件，有盘、壶、盖豆、鼎各1件（图3-16，图版八：1～3）。位于墓内北侧。

鼎　1件。98LGM8：4，修复。夹细砂灰褐陶，陶质较硬，器壁较薄。覆盘形盖，盖顶中部有三个等距半环形小钮；鼎子口内敛，方圆唇，折肩，弧腹，圜底，三蹄形足，肩部附加"∏"形双耳，耳外撇。通高20.8厘米，鼎口径15.1厘米，盖口径18厘米。

盖豆　1件。98LGM8：2，缺盖。泥质灰褐陶。子口内敛，方唇，弧腹，内圜底，高圈足外撇。高16.6厘米，口径16.8厘米，足径11厘米。

盘　1件。98LGM8：1，稍残。泥质灰陶。直口，圆唇，斜弧壁，假圈足，底稍内凹，口沿一侧有乳钉状錾手。口径18厘米，底径8厘米，高7厘米。

九、98LGM9、98LGM09

（一）墓葬位置

98LGM9和98LGM09位于灵寿岗北墓地北区的西部，M5的东北侧、M6的东南侧、M10的西侧。

（二）墓葬形制

M09、M9皆为长方形竖穴土坑墓。M09墓口长194厘米，存宽76厘米，墓深115厘米。人骨架一具，侧身屈肢，面向朝东。头向北偏西8°。M9墓底有生土二层台，宽11.4厘米，高30.8厘米。

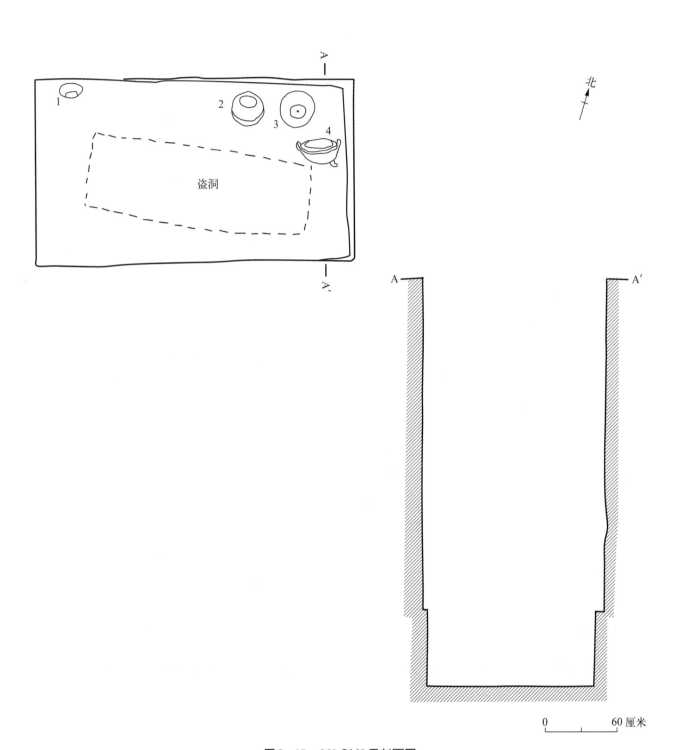

图3-15　98LGM8平剖面图

1. 陶盘　2. 陶盖豆　3. 陶壶　4. 陶鼎

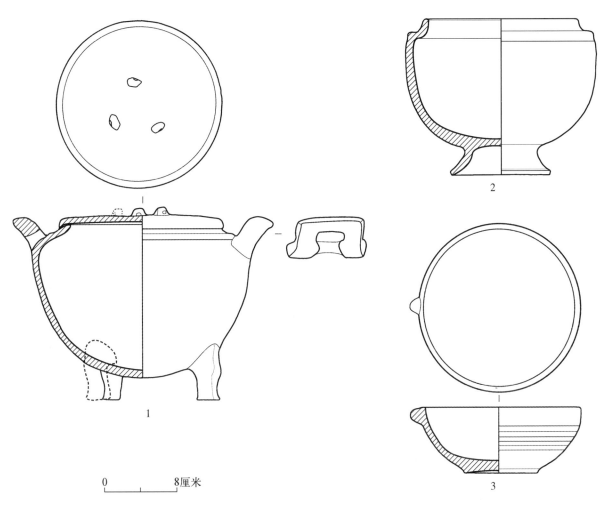

0 8厘米

图3-16 98LGM8出土陶器

1.鼎（98LGM8：4） 2.盖豆（98LGM8：2） 3.盘（98LGM8：1）

墓口长230厘米，宽122厘米；墓深210厘米。二层台宽18厘米，高60厘米。无人骨架。二墓均无随葬品。98LGM9和98LGM09为打破关系，98LGM9打破98LGM09，98LGM09在东侧，98LGM9在西侧（图3-17）。

一○、98LGM10

（一）墓葬位置

98LGM10位于灵寿岗北墓地北区的西部，M8的东北侧、M11-M15的西北侧、M19-M20的西南侧。开口于耕土层下，墓口距地表深20厘米。

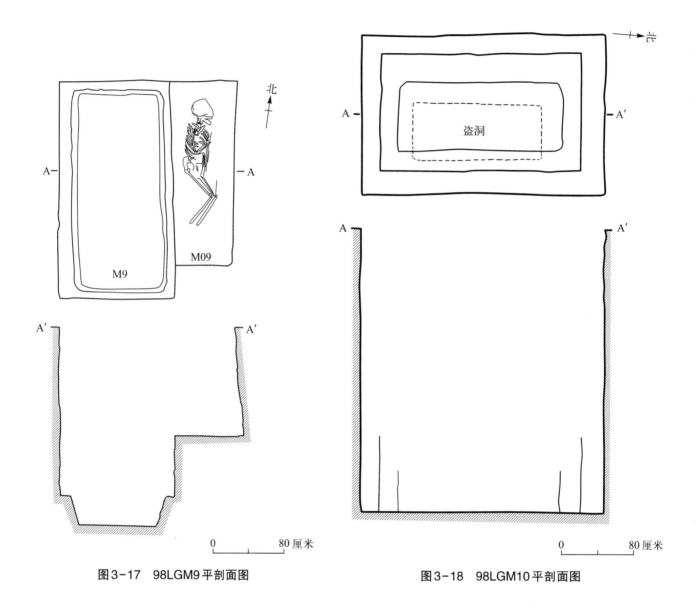

图3-17　98LGM9平剖面图　　　　　图3-18　98LGM10平剖面图

（二）墓葬形制

长方形土坑竖穴墓，圹长265厘米，宽170厘米，深300厘米。葬具为一棺一椁。无人骨架。墓向北偏西3.5°。无随葬品。墓被盗扰（图3-18）。

一一、98LGM11

（一）墓葬位置

98LGM11位于灵寿岗北墓地北区的西部，M10的东南侧、M12的北侧、M15的西侧。开口于耕土层下，墓口距地表深20厘米。

（二）墓葬形制

长方形土坑竖穴墓，近底有生土二层台。墓口长244厘米，宽110厘米；墓底长192厘米，宽60厘米；墓深180厘米。二层台宽19～32厘米，高14厘米。葬具为一棺。墓向北偏东8°。无人骨架。无随葬品（图3-19）。

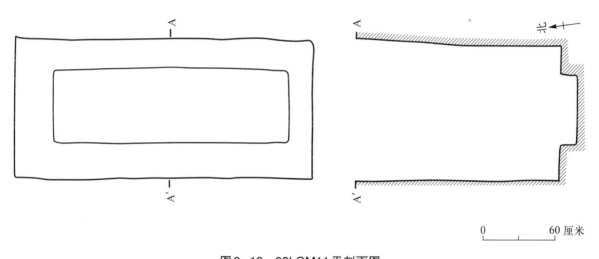

0   60厘米

图3-19　98LGM11平剖面图

一二、98LGM12

（一）墓葬位置

98LGM12位于灵寿岗北墓地北区的西南部，M8的东侧、M11的南侧、M13的北侧、M017的西北侧。开口于耕土层下，墓口距地表深20厘米。

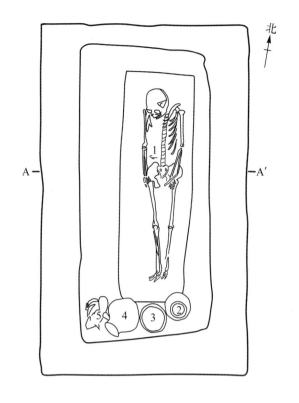

（二）墓葬形制

长方形土坑竖穴墓，圹长265厘米，宽170厘米，深350厘米。葬具为一棺一椁。椁长235厘米，宽109厘米，存高33厘米；棺长180厘米，宽60厘米。人骨架一具，仰身直肢，面向朝上，头向北偏西10°（图3-20）。

（三）随葬品

出土铜带钩1件，位于墓主人腰部；陶器4件，有壶2件、豆1件、鼎1件，位于墓主人脚下部的棺椁之间。

1. 陶器

壶 2件。98LGM12：2，泥质灰陶。敞口，方唇，束颈，溜肩，鼓腹，假圈足，平底。颈部饰一组3匝凹弦纹，肩、腹部饰三组凹弦纹，每组各2匝。口径13.2厘米，足径13.1厘米，高38.7厘米（图3-21：1，图版八：5）。

2. 铜器

带钩 1件。98LGM12：1，青铜，范铸。长条形，中起脊，椭圆钮。长8.5厘米，最宽0.9厘米（图3-21：2，图版八：4）。

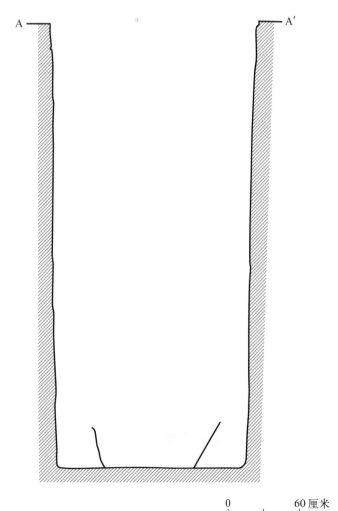

0　　　　　60厘米

图3-20　98LGM12平剖面图

1. 铜带钩　2. 陶壶　3. 陶豆　4. 陶壶　5. 陶鼎

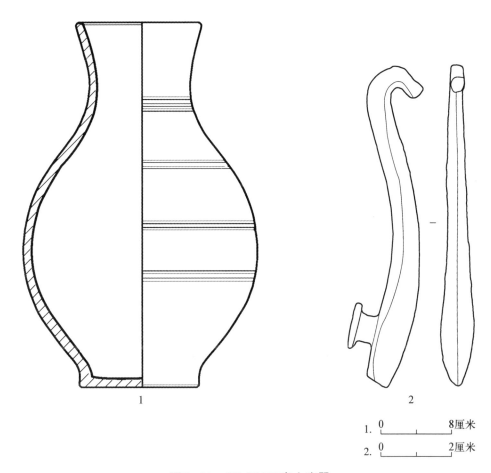

图3-21 98LGM12出土陶器

1.壶（98LGM12：2） 2.铜带钩（98LGM12：1）

一三、98LGM13

（一）墓葬位置

98LGM13位于灵寿岗北墓地北区的西南部，M7的东侧、M12的南侧、M017的西南侧、M17的西侧。开口于耕土层下，墓口距地表深20厘米。

（二）墓葬形制

长方形土坑竖穴墓，圹长260厘米，宽150厘米，深162厘米。葬具为一棺一椁。椁长215厘米，宽128厘米，存高15厘米；棺长198厘米，宽102厘米。墓向北偏西34°。无人骨架。无随葬品（图3-22）。

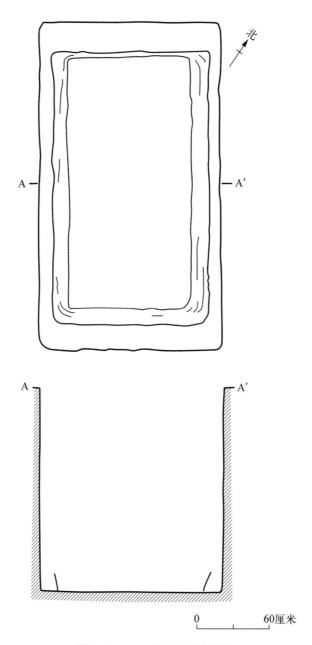

图3-22　98LGM13平剖面图

一四、98LGM15

（一）墓葬位置

98LGM15位于灵寿岗北墓地北区的西部，M10的东南侧、M11的东侧、M16的西北侧、M24的西侧。开口于耕土层下，墓口距地表深20厘米。

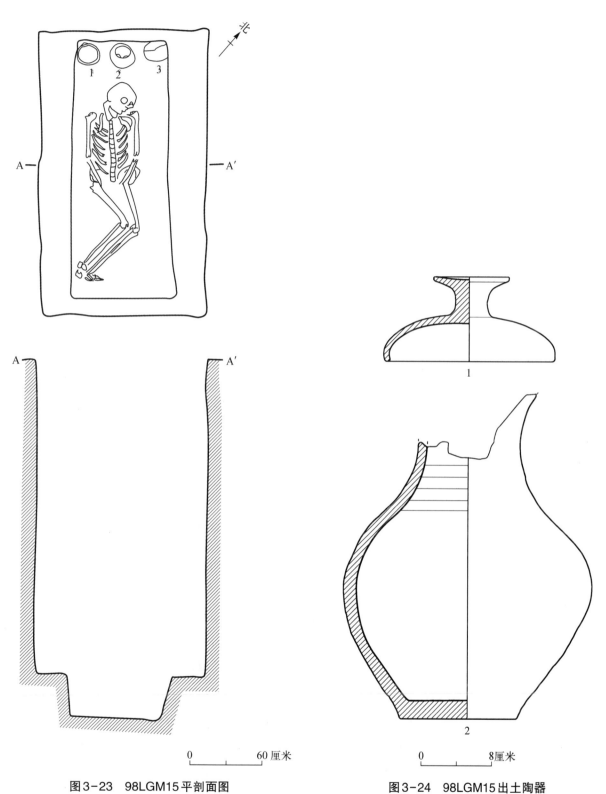

0 _____ 60厘米

图3-23　98LGM15平剖面图

1.陶盘　2.陶豆盖　3.陶壶

0 _____ 8厘米

图3-24　98LGM15出土陶器

1.豆盖（98LGM15：2）　2.壶（98LGM15：3）

（二）墓葬形制

长方形土坑竖穴墓，近底有生土二层台。圹长225厘米，宽140厘米，深280厘米。二层台宽9～32厘米，高34厘米。葬具为一棺，长204厘米，宽80厘米。人骨架一具，仰身屈肢，面向朝左，头向北偏西43°（图3-23）。

（三）随葬品

出土陶器3件，有盘1件、豆盖1件、壶1件（图3-24，图版九）。位于棺内头骨上部。

豆盖　1件。98LGM15：2，修复。泥质灰陶。覆钵形盖身，束腰短圆柄上接圆饼状捉手，捉手顶部稍内凹。表皮脱落严重。口径18.5厘米，高9厘米，捉手径8.3厘米。

壶　1件。98LGM15：3，修复。泥质灰陶。口部残缺，束颈，溜肩，鼓腹，矮假圈足，平底。足径12.7厘米，残高34.5厘米。

一五、98LGM016

（一）墓葬位置

98LGM016位于灵寿岗北墓地北区的西南部，西邻M017，二墓仅相距10～20厘米。开口于耕土层下，墓口距地表20厘米。

（二）墓葬形制

长方形土坑竖穴墓。口大底小，墓口长360厘米，宽280厘米；墓底长290厘米，宽240厘米；墓深330厘米。葬具为一棺一椁。椁长256厘米，宽160厘米，存高51厘米；棺长240厘米，宽140厘米。墓向北偏西5°。无人骨架，无随葬品（图3-25）。

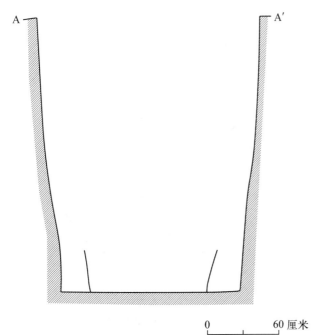

北

A——　　——A'

A　　　　　A'

0　　　　　60 厘米

图3-25　98LGM016平剖面图

一六、98LGM017

（一）墓葬位置

98LGM017位于灵寿岗北墓地北区的西南部，东邻M016，二墓仅相距10～20厘米。开口于耕土层下，墓口距地表深20厘米。

（二）墓葬形制

长方形土坑竖穴墓。口大底小，墓口长410厘米，宽320厘米；墓底长310厘米，宽190厘米；墓深410厘米。葬具为一棺一椁，椁长240厘米，宽122厘米，存高35厘米。墓向180°。无人骨架（图3-26）。

（三）随葬品

出土陶器11件，有壶2件、球腹壶2件、盖豆2件、匜1件、盘1件、碗1件、鼎2件（图3-27，图版一〇、一一）。位于棺北、西两侧壁内。

鼎　2件。

98LGM017：9，修复。泥质灰黑陶。覆钵形弧顶盖，盖面中部有三个等距半环形钮；鼎子口内敛，弧腹，圜底，三蹄形足，足下部中空，口侧附加对称"∏"形双耳，耳外敞。器表饰黑色压光纹带，脱落较重。盖顶面中心饰圆形纹，由内向外至口沿依次为压光纹带、短线纹、压光纹带、短线纹、压光宽纹带各一圈；鼎口沿下有一圈压光窄纹带，腹中部有一圈压光宽纹带并有一匝带状凸弦纹，两纹带间饰一圈竖向短线纹；三足压光。通高18厘米，鼎口径14厘米；盖口径18厘米，高4.8厘米。

98LGM017：11，修复。泥质灰黑陶。覆钵形弧顶盖，盖面中部有三个等距半环形钮；鼎子口内敛，弧腹，圜底，三蹄形足，足下部中空，口侧附加对称"∏"形双耳，耳外敞。器表饰黑色压光纹带，脱落较重。盖顶面中心饰圆形纹，由内向外至口沿依次为压光纹带、短线纹、压光纹带、短线纹、压光宽纹带各一圈；鼎腹中部有一组2匝凹弦纹，其余纹饰脱落。通高17.8厘米，鼎口径15.8厘米；盖口径19.3厘米，高4.5厘米。

盖豆　2件。

98LGM017：4，修复。泥质灰黑陶。覆钵形盖身，束腰短圆柄上接圆饼状捉手，捉手顶面中心有一圆锥状突起；豆子口内敛，弧腹，内圜底，束腰圆柄下接喇叭口形底座。器表饰黑色压光纹带和瓦棱形纹，脱落严重。捉手顶面有2圈压光纹带，盖身中部饰3道瓦棱形纹；豆口沿下饰一圈压光纹带，其下饰一圈不规则竖向短线纹加2匝弦纹，腹中部饰4道瓦棱形纹并压

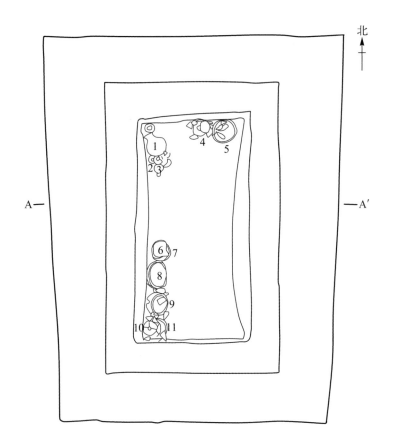

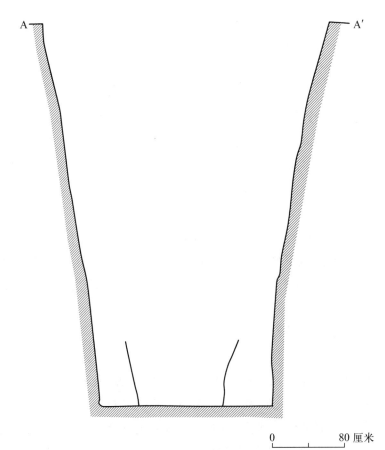

图3-26 98LGM017平剖面图

1.陶壶 2.陶球腹壶 3.陶球腹壶 4.陶盖豆 5.陶盖豆 6.陶匜 7.陶碗 8.陶盘 9.陶鼎 10.陶壶 11.陶鼎

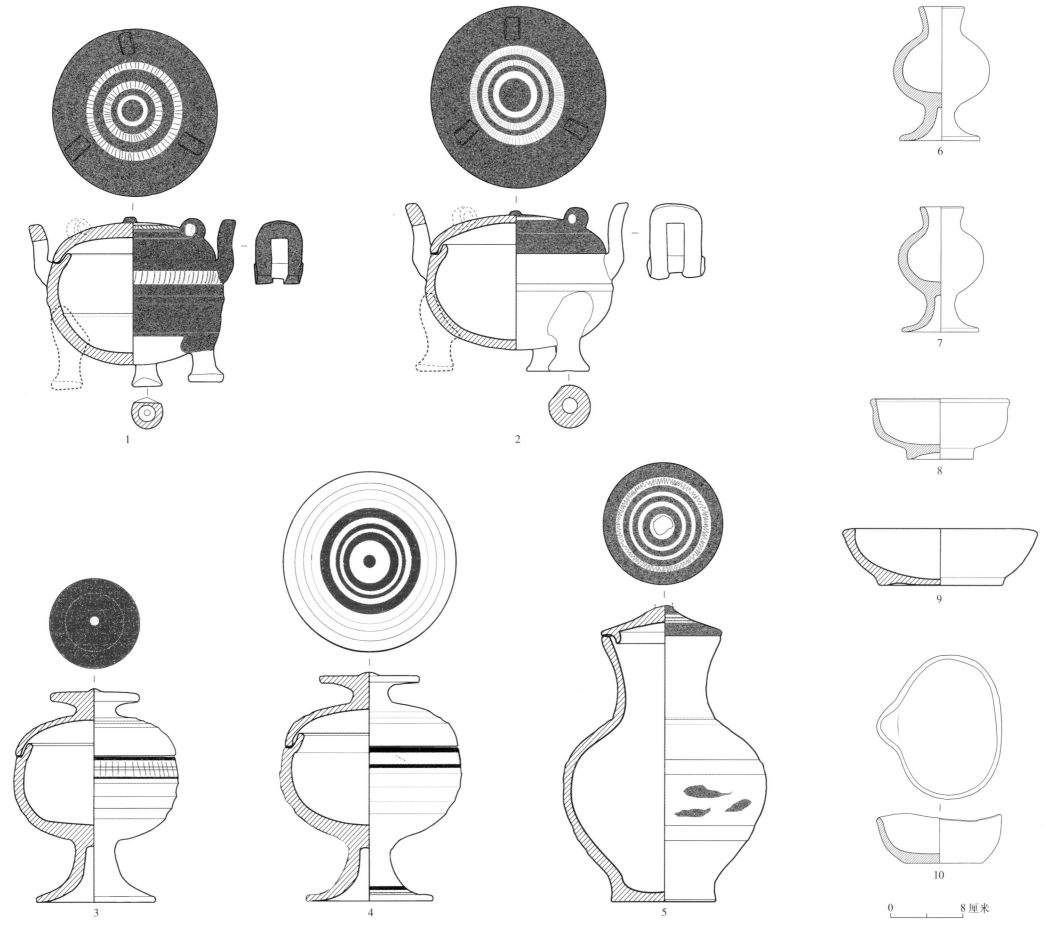

图3-27　98LGM017出土陶器

1.鼎（98LGM017：9）　2.鼎（98LGM017：11）　3.盖豆（98LGM017：4）　4.盖豆（98LGM017：5）　5.壶（98LGM017：10）　6.球腹壶（98LGM017：2）　7.球腹壶（98LGM017：3）　8.碗（98LGM017：7）　9.盘（98LGM017：8）　10.匜（98LGM017：6）

光，底座可见压光纹带。通高22.7厘米，豆口径14.3厘米，底座径12.8厘米，盖口径9.8厘米，高7.3厘米。

98LGM017：5，修复。泥质灰黑陶。覆钵形盖身，束腰短圆柄上接圆饼状捉手，顶面中心有一锥状突起；豆子口内敛，弧腹，内圜底，束腰圆柄下接喇叭口形底座。器表饰黑色压光纹带和瓦棱形纹，脱落严重。捉手顶面有3圈压光纹带，纹带间纹饰漫漶不清，盖身中部饰2道瓦棱形纹；豆口沿下饰一圈压光纹带，其下饰一圈竖向短线纹，腹中部饰4道瓦棱形纹。通高24.3厘米，口径15.5厘米，底座径13.7厘米；盖口径19.1厘米，高7.8厘米。

壶　2件。98LGM017：10，修复。泥质灰黑陶。斗笠式盖，顶部残缺，子口；壶敞口，长颈，鼓腹，假圈足，平底。器表饰黑色压光纹带和凹弦纹，脱落严重。盖顶面中心至口沿分别为三圈压光纹带、一圈波折纹、一圈压光宽纹带；壶表皮脱落严重，腹部有3匝带状凸弦纹。壶口径10.4厘米，底径11.3厘米；盖口径13.2厘米，残高4厘米；通高31.5厘米。

球腹壶　2件。

98LGM017：2，修复。泥质灰陶。敞口，圆唇，长颈，球腹，束腰圆柄下接喇叭口形底座。口径4.7厘米，腹径10.2厘米，底座径8.6厘米，高14.3厘米。

98LGM017：3，修复。泥质灰陶。敞口，圆唇，长颈，球腹，束腰圆柄下接喇叭口形底座。口径4.7厘米，腹径9.1厘米，底座径8.2厘米，高13.3厘米。

碗　1件。98LGM017：7，修复。泥质灰陶。侈口，圆唇，弧壁近底斜收，假圈足，底内凹。口径15.1厘米，足径7.1厘米，高6.5厘米。

盘　1件。98LGM017：8，泥质灰陶。敞口，方唇，斜弧壁，矮圈足。口径21厘米，足径13.4厘米，高6厘米。

匜　1件。98LGM017：6，修复。泥质灰陶。匜口平面呈桃形，一侧有尖嘴状流，圆唇，弧壁，平底。口大径15.4厘米、小径13.7厘米，底径8.4厘米，高4.1厘米。

一七、98LGM19

（一）墓葬位置

98LGM19位于灵寿岗北墓地北区的西北部，M3的东侧、M6的东北侧、M10的北侧、M20的西侧。开口于耕土层下，墓口距地表深20厘米。

（二）墓葬形制

长方形土坑竖穴墓。口大底小，墓口长360厘米，宽240厘米；墓底长316厘米，宽190厘米；墓深210厘米。葬具为一棺一椁。椁长258厘米，宽119厘米，存高22厘米；棺长225厘米，宽80厘米。人骨架仅存下肢骨残段。墓向北偏西15°（图3-28）。

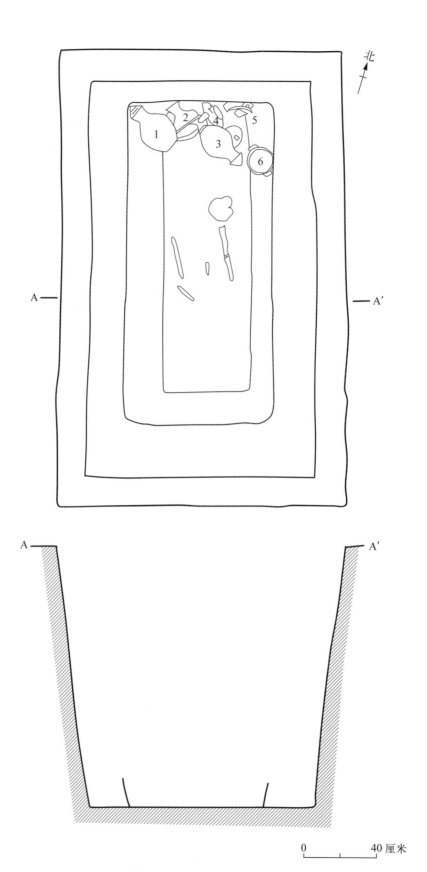

北

A —

— A'

A

A'

0   40厘米

图3-28　98LGM19平剖面图

1. 陶壶　2. 陶盖豆　3. 陶壶　4. 陶壶　5. 陶鼎　6. 陶鼎

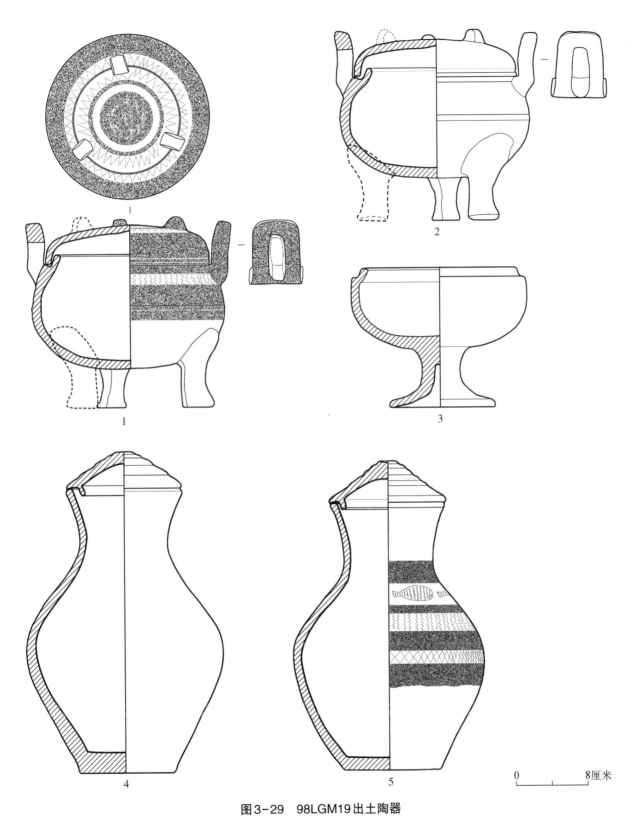

图3-29 98LGM19出土陶器

1.鼎（98LGM19∶5） 2.鼎（98LGM19∶6） 3.盖豆（98LGM19∶2） 4.壶（98LGM19∶1） 5.壶（98LGM19∶3）

（三）随葬品

出土陶器6件,有壶3件、盖豆1件、鼎2件(图3-29,图版一二)。位于北侧的棺椁之间。

鼎 2件。

98LGM19：5,修复。泥质灰黑陶。覆钵形弧顶盖,盖面中心稍凸起,中部有三个等距半环形钮;鼎子口内敛,方圆唇,鼓腹,弧底,三蹄形足,口侧附加对称"∏"形双耳,耳稍外撇。器表饰黑色压光纹带和凹、凸弦纹,脱落严重。盖面中心至口沿依次为圆形压光纹带、压光窄纹、波折纹、凹弦纹、波折纹和压光宽纹各一圈;鼎口沿饰一匝凸弦纹,其下依次为压光窄纹、横压竖排波折纹、压光宽纹各一圈,其中宽纹带中部饰一匝凸弦纹。通高17厘米,鼎口径13厘米;盖口径14.9厘米,高3.5厘米。

98LGM19：6,修复。泥质灰黑陶。覆钵形弧顶盖,盖面中心稍凸起,中部有三个等距半环形钮;鼎子口内敛,方圆唇,鼓腹,弧底,三蹄形足,口侧附加对称"∏"形双耳,耳稍外撇。器表纹饰脱落严重,漫漶不清。仅盖面中部存一匝凹弦纹;鼎口沿、腹中部各饰一匝凸弦纹。通高20厘米,口径15厘米;盖口径17.7厘米,高5.1厘米。

盖豆 1件。98LGM19：2,修复,缺盖。泥质灰陶。子口内敛,方圆唇,弧腹,内底中心有一锥状突起,束腰圆柄下接喇叭口形底座。高14.8厘米,口径17厘米,底座径11.5厘米。

壶 3件。

98LGM19：1,修复。泥质灰陶。斗笠式盖,子口;壶敞口,方唇,束颈,鼓腹,平底。盖上饰瓦棱形纹。盖口径12.4厘米,高4.7厘米;壶口径9.8厘米,底径10.4厘米;通高34厘米。

98LGM19：3,修复。泥质灰陶。斗笠式盖,子口;壶敞口,方唇,束颈,鼓腹,平底。纹饰脱落殆尽,仅壶腹局部可见黑色压光纹带、波折纹、网格纹,盖上饰瓦棱形纹。盖口径12.8厘米,高5.2厘米;壶口径12.6厘米,底径10.4厘米;通高32.8厘米。

一八、98LGM20

（一）墓葬位置

98LGM20位于灵寿岗北墓地北区的西北部,M19的东侧、M21的西北侧、M22的东南侧。开口于耕土层下,墓口距地表20厘米。

（二）墓葬形制

长方形土坑竖穴墓,近底有生土二层台。墓口长275厘米,宽140厘米;墓底长204厘米,宽74厘米;墓深135厘米。二层台宽28～37厘米,高14厘米。一棺。墓向180°。无人骨架。无随葬品(图3-30)。

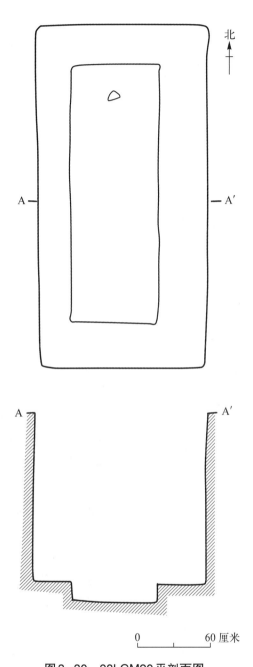

图 3-30 98LGM20 平剖面图

一九、98LGM21

（一）墓葬位置

98LGM21位于灵寿岗北墓地北区的西部，M20的东南侧、M22的南侧、M23的西侧、M24的西北侧。开口于耕土层下，墓口距地表深20厘米。

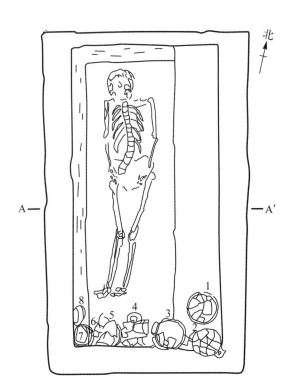

北

A —— —— A′

A —— —— A′

0   40 厘米

图 3-31   98LGM21 平剖面图

1.陶盖豆   2.陶鼎   3.陶鼎   4.陶壶   5.陶壶
6.陶盖豆   7.陶匜   8.陶匜

（二）墓葬形制

长方形土坑竖穴墓,圹长270厘米,宽170厘米,深230厘米。葬具为一棺一椁。椁长240厘米,宽102厘米;棺长224厘米,宽72厘米,存高19厘米。人骨架一具,仰身直肢。头向北偏西13°(图3-31)。

（三）随葬品

出土陶器8件,有盖豆、鼎、壶、匜各2件(图3-32,图版一三)。位于墓主人脚端的棺椁之间。

鼎   2件。

98LGM21:2,修复。泥质灰黑陶,陶色不匀。覆钵形尖顶盖,中部有三个等距半圆形钮;鼎子口内敛,圆唇,弧腹,圜底,三蹄形足,足下部中空,口侧附加对称"П"形双耳,耳稍外撇。通高12.7厘米;盖口径14.8厘米,高3.4厘米;鼎口径12.6厘米。

98LGM21:3,修复。泥质灰黑陶,陶色不匀。覆钵形尖顶盖,中部有三个等距半圆形钮;鼎子口内敛,圆唇,弧腹,圜底,三蹄形足,足下部中空,口侧附加对称"П"形双耳,耳稍外撇。器表饰黑色压光纹带,脱落严重。盖面由中心至口沿分别饰压光圆形纹、横压竖排波折纹带、压光纹带;鼎表纹饰漫漶不清。通高13.4厘米;盖口径14.2厘米,高4厘米;鼎口径12.2厘米。

盖豆   2件。

98LGM21:1,修复。泥质灰黑陶,陶色不匀。覆钵形盖身,束腰短圆柄上接喇叭口形捉手;豆子口内敛,折腹,内圜底,束腰圆柄下接喇叭口形底座。器表饰黑色压光纹带,脱落严重,大多漫漶不清。捉手顶面和豆盘上部存有部分波折纹。通高23.7厘米,豆口径17厘米,底座径12厘米;盖口径20厘米,高8.6厘米。

0   8厘米

图3-32 98LGM21出土陶器

1.鼎（98LGM21：2） 2.鼎（98LGM21：3） 3.盖豆（98LGM21：1） 4.盖豆（98LGM21：6） 5.匜（98LGM21：7） 6.匜（98LGM21：8）

　　98LGM21：6，修复。泥质灰黑陶，陶色不匀。覆钵形盖身，束腰短圆柄上接圆饼状捉手，捉手顶面内凹；豆子口内敛，折腹，内圜底，束腰圆柄下接喇叭口形底座。器表饰黑色压光纹带，脱落严重。捉手顶面纹饰由内向外依次为压光圆形纹、波折纹、压光纹带各一圈，盖身可见波折纹和压光纹带；豆盘口沿下一圈压光窄纹带，其下一圈波折纹，再下压光宽纹带。通高23.9厘米；盖口径20.2厘米，高7.9厘米；豆口径16.9厘米，底座径12.4厘米。

　　匜　2件。

　　98LGM21：7，修复。泥质灰陶。匜口平面呈瓜子形，一侧有尖嘴状流，敛口，圆唇，折壁，平底稍内凹。口大径15厘米、小径11.6厘米，底径6.2厘米，高5.3厘米。

　　98LGM21：8，稍残。泥质黑褐陶。匜口平面呈瓜子形，一侧有尖嘴状流，对应一侧弧形内凹，敛口，圆唇，折壁，假圈足，平底。口大径16厘米、小径12.7厘米，底径7.4厘米，高6厘米。

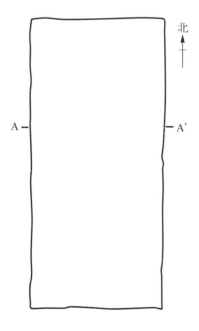

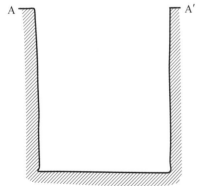

0　　　60厘米

图3-33　98LGM22平剖面图

二〇、98LGM22

（一）墓葬位置

　　98LGM22位于灵寿岗北墓地北区的北部，M20的东北侧、M21的北侧、M25的西北侧。开口于耕土层下，墓口距地表深20厘米。

（二）墓葬形制

　　长方形土坑竖穴墓，圹长230厘米，宽110厘米，深130厘米。墓向360°。无人骨架。无随葬品（图3-33）。

二一、98LGM23

（一）墓葬位置

　　98LGM23位于灵寿岗北墓地北区的西部，M21的东侧、M24的北侧、M27的西南侧、M28的西北侧。开口于耕土层下，墓口距地表深20厘米。

（二）墓葬形制

　　长方形土坑竖穴墓。口大底小，墓口长370厘米，宽240厘米；墓底长335厘米，宽200厘米；墓深330厘米。葬具为一棺一椁。椁长300厘米,宽170厘米,存高104厘米;棺长236厘米,宽143厘米。无人骨架。墓向北偏西27°(图3-34)。

(三)随葬品

出土陶器8件,有匜、鼎、豆、壶各2件(图3-35,图版一四)。位于棺东侧壁内。

盖豆 2件。98LGM23:4,修复。泥质灰陶,表皮脱落严重。覆钵形盖身,束腰短圆柄上接圆饼状捉手,捉手顶面中心有乳头状凸起;豆子口内敛,弧腹,内圜底,中心外凸,束腰圆柄下接喇叭口形底座。盖面饰3道瓦棱形纹。盖口径18厘米,高7.8厘米。通高22.4厘米,豆口径15.8厘米,底座径10.2厘米。

壶 2件。

98LGM23:5,修复。泥质灰黑陶,表皮脱落严重。覆盘形弧顶盖,子口;壶敞口,方圆唇,束颈,鼓腹,矮假圈足,底内凹。器表局部可见黑色压光。盖口径15.3厘米,高2.5厘米。壶口径19.2厘米,底径12.7厘米,通高35厘米。

98LGM23:7,修复。泥质灰褐陶,表皮脱落严重。覆盘形弧顶盖,子口;壶敞口,方圆唇,束颈,鼓腹,假圈足稍外撇,底稍内凹。壶口径14厘米,底径13.6厘米,通高35厘米。盖口径15.4厘米,高3.1厘米。

匜 2件。98LGM23:1,修复。泥质灰陶,表皮脱落严重。匜口平面呈桃形,一侧有尖嘴状流,圆唇,折壁,平底。口大径14.5厘米、小径13.5厘米,底径9厘米,高5厘米。

二二、98LGM24

(一)墓葬位置

98LGM24位于灵寿岗北墓地北区的西部,M16

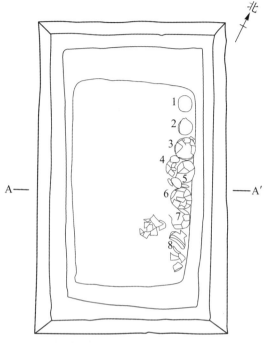

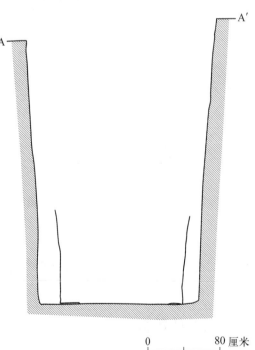

0   80 厘米

图3-34 98LGM23平剖面图

1.陶匜 2.陶匜 3.陶鼎 4.陶盖豆 5.陶壶 6.陶鼎
7.陶壶 8.陶豆

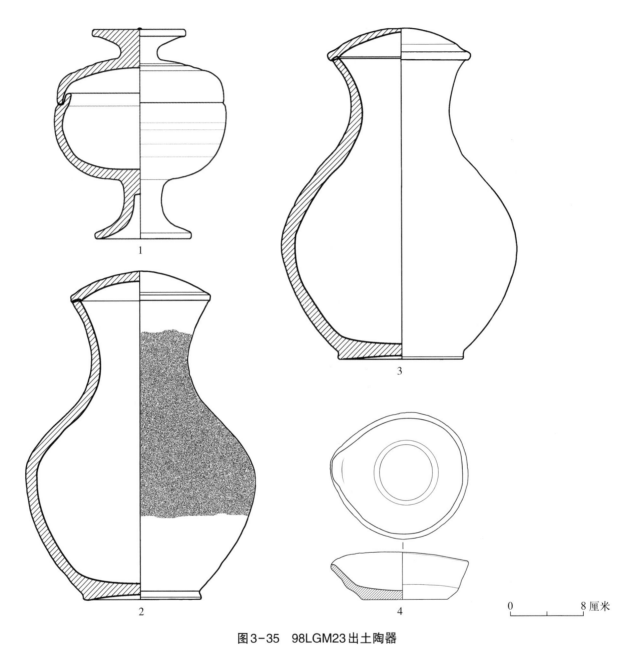

图3-35　98LGM23出土陶器

1.盖豆（98LGM23∶4）　2.壶（98LGM23∶5）　3.壶（98LGM23∶7）　4.匝（98LGM23∶1）

的东北侧、M23的南侧、M26的西北侧、M28的西侧。开口于耕土层下，墓口距地表深20厘米。

（二）墓葬形制

　　长方形土坑竖穴墓。口大底小，墓口长300厘米，宽200厘米；墓底长260厘米，宽170厘米；墓深330厘米。葬具为一棺一椁。椁长211厘米，宽114厘米，存高48厘米。人骨架一具，侧身屈肢，头向北偏东1°（图3-36）。

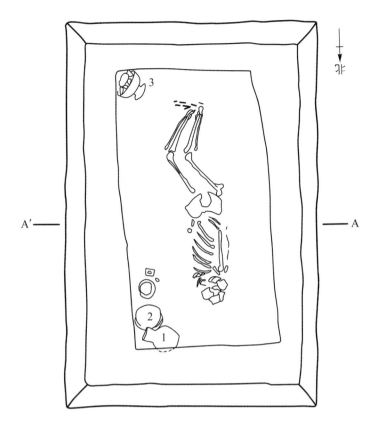

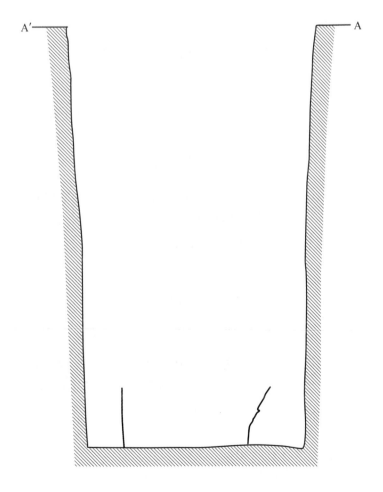

图3-36　98LGM24平剖面图

1.陶壶　2.陶鼎　3.陶豆

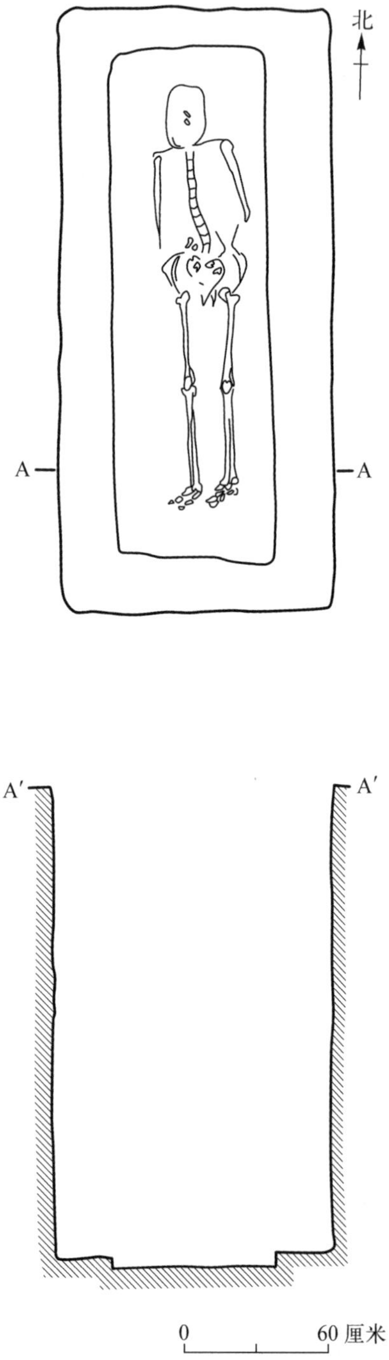

图3-37　98LGM25平剖面图

（三）随葬品

出土陶器3件，有壶、豆、鼎各1件。位于东侧的棺椁之间。

二三、98LGM25

（一）墓葬位置

98LGM25位于灵寿岗北墓地北区的北部，M22的东南侧、M23的东北侧、M27的西北侧。开口于耕土层下，墓口距地表深20厘米。

（二）墓葬形制

长方形土坑竖穴墓，近底有生土二层台。墓口长240厘米，宽110厘米；墓底长195厘米，宽63厘米；墓深190厘米。二层台宽28厘米，高48厘米。葬具为一棺。人骨架一具，仰身直肢，头向北偏西1°。无随葬品（图3-37）。

二四、98LGM26

（一）墓葬位置

98LGM26位于灵寿岗北墓地北区的西南部，M24的东南侧、M17的东侧、M28和M29的西南侧。开口于耕土层下，墓口距地表深20厘米。

（二）墓葬形制

长方形土坑竖穴墓。口大底小，墓口长390厘米，宽260厘米；墓底长300厘米，宽190厘米；墓深500厘米。葬具为一棺一椁。棺宽99厘米，存高36厘米。无人骨架。墓向南偏东71°（图3-38）。

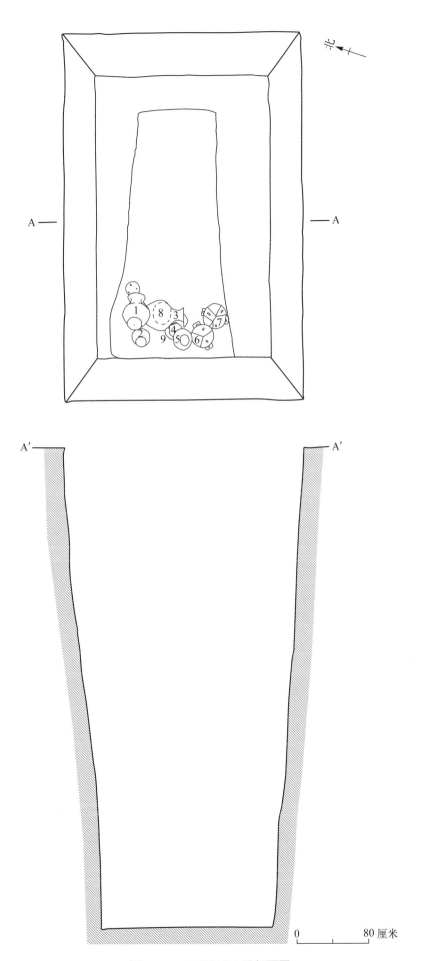

图3-38 98LGM26平剖面图

1.陶壶 2.陶盖豆 3.陶壶 4.陶匜 5.陶盖豆 6.陶鼎 7.陶鼎 8.陶盘 9.陶盘

（三）随葬品

出土陶器9件，有壶、盖豆、鼎、盘各2件，匜1件（图3-39，图版一五、一六）。位于西端的棺椁之间（或棺内）。

鼎　2件。

98LGM26：6，修复。泥质灰陶，表皮脱落严重。覆钵形弧顶盖，盖面中部有三个等距半圆形钮；鼎子口内敛，圆唇，弧腹，底部缺失，三蹄形足，口侧附加对称"∏"形双耳。盖面饰3匝凹弦纹；鼎口沿下饰1匝凸弦纹，腹中部饰1匝凹弦纹。盖口径23.7厘米，高6.6厘米；鼎口径21厘米；通高23厘米。

98LGM26：7，修复。泥质灰陶，表皮脱落严重。覆钵形弧顶盖，盖面中部有三个等距半圆形钮，方圆唇；鼎子口内敛，圆唇，弧腹，小平底，三蹄形足，口侧附加对称"∏"形双耳，耳稍外

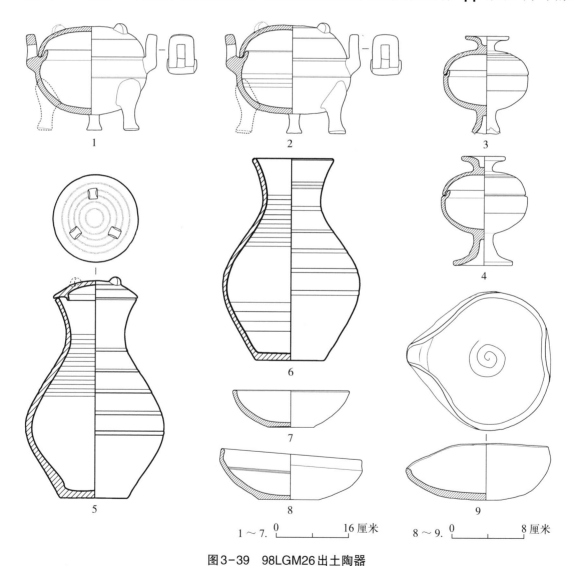

1～7. 0 _____ 16厘米　　　8～9. 0 _____ 8厘米

图3-39　98LGM26出土陶器

1. 鼎（98LGM26：6）　2. 鼎（98LGM26：7）　3. 盖豆（98LGM26：2）　4. 盖豆（98LGM26：5）　5. 壶（98LGM26：1）
6. 壶（98LGM26：3）　7. 盘（98LGM26：8）　8. 盘（98LGM26：9）　9. 匜（98LGM26：4）

撇。盖面有4匝同心凹弦纹,鼎口沿有一圈凸棱,腹中部有1匝凹弦纹。盖口径23.2厘米,高7.5厘米。鼎口径20.5厘米,通高23.5厘米。

盖豆 2件。

98LGM26:2,残。泥质灰陶,表皮脱落严重。覆钵形盖身,束腰短圆柄上接喇叭口形捉手。豆子口内敛,圆唇,弧腹,内圜底,束腰圆柄,底座残缺。盖身上部饰3道瓦棱形纹;豆腹中部饰1匝凹弦纹。盖口径18厘米,高8厘米。豆口径16.6厘米;残高21厘米。

98LGM26:5,修复。泥质灰陶,表皮脱落严重。覆钵形盖身,束腰短圆柄上接喇叭口形捉手。豆子口内敛,圆唇,弧腹,内圜底,束腰圆柄下接喇叭口形底座。盖身上部饰3道瓦棱形纹;豆腹中部饰1匝凹弦纹。盖口径18.2厘米,高8.2厘米;豆口径16厘米,底座径12.5厘米;通高23厘米。

壶 2件。

98LGM26:1,修复。泥质灰陶,表皮脱落严重。覆盘形弧顶盖,盖中部有三个等距半圆形钮,子口;壶敞口,方唇,束颈,溜肩,鼓腹,平底。盖面有5匝同心凹弦纹,壶肩腹部有5匝凸弦纹。盖口径18.7厘米,高5.3厘米;壶口径17.5厘米,底径15厘米,通高47厘米。

98LGM26:3,修复。泥质灰陶,表皮脱落严重。敞口,方唇,束颈,溜肩,鼓腹,平底。肩腹部饰5匝凸弦纹。口径18厘米,底径15厘米,高42.5厘米。

盘 2件。

98LGM26:8,修复。泥质灰陶,表皮脱落严重。敞口,方圆唇,斜弧壁,矮假圈足,平底稍内凹。口径25.7厘米,底径10厘米,高7.9厘米。

98LGM26:9,修复。泥质灰陶,表皮脱落严重。侈口,尖圆唇,折腹,平底。口径15.5厘米,底径6.6厘米,高5厘米。

匜 1件。98LGM26:4,修复。泥质灰陶,表皮脱落严重。匜口平面呈桃形,一侧有尖嘴状流,对应一侧弧形内凹,敛口,圆唇,弧壁,圜底。口大径15.5厘米、小径14.4厘米,高6.1厘米。

二五、98LGM27

(一)墓葬位置

98LGM27位于灵寿岗北墓地北区的北部,M23的东北侧、M25的东南侧、M30的西北侧。开口于耕土层下,墓口距地表深20厘米。

(二)墓葬形制

长方形土坑竖穴墓。口大底小,墓口长260厘米,宽180厘米;墓底长245厘米,宽150厘米;墓深290厘米。东、西壁各有一壁龛。东壁龛位于墓圹东南角,进深16厘米,高25厘米,龛底距墓口220厘米;西壁龛位于西壁中部,进深20厘米,高30厘米,龛底距墓口230厘米。葬具为一棺一椁。椁长190厘米,宽94厘米,存高46厘米。人骨架一具,屈肢,头向北偏西34°(图3-40)。

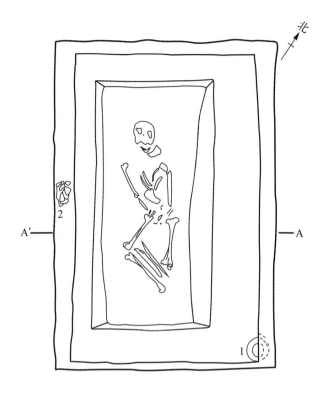

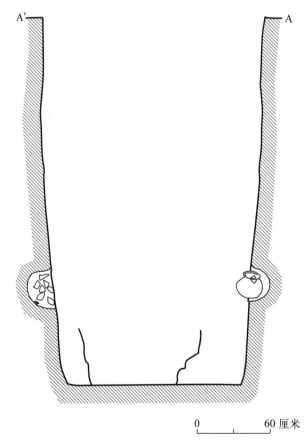

图3-40 98LGM27平剖面图

1. 陶罐 2. 陶片

（三）随葬品

出土陶器2件，罐1件，置于东壁龛内；残片1件，置于西壁龛内。

二六、98LGM28

（一）墓葬位置

98LGM28位于灵寿岗北墓地北区的中西部，M23的东南侧、M24的东侧、M29的西北侧、M32的西侧。开口于耕土层下，墓口距地表深20厘米。

（二）墓葬形制

长方形土坑竖穴墓。口大底小，墓口长310厘米，宽210厘米；墓底长275厘米，宽180厘米；墓深290厘米。葬具为一棺一椁。椁长216厘米，宽108厘米，存高64厘米；棺长210厘米，宽94厘米。无人骨架。墓向北偏西12°（图3-41）。

（三）随葬品

出土陶器7件，有壶、鼎、豆各2件，盘1件。位于南端的棺内（或棺椁之间）。

二七、98LGM29

（一）墓葬位置

98LGM29位于灵寿岗北墓地北区的南部，M26的东北侧、M28的东南侧、M36的西侧。开口于耕土层下，墓口距地表深20厘米。

（二）墓葬形制

长方形土坑竖穴墓。口大底小，墓口长280厘米，宽190厘米；墓底长250厘米，宽154厘米；墓深390厘米。葬具为一棺一椁。椁长216厘米，宽110厘米，存高45厘米；棺长186厘米，宽84厘米。无人骨架。墓向北偏西10°（图3-42）。

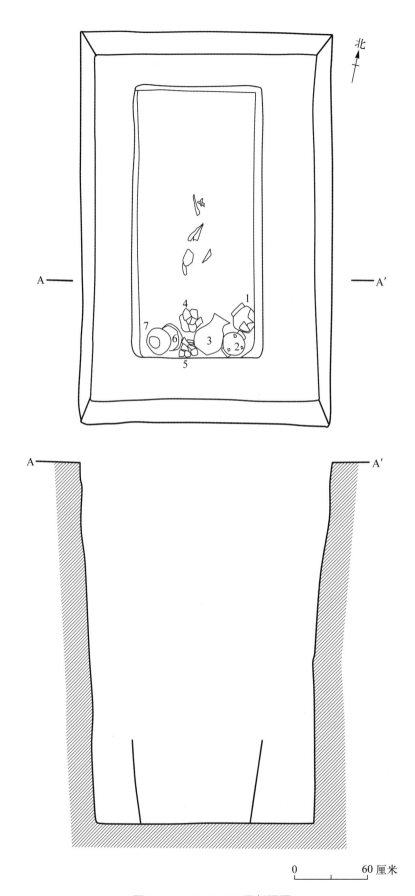

北

图3-41 98LGM28平剖面图

1.陶壶 2.陶鼎 3.陶壶 4.陶豆 5.陶鼎 6.陶盘 7.陶豆

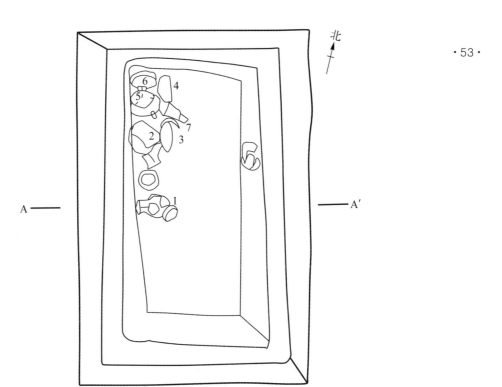

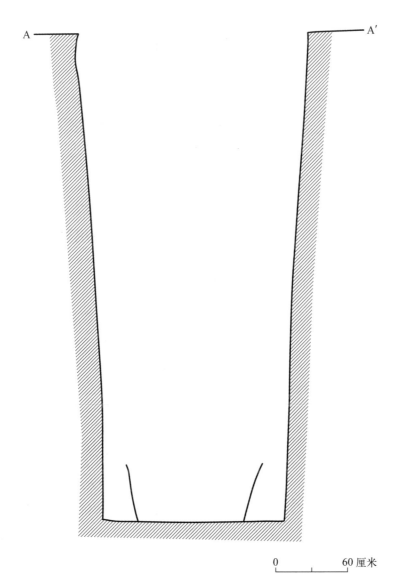

0   60 厘米

图 3-42 98LGM29平剖面图

1.陶壶　2.陶壶　3.陶豆　4.陶豆　5.陶鼎　6.陶豆　7.陶豆

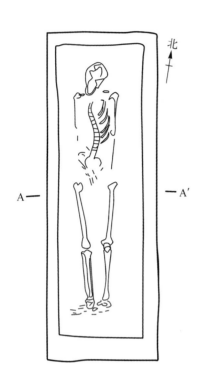

图3-43 98LGM30平剖面图

（三）随葬品

出土陶器7件，有壶2件、豆4件、鼎1件。位于棺内西侧壁的北半段。

二八、98LGM30

（一）墓葬位置

98LGM30位于灵寿岗北墓地北区的中西部，M27的东南侧、M034的西北侧、M33的西南侧。开口于耕土层下，墓口距地表深20厘米。

（二）墓葬形制

长方形土坑竖穴墓，近底有生土二层台。墓口长260厘米，宽90厘米；墓底长230厘米，宽68厘米；墓深264厘米。二层台宽6～18厘米，高32厘米。葬具为一棺，长223厘米，宽66厘米，存高33厘米。人骨架一具，仰身直肢，头向北偏西10°。无随葬品（图3-43）。

二九、98LGM32

（一）墓葬位置

98LGM32位于灵寿岗北墓地北区的中西部，M28的东侧、M29的东北侧、M34的西南侧、M35的西侧。开口于耕土层下，墓口距地表深20厘米。

（二）墓葬形制

长方形土坑竖穴墓。口大底小，墓口长320厘米，宽220厘米；墓底长290厘米，宽180厘米；墓深320厘米。葬具为一棺一椁。椁长227厘米，宽119厘米；棺长205厘米，宽97厘米。无人骨架。墓向北偏西3°。无随葬品（图3-44）。

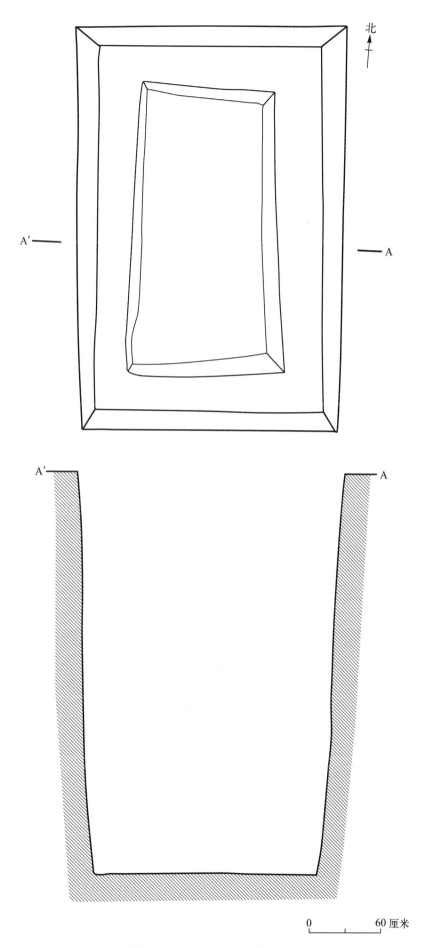

图3-44　98LGM32平剖面图

三〇、98LGM33

（一）墓葬位置

98LGM33位于灵寿岗北墓地北区的中北部，M30的东北侧、M37的西北侧、M45的西侧。开口于耕土层下，墓口距地表深20厘米。

（二）墓葬形制

长方形土坑竖穴墓，圹长220厘米，宽170厘米，深190厘米。葬具为二棺，2人合葬，2棺并排放置，之间为一生土棱。右棺长180厘米，宽60厘米，存高12厘米；左棺长170厘米，宽60厘米，存高12厘米。人骨架2具，均仰身直肢，头向一致，为南偏西45°（图3-45）。

（三）随葬品

出土随葬品4件（组），其中陶器3件，有鼎、盖豆、壶各1件；蚌饰1组（图3-46，图版一七：1～3、5）。壶位于头端的两棺之间；余位于右棺内，盖豆在头骨左侧，鼎在右脚骨右侧，蚌饰位于两小腿之间。

1. 陶器

鼎　1件。98LGM33：3，修复。夹细砂灰陶，器壁较薄，火候较高。覆钵形弧顶盖，盖面边缘有三个等距半圆形钮，斜尖唇；鼎子口，尖唇，弧腹，圜底，三蹄形足，口侧附加对称"Π"形双耳，耳外撇。腹部饰2匝凹弦纹。鼎口径15.3厘米，通高18.5厘米。盖口径17厘米，高3.6厘米。

盖豆　1件。98LGM33：2，修复，缺盖。泥质灰褐陶，表皮脱落严重。子口内敛，方圆唇，弧腹，内圜底，束腰圆柄下接喇叭口形底座。腹中部有3道瓦棱形纹。口径15.7厘米，底座径12厘米，高15.5厘米。

壶　1件。98LGM33：1，修复。泥质灰陶，表皮脱落严重。敞口，外折宽平沿，长颈，圆肩，鼓腹下腹斜收，平底。腹部饰3匝凹弦纹。口径21厘米，底径10厘米，高29.1厘米。

2. 蚌器

蚌饰　1组。98LGM33：4，天然蚌壳，顶部钻一圆孔。长3.88厘米，宽4.2厘米。

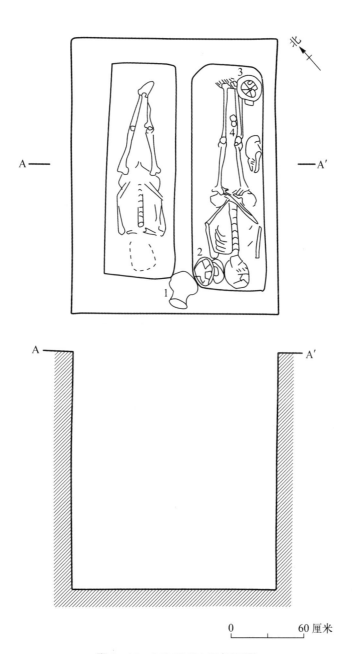

图3-45 98LGM33平剖面图

1.陶壶 2.陶盖豆 3.陶鼎 4.蚌饰

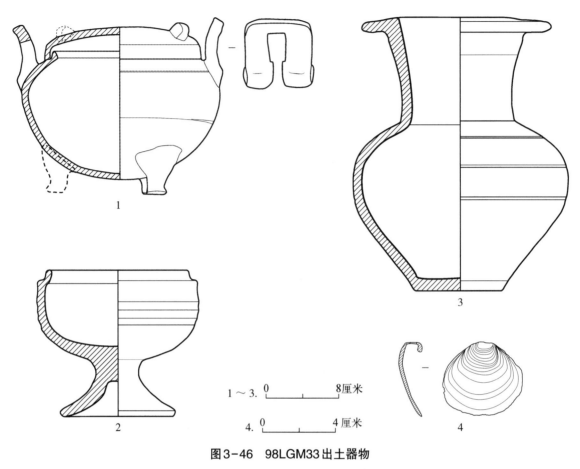

图3-46 98LGM33出土器物

1.鼎（98LGM33：3） 2.盖豆（98LGM33：2） 3.壶（98LGM33：1） 4.蚌饰（98LGM33：4）

三一、98LGM034

（一）墓葬位置

98LGM034位于灵寿岗北墓地北区的中西部，M23的东侧、M30的东南侧、M32的东北侧、M34的西侧。开口于耕土层下，墓口距地表深20厘米。

（二）墓葬形制

长方形土坑竖穴墓。口大底小，墓口长320厘米，宽200厘米；墓底长260厘米，宽130厘米；墓深325厘米。葬具为一棺一椁。椁长208厘米，宽82厘米，存高53厘米。无人骨架。墓向360°（图3-47）。

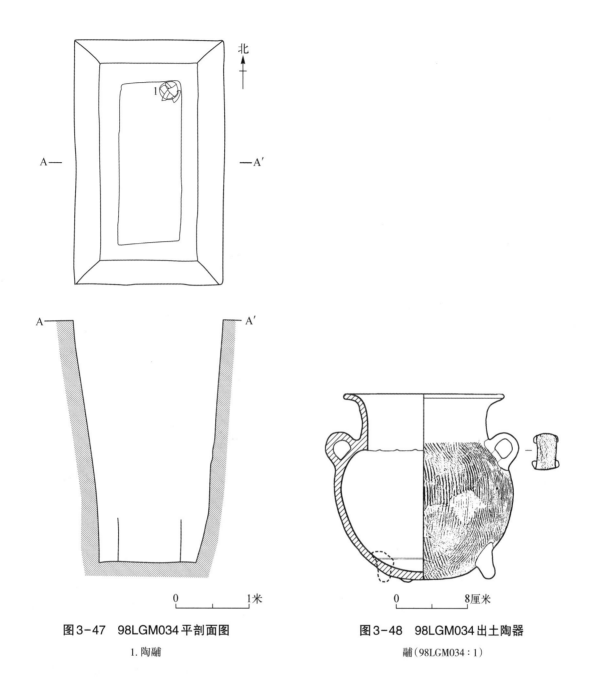

图3-47　98LGM034平剖面图

1. 陶鬴

图3-48　98LGM034出土陶器

鬴（98LGM034：1）

（三）随葬品

出土陶鬴1件，位于棺内东北角。

陶鬴　1件。98LGM034：1，修复。夹细砂灰陶。盘口，方唇，束颈，鼓腹，圜底，乳头状三足。肩部有对称竖置半环形双耳。满饰绳纹，颈部抹平，腹上部竖压，腹下部及底部斜向交叉。口径17.7厘米，通高19.7厘米（图3-48，图版一七：4）。

三二、98LGM35

（一）墓葬位置

98LGM35位于灵寿岗北墓地北区的中南部，M32的东侧、M34的东南侧、M36的北侧、M40的西北侧。开口于耕土层下，墓口距地表深20厘米。

（二）墓葬形制

长方形土坑竖穴墓。口大底小，墓口长320厘米，宽200厘米；墓底长250厘米，宽140厘米；墓深410厘米。葬具为一棺一椁。椁长208厘米，宽100厘米，存高52厘米。人骨架一具，仰身屈肢，面向朝右，头向北偏西28°（图3-49）。

（三）随葬品

出土随葬品8件（图3-50、3-51，图版一八），其中陶器6件，盖豆、鼎各2件，位于棺内墓主人脚下和小腿右侧；铜带钩、玛瑙环各1件，位于墓主人膝部左侧。

1. 陶器
鼎 2件。

98LGM35：6，修复。泥质灰陶，陶色不匀，表皮脱落严重。覆盘形弧顶盖，方唇，盖口略小于鼎子口；鼎子口内敛，方圆唇，弧腹，圜底，三柱形足。盖口径18.7厘米，高3.5厘米；鼎口径19厘米；通高17厘米。

98LGM35：5，修复。泥质灰陶，陶色不匀，表皮脱落较重。覆盘形弧顶盖，方圆唇，盖口略小于鼎子口；鼎子口内敛，方唇，弧腹，圜底，三柱形足。鼎口径19厘米，通高17厘米。盖口径17.5厘米，高3.7厘米。

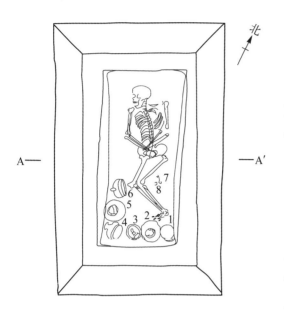
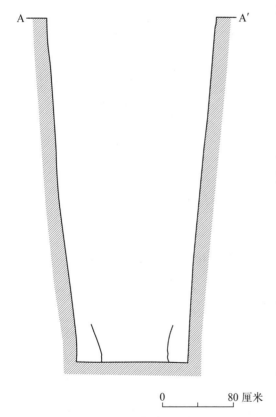

0　　　　　80 厘米

图3-49　98LGM35平剖面图
1.陶器 2.陶器 3.盖豆 4.盖豆 5.鼎 6.鼎
7.铜带钩 8.玛瑙环

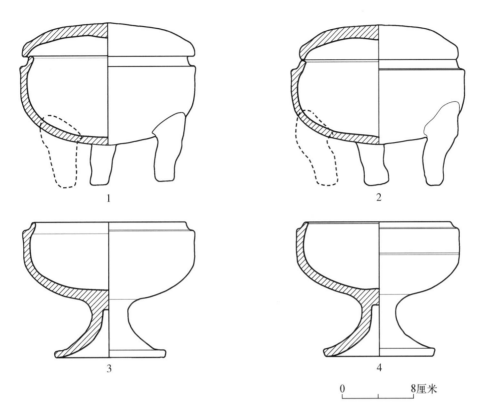

图3-50　98LGM35出土陶器

1.鼎（98LGM35：6）　2.鼎（98LGM35：5）　3.盖豆（98LGM35：4）　4.盖豆（98LGM35：3）

盖豆　2件。

98LGM35：4，修复，缺盖。泥质灰陶，表皮脱落严重。子口内敛，圆唇，弧腹，内圈底，束腰圆柄下接喇叭口形底座。高14.4厘米，口径17厘米，底座径11.7厘米。

98LGM35：3，修复，缺盖。泥质灰陶，陶色不匀，表皮脱落严重。子口内敛，方唇，弧腹，内圈底，中心有一凸起，束腰圆柄下接喇叭口形底座。腹部饰1匝凹弦纹。高14.2厘米，口径18厘米，底座径12厘米。

2. 铜器

带钩　1件。98LGM35：7，青铜，范铸。长条形，中起脊，正脊部为小平面，钩身横断面呈梯形，鸟首钩，椭圆钮。长9.8厘米，最宽0.9厘米。

3. 玉石器

玛瑙环　1件。98LGM35：8，残，仅存近二分之一。白色玛瑙，磨制。外缘宽平面，内环刃，横断面呈七棱形。外径3.5厘米，内径2.1厘米，厚0.77厘米。

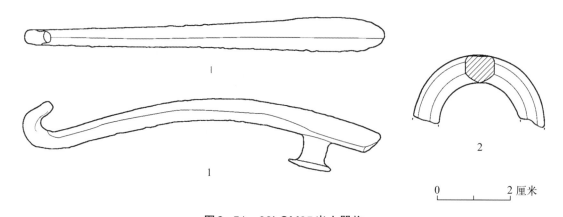

0   2 厘米

图3-51 98LGM35出土器物

1. 铜带钩（98LGM35：7） 2. 玛瑙环（98LGM35：8）

三三、98LGM36

（一）墓葬位置

98LGM36位于灵寿岗北墓地北区的南部，M29的东侧、M32的东南侧、M35的南侧、M40的西南侧。开口于耕土层下，墓口距地表深20厘米。

（二）墓葬形制

长方形土坑竖穴墓。口大底小，壁斜收，略经加工；墓口长200厘米，宽90厘米；墓底长190厘米，宽80厘米；墓深90厘米。葬具为一棺。人骨架一具，仰身直肢，头向南偏东75°（图3-52）。

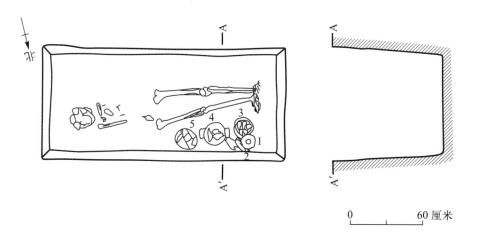

0   60 厘米

图3-52 98LGM36平剖面图

1. 陶球腹壶 2. 陶匜 3. 陶盖豆 4. 陶鼎 5. 陶壶

（三）随葬品

出土陶器5件,有球腹壶、盖豆、壶、匜、鼎各1件(图3-53,图版一九)。位于棺内墓主人右腿骨旁。

鼎　1件。98LGM36:4,修复。泥质灰黑陶,陶色不匀。覆钵形弧顶盖,方唇;鼎子口内敛,方圆唇,弧腹,圜底,三蹄形足,口侧附加对称"∏"形双耳,耳外撇。腹部饰1匝凹弦纹。鼎口径16厘米,通高16.8厘米。盖口径18厘米,高5厘米。

盖豆　1件。98LGM36:3,修复。泥质灰黑陶。覆钵形盖身,短圆柄上接圆饼状捉手,捉手顶面内凹。豆子口内敛,方圆唇,弧腹,内圜底,束腰圆柄下接喇叭口形底座。器表饰黑色压光纹带和凹弦纹,脱落严重。捉手顶面和盖身分别有两圈和三圈压光纹带,纹带间纹饰漫漶不清;豆腹上部压光并有1匝凹弦纹。豆口径12.2厘米,底座径10.5厘米,通高21.1厘米。盖口径14.5厘米,高6.6厘米。

壶　1件。98LGM36:5,修复。泥质灰黑陶。斗笠形盖;壶敞口,方圆唇,束颈,溜肩,鼓腹下腹斜收,假圈足,平底。器表饰黑色压光纹带,脱落严重。盖面存有压光纹带;壶口至腹

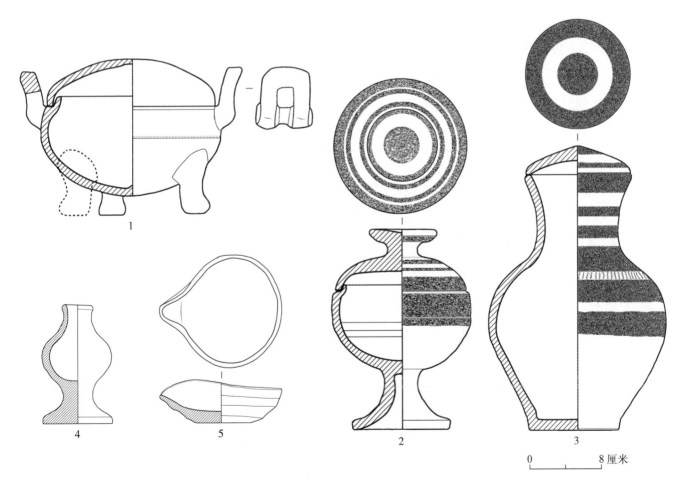

图3-53　98LGM36出土陶器

1.鼎(98LGM36:4)　2.盖豆(98LGM36:3)　3.壶(98LGM36:5)　4.球腹壶(98LGM36:1)　5.匜(98LGM36:2)

中部有多圈压光纹带,其间仅肩部可见一圈横压竖排波折纹。壶口径9.5厘米,底径9.8厘米,通高30厘米。盖口径2.9厘米,高2.9厘米。

球腹壶　1件。98LGM36:1,稍残。泥质灰陶,表皮脱落严重。敞口,圆唇,束颈,溜肩,球腹,束腰圆柄下接圆饼状底座。口径3.4厘米,底座径7.5厘米,高13厘米。

匜　1件。98LGM36:2,修复。泥质灰陶,陶色不匀。匜口平面呈桃形,一侧有尖嘴状流,圆唇,折壁,平底。口大径13.1厘米、小径12厘米,底径6厘米,高4.2厘米。

三四、98LGM37

(一)墓葬位置

98LGM37位于灵寿岗北墓地北区的中部,M33的东南侧、M34的东北侧、M38的北侧、M43的西南侧。开口于耕土层下,墓口距地表深20厘米。

(二)墓葬形制

长方形土坑竖穴墓,圹长200厘米,宽70厘米,深130厘米。葬具为一棺。人骨架一具,仰身直肢,头向南偏西75°。无随葬品(图3-54)。

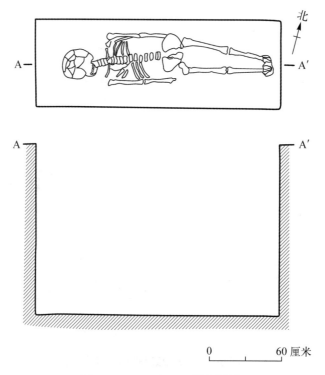

图3-54　98LGM37平剖面图

三五、98LGM38

（一）墓葬位置

98LGM38位于灵寿岗北墓地北区的中部，M34的东侧、M37的南侧、M39的北侧、M42的西侧。开口于耕土层下，墓口距地表深20厘米。

（二）墓葬形制

长方形土坑竖穴墓。口大底小，墓口长250厘米，宽140厘米；墓底长220厘米，宽120厘米；墓深240厘米。葬具为一棺一椁。人骨架一具，仰身直肢，头向北偏东58°（图3-55）。

（三）随葬品

出土陶器3件，鼎、罐、盖豆各1件（图3-56，图版二〇：1～3）。位于棺内墓主人头骨右侧。

双耳罐形鼎 1件。98LGM38：1，修复。夹砂灰褐陶，陶色不匀，胎较薄，火候较高。敞口，方唇，鼓腹，平底，兽首形三足。腹上部竖置对称半环形双耳。通体饰绳纹，仅耳、足、底光素。高13.3厘米，口径13.7厘米，底径10.65厘米。

盖豆 1件。98LGM38：3，修复，缺盖。泥质灰黑陶，表皮脱落严重。子口内敛，方圆唇，弧腹，束腰圆柄下接喇叭口形底座。仅腹上部残存有黑色压光网格纹，其余纹饰漫漶不清。高13.9厘米，口径15.7厘米，底座径10.9厘米。

罐 1件。98LGM38：2，微残。泥质灰陶。盘口，束颈，溜肩，弧腹，假圈足，大平底。高11.7厘米，口径10厘米，底径11厘米。

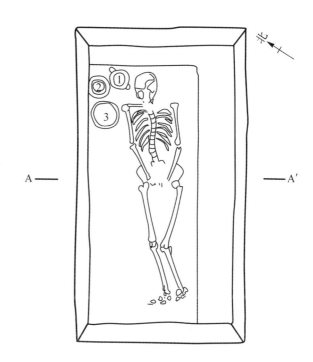

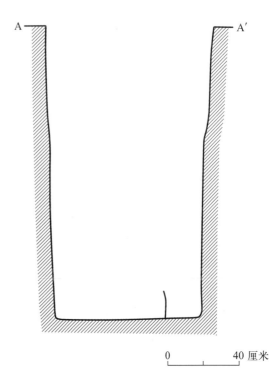

图3-55 98LGM38平剖面图
1.陶鼎 2.陶罐 3.陶盖豆

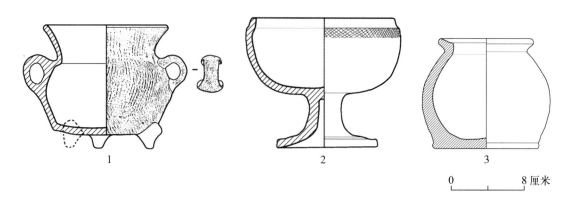

图3-56　98LGM38出土陶器

1. 双耳罐形鼎（98LGM38：1）　2. 盖豆（98LGM38：3）　3. 罐（98LGM38：2）

三六、98LGM39

（一）墓葬位置

98LGM39位于灵寿岗北墓地北区的中部，M35的东北侧、M38的南侧、M40的西北侧。开口于耕土层下，墓口距地表深20厘米。

（二）墓葬形制

长方形土坑竖穴墓，圹长195厘米，宽80厘米，深240厘米。葬具为一棺，长160厘米，宽54厘米，存高38厘米。人骨架一具，仰身直肢，面向朝右，头向南偏西70°（图3-57）。

（三）随葬品

出土陶器3件，有罐2件、盖豆1件（图3-58，图版二〇：4～6）。位于北侧墓圹与棺之间。

盖豆　1件。98LGM39：1，修复，缺盖。泥质灰黑陶。子口内敛，方圆唇，弧腹，内圜底，束腰圆柄下接喇叭口形底座。高16.5厘米，口径16.7厘米，底座径12厘米。

罐　2件。

98LGM39：3，微残。夹砂灰陶，火候较高。外折小平沿，圆唇，矮领，折肩，弧腹斜收，平底。通体饰竖压绳纹。高22厘米，口径14厘米，底径11厘米。

98LGM39：2，残。夹砂灰褐陶。仅存部分腹和底。鼓腹，平底。残高14.6厘米，底径10.3厘米。

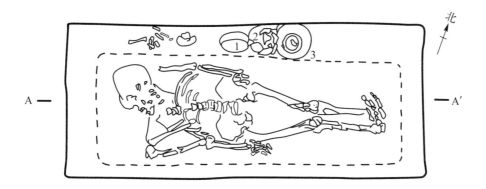

图3-57　98LGM39平剖面图

1.陶盖豆　2.陶罐　3.陶罐

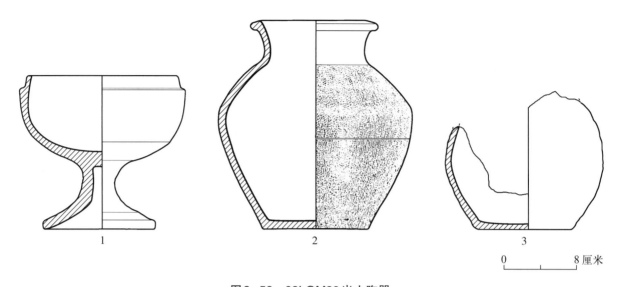

0   8厘米

图3-58　98LGM39出土陶器

1. 盖豆（98LGM39：1）　2. 罐（98LGM39：3）　3. 罐（98LGM39：2）

三七、98LGM40

（一）墓葬位置

98LGM40位于灵寿岗北墓地北区的中南部，M35的东南侧、M36的东北侧、M41的西侧、M42的南侧。开口于耕土层下，墓口距地表深20厘米。

（二）墓葬形制

长方形土坑竖穴墓。口大底小，墓口长300厘米，宽170厘米；墓底长270厘米，宽150厘米；墓深430厘米。葬具为一棺一椁。椁长226厘米，宽102厘米，存高70厘米。无人骨架。墓向北偏西1°（图3-59）。

（三）随葬品

出土陶器8件，有壶、盖豆、球腹壶各2件，豆、鼎各1件（图3-60，图版二一：1～4）。位于北端的棺椁之间（或棺内）。

鼎　1件。98LGM40：5，修复。泥质灰黑陶，表皮脱落严重。覆钵形弧顶盖，盖面中部有三个等距半圆形钮；鼎子口内敛，方圆唇，弧腹，圜底，三蹄形足，足下部中空，口侧附加对称“冂”形双耳，耳稍外撇。器表饰黑色压光纹带，大多漫漶不清。盖顶局部存多圈压光纹带；鼎腹上、

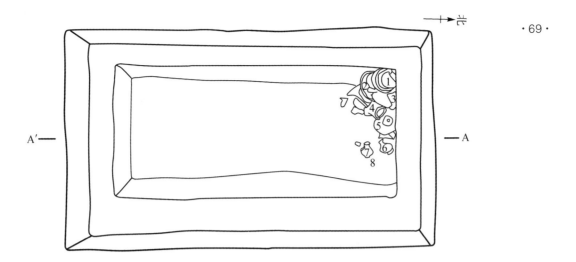

0 ____ 60厘米

图3-59 98LGM40平剖面图

1.陶盖豆 2.陶壶 3.陶壶 4.陶盖豆 5.陶鼎 6.陶豆 7.陶球腹壶 8.陶球腹壶

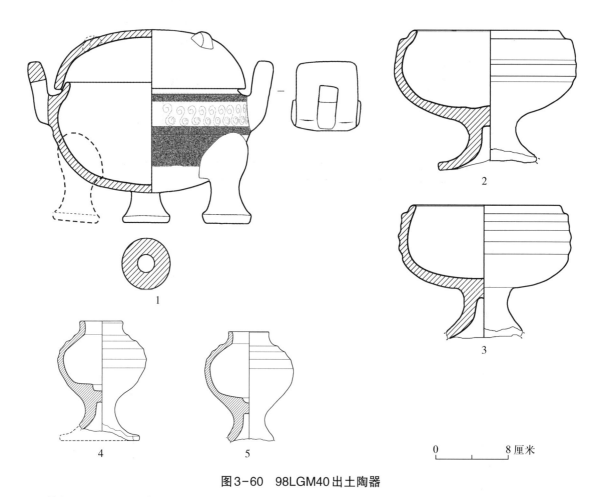

图 3-60　98LGM40 出土陶器

1.鼎（98LGM40∶5）　2.盖豆（98LGM40∶1）　3.盖豆（98LGM40∶4）　4.球腹壶（98LGM40∶7）　5.球腹壶（98LGM40∶8）

下各饰一窄一宽两圈压光纹带,其间饰一圈竖压横排S形卷云纹,其下饰1匝凹弦纹。鼎口径18厘米,通高20.5厘米。盖口径21厘米,高6.2厘米。

盖豆　2件。

98LGM40∶1,修复,缺盖。泥质灰黑陶,表皮脱落严重。子口内敛,方圆唇,弧腹,内底中心有一圆突,束腰圆短柄下接喇叭口形底座。器表饰黑色压光纹带,漫漶不清;腹中部饰2道瓦棱形纹。高14厘米,口径16.6厘米,底座径9.8厘米。

98LGM40∶4,残,缺盖。泥质灰陶,表皮脱落严重。子口内敛,方圆唇,弧腹,束腰圆柄,底座残缺。腹上部饰4道瓦棱形纹。残高14厘米,口径16厘米。

球腹壶　2件。

98LGM40∶7,残。泥质灰黑陶,表皮脱落严重。直口,方圆唇,鼓腹,束腰圆柄下接喇叭口形底座。腹上部饰4道瓦棱形纹,局部残存黑色压光。高12.6厘米,口径4.7厘米,底座径8.5厘米。

98LGM40：8，残。泥质灰黑陶，表皮脱落严重。直口，方圆唇，鼓腹，束腰圆柄，底座残缺。腹上部饰2道瓦棱形纹，局部残存黑色压光。口径4.4厘米，残高11.5厘米。

三八、98LGM41

（一）墓葬位置

98LGM41位于灵寿岗北墓地北区的中南部，M40的东侧、M42的南侧、M51的西侧。开口于耕土层下，墓口距地表深20厘米。

（二）墓葬形制

长方形土坑竖穴墓，近底有生土二层台。墓口长275厘米，宽160厘米；墓底长220厘米，宽80厘米；墓深420厘米；二层台宽35～50厘米，高88厘米。葬具为一棺，长208厘米，宽70厘米，存高33厘米。人骨架一具，仰身直肢，面向朝左，头向北偏西20°（图3-61）。

（三）随葬品

出土铜带钩1件（图3-62，图版二一：5），位于墓主人右小腿骨右侧上部。

铜带钩　1件。98LGM41：1，残。青铜，范铸。长条形，中起脊，横断面呈等腰三角形，钩残，枣核形钮。长5.8厘米，最宽0.75厘米，最厚0.6厘米。

三九、98LGM42

（一）墓葬位置

98LGM42位于灵寿岗北墓地北区的中部，M38的东侧、M40的北侧、M43的东南侧、M50的西北侧。开口于耕土层下，墓口距地表深20厘米。

（二）墓葬形制

长方形土坑竖穴墓。口大底小，墓口长310厘米，宽150厘米；墓底长260厘米，宽130厘米；墓深325厘米。葬具为一棺一椁。椁长210厘米，宽90厘米，存高15厘米。人骨架一具，仰身直肢，头向南偏西60°（图3-63）。

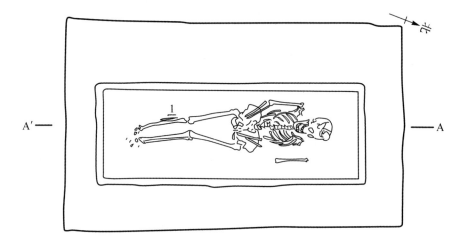

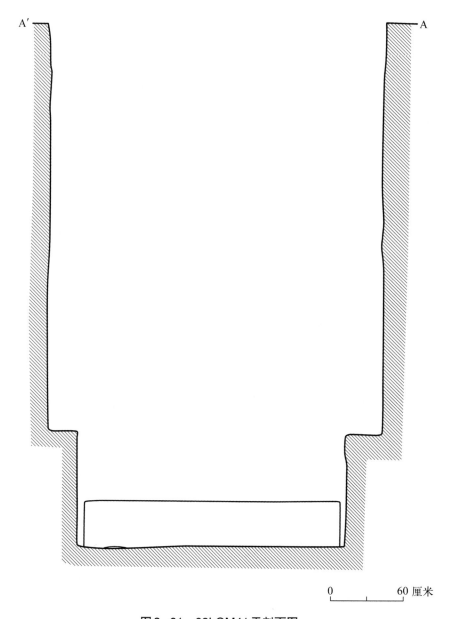

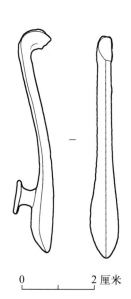

0   60 厘米

图3-61   98LGM41平剖面图

1.铜带钩

0   2厘米

图3-62   98LGM41出土器物

铜带钩（98LGM41：1）

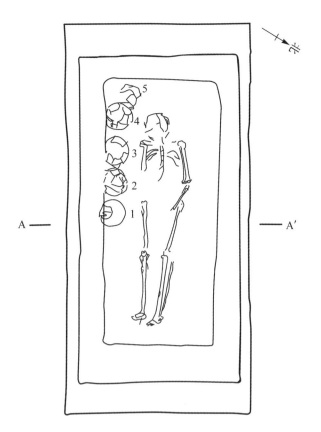

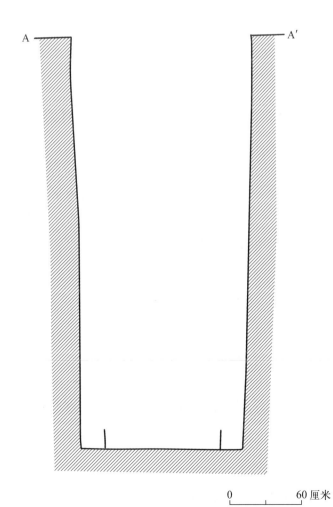

0   60厘米

图3-63　98LGM42平剖面图

1.陶罐　2.陶豆　3.陶鼎　4.陶豆　5.陶壶

（三）随葬品

出土陶器5件,有豆2件,罐、鼎、壶各1件,位于棺内墓主人上半身右侧。

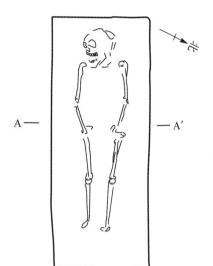

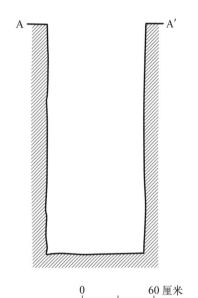

图3-64　98LGM43平剖面图

四〇、98LGM43

（一）墓葬位置

98LGM43位于灵寿岗北墓地北区的中部,M37的东侧、M42的西北侧、M44的西南侧。开口于耕土层下,墓口距地表深20厘米。

（二）墓葬形制

长方形土坑竖穴墓,圹长200厘米,宽80厘米,深180厘米。葬具为一棺。人骨架一具,仰身直肢,面向朝右,头向南偏西64°。无随葬品(图3-64)。

四一、98LGM44

（一）墓葬位置

98LGM44位于灵寿岗北墓地北区的中部,M33的东侧、M43的北侧、M45的东南侧、M49的西侧。开口于耕土层下,墓口距地表深20厘米。

（二）墓葬形制

长方形土坑竖穴墓。口大底小,墓口长275厘米,宽120厘米;墓底长235厘米,宽100厘米;墓深340厘米。葬具为一棺一椁。椁长200厘米,宽82厘米,存高78厘米。人骨架一具,仰身直肢,面向朝左,头向南偏西60°(图3-65)。

（三）随葬品

出土陶器3件,有罐、豆、瓤各1件(图3-66,图版二二：1～3)。位于棺内墓主人头部左侧。

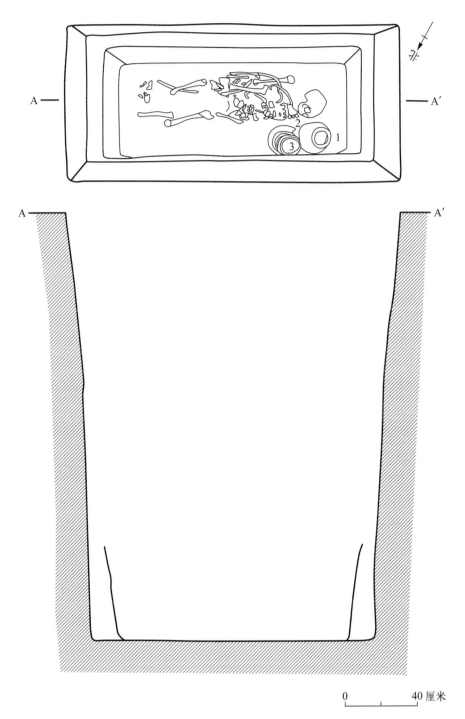

0   40 厘米

图3-65　98LGM44平剖面图

1. 陶罐　2. 陶盖豆　3. 陶甐

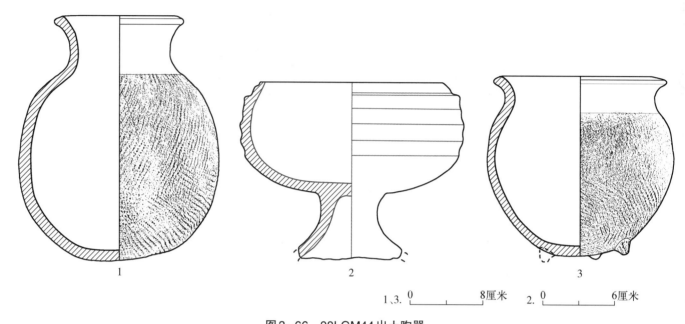

图3-66　98LGM44出土陶器

1.罐（98LGM44：1）　2.盖豆（98LGM44：2）　3.鬴（98LGM44：3）

罐　1件。98LGM44：1，微残。夹砂灰陶，火候较高。敞口，外折窄平沿，方圆唇，短束颈，弧腹，圜底。通体饰绳纹，颈部被磨光但可见绳纹痕，腹上部斜压绳纹，腹下部交错绳纹。高25.6厘米，口径14.2厘米。

盖豆　1件。98LGM44：2，残。泥质灰陶。盖缺失；豆子口内敛，方圆唇，弧腹，内圜底，束腰短圆柄下接喇叭口形底座，底座大部缺失。腹上部饰4道瓦棱形纹。口径15厘米，残高14厘米。

鬴　1件。98LGM44：3，修复。夹砂灰陶，火候较高。敞口，外折窄平沿，短束颈，弧腹，圜底，底部有三个乳头状小足。颈以下饰绳纹，上部为竖排绳纹，下部为交叉绳纹。通高19.4厘米，口径19厘米。

四二、98LGM45

（一）墓葬位置

98LGM45位于灵寿岗北墓地北区的中北部，M33的东侧、M44的北侧、M46的南侧、M48的西南侧。开口于耕土层下，墓口距地表深20厘米。

（二）墓葬形制

长方形土坑竖穴墓，圹长220厘米，宽80厘米，深230厘米。葬具为一棺，长192厘米，宽60

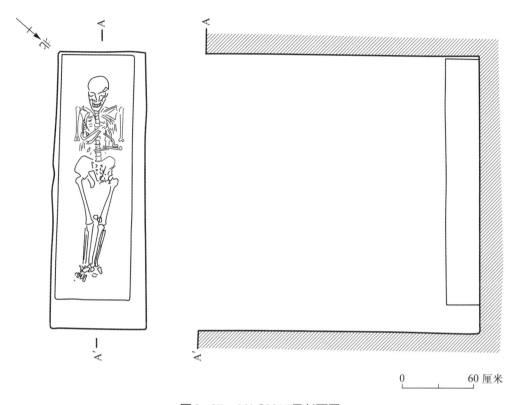

图3-67　98LGM45平剖面图

厘米,存高27厘米。人骨架一具,面向朝上,仰身直肢,头向南偏西50°。无随葬品(图3-67)。

四三、98LGM46

(一)墓葬位置

98LGM46位于灵寿岗北墓地北区的北部,M33的东北侧、M45的北侧、M47的西北侧。开口于耕土层下,墓口距地表20厘米。

(二)墓葬形制

长方形土坑竖穴墓。口大底小,墓口长280厘米,宽170厘米;墓底长260厘米,宽150厘米;墓深228厘米。葬具为一棺一椁。椁长220厘米,宽107厘米,存高54厘米;棺长220厘米,宽60厘米。人骨架一具,仰身直肢,头向北偏东58°。墓内填土为五花土,略经夯打(图3-68)。

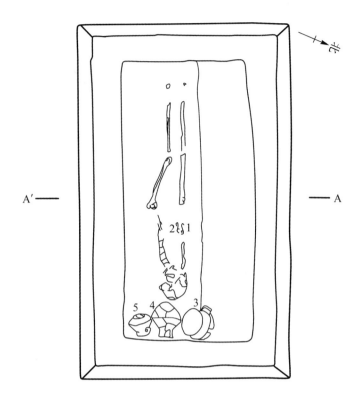

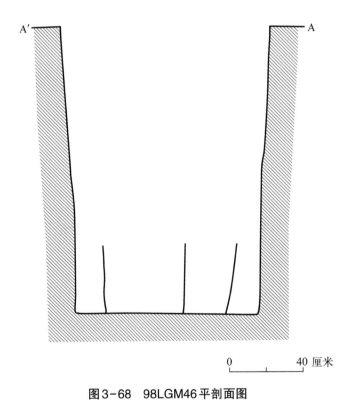

图3-68 98LGM46平剖面图

1. 铜带钩 2. 铜带钩 3. 陶鼎 4. 陶壶 5. 陶豆

（三）随葬品

出土随葬品5件，其中陶器3件，有鼎、壶、豆各1件，位于墓主人头骨上方的棺内（或棺椁之间）；铜带钩2件，位于墓主人腰部。

铜带钩　2件（图3-69，图版二二：4～5）。

98LGM46：1，青铜，范铸。长条形，中起脊，体横断面呈等腰三角形，枣核形钮。长6.7厘米，最宽1厘米。

98LGM46：2，青铜，范铸。长条形，中起脊，体横断面呈等腰三角形，枣核形钮。长4.8厘米，最宽0.5厘米，最厚0.66厘米。

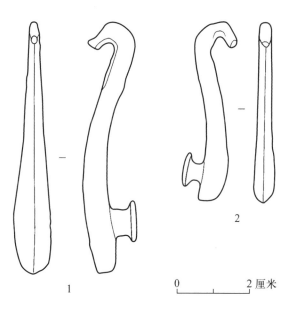

0 ⊢——┴——⊣ 2厘米

图3-69　98LGM46出土器物

1. 铜带钩（98LGM46：1）　2. 铜带钩（98LGM46：2）

四四、98LGM47

（一）墓葬位置

98LGM47位于灵寿岗北墓地北区的北部，M46的东侧、M48的北侧、M56的西侧。开口于耕土层下，墓口距地表20厘米。

（二）墓葬形制

长方形土坑竖穴墓。口大底小，墓口长215厘米，宽115厘米；墓底长205厘米，宽85厘米；

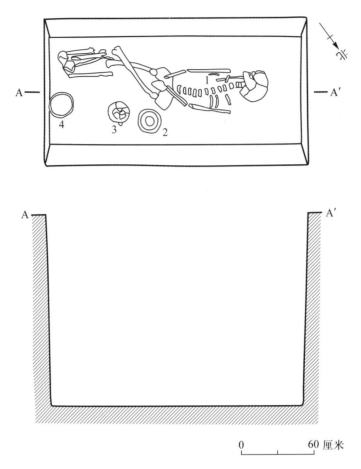

图 3-70 98LGM47 平剖面图

1.铜带钩 2.陶罐 3.陶罐 4.陶盖豆

墓深153厘米。葬具为一棺。人骨架一具,仰身屈肢,面向朝右,头向北偏西54°(图3-70)。

(三)随葬品

出土随葬品4件(图3-71,图版二三:1~3),其中陶器3件,有罐2件、盖豆1件,位于棺内墓主人下半身左侧;铜带钩1件,位于墓主人右胸部。

1. 陶器

罐 2件。98LGM47:2,稍残。泥质灰褐陶,陶色不匀。口稍敞,外折宽平沿,方圆唇,直领,鼓腹,下腹斜收并内弧,平底。颈部黑色压光,腹上部饰两组凹弦纹,每组2匝。高19.8厘米,口径14.7厘米,底径8.5厘米。

盖豆 1件。98LGM47:4,修复,缺盖。泥质灰陶,陶色不匀。器身不正。子口内敛,圆唇,弧腹,内圜底,束腰圆柄下接喇叭口形底座。腹中部饰1匝带状凸弦纹。高16厘米,口径17.1厘米,底座径12.7厘米。

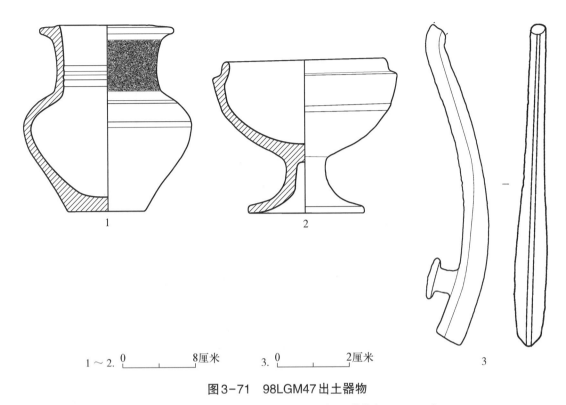

图3-71　98LGM47出土器物

1.罐（98LGM47∶2）　2.盖豆（98LGM47∶4）　3.带钩（98LGM47∶1）

2. 铜器

带钩　1件。98LGM47∶1，残。青铜，范铸。长条形，中起脊，体横断面呈等腰三角形，枣核形钮。残长8.54厘米，最宽0.86厘米，最厚0.7厘米。

四五、98LGM48

（一）墓葬位置

98LGM48位于灵寿岗北墓地北区的中北部，M44的东北侧、M47的南侧、M49的北侧、M55的西南侧。开口于耕土层下，墓口距地表20厘米。

（二）墓葬形制

长方形土坑竖穴墓，东、西壁有生土二层台。墓口长340厘米，宽200厘米；墓底长280厘米，宽150厘米；墓深280厘米；二层台宽22厘米，高165厘米。葬具为一棺一椁。椁长215厘米，宽113厘米，存高26厘米。人骨架一具，仰身屈肢，头向北偏西34°（图3-72）。

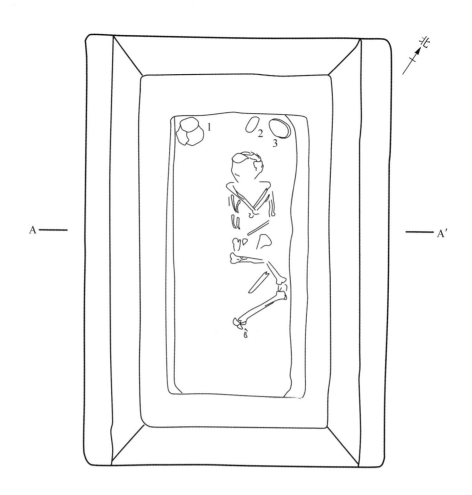

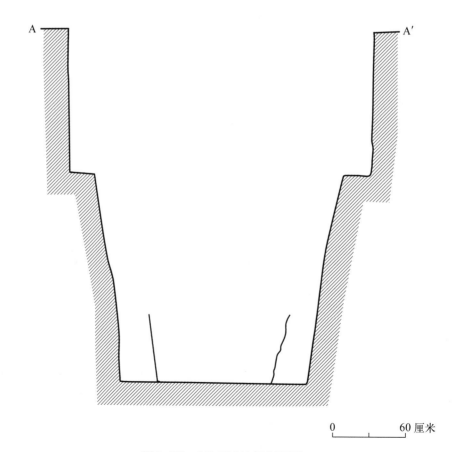

图3-72　98LGM48平剖面图

1. 陶罐　2. 陶豆　3. 陶盖豆

（三）随葬品

出土陶器3件,有罐、豆、盖豆各1件(图3-73,图版二三:4～6)。位于棺内墓主人头骨上部。

罐　1件。98LGM48:1,修复。泥质灰黑陶,表皮脱落严重。敞口,外折小平沿,圆唇,矮领,鼓腹,假圈足,平底。腹中部饰1匝凹弦纹。高18.3厘米,口径12.2厘米,底径10厘米。

豆　1件。98LGM48:2,修复。泥质灰陶,表皮脱落严重。敞口,方圆唇,弧腹,束腰圆柄下接喇叭口形底座。高13.7厘米,口径15厘米,底座径9.6厘米。

盖豆　1件。98LGM48:3,修复,缺盖。泥质灰陶,表皮脱落严重。子口内敛,圆唇,弧腹,内圜底,束腰圆柄下接喇叭口形底座。高16.5厘米,口径16厘米,底座径11.5厘米。

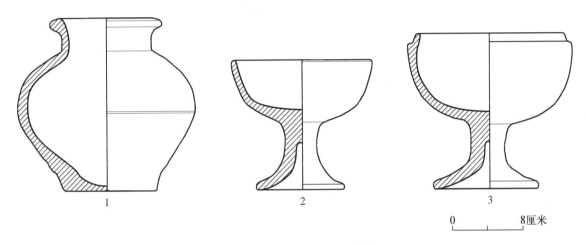

0　　　　8厘米

图3-73　98LGM48出土陶器

1.罐(98LGM48:1)　2.豆(98LGM48:2)　3.盖豆(98LGM48:3)

四六、98LGM49

（一）墓葬位置

98LGM49位于灵寿岗北墓地北区的中东部,M44的东侧、M48的南侧、M54的西北侧、M58的西侧。开口于耕土层下,墓口距地表20厘米。

（二）墓葬形制

长方形土坑竖穴墓。口大底小,墓口长270厘米,宽140厘米;墓底长250厘米,宽120厘米;墓深300厘米。葬具为一棺一椁。椁长201厘米,宽90厘米,存高20厘米。人骨架一具,仰身屈肢,面向朝右,头向北偏东60°(图3-74)。

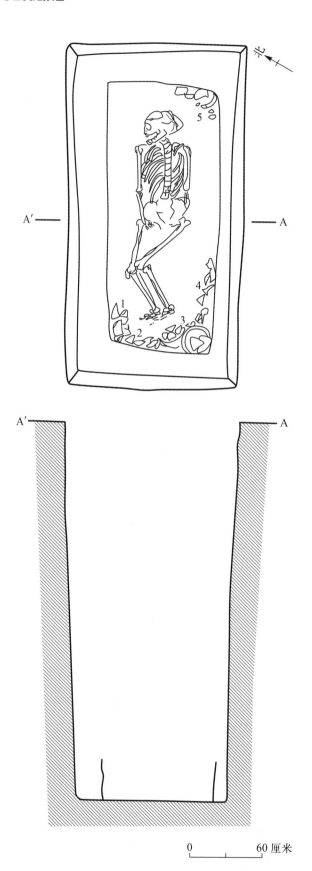

图3-74　98LGM49平剖面图

1.陶器　2.陶平盘豆　3.陶盖豆　4.陶片　5.陶鼎

（三）随葬品

出土陶器5件，有平盘豆、盖豆、鼎各1件（图3-75，图版二四：1～3）。位于棺内墓主人头上和脚下。

鼎　1件。98LGM49：5，修复。泥质灰黑陶，陶色不匀。覆钵形尖顶盖，盖面中部有三个等距半圆形钮，方圆唇；鼎子口内敛，圆唇，弧腹，圜底，三兽首形足，双耳残缺。器表饰黑色压光纹带和凹弦纹，脱落严重。盖面中心至口沿纹饰依次为瓦棱形纹、双排波折纹、1匝凹弦纹加压光纹带、1匝凹弦纹加宽压光纹带，两纹带间纹饰不清；鼎腹中部饰1匝凹弦纹。鼎口径18.4厘米，通高18.6厘米。盖口径20.6厘米，高6.3厘米。

盖豆　1件。98LGM49：3，缺盖。泥质灰黑陶，表皮脱落严重。子口内敛，外卷圆唇，弧腹，内圜底，束腰圆柄下接喇叭口形底座。腹中部饰1匝凹弦纹。高16.3厘米，口径16.3厘米，底座径12.6厘米。

平盘豆　1件。98LGM49：2，修复。泥质灰陶，表皮脱落严重。直口，尖圆唇，折壁，长圆管状柄下接喇叭口形底座。高13.9厘米，口径11厘米，底座径6.7厘米。

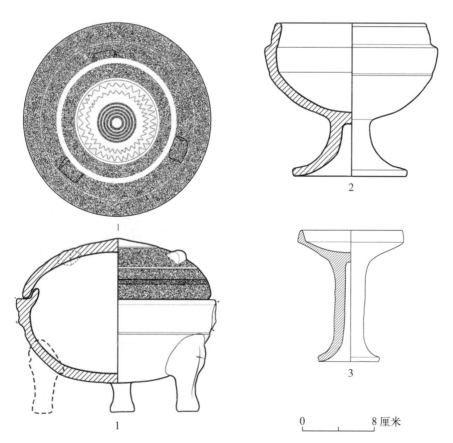

图3-75　98LGM49出土陶器

1.鼎（98LGM49：5）　2.盖豆（98LGM49：3）　3.平盘豆（98LGM49：2）

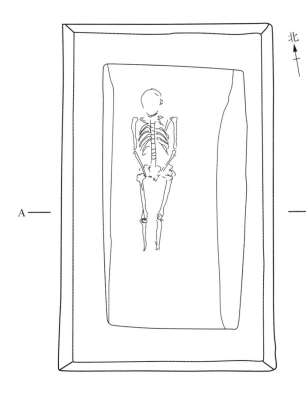

图3-76 98LGM50平剖面图

四七、98LGM50

（一）墓葬位置

98LGM50位于灵寿岗北墓地北区的中东部，M42的东南侧、M52的西侧。开口于耕土层下，墓口距地表20厘米。

（二）墓葬形制

长方形土坑竖穴墓。口大底小，墓口长370厘米，宽230厘米；墓底长350厘米，宽210厘米；墓深360厘米。葬具为一棺一椁。椁长276厘米，宽158厘米，存高57厘米。人骨架一具，仰身直肢，头向北偏东10°。无随葬品。墓被盗扰（图3-76）。

四八、98LGM51

（一）墓葬位置

98LGM51位于灵寿岗北墓地北区的中南部，M41的东侧、M50的南侧、M53的西侧。开口于耕土层下，墓口距地表20厘米。

（二）墓葬形制

长方形土坑竖穴墓，近底有生土二层台。墓口长255厘米，宽170厘米；墓底长230厘米，宽140厘米；墓深400厘米。葬具为一棺，长215厘米，宽82厘米，存高28厘米。无人骨架。墓向北偏西15°（图3-77）。

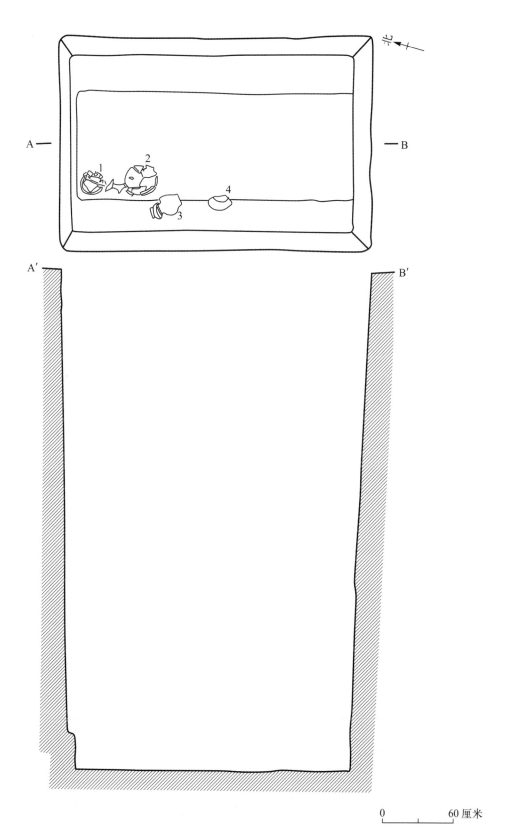

图3-77 98LGM51平剖面图

1. 陶盖豆   2. 陶鼎   3. 陶罐   4. 陶盘

（三）随葬品

出土陶器4件,有盖豆、鼎、罐、盘各1件(图3-78,图版二四:4~6)。位于棺内西侧北半段。

盖豆　1件。98LGM51:1,修复,缺盖。泥质灰陶。子口内敛,方圆唇,弧腹,束腰圆柄下接喇叭口形底座。高16.9厘米,口径16.7厘米,底座径12.6厘米。

罐　1件。98LGM51:3,微残。泥质灰黑陶,陶色不匀。直口,外折平沿,方圆唇,直领,溜肩,鼓腹,平底。器表饰黑色压光纹带,脱落较重。口沿至腹中部饰两圈压光纹带,其间饰一圈竖向短线纹。高16.7厘米,口径12.8厘米,底径9.5厘米。

盘　1件。98LGM51:4,修复。泥质灰陶,表皮脱落严重。直口,方圆唇,折壁,假圈足,平底。高5.5厘米,口径14厘米,底径7.5厘米。

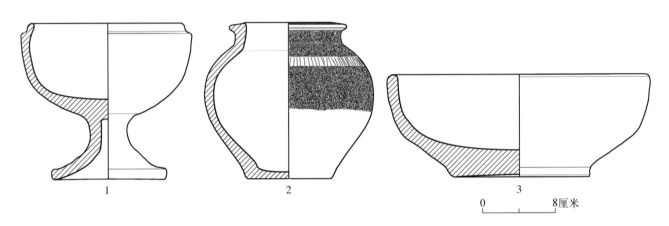

图3-78　98LGM51出土器物

1.盖豆(98LGM51:1)　2.罐(98LGM51:3)　3.盘(98LGM51:4)

四九、98LGM52

（一）墓葬位置

98LGM52位于灵寿岗北墓地北区的中东部,M50的东侧、M51的东北侧、M53的西北侧、M54的西南侧。开口于耕土层下,墓口距地表20厘米。

（二）墓葬形制

长方形土坑竖穴墓。口大底小,墓口长305厘米,宽180厘米;墓底长270厘米,宽160厘米;墓深340厘米。葬具为一棺一椁。椁长214厘米,宽86厘米,存高35厘米;棺长174厘米,宽54厘米,存高27厘米。人骨架一具,仰身直肢,头向北偏西15°(图3-79)。

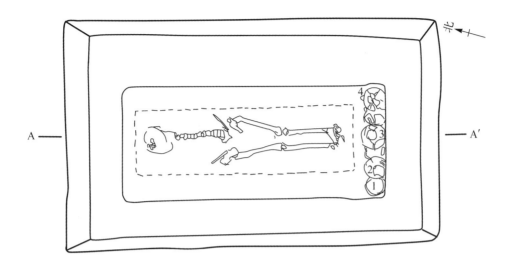

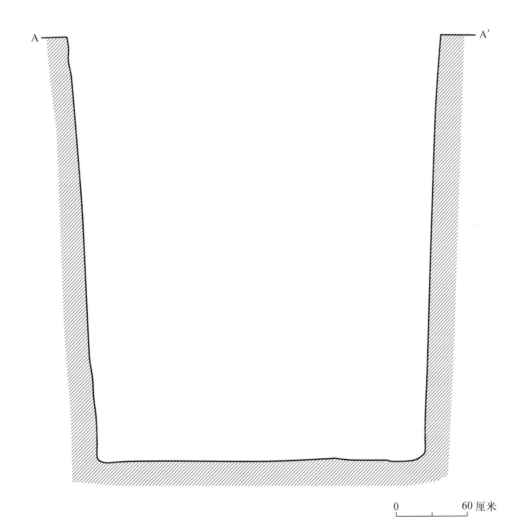

图3-79　98LGM52平剖面图

1.陶盘　2.陶壶　3.陶盖豆　4.陶鼎

（三）随葬品

出土陶器4件,有盘、壶、盖豆、鼎各1件(图3-80,图版二五:1~2)。位于墓主人脚下的棺椁之间。

鼎　1件。98LGM52:4,修复。泥质灰陶,表皮脱落较重。覆钵形弧顶盖,方圆唇;鼎子口内敛,方圆唇,弧腹,圜底,三蹄形足,口侧附加对称"⊓"形双耳,耳稍外撇。鼎腹中部饰一组2匝凹弦纹。鼎口径15.6厘米,通高17.1厘米。盖口径17.7厘米,高3.9厘米。

盖豆　1件。98LGM52:3,修复。泥质灰陶,表皮脱落严重。覆钵形盖身,束腰短圆柄上接圆饼状捉手;豆子口内敛,方圆唇,弧腹,束腰圆柄下接喇叭口形底座。豆腹中部饰2道瓦棱形纹。盖口径16.3厘米,高5.8厘米;豆口径13.6厘米,底座径11厘米,通高20.2厘米。

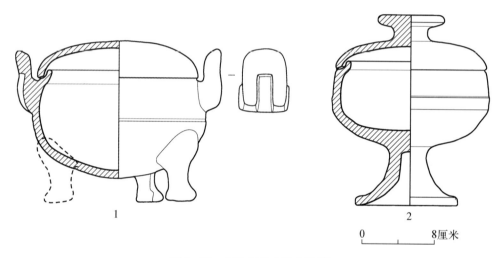

0　　　　　8厘米

图3-80　98LGM52出土陶器

1.鼎(98LGM52:4)　2.盖豆(98LGM52:3)

五〇、98LGM53

（一）墓葬位置

98LGM53位于灵寿岗北墓地北区的中部偏东南,M51的东侧、M52的东南侧、M59的西南侧。开口于耕土层下,墓口距地表20厘米。

（二）墓葬形制

长方形土坑竖穴墓。口大底小,墓口长320厘米,宽200厘米;墓底长280厘米,宽150厘米;墓深370厘米。无人骨架。墓向北偏西40°(图3-81)。

（三）随葬品

出土陶器3件，有盖豆2件、罐1件（图3-82，图版二五：3～4）。位于墓圹东壁的南端。

盖豆 2件。

98LGM53：1，修复。泥质灰陶，表皮脱落严重。覆钵形盖身，束腰短圆柄上接喇叭口形捉手，方圆唇；豆子口内敛，方圆唇，弧腹，束腰圆柄下接喇叭口形底座。豆腹部饰1匝凹弦纹。盖口径19厘米，高7.8厘米。豆口径16.9厘米，底座径

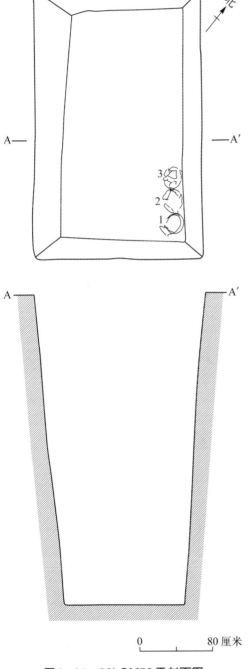

0   80厘米

图3-81 98LGM53平剖面图

1.陶盖豆 2.陶盖豆 3.陶罐

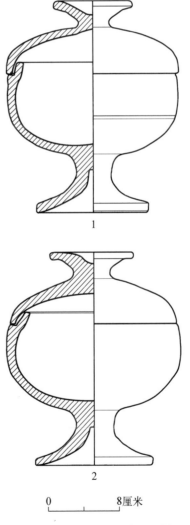

1

2

0   8厘米

图3-82 98LGM53出土陶器

1.盖豆（98LGM53：1） 2.盖豆（98LGM53：2）

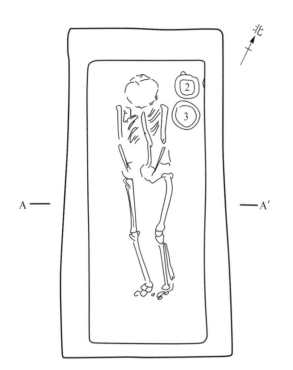

图3-83　98LGM54平剖面图

1. 铜带钩　2. 陶罐　3. 陶盖豆

12.5厘米,通高22.5厘米。

98LGM53:2,修复。泥质灰陶,表皮脱落严重。覆钵形弧顶盖身,短束腰圆柄上接喇叭口形捉手,方圆唇;豆子口内敛,方圆唇,弧腹,束腰圆柄下接喇叭口形底座。盖口径18.2厘米,高7.6厘米。豆口径15.2厘米,底座径12.8厘米,通高22.6厘米。

五一、98LGM54

(一)墓葬位置

98LGM54位于灵寿岗北墓地北区的中东部,M49的东南侧、M52的东北侧、M53的北侧、M58的西南侧。开口于耕土层下,墓口距地表20厘米。

(二)墓葬形制

长方形土坑竖穴墓。口大底小,墓口长260厘米,宽140厘米;墓底长225厘米,宽100厘米;墓深220厘米。葬具为一棺。人骨架一具,仰身直肢,头向北偏西27°(图3-83)。

(三)随葬品

出土随葬品3件(图3-84,图版二五:5~7),其中陶器2件,有罐、盖豆各1件,位于棺内墓主人头骨左侧;铜带钩1件,位于墓主人右肩处。

1. 陶器

双耳罐　1件。98LGM54:2,微残。夹砂灰褐陶,陶色不匀。敞口,圆唇,矮领,弧腹,小平底,腹底间无明显分界。腹上部附加对称竖向半环形双耳。腹及底饰交错绳纹。高20.6厘米,口径15.7厘米。

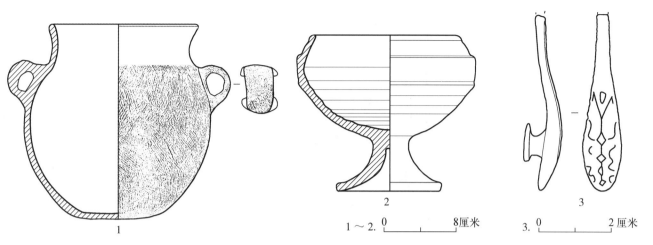

图3-84　98LGM54出土器物

1. 陶罐（98LGM54：2）　2. 陶盖豆（98LGM54：3）　3. 铜带钩（98LGM54：1）

盖豆　1件。98LGM54：3，修复，缺盖。泥质灰陶，陶色不匀，表皮脱落较重。子口内敛，外卷圆唇，折腹，内圜底，束腰圆柄下接喇叭口形底座。折腹上侧饰1匝凹弦纹。高16.5厘米，口径15.8厘米，底座径11.5厘米。

2. 铜器

带钩　1件。98LGM54：1，残。青铜，范铸。狭长琵琶形，钩残缺，横断面呈半圆形，枣核形钮。钩面纹饰不清。残长4.7厘米，最宽1厘米，最厚0.5厘米。

五二、98LGM55

（一）墓葬位置

98LGM55位于灵寿岗北墓地北区的东北部，M47的东南侧、M48的东北侧、M56的南侧、M74的西北侧。开口于耕土层下，墓口距地表20厘米。

（二）墓葬形制

长方形土坑竖穴墓，近底有生土二层台。墓口长230厘米，宽140厘米；墓底长176厘米，宽84厘米；墓深210厘米。二层台宽14～17厘米，高36厘米。葬具为一棺，长166厘米，宽77厘米，存高34厘米。人骨架一具，屈肢，头向北偏西28°。无随葬品（图3-85）。

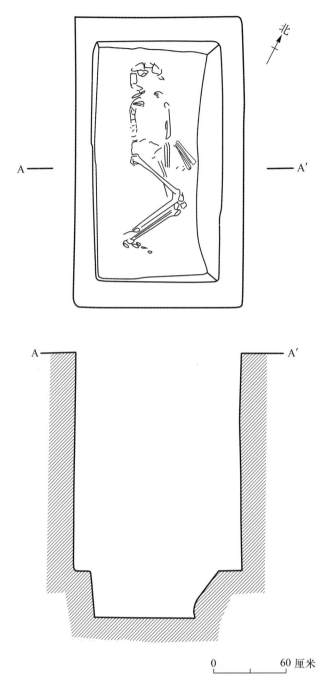

图3-85 98LGM55平剖面图

五三、98LGM56

（一）墓葬位置

98LGM56位于灵寿岗北墓地北区的东北部，M47的东侧、M55的北侧、M73的西南侧。开口于耕土层下，墓口距地表20厘米。

（二）墓葬形制

长方形土坑竖穴墓。口大底小,墓口长245厘米,宽130厘米;墓底长200厘米,宽100厘米;墓深160厘米。葬具为一棺,棺长174厘米,宽54厘米,存高30厘米。人骨架一具,仰身屈肢,头向北偏西17°。无随葬品(图3-86)。

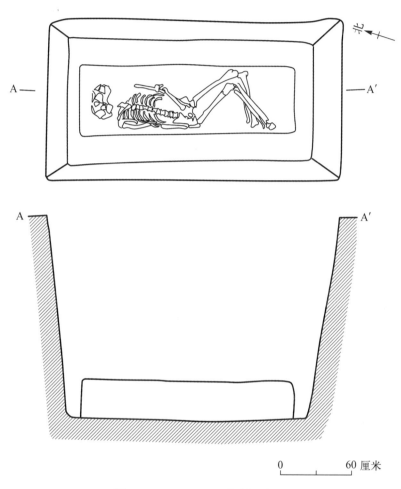

图3-86 98LGM56平剖面图

五四、98LGM57

（一）墓葬位置

98LGM57位于灵寿岗北墓地北区的东北部,M68的西侧、M73的东北侧、M75的北侧。开口于耕土层下,墓口距地表深20厘米。

（二）墓葬形制

　　长方形竖穴土坑墓，圹长274厘米，宽170厘米，深200厘米。直壁，壁面经加工，平整。墓底发现6道相间排列的横向凹槽，槽长同墓宽，槽宽12～25厘米，深6厘米，槽间以黄土棱相隔，可能系墓底防潮之便。葬具为一棺一椁，均腐朽。椁长222厘米，宽96厘米，存高47厘米。人骨架一具，仰身直肢，头向北偏西15°。填土经夯实，较硬，夯层厚30厘米。墓被盗扰（图3-87）。

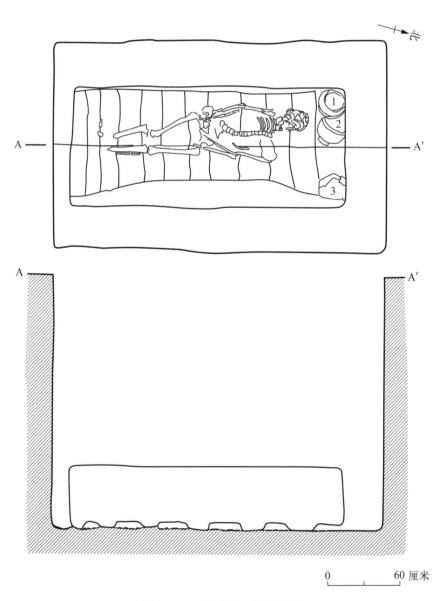

图3-87　98LGM57平剖面图

1.陶豆　2.陶盖豆　3.陶鼎

（三）随葬品

出土陶器3件，有鼎、豆、盖豆各1件（图3-88，图版二六：1、2）。位于棺内墓主人头骨上部。

鼎 1件。98LGM57：3，残。夹砂黑褐陶，陶色不匀。覆钵形弧顶盖，盖面三钮残缺，尖唇；鼎子口内敛，方唇，折肩，弧腹，圜底，三蹄形足，双耳残缺，一侧耳部近口沿处钻一圆孔。盖口径16.5厘米，高3.2厘米。鼎口径14厘米，通高16.5厘米。

盖豆 1件。98LGM57：2，修复，缺盖。泥质灰陶，表皮脱落较重。子口内敛，方唇，弧腹，内圜底，高圈足外撇。高17.4厘米，口径16.4厘米，足径11.7厘米。

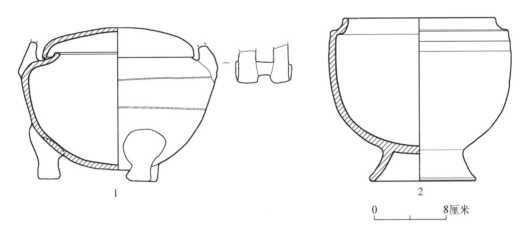

图3-88 98LGM57出土陶器

1. 鼎（98LGM57：3）　2. 盖豆（98LGM57：2）

五五、98LGM58

（一）墓葬位置

98LGM58位于灵寿岗北墓地北区的东部，M49的东侧、M54的东北侧、M61的西北侧、M74的南侧。开口于耕土层下，墓口距地表20厘米。

（二）墓葬形制

长方形土坑竖穴墓。口大底小，墓口长265厘米，宽190厘米；墓底长250厘米，宽130厘米；墓深260厘米。葬具为一棺，长224厘米，宽67厘米，存高19厘米。人骨架一具，仰身直肢，头向北偏西24°（图3-89）。

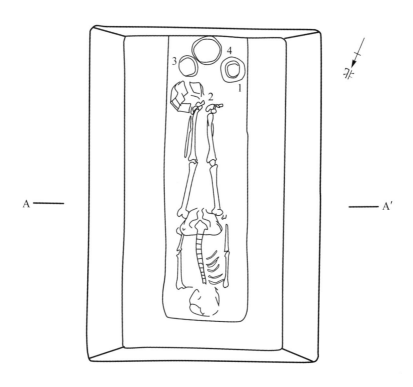

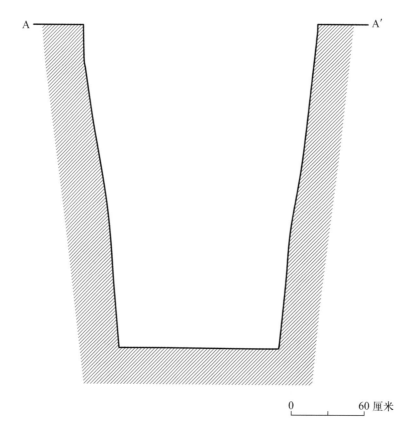

图3-89 98LGM58平剖面图

1.陶罐 2.陶鬲 3.陶盖豆 4.陶壶

（三）随葬品

出土陶器4件,有罐、鬲、盖豆、壶各1件(图3-90,图版二六:3~5)。位于棺内墓主人脚下部。

罐　1件。98LGM58:1,修复。夹砂灰陶,表皮脱落严重。盘口,方圆唇,矮领,弧腹,小平底,腹底间无明显分界。腹部满饰竖压绳纹,腹上部加饰6匝凹弦纹。高15.4厘米,口径12.4厘米。

盖豆　1件。98LGM58:3,修复,缺盖。泥质灰陶,表皮脱落较重。子口内敛,方圆唇,弧腹,束腰圆柄下接喇叭口形底座。高15.9厘米,口径17厘米,底座径12.3厘米。

壶　1件。98LGM58:4,修复。泥质灰陶,表皮脱落较重。外折小平沿,方圆唇,长颈,折肩,斜直腹,大平底。高23.6厘米,口径13厘米,底径13.5厘米。

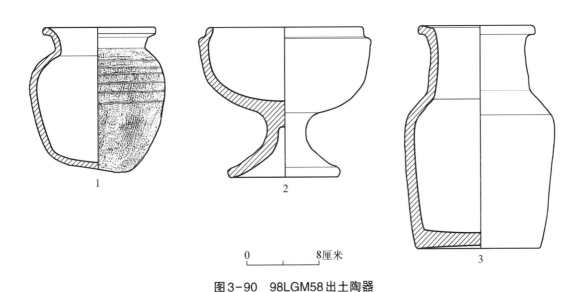

0　　　　　8厘米

图3-90　98LGM58出土陶器

1.罐(98LGM58:1)　2.盖豆(98LGM58:3)　3.壶(98LGM58:4)

五六、98LGM59

（一）墓葬位置

98LGM59位于灵寿岗北墓地北区的东部,M53的东侧、M60的南侧、M64的西侧。开口于耕土层下,墓口距地表20厘米。

（二）墓葬形制

长方形土坑竖穴墓。口大底小,墓口长265厘米,宽180厘米;墓底长240厘米,宽140厘米;墓深385厘米。葬具为一棺一椁。椁长200厘米,宽104厘米,存高52厘米;棺长172厘米,宽60厘米,存高49厘米。人骨架一具,仰身直肢,头向北偏西18°(图3-91)。

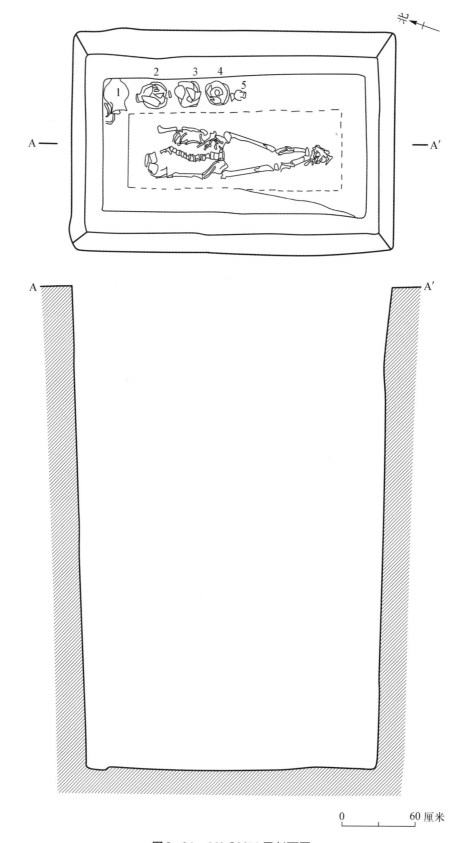

图3-91 98LGM59平剖面图

1. 陶壶 2. 陶鼎 3. 陶豆 4. 陶豆 5. 陶球腹壶

（三）随葬品

出土陶器5件，有壶、鼎、球腹壶各1件，豆2件（图3-92，图版二七：1、2）。位于墓主人左侧上半身的棺椁之间。

壶　1件。98LGM59：1，修复。泥质灰黑陶，陶色不匀。斗笠形盖，子口较短；壶敞口，方圆唇，束颈，鼓腹，假圈足，平底。器表饰黑色压光纹带和凹弦纹，脱落严重。盖面中部饰2匝凹弦纹，其间饰一圈波折纹；壶腹中部饰一圈波折纹。盖口径12.9厘米，高2.9厘米。壶口径12厘米，底径10.3厘米，通高28.4厘米。

球腹壶　1件。98LGM59：5，修复。泥质灰陶，表皮脱落严重。敞口，方圆唇，短束颈，弧腹，圆柄下接喇叭口形底座。高15.2厘米，口径4.2厘米，底座径6.9厘米。

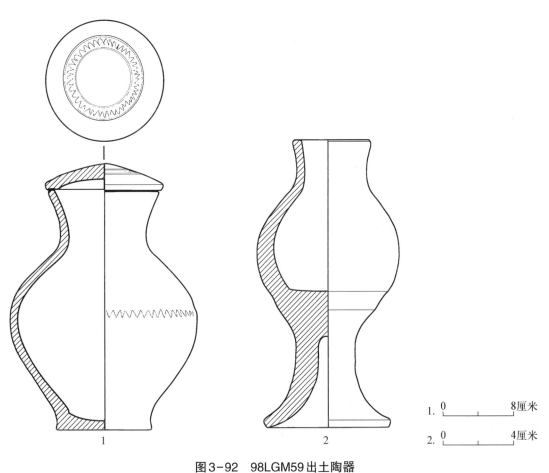

图3-92　98LGM59出土陶器

1.壶（98LGM59：1）　2.球腹壶（98LGM59：5）

五七、98LGM60

（一）墓葬位置

98LGM60位于灵寿岗北墓地北区的东部，M54的东南侧、M59的北侧、M62的西南侧、M64的西北侧。开口于耕土层下，墓口距地表20厘米。

（二）墓葬形制

长方形竖穴土坑墓。口大底小，墓口长295厘米，宽190厘米；墓底长255厘米，宽150厘米；墓深250厘米。葬具为一棺一椁。椁长228厘米，宽90厘米，存高48厘米；棺长176厘米，宽60厘米，存高37厘米。人骨架一具，仰身屈肢，面向朝左，头向北偏西30°（图3-93）。

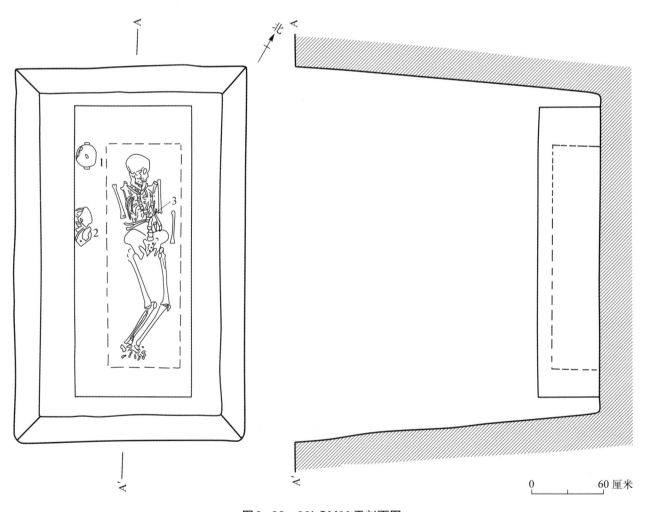

图3-93　98LGM60平剖面图

1.陶鼎　2.陶盖豆　3.铜带钩

（三）随葬品

出土随葬品3件（图3-94，图版二七：3～5），其中陶器2件，有鼎、盖豆各1件，位于墓主人右侧上半身的棺椁之间；铜带钩1件，位于墓主人腰部。

1. 陶器

鼎　1件。98LGM60：1，修复。泥质灰陶，陶色不匀。覆钵形弧顶盖，盖面中心有一半圆形钮，方圆唇；鼎子口较直，方唇，弧腹，圜底，锥形三足，口侧附加对称"口"形双耳，耳外撇。盖口径15.4厘米，高4.1厘米。鼎口径12.8厘米，通高14.9厘米。

盖豆　1件。98LGM60：2，修复。泥质灰陶，表皮脱落较重。覆盘形弧顶盖，盖面中心有一半圆形钮，方圆唇；豆子口内敛，方圆唇，弧腹，束腰圆柄下接喇叭口形底座。盖口径17厘米，高4.4厘米。豆口径16.6厘米，底座径12.1厘米，通高21厘米。

2. 铜器

带钩　1件。98LGM60：3，残。青铜，范铸。前部残缺，长条形，中起脊，平行四边形钮。残长2.54厘米，最宽0.83厘米，厚0.55厘米。

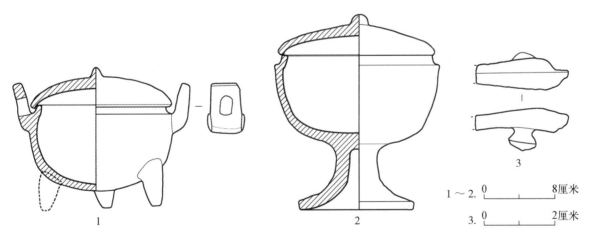

图3-94　98LGM60出土器物

1.陶鼎（98LGM60：1）　2.陶盖豆（98LGM60：2）　3.铜带钩（98LGM60：3）

五八、98LGM61

（一）墓葬位置

98LGM61位于灵寿岗北墓地北区的东部，M58的东南侧、M62的西北侧、M66的西侧。开口于耕土层下，墓口距地表20厘米。

（二）墓葬形制

　　长方形竖穴土坑墓。口大底小，墓口长240厘米，宽130厘米；墓底长220厘米，宽110厘米；墓深277厘米。葬具为一棺一椁。椁长188厘米，宽76厘米，存高32厘米。人骨架一具，仰身直肢，头向北偏东78°。无随葬品（图3-95）。

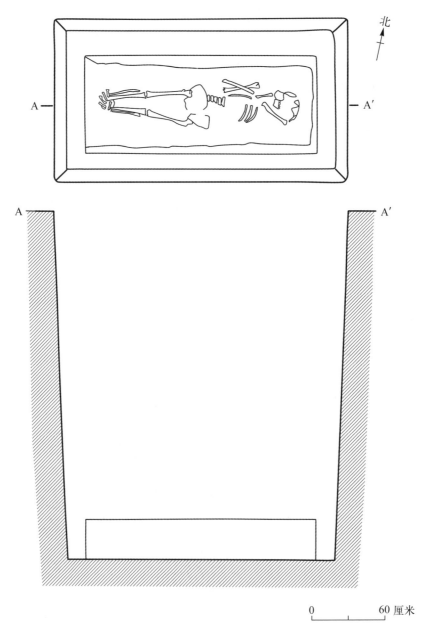

图3-95　98LGM61平面图

五九、98LGM62

（一）墓葬位置

98LGM62位于灵寿岗北墓地的北区东部，M60的西北侧、M61的南侧、M63的西侧。开口于耕土层下，墓口距地表20厘米。

（二）墓葬形制

长方形竖穴土坑墓。口大底小，墓口长250厘米，宽150厘米；墓底长230厘米，宽130厘米；墓深290厘米。葬具为一棺一椁。椁长198厘米，宽78厘米，存高35厘米。人骨架一具，侧身屈肢，面向朝东，头向南偏东12°。无随葬品（图3-96）。

六〇、98LGM63

（一）墓葬位置

98LGM63位于灵寿岗北墓地北区的东部，M61的东南侧、M62的东侧、M64的西北侧、M66的西南侧。开口于耕土层下，墓口距地表20厘米。

（二）墓葬形制

长方形竖穴土坑墓。口大底小，墓口长270厘米，宽160厘米；墓底长250厘米，宽140厘米；墓深290厘米。葬具为一棺，长210厘米，宽96厘米，存高20厘米。人骨架一具，仰身屈肢，头向南偏东11°。无随葬品（图3-97）。

六一、98LGM64

（一）墓葬位置

98LGM64位于灵寿岗北墓地北区的东部，M59的东侧、M63的东南侧、M65的西侧。开口于耕土层下，墓口距地表20厘米。

（二）墓葬形制

长方形竖穴土坑墓，近底有生土二层台。墓口长240厘米，宽140厘米；墓底长185厘米，宽

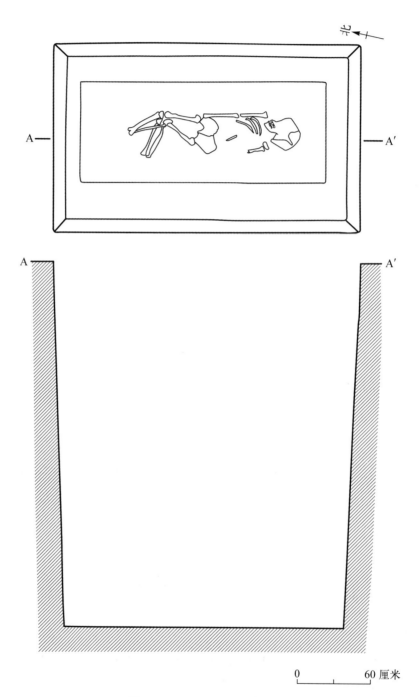

图3-96　98LGM62平剖面图

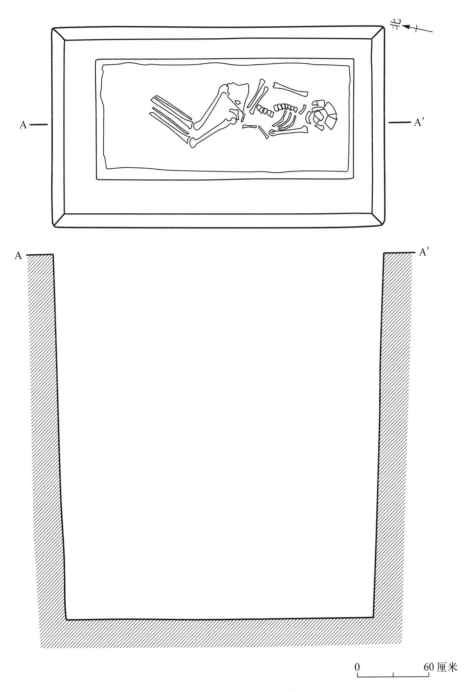

北

A————————A'

A A'

0   60厘米

图3-97   98LGM63平剖面图

60厘米；墓深280厘米；二层台宽20～28厘米，高68厘米。西壁近北端有一壁龛，宽约50厘米，高40厘米，进深22厘米；龛距墓口210厘米。葬具为一棺，长185厘米，宽60厘米，存高40厘米。人骨架一具，仰身直肢，面向朝右，头向北偏东13°（图3-98）。

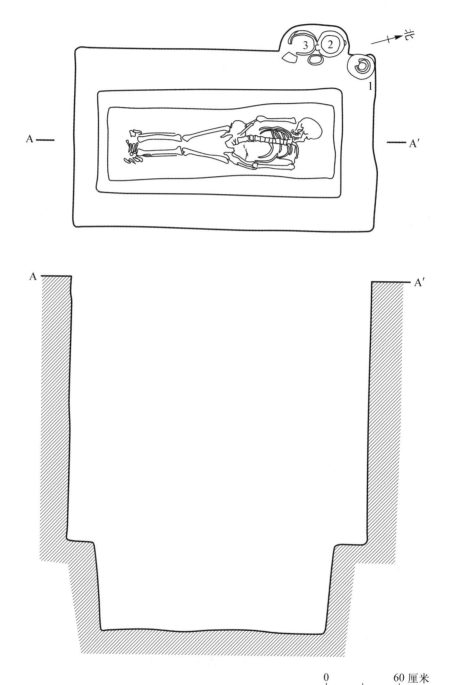

0　　　　　　60厘米

图3-98　98LGM64平剖面图

1. 陶罐　2. 陶鼎　3. 陶豆

（三）随葬品

出土陶器3件,有鼎、罐、豆各1件。罐、豆位于壁
龛内,鼎位于龛北侧的墓圹北角。

双耳罐形鼎　1件。98LGM64：2,残。夹砂灰陶,
火候较高。口残,敞口,束颈,鼓腹,平底,腹上部附加
对称竖向半环形双耳。通体饰竖压绳纹,颈部被磨光,
但仍可见绳纹痕。残高14.8厘米,底径10.2厘米(图
3-99,图版二八：1)。

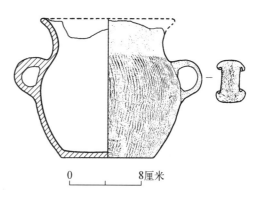

图3-99　98LGM64出土陶器

双耳罐形鼎(98LGM64：2)

六二、98LGM65

（一）墓葬位置

98LGM65位于灵寿岗北墓地北区的东部,M64的
东侧、M66的南侧、M69的西南侧。开口于耕土层下,墓
口距地表20厘米。

（二）墓葬形制

长方形竖穴土坑墓。口大底小,墓口长215厘米,
宽120厘米;墓底长210厘米,宽100厘米;墓深135厘
米。葬具为一棺一椁。椁长200厘米,宽68厘米,存高
21厘米;棺长190厘米,宽54厘米,存高17厘米。人
骨架一具,仰身直肢,头向北偏西14°。无随葬品(图
3-100)。

六三、98LGM66

（一）墓葬位置

98LGM66位于灵寿岗北墓地北区的东部,M61的
东侧、M63的东北侧、M69的西北侧、M71的西南侧。开
口于耕土层下,墓口距地表20厘米。

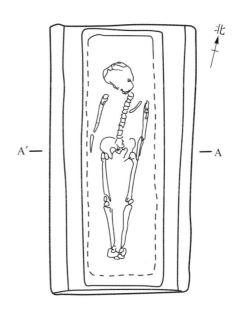

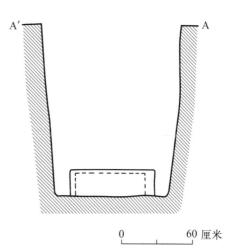

图3-100　98LGM65平剖面图

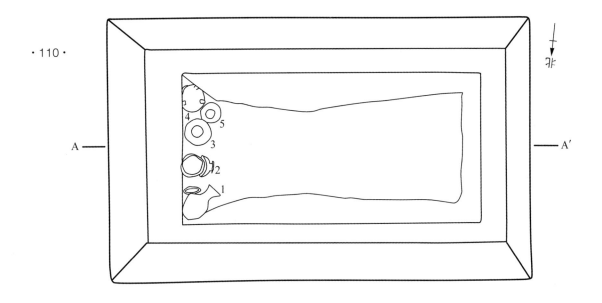

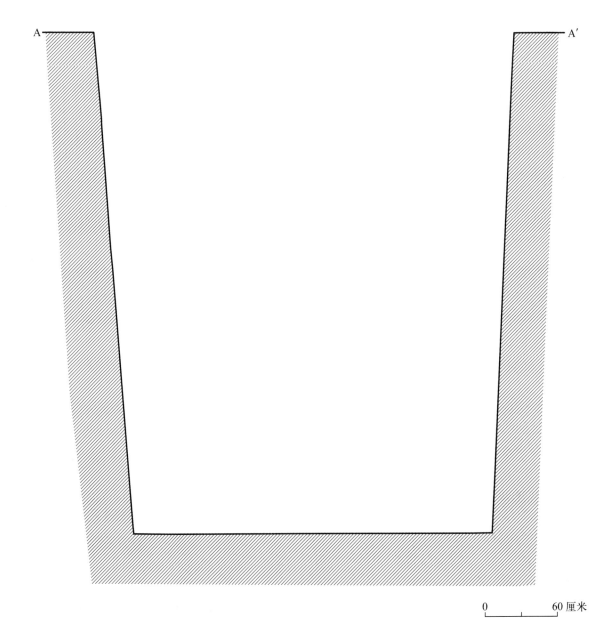

图 3-101 98LGM66平剖面图

1.陶壶 2.陶豆 3.陶豆 4.陶鼎 5.陶盘

（二）墓葬形制

长方形竖穴土坑墓。口大底小，墓口长345厘米，宽220厘米；墓底长295厘米，宽155厘米；墓深391厘米。葬具为一棺一椁。椁长238厘米，宽118厘米，存高56厘米。无人骨架。墓向南偏东85°（图3-101）。

（三）随葬品

出土陶器5件，有豆2件，壶、鼎、盘各1件。位于东端的棺椁之间（或棺内）。

壶 1件。98LGM66：1，修复。泥质灰褐陶，陶色不匀，表皮脱落较重。覆盘形弧顶盖，盖面中心有一乳头状凸起；壶敞口，方圆唇，长束颈，鼓腹，平底。盖面残存有黑色压光纹带，壶腹部有瓦棱形纹。盖口径13厘米，高3.8厘米。壶口径13.5厘米，底径9.7厘米，通高32.9厘米（图3-102，图版二八：2）。

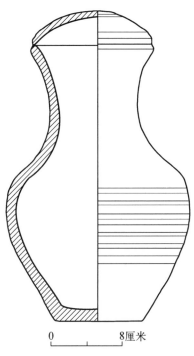

图3-102 98LGM66出土陶器

壶（98LGM66：1）

六四、98LGM067

（一）墓葬位置

98LGM067位于灵寿岗北墓地北区的东北部，M57的东北侧、M67的西侧、M68的西北侧。开口于耕土层下，墓口距地表20厘米。

（二）墓葬形制

长方形竖穴土坑墓，圹长215厘米，宽90厘米，深140厘米。葬具为一棺，长194厘米，宽54厘米，存高31厘米。人骨架一具，仰身直肢，面向朝左，头向北偏东82°（图3-103）。

（三）随葬品

出土铜带钩1件，位于腰部左侧；石器1件，位于两膝之间（图3-104，图版二八：3、4）。

1. 铜器

带钩 1件。98LGM067：1，残。青铜，范铸。狭长琵琶形，前半部残缺，圆形钮。钩面饰勾云纹。残长6.6厘米，最宽1.8厘米，最厚0.8厘米。

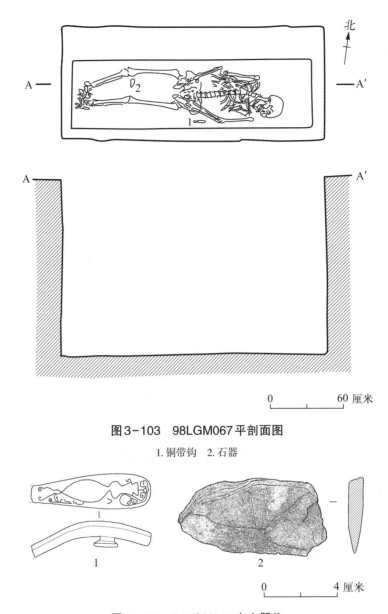

图3-103 98LGM067平剖面图

1. 铜带钩 2. 石器

图3-104 98LGM067出土器物

1. 铜带钩（98LGM067∶1） 2. 石器（98LGM067∶2）

2. 石器

石器 1件。98LGM067∶2,残。青灰色石质。残长8.0厘米,宽4厘米,厚0.81厘米。

六五、98LGM67

（一）墓葬位置

98LGM67位于灵寿岗北墓地北区的东北部,M067的东侧、M68的西北侧。开口于耕土层下,墓口距地表20厘米。

（二）墓葬形制

长方形竖穴土坑墓，东、西壁近底有生土二层台。墓口长230厘米，宽130厘米；墓底长208厘米，宽70厘米；墓深180厘米；二层台宽20厘米，高61厘米。葬具为一棺，长208厘米，宽70厘米，存高61厘米。人骨架一具，仰身直肢，头向北偏西36°。无随葬品（图3-105）。

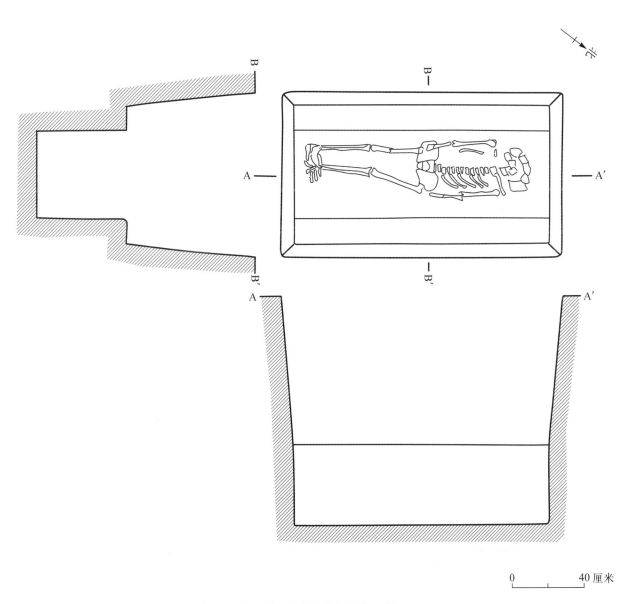

图3-105　98LGM67平剖面图

六六、98LGM68

（一）墓葬位置

98LGM68位于灵寿岗北墓地北区的东北部，M57的东侧、M67的南侧、M71的西北侧、M75的东北侧。开口于耕土层下，墓口距地表20厘米。

（二）墓葬形制

长方形竖穴土坑墓。口大底小，墓口长240厘米，宽140厘米；墓底长230厘米，宽120厘米；墓深190厘米。葬具为一棺一椁。椁长210厘米，宽94厘米，存高57厘米；棺长202厘米，宽52厘米，存高53厘米。人骨架一具，仰身直肢，头向北偏西5°。无随葬品（图3-106）。

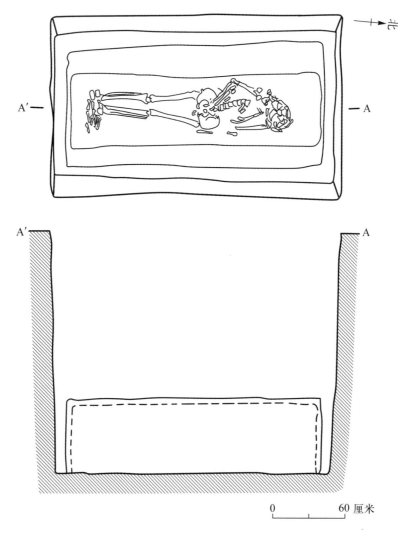

图3-106　98LGM68平剖面图

六七、98LGM69

（一）墓葬位置

98LGM69位于灵寿岗北墓地北区的东部，M65的东北侧、M66的东南侧、M70的西侧、M71的南侧。开口于耕土层下，墓口距地表20厘米。

（二）墓葬形制

长方形竖穴土坑墓。口大底小，墓口长280厘米，宽160厘米；墓底长260厘米，宽140厘米；墓深275厘米。葬具为一棺一椁。椁长218厘米，宽110厘米，存高55厘米。人骨架一具，仰身直肢，头向北偏西25°（图3-107）。

（三）随葬品

出土陶器3件，有盖豆2件、壶1件（图3-108，图版二八：5～7）。位于墓主人脚端的棺椁之间。

盖豆　2件。

98LGM69∶1，修复，缺盖。泥质灰陶，表皮脱落严重。子口较直，方圆唇，弧腹，内底中心有一圆突，束腰圆柄下接喇叭口形底座。高15厘米，口径16.6厘米，底座径11.8厘米。

98LGM69∶3，修复，缺盖。泥质灰黑陶，表皮脱落殆尽。子口较直，方圆唇，弧腹，束腰圆柄下接喇叭口形底座。高16.8厘米，口径17.8厘米，底座径11.2厘米。

壶　1件。98LGM69∶2，修复。泥质灰黑陶，表皮脱落殆尽。敞口，方圆唇，短束颈，溜肩，鼓腹，平底。高23厘米，口径10.6厘米，底径9.5厘米。

六八、98LGM70

（一）墓葬位置

98LGM70位于灵寿岗北墓地北区的东部，M69的东侧、M71的东南侧、M72的西南侧。开口于耕土层下，墓口距地表20厘米。

（二）墓葬形制

长方形竖穴土坑墓，近底有生土二层台。墓口长240厘米，宽140厘米；墓底长198厘米，宽

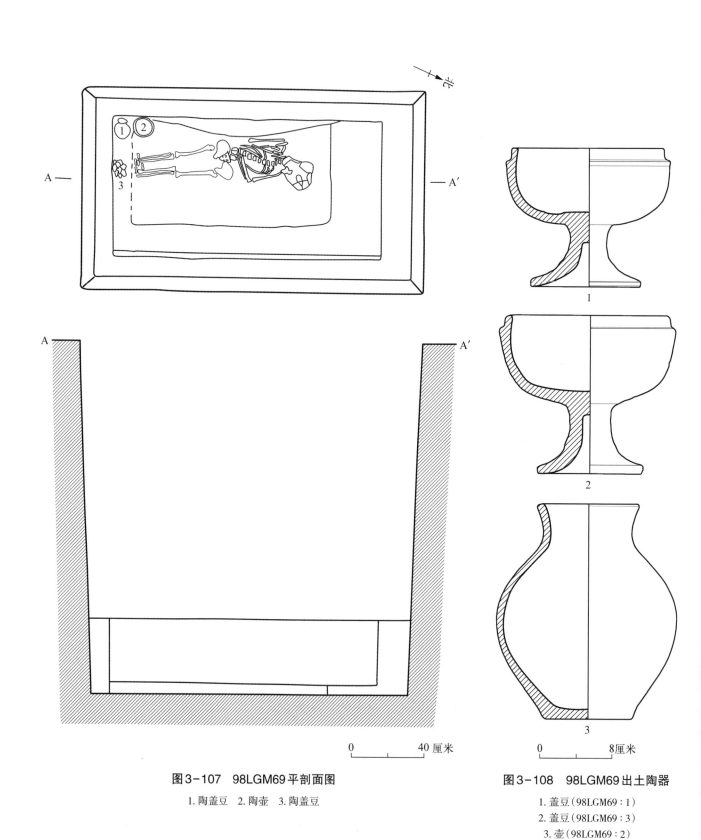

图3-107　98LGM69平剖面图

1. 陶盖豆　2. 陶壶　3. 陶盖豆

图3-108　98LGM69出土陶器

1. 盖豆（98LGM69：1）

2. 盖豆（98LGM69：3）

3. 壶（98LGM69：2）

74厘米；墓深290厘米；二层台宽20～22厘米，高56厘米。葬具为一棺，长186厘米，宽64厘米，存高48厘米。人骨架一具，仰身屈肢，面向朝右，头向北偏西20°。无随葬品（图3-109）。

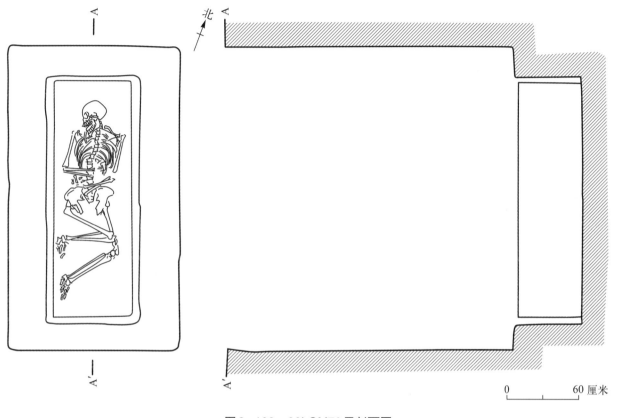

图3-109　98LGM70平剖面图

六九、98LGM71

（一）墓葬位置

98LGM71位于灵寿岗北墓地北区的东部，M66的东北侧、M69的北侧、M72的西北侧。开口于耕土层下，墓口距地表20厘米。

（二）墓葬形制

长方形竖穴土坑墓。口大底小，墓口长225厘米，宽140厘米；墓底长185厘米，宽100厘米；墓深250厘米。葬具为一棺，长160厘米，宽53厘米，存高30厘米。人骨架一具，仰身屈肢，面向朝右，头向北偏西15°（图3-110）。

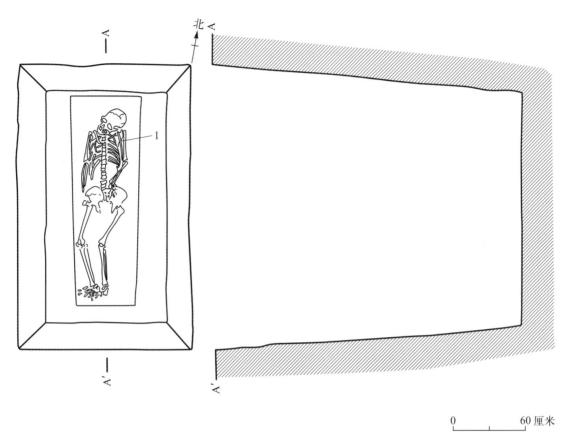

图3-110 98LGM71平剖面图

1. 骨簪

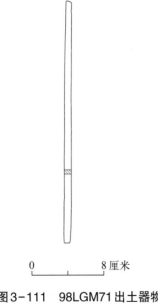

0   8厘米

图3-111 98LGM71出土器物

骨簪(98LGM71:1)

（三）随葬品

出土骨簪1件,位于墓主人左肩部。

骨簪 1件。98LGM71:1,残断。动物肢骨磨制。长条形,两端渐薄,横断面近长方形。残长25.7厘米,最宽0.5厘米,最厚0.8厘米(图3-111,图版二九:1)。

七〇、98LGM72

（一）墓葬位置

98LGM72位于灵寿岗北墓地北区的东部,M66的东侧、M70的东北侧、M71的东南侧。开口于耕土层下,墓口距地表20厘米。

（二）墓葬形制

长方形竖穴土坑墓。口大底小，墓口长230厘米，宽130厘米；墓底长215厘米，宽120厘米；墓深270厘米。葬具为一棺一椁。椁长192厘米，宽87厘米，存高60厘米；棺长178厘米，宽50厘米，存高50厘米。人骨架一具，仰身直肢，面向朝右，头向北偏西10°（图3−112）。

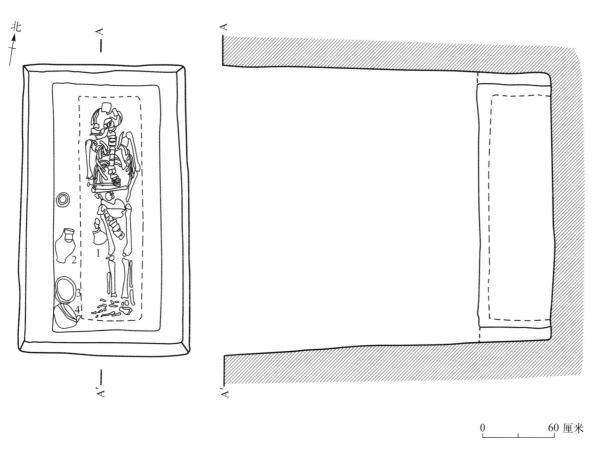

图3−112 98LGM72平剖面图
1. 铜带钩 2. 陶壶 3. 陶盖豆 4. 陶鼎

（三）随葬品

出土随葬品4件（图3−113，图版二九：2～5），其中陶器3件，有壶、盖豆、鼎各1件，位于墓主人右侧下半身的棺椁之间；铜带钩1件，位于墓主人右膝右侧。

1. 陶器

鼎 1件。98LGM72：4，修复。夹砂灰陶，覆盘形平顶盖，盖面中部有三个等距乳突形钮，方圆唇；鼎子口内敛，方圆唇，折肩，弧腹，圜底，三蹄形足，口侧附加对称 "∏" 形双耳，耳外撇。腹中部饰1匝凹弦纹。盖口径14.8厘米，高2.4厘米。鼎口径12.8厘米，通高16.2厘米。

盖豆　1件。98LGM72：3，修复，缺盖。泥质灰黑陶。子口较直，方圆唇，弧腹，束腰圆柄下接喇叭口形底座。腹部饰2道瓦棱形纹。高15.6厘米，口径16.5厘米，底座径11.3厘米。

壶　1件。98LGM72：2，修复。泥质灰陶，表皮脱落严重。斗笠形盖，子口较直，方圆唇；壶敞口，方圆唇，长束颈，鼓腹，假圈足，平底。盖口径11.6厘米，高4.1厘米。通高26.5厘米，口径10.5厘米，底径8.7厘米。

2. 铜器

带钩　1件。98LGM72：1，残。青铜，范铸。长条形，体横断面近等腰三角形，钩残，枣核形钮。残长5.3厘米，最宽0.7厘米，最厚0.4厘米。

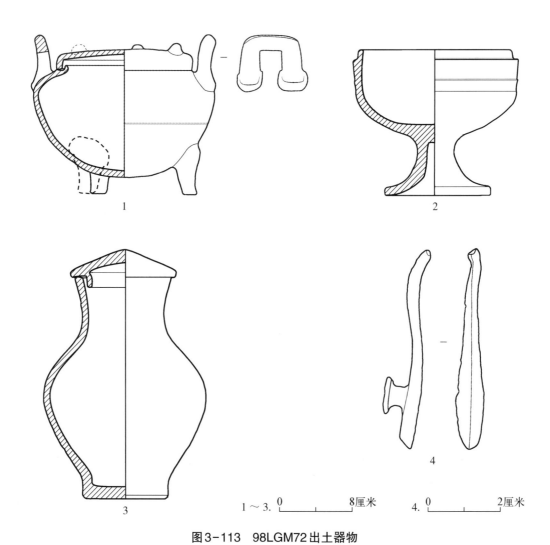

图3-113　98LGM72出土器物

1.陶鼎（98LGM72：4）　2.陶盖豆（98LGM72：3）　3.陶壶（98LGM72：2）　4.铜带钩（98LGM72：1）

七一、98LGM73

（一）墓葬位置

98LGM73位于灵寿岗北墓地北区的东北部，M55的北侧、M56的东北侧、M57的西南侧、M75的西北侧。开口于耕土层下，墓口距地表20厘米。

（二）墓葬形制

长方形竖穴土坑墓，圹长195厘米，宽90厘米，深165厘米。葬具为一棺，长172厘米，宽57厘米，存高25厘米。人骨架一具，仰身直肢，面向朝右，头向北偏西30°。无随葬品（图3-114）。

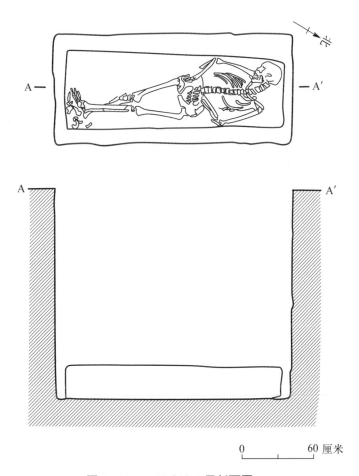

图3-114 98LGM73平剖面图

七二、98LGM74

（一）墓葬位置

98LGM74位于灵寿岗北墓地北区的东北部，M55的东南侧、M58的西北侧、M75的西南侧。开口于耕土层下，墓口距地表20厘米。

（二）墓葬形制

长方形竖穴土坑墓，圹长190厘米，宽90厘米，深215厘米。葬具为一棺，长174厘米，宽50厘米，存高33厘米。人骨架一具，仰身直肢，头向北偏西20°（图3-115）。

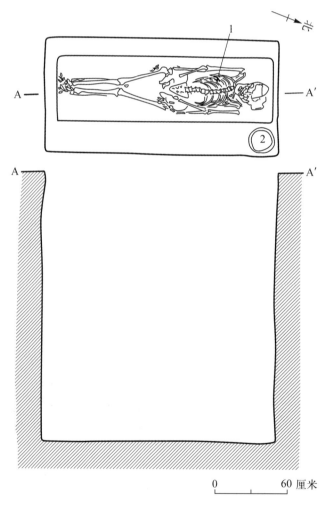

图3-115　98LGM74平剖面图

1.铜带钩　2.陶盆

（三）随葬品

出土铜带钩1件,位于墓主人右胸部;陶盆1件,位于头骨左侧的棺与墓圹之间。

铜带钩　1件。98LGM74:1,残。青铜,范铸。长条形,中起脊,体横断面呈三角形,钩部残缺,枣核形钮。残长4.95厘米,最宽0.7厘米,最厚0.45厘米(图3-116,图版二九:6)。

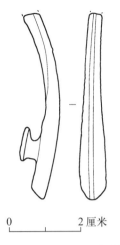

0　　　　2厘米

图3-116　98LGM74出土器物

铜带钩(98LGM74:1)

七三、98LGM75

（一）墓葬位置

98LGM75位于灵寿岗北墓地北区的东北部,M57的南侧、M67的西北侧、M74的东北侧。开口于耕土层下,墓口距地表20厘米。

（二）墓葬形制

长方形竖穴土坑墓,圹长210厘米,宽80厘米,深90厘米。葬具为一棺,长158厘米,宽64厘米,存高30厘米。人骨架二具,下部一具仰身屈肢,面向朝上,头向正北;上部一具与下部一具交错叠压放置,头向正南。无随葬品(图3-117)。

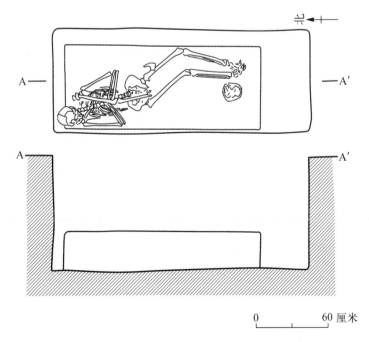

0　　　　60厘米

图3-117　98LGM75平剖面图

肆　岗北墓地南区

在东西长约130米、南北宽约60米的铁路取土区范围内，共清理东周时期长方形竖穴土坑墓78座[1]，其中葬具为一椁双棺者2座，一椁一棺者55座，一棺者19座，未见葬具者2座。除2座合葬墓（一椁双棺）外，余皆为单人葬。一椁双棺和一椁一棺的57座墓葬中，有56座墓葬可辨头向，其中头向为北偏东者23座、北偏西者16座、正北者6座、南偏西者5座、正南和正东者各2座、正西和南偏东者各1座；一棺和未见葬具的21座墓葬中，有20座墓葬可辨头向，其中头向为北偏东者15座、北偏西者3座、正北者2座。仰身直肢者占可辨葬式墓葬的70%以上，仰身或侧身屈肢者不足30%。共有43座墓出土陶器，其中一棺一椁的墓为38座，随葬陶器的数量为1～14件，多为仿铜礼器，除一座墓放置在棺内，余皆放置在棺椁之间；一棺的墓为5座，随葬陶器的数量为1～3件，多为仿铜礼器，多放置在棺内，少数放置在棺外。

该区中有14座墓葬在墓圹近一角的相邻两壁各有一排蹄形脚窝，每排4～9个。此类墓葬墓圹较大，口长242～410厘米，口宽220～320厘米，深290～626厘米，是该墓地之中最深的几座墓葬。因此，脚窝是为较深的墓葬上下方便而设置的。

一、98LGM80

（一）墓葬位置

98LGM80位于灵寿岗北墓地南区的东北角，M83的东北侧、M85的北侧。开口于耕土层下，墓口距地表30厘米。

（二）墓葬形制

长方形竖穴土坑墓，西壁近底有生土二层台，墓壁加工粗糙，不甚规整。墓口长225厘米，宽150厘米；墓底长200厘米，宽76～94厘米；墓深250厘米。二层台宽32～59厘米，高46厘米。葬具为一棺，长180厘米，宽74厘米，存高48厘米。头向北偏东5°。无随葬品。墓被盗扰（图4-1）。

---

[1]《简报》为90座，现有资料为78座。

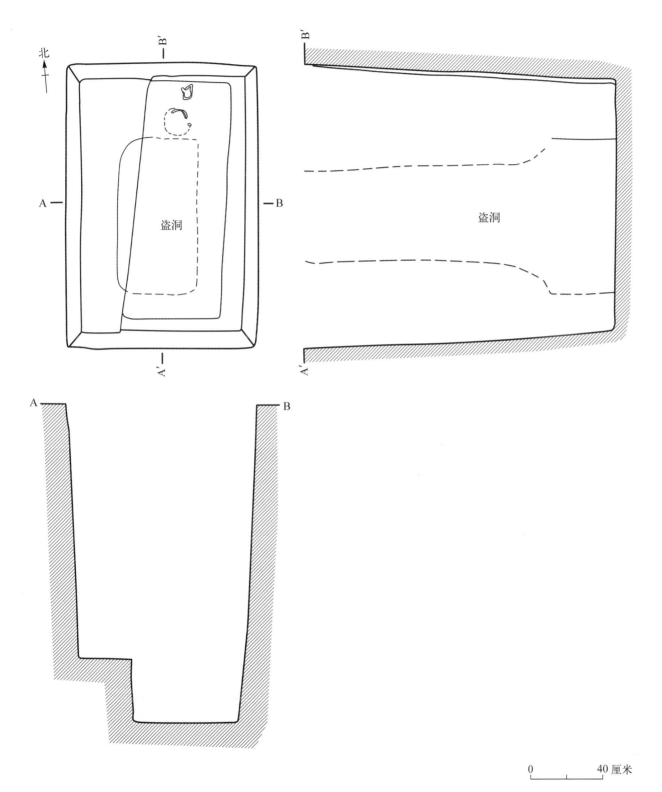

图4-1 98LGM80平剖面图

二、98LGM81

（一）墓葬位置

98LGM81位于灵寿岗北墓地南区的东北部，M87的西北侧、M105的东南侧、M107的东北侧。开口于耕土层下，墓口距地表30厘米。

（二）墓葬形制

长方形竖穴土坑墓，圹长230厘米，宽90厘米，深175厘米。葬具为一棺，长192厘米，宽46厘米，存高15厘米。人骨架一具，仰身屈肢，面向朝左，头向北偏东20°。无随葬品（图4-2）。

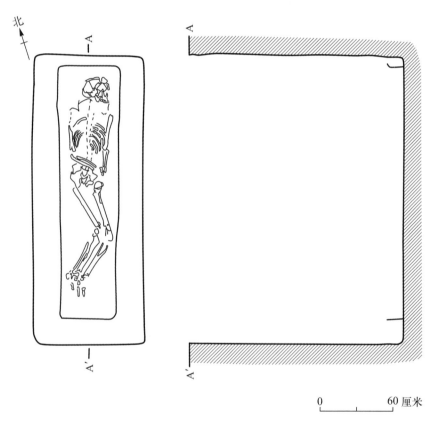

0   60 厘米

图4-2 98LGM81平剖面图

三、98LGM82

（一）墓葬位置

98LGM82位于灵寿岗北墓地南区的东北部，M101的东南侧、M102的西南侧、M108的东北侧。开口于耕土层下，墓口距地表30厘米。

（二）墓葬形制

长方形竖穴土坑墓。口小底大，表面平整。墓口长216厘米，宽92厘米；墓底长230厘米，宽92厘米；墓深346厘米。葬具为一棺，长195厘米，宽70厘米，存高43厘米。仅存头骨残片，头向北偏东7°。墓被盗扰（图4-3）。

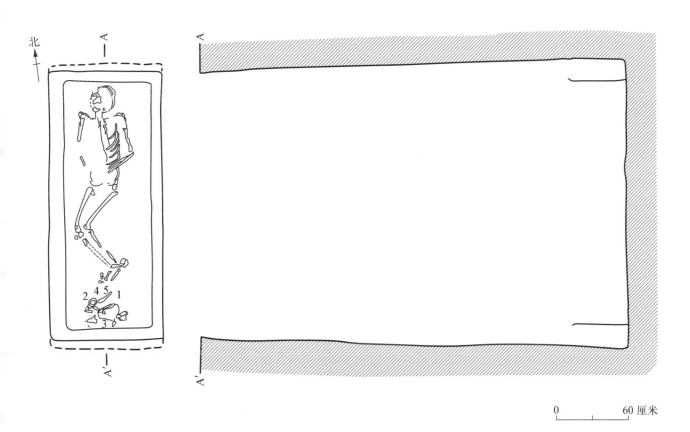

图4-3　98LGM82平剖面图

1.铜带钩　2.玛瑙环　3.骨算筹　4.铜铃　5.铜桥形饰

（三）随葬品

出土随葬品5件（组）（图4-4、4-5、4-6、4-7、4-8，图版三〇），有铜带钩2件，玛瑙环、骨算筹、铜铃、桥形饰各1组，主要位于棺内墓主人脚下部。

1. 铜器

带钩 2件。98LGM82：1-1，残。青铜，范铸。琵琶形，钩残缺，圆钮，面有脊线2道。锈蚀严重，纹饰不清。残长12.3厘米，最宽2.5厘米，最厚0.9厘米。

98LGM82：1-2，残。青铜，范铸。琵琶形，面有脊线2道，钩首残缺，圆钮。钩面刻云雷纹。长0.7厘米，最宽1.85厘米，最厚0.54厘米。

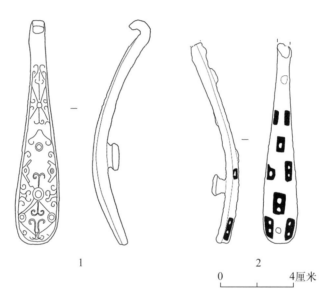

1   2

0 ————————— 4厘米

图4-4 98LGM82出土器物

带钩（98LGM82：1）

铃 1组12件。98LGM82：4，青铜，范铸。有两种形制，一种为狭长型，一种为矮宽型。

98LGM82：4-1，残。钟形，体矮宽，腔狭而圆，底部呈燕尾形，钮缺失，内悬铃铛。高2.35厘米。

98LGM82：4-2，钟形，体矮宽，腔狭而圆，底部呈燕尾形，顶部有桥钮，内悬铃铛。高2.75厘米。

98LGM82：4-3，残。钟形，体狭长，腔狭而圆，一大面有豁口，底部呈燕尾形，钮缺失，内悬铃铛缺失。高3.85厘米。

98LGM82：4-4，残。钟形，体狭长，腔狭而圆，一大面有豁口，底部呈燕尾形，顶部有桥钮，内悬铃铛。高3.87厘米。

98LGM82：4-5，残。钟形，体狭长，腔狭而圆，一大面有豁口，底部呈燕尾形，顶部有桥钮，内悬铃铛。高4.50厘米。

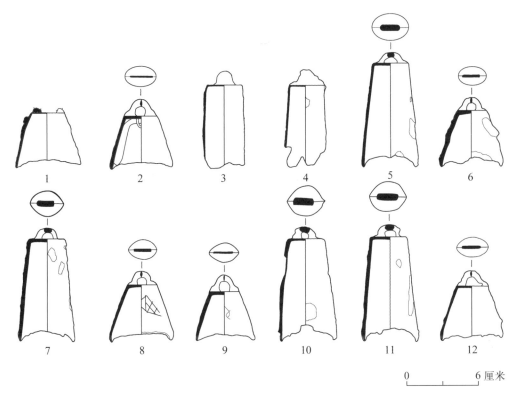

图4-5　98LGM82出土器物

铜铃（98LGM82∶4）

98LGM82∶4-6，钟形，体矮宽，腔狭而圆，底部呈燕尾形，顶部有桥钮，内悬铃铛缺失。高2.74厘米。

98LGM82∶4-7，残。钟形，体狭长，腔狭而圆，一大面有豁口，底部呈燕尾形，顶部有桥钮，内悬铃铛。高4.52厘米。

98LGM82∶4-8，钟形，体矮宽，腔狭而圆，底部呈燕尾形，顶部有桥钮，内悬铃铛。高2.8厘米。

98LGM82∶4-9，钟形，体矮宽，腔狭而圆，底部呈燕尾形，顶部有桥钮，内悬铃铛。高2.63厘米。

98LGM82∶4-10，残。钟形，体狭长，腔狭而圆，一大面有豁口，底部呈燕尾形，顶部有桥钮，内悬铃铛缺失。高4.5厘米。

98LGM82∶4-11，残。钟形，体狭长，腔狭而圆，一大面有豁口，底部呈燕尾形，顶部有桥钮，内悬铃铛缺失。高4.56厘米。

98LGM82∶4-12，钟形，体矮宽，腔狭而圆，底部呈燕尾形，顶部有桥钮，内悬铃铛。高2.72厘米。

桥形饰　1组。98LGM82∶5，青铜，锈蚀残碎严重。

图4-6　98LGM82出土器物

铜桥形饰（98LGM82∶5）

2. 玉石器

玛瑙环 1组8件（图4-7）。98LGM82∶2-1，白玛瑙，磨制。外环钝刃，孔壁外弧，并有多个不甚规整的棱面，横断面近弧底等腰三角形。直径4.26厘米，孔径2.6厘米，最厚0.8厘米。

98LGM82∶2-2，白玛瑙，磨制。外环钝刃，孔壁外弧，并有多个不甚规则的棱面，横断面近弧底等腰三角形。直径4.4厘米，孔径2.85厘米，最厚0.7厘米。

98LGM82∶2-3，白玛瑙，磨制。外环钝刃，孔壁外弧，并有多个不甚规则的棱面，横断面近弧底等腰三角形。直径3.65厘米，孔径2.05厘米，最厚0.7厘米。

98LGM82∶2-4，白玛瑙，磨制。外环钝刃，孔壁外弧，并有多个不甚规则的棱面，横断面近弧底等腰三角形。直径3.1厘米，孔径1.7厘米，最厚0.76厘米。

98LGM82∶2-5，白玛瑙，磨制。外环钝刃，孔壁外弧，并有多个不甚规则的棱面，横断面近弧底等腰三角形。直径3.7厘米，孔径2.2厘米，最厚0.75厘米。

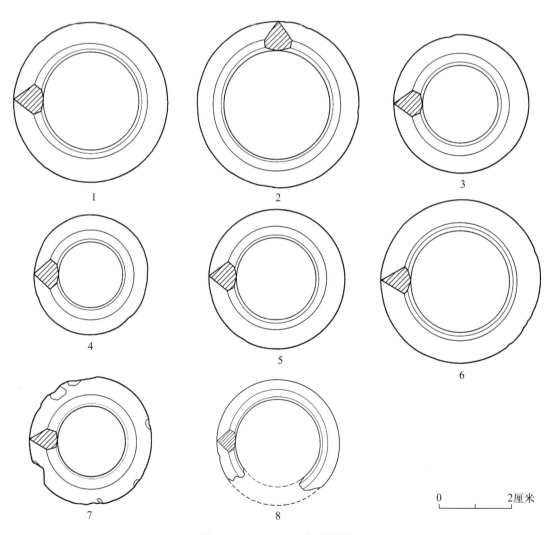

0   2厘米

图4-7 98LGM82出土器物

玛瑙环（98LGM82∶2）

98LGM82：2-6,白玛瑙,磨制。外环钝刃,孔壁外弧,并有多个不甚规则的棱面,横断面近弧底等腰三角形。直径4.35厘米,孔径2.7厘米,最厚0.67厘米。

98LGM82：2-7,残。黑色石质,磨制。外环钝刃,孔壁外弧,并有多个不甚规则的棱面,横断面近弧底等腰三角形。直径3.35厘米,孔径1.85厘米,最厚0.52厘米。

98LGM82：2-8,残。白色玛瑙,磨制。外环钝刃,孔壁外弧,并有多个不甚规则的棱面,横断面近弧底等腰三角形。直径5.07厘米,孔径3.45厘米,最厚0.85厘米。

3. 骨器

算筹　1组5件(图4-8)。98LGM82：3,形制相同,大小不一。

98LGM82：3-1,动物肢骨磨制,浅绿色。长条形,横断面近梯形,两端及中部各钻一小圆孔。长8.6厘米,宽0.46～0.64厘米,厚0.55厘米。

98LGM82：3-2,动物肢骨磨制,浅绿色。长条形,横断面近梯形,两端及中部各钻一小圆孔。长6.5厘米,宽0.42～0.69厘米,厚0.72厘米。

98LGM82：3-3,动物肢骨磨制,浅绿色。长条形,横断面近梯形,两端及中部各钻一小圆孔。长7.7厘米,宽0.34～0.66厘米,厚0.75厘米。

98LGM82：3-4,动物肢骨磨制,浅绿色。长条形,横断面近梯形,两端及中部各钻一小圆孔。长7.6厘米,宽0.45～0.53厘米,厚0.44厘米。

98LGM82：3-5,残。动物肢骨磨制,浅绿色。长条形,横断面近梯形,一端钻一小圆孔。长7.9厘米,宽0.24～0.3厘米,厚0.28厘米。

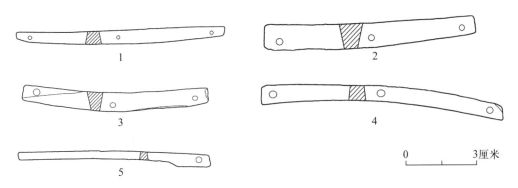

图4-8　98LGM82出土器物

算筹(98LGM82：3)

四、98LGM83

(一)墓葬位置

98LGM83位于灵寿岗北墓地南区的东北部,M80的西南侧、M85的西北侧、M101的北侧、

M105 的东侧。开口于耕土层下, 墓口距地表 30 厘米。

(二) 墓葬形制

长方形竖穴土坑墓。墓壁经粗加工, 较平整。墓圹长 290 厘米, 宽 260 厘米, 深 345 厘米。葬具为一椁双棺, 为夫妇合葬墓, 男左女右。椁长 215 厘米, 宽 176 厘米, 存高 42 厘米。两具人骨头向一致, 仰身直肢, 头向为北偏东 5°(图 4-9)。

(三) 随葬品

出土随葬品 7 件(图 4-10, 图版三一), 其中陶器 6 件, 有鬲、罐、盖豆各 2 件, 位于墓主人头上部的棺椁之间; 铜带钩 1 件, 位于西侧墓主人腰部。

1. 陶器

鬲　2 件。98LGM83:1, 微残。夹砂灰陶。外折沿, 方圆唇, 折肩, 弧腹, 圜底, 底部有三个乳头状小足。通体饰绳纹, 颈部被磨光, 腹上部饰竖向绳纹, 腹下部及底饰交错绳纹。高 12.3 厘米, 口径 12.7 厘米。

98LGM83:2, 微残。夹砂灰陶。外折下斜沿, 束颈, 弧腹, 圜底, 底部有三个乳头状小足。通体饰绳纹, 颈部被磨光, 腹上部饰竖向绳纹, 腹下部及底饰交错绳纹。高 16 厘米, 口径 15 厘米。

盖豆　2 件。

98LGM83:5, 修复。泥质灰黑陶, 陶色不匀。覆钵形盖身, 短束腰圆柄上接喇叭口形捉手, 方圆唇, 盖口明显大于豆盘子口; 豆子口较直, 方圆唇, 弧腹, 束腰圆柄下接喇叭口形底座。器表可见黑色压光纹带, 表皮脱落严重。盖口径 20 厘米, 高 7.6 厘米。豆口径 17 厘米, 底座径 12 厘米, 通高 22.7 厘米。

98LGM83:6, 修复。泥质灰黑陶, 陶色不匀。覆钵形盖身, 短束腰圆柄上接喇叭口形捉手, 方圆唇, 盖口明显大于豆盘子口; 豆子口较直, 方唇, 弧腹, 束腰圆柄下接喇叭口形底座。盖口径 20.3 厘米, 高 6.9 厘米。豆口径 17.5 厘米, 底座径 11.7 厘米, 通高 20.6 厘米。

罐　2 件。98LGM83:3, 稍残。泥质灰陶。外折宽平沿, 直领, 鼓腹, 假圈足, 平底。腹中部饰 2 道瓦棱形纹。高 19.7 厘米, 底径 13 厘米。

98LGM83:4, 修复。泥质灰黑陶, 陶色不匀。外折宽平沿, 方圆唇, 直领, 鼓腹, 假圈足, 平底。器表饰黑色压光纹带和凹弦纹, 脱落严重。沿面依稀可见波折纹和压光纹带; 壶领部压光, 其下依次为波折纹、凹弦纹加压光纹带、交叉 S 卷云纹、压光宽纹带。高 19 厘米, 口径 15.3 厘米, 底径 11 厘米。

2. 铜器

带钩　1 件。98LGM83:7, 残。青铜, 范铸。长条形, 中起脊磨平, 钩部残缺, 椭圆形钮。残长 3.9 厘米, 最宽 0.47 厘米。

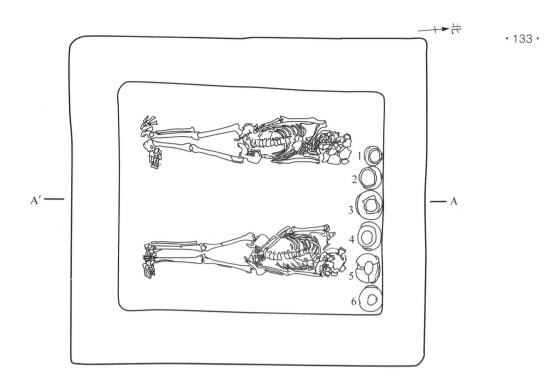

0   60 厘米

图4-9　98LGM83平剖面图

1.陶䍃　2.陶䍃　3.陶罐　4.陶罐　5.陶盖豆　6.陶盖豆　7.铜带钩

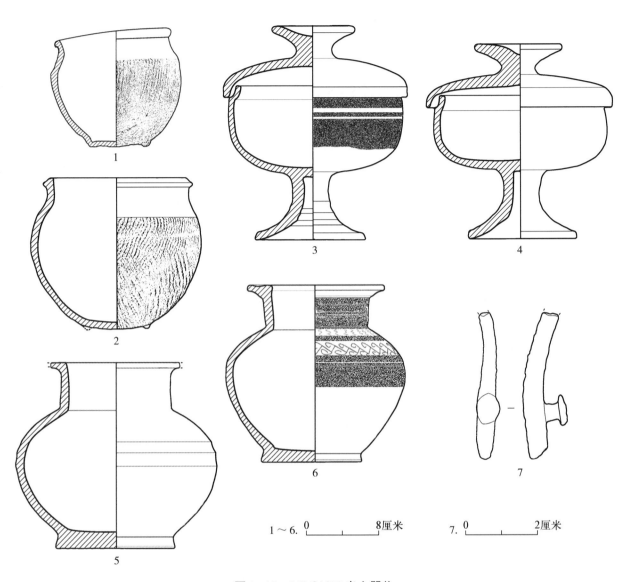

图4-10　98LGM83出土器物

1. 陶鬴（98LGM83∶1）　2. 陶鬴（98LGM83∶2）　3. 陶盖豆（98LGM83∶5）　4. 陶盖豆（98LGM83∶6）　5. 陶罐（98LGM83∶3）
6. 陶罐（98LGM83∶4）　7. 铜带钩（98LGM83∶7）

五、98LGM84

（一）墓葬位置

98LGM84位于灵寿岗北墓地南区的东北部，M86的东侧、M87的东南侧、M101的西侧。开口于耕土层下，墓口距地表30厘米。

（二）墓葬形制

长方形竖穴土坑墓。口大底小，墓口长240厘米，宽140厘米；墓底长220厘米，宽120厘米；墓深260厘米。无人骨，墓向北偏东87°。无随葬品（图4-11）。

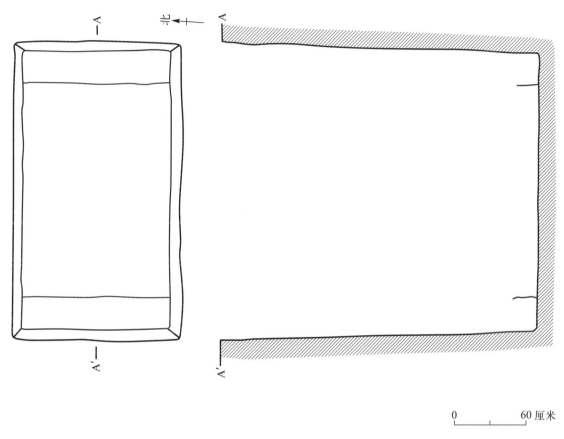

0　　　　60厘米

图4-11　98LGM84平剖面图

六、98LGM86

（一）墓葬位置

98LGM86位于灵寿岗北墓地南区的东北部，M84的西侧、M87的西南侧、M107的东南侧、M132的东北侧。开口于耕土层下，墓口距地表30厘米。

（二）墓葬形制

长方形竖穴土坑墓。口大底小，东、西壁外斜，南、北壁较直。墓口长255厘米，宽120厘米；

图4-12　98LGM86平剖面图

1.铜带钩　2.陶盆　3.陶鬲　4.陶壶

墓底长255厘米,宽112厘米;墓深325厘米。葬具为一棺一椁。棺长180厘米,宽50厘米,存高13厘米。人骨架一具,仰身屈肢,面向朝左,头向北偏东25°(图4-12)。

(三)随葬品

出土随葬品4件(图4-13,图版三二)。其中陶器3件,有陶盆、鬲、壶各1件,位于墓主人右侧下半身的棺椁之间;铜带钩1件,位于墓主人右肩处。

1.陶器

盆　1件。98LGM86:2,微残。泥质灰陶。外折下斜沿,方圆唇,斜弧壁,平底。高13.1厘米,口径20.3厘米,底径9.2厘米。

鬲　1件。98LGM86:3,修复。夹砂灰陶,陶色不匀。盘口,方唇,束颈,弧腹,裆部稍下弧,三个乳头形小足。腹至底部饰绳纹,腹上部饰竖压绳纹,腹下部及底饰交叉绳纹。高20.1厘米,口径14.4厘米。

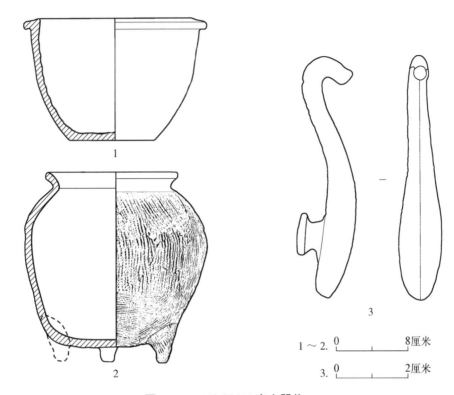

图4-13　98LGM86出土器物

1. 陶盆(98LGM86:2)　2. 陶鬴(98LGM86:3)　3. 铜带钩(98LGM86:1)

2. 铜器

带钩　1件。98LGM86:1,青铜,范铸。狭长琵琶形,中起脊,椭圆钮。长6.43厘米,最宽1.17厘米。

七、98LGM87

（一）墓葬位置

98LGM87位于灵寿岗北墓地南区的东北部,M81的东南侧、M83的西南侧、M86的东北侧、M101的西北侧、M107的东侧。开口于耕土层下,墓口距地表30厘米。

（二）墓葬形制

长方形竖穴土坑墓。口大底小,墓口长270厘米,宽180厘米;墓底长250厘米,宽150厘米;墓深315厘米。葬具为一棺一椁。椁长224厘米,宽80厘米,存高39厘米;棺长186厘米,宽60厘米,存高39厘米。人骨架一具,屈肢,头向正东(图4-14)。

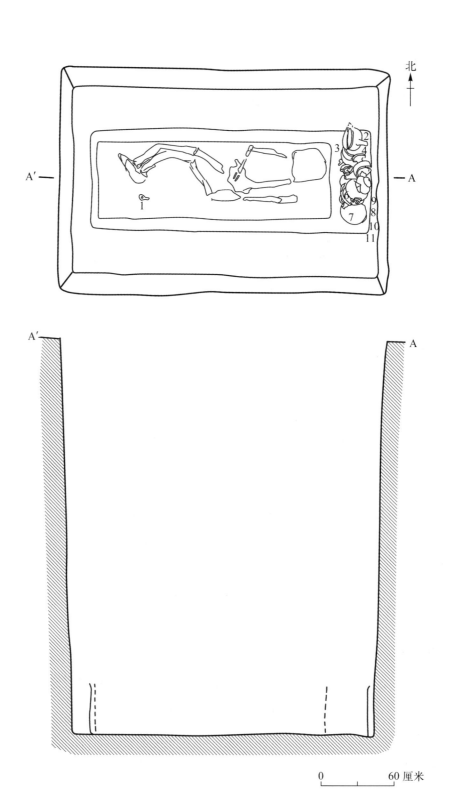

北

图4-14　98LGM87平剖面图

1. 铜带钩　2. 陶鼎　3. 陶盖豆　4. 陶盖豆　5. 陶壶　6. 陶鼎　7. 陶壶　8. 陶球腹壶　9. 陶球腹壶　10. 陶匜　11. 陶碗

（三）随葬品

出土随葬品11件（图4-15，图版三三、三四），其中陶器10件，有鼎、盖豆、壶、球腹壶各2件，匜、碗各1件，位于墓主人头顶部的棺椁之间；铜带钩1件，位于墓主人脚部左侧。

1. 陶器
鼎　2件。

98LGM87：2，修复。泥质灰黑陶。覆钵形弧顶盖，方圆唇；鼎子口内敛，圆唇，弧腹，圜底，三蹄形足，口侧对称附加"∏"形双耳，耳外撇。器表饰黑色压光纹带和凹弦纹，脱落严重。盖面中部饰圆形纹，其外至口饰三道压光纹带，纹带间纹饰漫漶不清；鼎表皮全部脱落，腹中部饰一组2匝凹弦纹。盖口径17.5厘米，高5厘米。鼎口径12厘米，通高18.1厘米。

98LGM87：6，修复。泥质灰黑陶。覆钵形弧顶盖，方圆唇；鼎子口内敛，圆唇，弧腹，圜底，三蹄形足，口侧附加对称"∏"形双耳，耳外撇。器表饰黑色压光纹带和凹弦纹，脱落严重。盖面中部饰圆形纹，其外至口饰三道压光纹带，纹带间纹饰漫漶不清；鼎腹中部饰1匝凹弦纹。盖口径17.4厘米，高4.7厘米。鼎口径14.3厘米，通高18厘米。

盖豆　2件。

98LGM87：3，修复。泥质灰陶，表皮脱落严重。覆钵形盖身，短圆柄上接圆饼状捉手，方圆唇；豆子口内敛，圆唇，弧腹，内底中心稍凸，束腰圆柄下接喇叭口形底座。豆腹中部饰1匝凹弦纹。盖口径16厘米，高6.4厘米。豆口径13.7厘米，底座径10.1厘米，通高20.9厘米。

98LGM87：4，修复。泥质灰陶，表皮脱落严重。覆钵形盖身，短圆柄上接圆饼状捉手，方圆唇；豆子口内敛，圆唇，弧腹，内底中心稍凸，束腰圆柄下接喇叭口形底座。豆腹中部饰1匝凹弦纹。盖口径15.8厘米，高7.2厘米。豆口径13.1厘米，底座径10厘米，通高21厘米。

壶　2件。

98LGM87：5，修复。泥质灰黑陶。斗笠形盖，子口较矮；壶敞口，方圆唇，长颈，鼓腹，假圈足，平底。盖面及壶身上部饰多圈黑色压光纹带。盖口径12.5厘米，高3厘米。壶口径11.6厘米，底径9.3厘米，通高30.8厘米。

98LGM87：7，修复。泥质灰黑陶。斗笠形盖，子口较矮，尖圆唇；壶敞口，方圆唇，长颈，鼓腹，假圈足，平底。盖面饰三圈黑色压光纹带，壶身表皮脱落殆尽，局部可见压光。盖口径12.3厘米，高3.1厘米。壶口径11.4厘米，底径9厘米，通高30.6厘米。

球腹壶　2件。

98LGM87：8，微残。泥质灰陶，表皮脱落严重。敞口，方圆唇，短束颈，溜肩，弧腹，束腰圆柄下接圆饼状底座。高12.8厘米，口径3.5厘米，底座径6.2厘米。

98LGM87：9，微残。泥质灰陶，表皮脱落严重。敞口，方圆唇，短束颈，溜肩，垂腹，束腰圆柄下接圆饼状底座。高13.6厘米，口径3.8厘米，底座径6.9厘米。

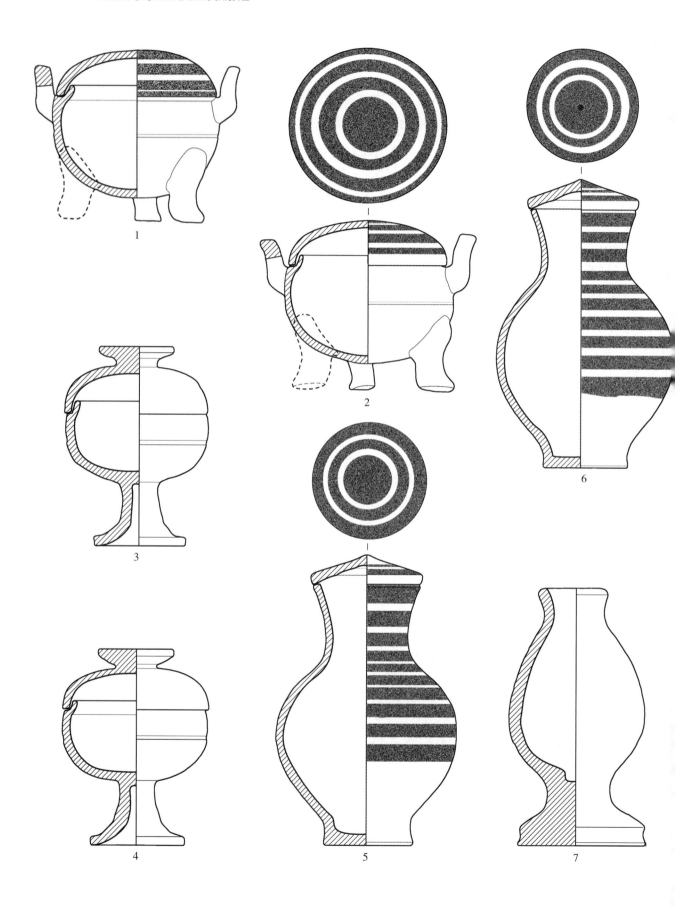

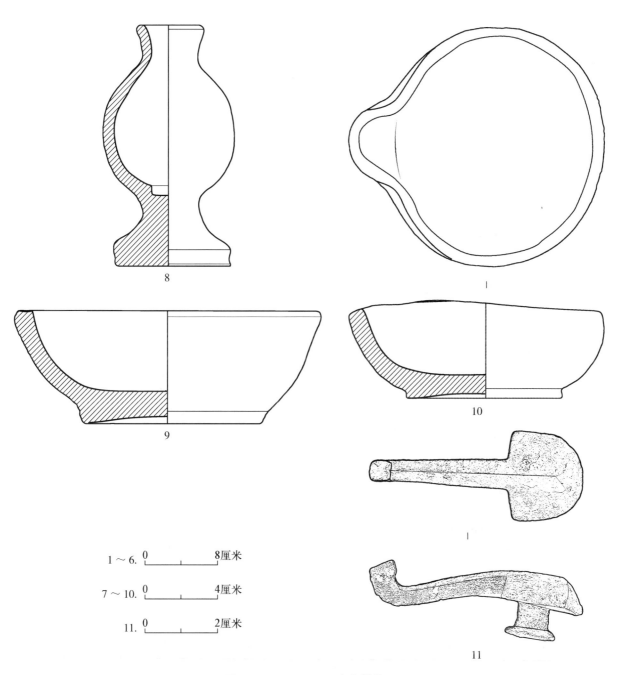

图4-15　98LGM87出土器物

1. 陶鼎（98LGM87：2）　2. 陶鼎（98LGM87：6）　3. 陶盖豆（98LGM87：3）　4. 陶盖豆（98LGM87：4）　5. 陶壶（98LGM87：5）
6. 陶壶（98LGM87：7）　7. 陶球腹壶（98LGM87：8）　8. 陶球腹壶（98LGM87：9）　9. 陶碗（98LGM87：11）
10. 陶匜（98LGM87：10）　11. 铜带钩（98LGM87：1）

碗　1件。98LGM87：11，修复。泥质灰陶，陶色不匀。敞口，方唇，斜弧壁，假圈足，平底稍内凹。高6厘米，口径16.3厘米，底径9.5厘米。

匜　1件。98LGM87：10，修复。泥质灰陶，匜口平面呈桃形，一侧有尖嘴状流，敛口，方唇，弧壁，假圈足，平底稍内凹。高5厘米，口大径13.9厘米，口小径12.7厘米，底径8.4厘米。

2. 铜器

带钩　1件。98LGM87：1，青铜，范铸。蝌蚪形，中起脊，椭圆钮。长5.85厘米，最宽2.4厘米。

八、98LGM88

（一）墓葬位置

98LGM88位于灵寿岗北墓地南区的东南部，M89的西北侧、M91的西南侧、M93的东侧、M96的西侧。开口于耕土层下，墓口距地表30厘米。

（二）墓葬形制

长方形竖穴土坑墓。口大底小，墓口长260厘米，宽180厘米；墓底长240厘米，宽145厘米；墓深240厘米。葬具为一棺一椁。椁长202厘米，宽90厘米，存高23厘米。人骨一具，仰身屈肢，面向朝上，头向北偏东15°（图4-16）。

（三）随葬品

出土随葬品6件（图4-17，图版三五），皆位于棺内墓主人周围。其中铜镜2件，位于足下；铜带钩2件，1件位于左膝部，另1件位于右手腕处；陶纺轮1件，位于骨盆右侧的棺壁旁；玉环1件，位于腰部右侧。

1. 陶器

陶纺轮　1件。98LGM88：4，泥质灰陶。下圆饼上圆台状，中一贯穿圆孔。台面满饰凹弦纹。底径4.4厘米，高1.56厘米，孔径1.0厘米。

2. 铜器

铜镜　2件

98GBM88：1，青铜，圆形，桥形小钮，光素。直径8.7厘米，厚0.13厘米。

98GBM88：2，青铜，圆形，桥形小钮，光素。直径8.9厘米，厚0.09厘米。

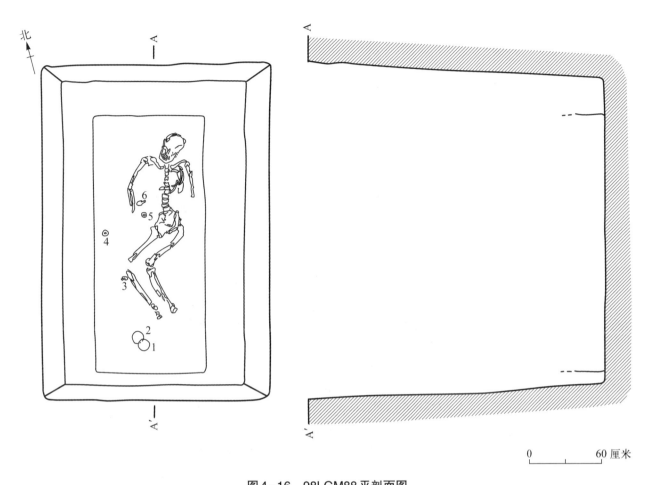

北

A

A'

A'

A

0 ____ 60 厘米

图4-16 98LGM88平剖面图

1.铜镜 2.铜镜 3.铜带钩 4.陶纺轮 5.玉环 6.铜带钩

铜带钩 2件。

98LGM88:3,青铜,范铸。琵琶形,兽首钩,圆钮。钩面半浮雕蟠虺纠结纹。局部残存有纺织物。长7.3厘米,最宽3.0厘米。

98LGM88:6,青铜,范铸。琵琶形,兽首钩,大圆钮。体较小,钮较大。长1.83厘米,最宽1厘米,最厚0.7厘米,钮径2.4厘米。

3. 玉器

玉环 1件。98LGM88:5,青白玉。横断面近长方形。内、外缘各一圈凸棱,其间阳刻涡纹。直径2.9厘米,孔径1.6厘米,厚0.35厘米。

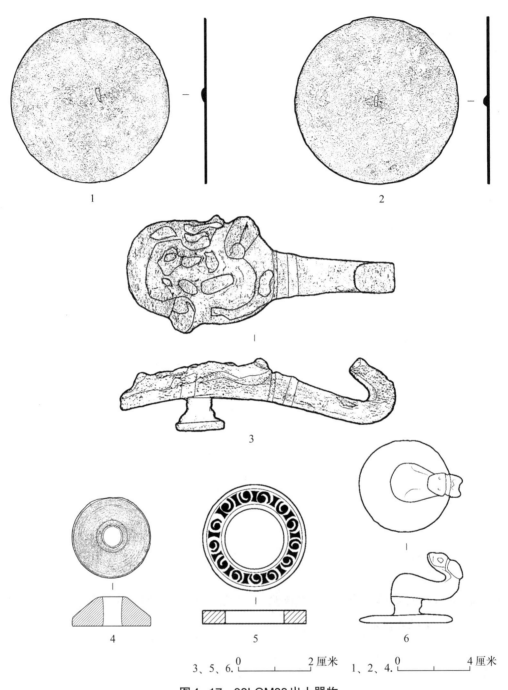

图4-17 98LGM88出土器物

1.铜镜（98LGM88：1） 2.铜镜（98LGM88：2） 3.铜带钩（98LGM88：3） 4.陶纺轮（98LGM88：4）
5.玉环（98LGM88：5） 6.铜带钩（98LGM88：6）

九、98LGM89

（一）墓葬位置

98LGM89位于灵寿岗北墓地南区的东南部,M88的南侧、M93的东南侧、M96的西南侧、M100的东北侧。开口于耕土层下,墓口距地表30厘米。

（二）墓葬形制

长方形竖穴土坑墓。口大底小,墓口长240厘米,宽160厘米;墓底长200厘米,宽110厘米;墓深185厘米。葬具为一棺,长176厘米,宽50厘米,存高17厘米。人骨架一具,仰身直肢,面向朝左,头向北偏东10°(图4-18)。

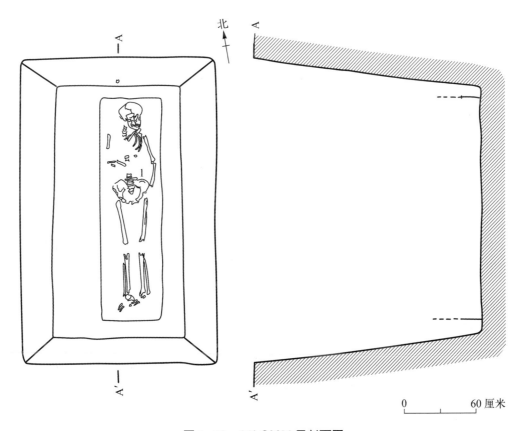

图4-18　98LGM89平剖面图

1. 铜带钩

（三）随葬品

出土铜带钩1件（图4-19，图版三六：1），位于墓主人腰部。

铜带钩　1件。98LGM89：1，青铜，范铸。狭长琵琶形，圆钮。表面纹饰锈蚀不清。长11.65厘米，最宽1.6厘米。

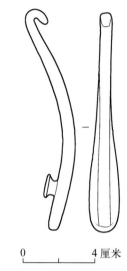

0　　　　4厘米

图4-19　98LGM89出土器物

铜带钩（98LGM89：1）

一〇、98LGM90

（一）墓葬位置

98LGM90位于灵寿岗北墓地南区的东部，M91的东北侧、M108的东南侧、M109的东侧。开口于耕土层下，墓口距地表30厘米。

（二）墓葬形制

长方形竖穴土坑墓，圹长240厘米，宽80厘米，深200厘米。葬具为一棺，长180厘米，宽52厘米，存高26厘米。人骨架一具，仰身直肢，头向北偏东5°（图4-20）。

（三）随葬品

出土随葬品4件，其中铜带钩2件、铁圭形器1件、蚌饰1件（图4-21，图版三六：2～5）。1件

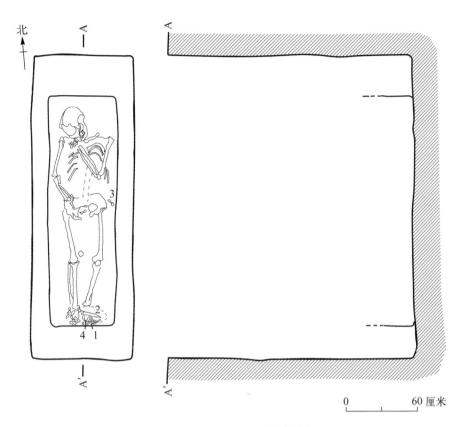

0   60 厘米

图4-20 98LGM90平剖面图

1.铜带钩 2.铁圭形器 3.铜带钩 4.蚌饰

铜带钩位于棺内墓主人腰部左侧,其余3件皆位于足下部。

1. 铜器

铜带钩 2件。

98LGM90：1,残。青铜,范铸。蝌蚪形,钩残缺,圆钮。残长6厘米,最宽2.86厘米。

98LGM90：3,残。青铜,范铸。蝌蚪形,钩残缺,圆钮。残长6.5厘米,最宽2.76厘米。

2. 铁器

圭形器 1件。98LGM90：2,残,锈蚀严重。铁质,圭形,片状,略弧。残长15.1厘米,底宽2.2厘米。

3. 蚌器

蚌饰 1件。98LGM90：4,天然蚌壳,2扇。顶部磨平,钻一孔。长4厘米,宽4.76厘米。

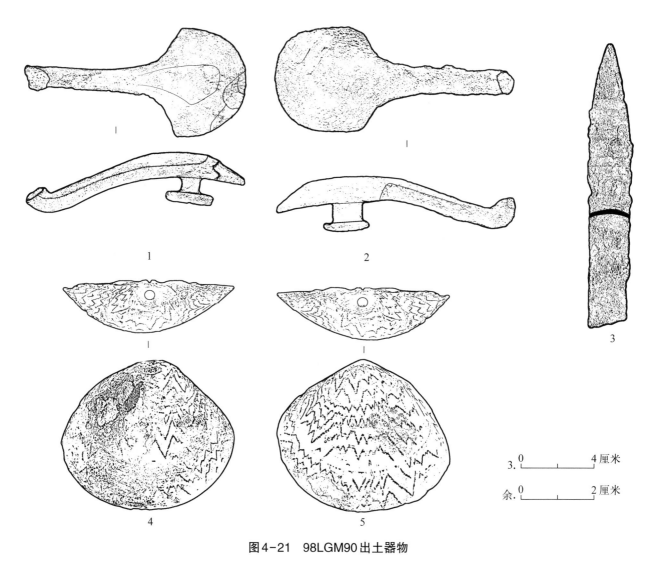

图4-21　98LGM90出土器物

1.铜带钩（98LGM90∶1）　2.铜带钩（98LGM90∶3）　3.铁圭形器（98LGM90∶2）　4、5.蚌饰（98LGM90∶4）

一一、98LGM91

（一）墓葬位置

98LGM91位于灵寿岗北墓地南区的东部，M88的东北侧、M96的西北侧、M109的南侧。开口于耕土层下，墓口距地表30厘米。

（二）墓葬形制

长方形竖穴土坑墓。口大底小，墓口长272厘米，宽180厘米；墓底长268厘米，宽160厘米；

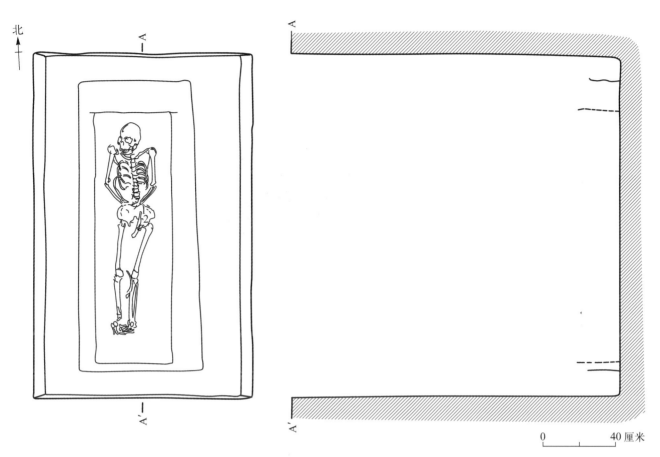

图4-22　98LGM91平剖面图

1.铁带钩　2.铁带钩

墓深265厘米。葬具为一棺一椁。椁长223厘米,宽96厘米,存高25厘米;棺长198厘米,宽62厘米,存高32厘米。人骨架一具,仰身直肢,面向朝右,头向北偏东3°(图4-22)。

(三)随葬品

出土铁带钩2件(图4-23,图版三七:1、2),位于墓主人骨盆上。

铁带钩　2件。

98LGM91:1,铁质,锈蚀残损严重,形状不清。

98LGM91:2,铁质,锈蚀残损严重,形状不清。

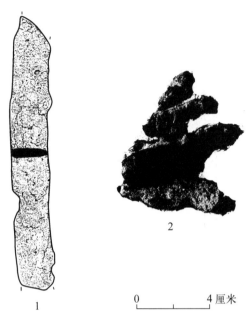

图4-23　98LGM91出土器物

1.铁带钩（98LGM91∶2）　2.铁带钩（98LGM91∶1）

一二、98LGM92

（一）墓葬位置

98LGM92位于灵寿岗北墓地南区的东南部，M93的西南侧、M98的西北侧、M103的南侧、M113的东南侧、M115的东北侧。开口于耕土层下，墓口距地表30厘米。

（二）墓葬形制

长方形竖穴土坑墓。口大底小，墓口长275厘米，宽112厘米；墓底长265厘米，宽97厘米；墓深175厘米。葬具为一棺，长224厘米，宽54厘米，存高10厘米。人骨架一具，侧身屈肢，面向朝东，头向北偏东3°（图4-24）。

（三）随葬品

出土骨簪1件、铁带钩1件（图4-25，图版三七∶3、4），皆位于墓主人左肩旁。

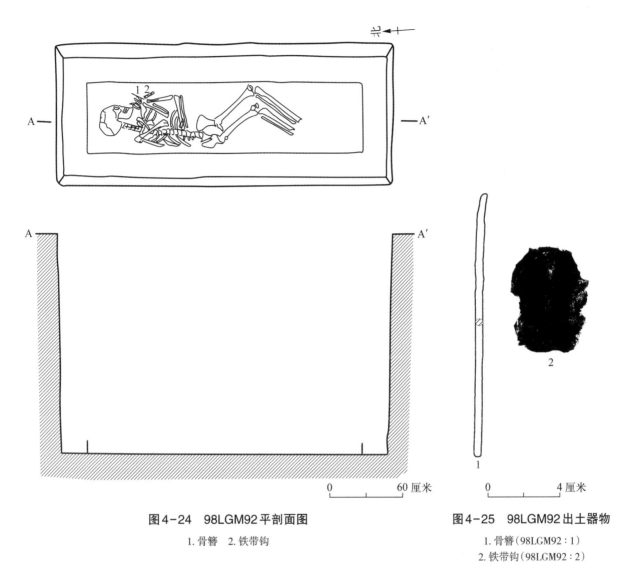

图4-24 98LGM92平剖面图

1.骨簪 2.铁带钩

图4-25 98LGM92出土器物

1.骨簪（98LGM92∶1）
2.铁带钩（98LGM92∶2）

1. 铁器

带钩 1件。98LGM92∶2,铁质,锈蚀破损严重,形状不清。

2. 骨器

骨簪 1件。98LGM92∶1,残断。兽骨磨制,横断面呈圆形。直径0.4厘米,残长13.8厘米。

一三、98LGM93

（一）墓葬位置

98LGM93位于灵寿岗北墓地南区的东南部,M88的西北侧、M92的东北侧、M98的北侧、M103的东南侧。开口于耕土层下,墓口距地表30厘米。

（二）墓葬形制

长方形竖穴土坑墓,圹长240厘米,宽100厘米,深260厘米。葬具为一棺一椁。椁长196厘米,宽80厘米,存高39厘米。人骨架一具,仰身直肢,面向朝左,头向北偏西10°（图4-26）。

（三）随葬品

出土铜带钩1件、铁锛1件(图4-27,图版三七：5、6),分别位于墓主人头部右侧和右肩右侧。

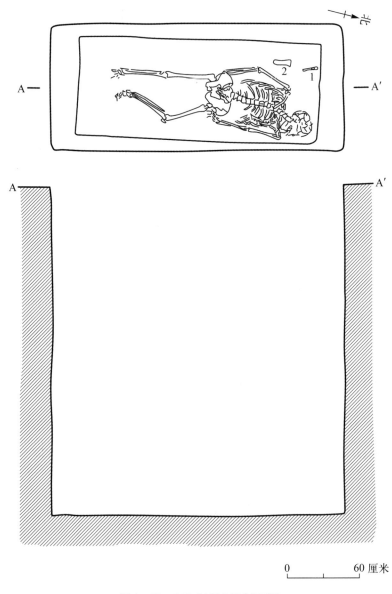

0   60 厘米

图4-26　98LGM93平剖面图

1. 铜带钩　2. 铁锛

1. 铜器

带钩 1件。98LGM93∶1,残。青铜,范铸。狭长琵琶形,钩残缺,圆钮。钩面剔刻兽面纹。残长12.6厘米,最宽2厘米,最厚0.6厘米。

2. 铁器

锛 98LGM93∶2,1件,整体呈楔形,长方銎。长14.1厘米,刃宽4厘米,顶宽3厘米,銎长4.9厘米,銎宽3厘米。

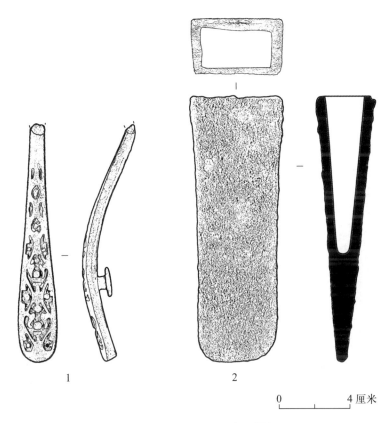

1   2

0 —————— 4厘米

图4-27　98LGM93出土器物

1.铜带钩(98LGM93∶1)　2.铁锛(98LGM93∶2)

一四、98LGM94

（一）墓葬位置

98LGM94位于灵寿岗北墓地南区的东南部,M99的东南侧、M100的南侧、M111的西北侧。开口于耕土层下,墓口距地表30厘米。

（二）墓葬形制

长方形竖穴土坑墓,圹长270厘米,宽160厘米,深300厘米。葬具为一棺一椁。椁长240厘米,宽120厘米,存高38厘米;棺长178厘米,宽48厘米,存高38厘米。人骨架一具,仰身直肢,面向朝上,头向正北。无随葬品(图4-28)。

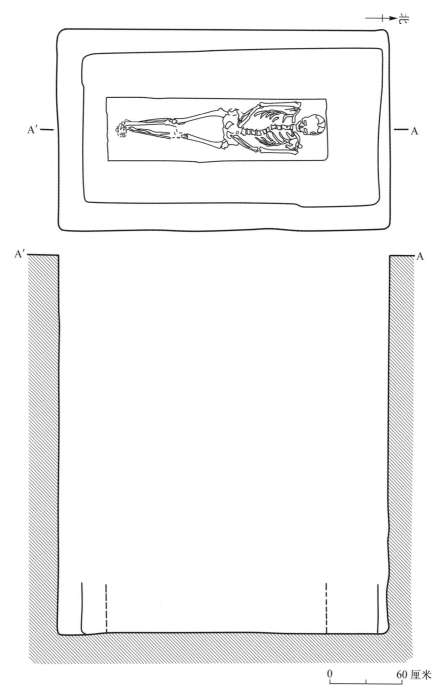

图4-28　98LGM94平剖面图

一五、98LGM95

（一）墓葬位置

98LGM95位于灵寿岗北墓地南区的中部，M113的西侧、M114的西北侧、M118的南侧、M122的东南侧。开口于耕土层下，墓口距地表30厘米。

（二）墓葬形制

长方形竖穴土坑墓，圹长220厘米，宽90厘米，深190厘米。葬具为一棺，长198厘米，宽67厘米，存高14厘米。人骨架一具，仰身直肢，头向北偏东8°。无随葬品（图4-29）。

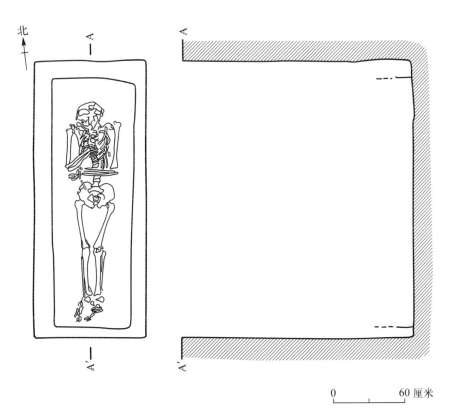

图4-29　98LGM95平剖面图

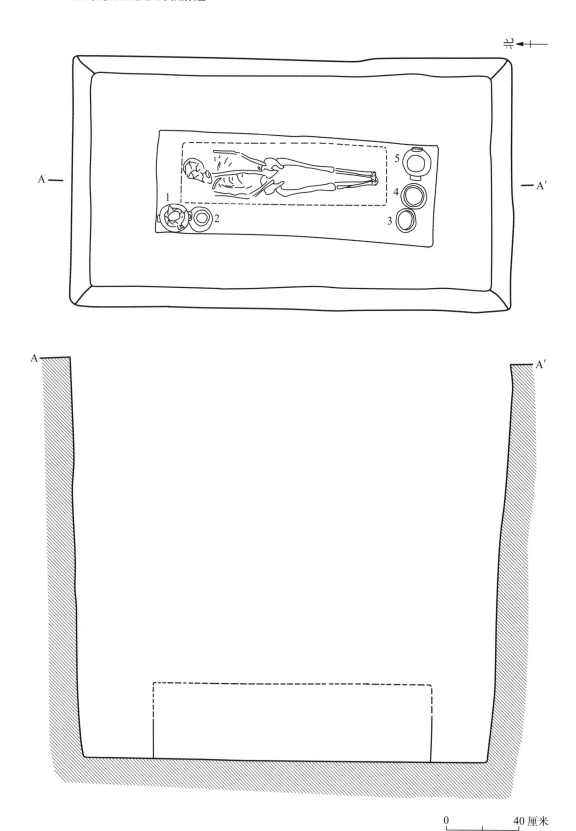

图4-30　98LGM96平剖面图

1.陶鼎　2.陶罐　3.陶盖豆　4.陶豆　5.陶鼎

一六、98LGM96

（一）墓葬位置

98LGM96位于灵寿岗北墓地南区的东部，M88的东侧、M89的东北侧、M91的东南侧、M110的北侧。开口于耕土层下，墓口距地表30厘米。

（二）墓葬形制

长方形竖穴土坑墓。口大底小，墓口长360厘米，宽200厘米；墓底长330厘米，宽170厘米；墓深320厘米。葬具为一棺一椁。椁长228厘米，宽80厘米，存高57厘米；棺长166厘米，宽48厘米。人骨架一具，仰身直肢，头向正北（图4-30）。

（三）随葬品

出土陶器5件，有鼎2件、盖豆2件、罐1件（图4-31，图版三八）。位于墓主人头部右侧和脚下部的棺椁之间。

鼎　2件。98LGM96：5，修复，缺盖。夹细砂灰褐陶，火候较高，陶色不匀。子口内敛，方唇，鼓腹，圜底，三蹄形足，口侧附加对称"П"形双耳。腹上部饰一组2匝凹弦纹，其间饰"X"形短划线纹，腹下部饰1匝凹弦纹。通高18.2厘米，口径11.4厘米。

盖豆　2件。98LGM96：3，修复，缺盖。泥质灰陶，表皮脱落较重。器身不正，子口内敛，圆唇，弧腹，内圜底，束腰圆柄下接喇叭口形底座。高17.2厘米，口径16.9厘米，底座径11厘米。

罐　1件。98LGM96：2，微残。泥质灰黑陶。外折宽平沿，方圆唇，直领，鼓腹，平底。腹上部饰瓦棱形纹。表皮脱落严重。高21.3厘米，口径10厘米，底径10.1厘米。

一七、98LGM97

（一）墓葬位置

98LGM97位于灵寿岗北墓地南区的中部，M112的东侧，M131的南侧，M103、104的北侧，M108的西侧。开口于耕土层下，墓口距地表30厘米。

（二）墓葬形制

长方形土坑竖穴墓，圹长230厘米，宽120厘米，深220厘米。葬具为一棺，长190厘米，宽68厘米，存高25厘米。人骨架一具，仰身直肢，面向朝左，头向南偏东85°。无随葬品（图4-32）。

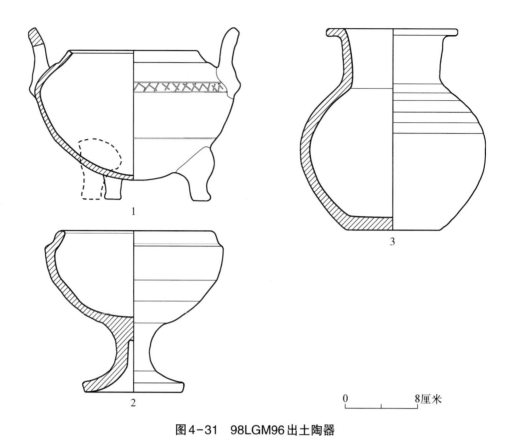

图4-31 98LGM96出土陶器

1.鼎（98LGM96：5） 2.盖豆（98LGM96：3） 3.罐（98LGM96：2）

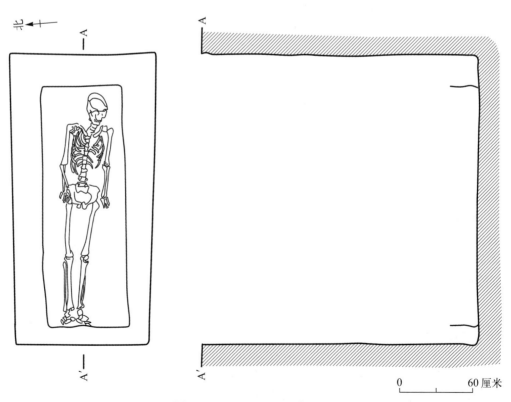

图4-32 98LGM97平剖面图

一八、98LGM98

（一）墓葬位置

98LGM98位于灵寿岗北墓地南区的东南部，M93的南侧、M99的北侧、M100的西侧、M115的东南侧。开口于耕土层下，墓口距地表30厘米。

（二）墓葬形制

长方形竖穴土坑墓。口大底小，墓口长230厘米，宽110厘米；墓底长210厘米，宽90厘米；墓深185厘米。葬具为一棺，长176厘米，宽66厘米，存高27厘米。墓向北偏东85°。无随葬品。墓被盗扰（图4-33）。

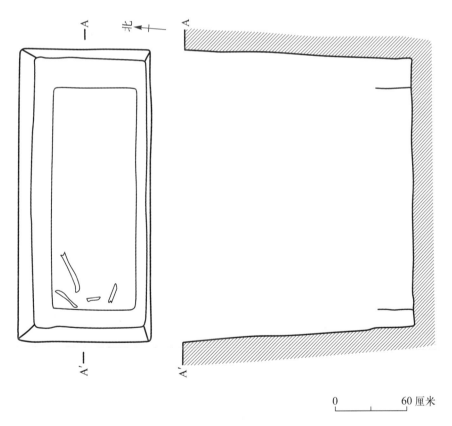

图4-33　98LGM98平剖面图

一九、98LGM99

（一）墓葬位置

98LGM99位于灵寿岗北墓地南区的东南部，M94的西北侧、M98的南侧、M100的西南侧、M116的东侧。开口于耕土层下，墓口距地表30厘米。

（二）墓葬形制

长方形竖穴土坑墓。口大底小，壁斜收，较平整。墓口长220厘米，宽160厘米；墓底长195厘米，宽130厘米；墓深280厘米。葬具为一棺一椁。椁长144厘米，宽88厘米，存高85厘米。墓向北偏东85°。填土中发现有陶片。墓被盗扰（图4-34）。

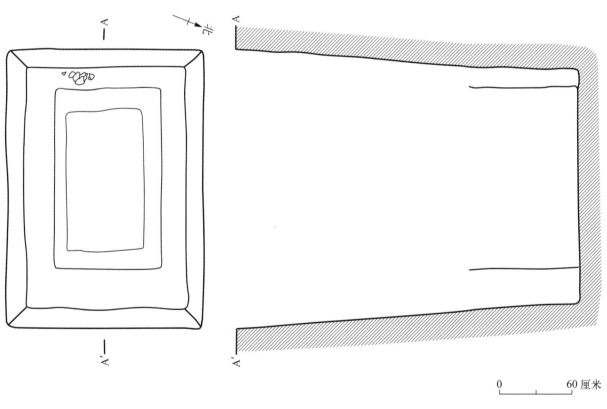

0　　　　60厘米

图4-34　98LGM99平剖面图

二〇、98LGM100

（一）墓葬位置

98LGM100位于灵寿岗北墓地南区的东南部，M89的西南侧、M94的西北侧、M98的东侧。开口于耕土层下，墓口距地表30厘米。

（二）墓葬形制

长方形竖穴土坑墓。口大底小，壁斜收，较平整；墓口长330厘米，宽190厘米；墓底长290厘米，宽160厘米；墓深210厘米。葬具为一棺，长192厘米，宽80厘米，存高28厘米。墓向北偏东85°（图4-35）。

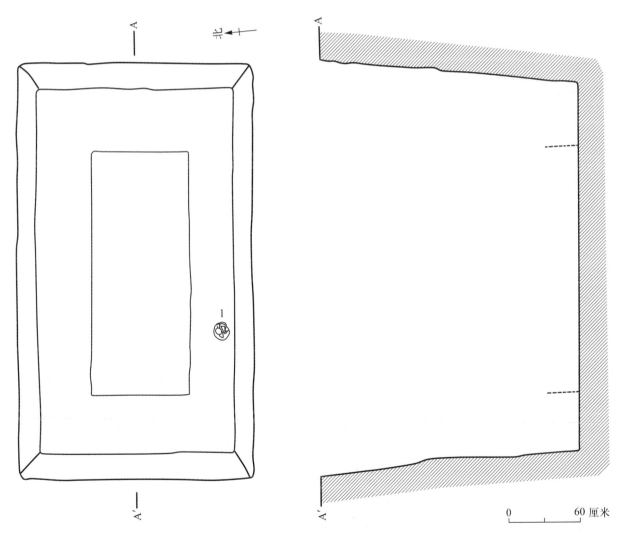

图4-35　98LGM100平剖面图

1. 陶豆盘

（三）随葬品

出土陶豆盘1件，位于南侧棺外与墓圹之间。

二一、98LGM101

（一）墓葬位置

98LGM101位于灵寿岗北墓地南区的东北部，M82的西北侧、M83的南侧、M84的东北侧、M85的西南侧。开口于耕土层下，墓口距地表30厘米。

（二）墓葬形制

长方形竖穴土坑墓。口大底小，壁斜收，表面粗加工。墓口长290厘米，宽194厘米；墓底长248厘米，宽150厘米；墓深380厘米。葬具为一棺一椁，棺椁皆腐朽，椁壁坍塌呈斜坡状，棺迹无存。椁长226厘米，宽126厘米，存高51厘米。人骨架一具，侧身屈肢，头向北偏东60°（图4-36）。

（三）随葬品

出土随葬品8件（图4-37，图版三九），其中陶器7件，有壶、豆各2件，鬲、盘、匜各1件，位于椁内墓主人右侧和脚下；铜带钩1件，位于头骨左侧。

1. 陶器

鬲　1件。98LGM101：4，微残。夹砂灰陶，火候较高。器身不正，盘口，方圆唇，短束颈，弧腹，圜底，底部有三个乳头形小足。腹至底部饰绳纹，上部竖压绳纹，下部横压绳纹。高23.1厘米，口径21.7厘米。

壶　2件。

98LGM101：2，修复。泥质灰陶，表皮脱落殆尽。外折下斜沿，圆唇，长颈，圆肩，弧腹，平底。肩腹部饰3匝凹弦纹。口径13.5厘米，底径13.2厘米，高31厘米。

98LGM101：3，修复。泥质灰陶，表皮脱落严重。外折下斜沿，圆唇，长颈，圆肩，弧腹，平底。肩腹部饰3匝凹弦纹。口径10.5厘米，底径13.2厘米，高28.4厘米。

盘　1件。98LGM101：7，修复。泥质灰陶，陶色不匀。敞口，方唇，折壁，假圈足，平底稍内凹。壁饰2道瓦棱形纹。高4.4厘米，口径15.6厘米，底径7.4厘米。

匜　1件。98LGM101：8，修复。泥质灰陶。匜口平面呈弧边三角形，三角各有一尖嘴状流，一个较大，另两个略小，方圆唇，弧壁，弧底。高5厘米，口大径15.6厘米，口小径15厘米。

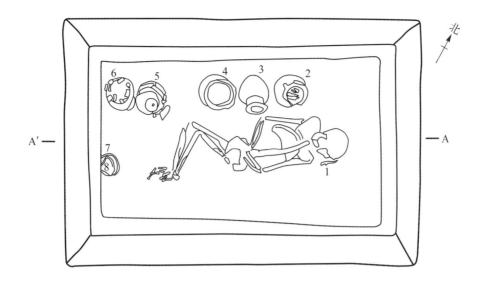

0   40厘米

图4-36   98LGM101平剖面图

1.铜带钩   2.陶壶   3.陶壶   4.陶甂   5.陶豆   6.陶豆   7.陶盘   8.陶匜

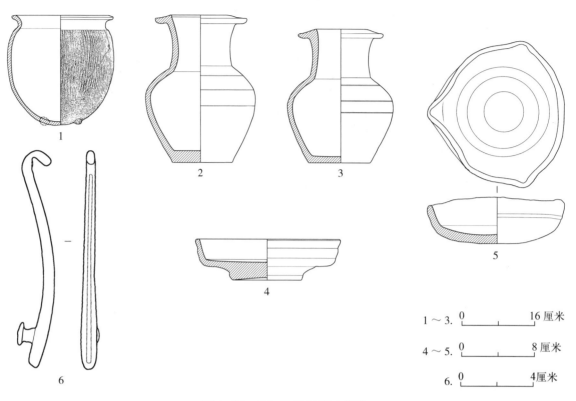

图 4-37　98LGM101 出土器物

1.甌（98LGM101：4）　2.壶（98LGM101：2）　3.壶（98LGM101：3）　4.盘（98LGM101：7）
5.匜（98LGM101：8）　6.带钩（98LGM101：1）

2. 铜器

带钩　1件。98LGM101：1，青铜，范铸。长条形，中起脊，圆钮，钩内侧磨损严重。长 11.6 厘米，最宽 0.85 厘米，最厚 0.7 厘米。

二二、98LGM102

（一）墓葬位置

98LGM102 位于灵寿岗北墓地南区的东北部，M82 的东北侧、M85 的东南侧、M101 的东侧。开口于耕土层下，墓口距地表 30 厘米。

（二）墓葬形制

长方形竖穴土坑墓。口大底小，墓壁斜收，表面平整，墓口长 300 厘米，宽 180 厘米；墓底长 274 厘米，宽 160 厘米；墓深 354 厘米。葬具为一棺一椁，椁壁呈斜坡状。椁长 248 厘米，宽 115 厘米，存高 36 厘米；棺长 208 厘米，宽 67 厘米，存高 25 厘米。人骨架一具，仰身屈肢，面向朝左，头向北偏东 15°（图 4-38）。

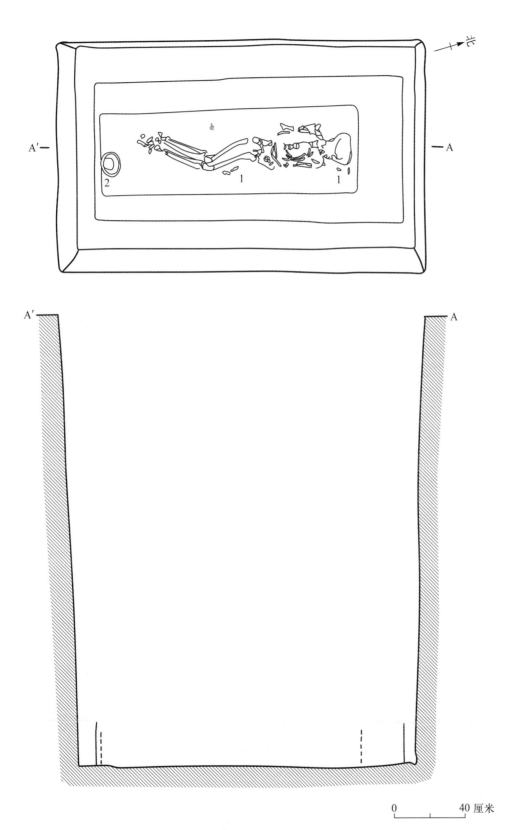

0 _____ 40 厘米

图4-38 98LGM102平剖面图

1. 铜带钩 2. 陶罐

（三）随葬品

出土随葬品3件。其中铜带钩2件,1件位于墓主人头骨左侧,另1件位于左股骨左侧;陶罐1件,位于棺内墓主人脚下部。

铜带钩 2件(图4-39,图版四〇:1、2)。

98LGM102:1-1,残断。青铜,范铸。长条形,中起脊,椭圆钮。长9.2厘米,最宽0.85厘米,最厚0.66厘米。

98LGM102:1-2,青铜,范铸。长条形,中起脊,椭圆钮。长9.15厘米,最宽0.8厘米,最厚0.7厘米。

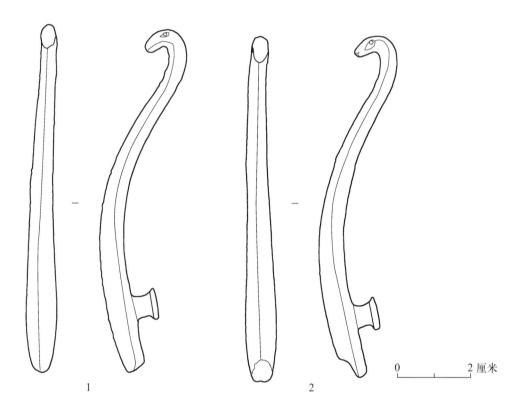

图4-39 98LGM102出土器物

1、2. 铜带钩(98LGM102:1-1、1-2)

二三、98LGM103

（一）墓葬位置

98LGM103位于灵寿岗北墓地南区的中部,M92的北侧、M93的西北侧、M97的南侧、M104的东侧。开口于耕土层下,墓口距地表40厘米。

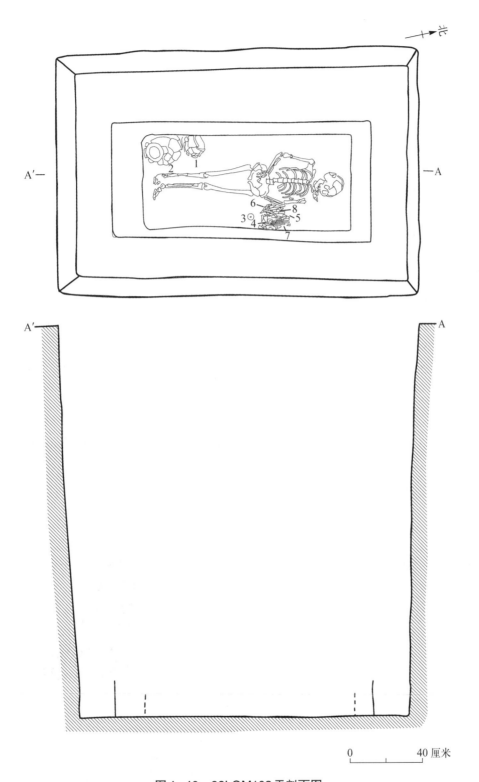

图4-40 98LGM103平剖面图

1.陶瓿 2.陶罐 3.陶纺轮 4.陶纺轮 5.铜带钩、铜帽、铜桥形饰、铜弓形饰 6.石圭 7.铁钩 8.骨簪、骨锥

（二）墓葬形制

长方形竖穴土坑墓。口大底小，壁斜收，表面平整；墓口长294厘米，宽194厘米；墓底长270厘米，宽164厘米；墓深308厘米。葬具为一棺一椁。椁长207厘米，宽93厘米，存高28厘米；棺长168厘米，宽74厘米。人骨架一具，仰身直肢，面向朝上，头向北偏东15°（图4-40）。

（三）随葬品

出土随葬品14件（组）（图4-41、4-42、4-43，图版四〇：3～8、四一），其中陶器4件，有鬲、罐各1件，位于棺内墓主人小腿右侧；陶纺轮2件；铜带钩、铜帽、铜弓形饰各1件，铜桥形饰1组、石圭1组（10件）、铁钩1件、骨簪1件、骨锥1件，位于棺内墓主人左臂左侧。

1. 陶器

鬲　1件。98LGM103：1，修复。夹砂灰陶，陶色不匀。敞口，外折窄平沿，矮领，弧腹，圜底，底部有三个乳头形小足。肩及底足通饰绳纹，上部竖压绳纹，下部斜压绳纹。口径11厘米，通高13.6厘米。

罐　1件。98LGM103：2，修复。泥质灰黑陶。敞口，外折窄平沿，圆唇，直领，鼓腹，下腹斜收，平底。颈、腹部有多圈黑色压光纹带，肩部的纹带间饰两圈黑色压光波折纹。表皮脱落严重。口径14.1厘米，底径10.2厘米，高23.7厘米。

纺轮　2件。

98LGM103：3，泥质灰陶。下圆饼上圆台状，中间贯穿一圆孔。台面满饰凹弦纹。底径5.2厘米，高1.75厘米，孔径1.14厘米。

98LGM103：4，泥质黑陶。算珠状，中间贯穿一圆孔，磨光。最大径3.57厘米，高1.65厘米，孔径0.85厘米。

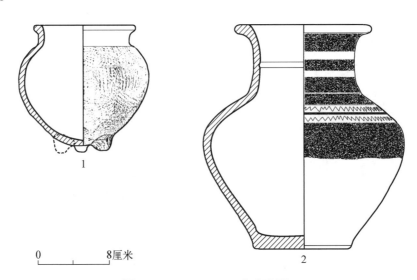

0　　　　8厘米

图4-41　98LGM103出土陶器

1.鬲（98LGM103：1）　2.罐（98LGM103：2）

2. 铜铁器

铜带钩　1件。98LGM103：5-1，残。青铜，范铸。狭长琵琶形，钩残缺，圆钮。钩面剔刻勾云纹。长14.4厘米，最宽1.6厘米。

铜帽　1件。98LGM103：5-2，青铜，圆形，上细下粗，圆銎。高5.6厘米，最大径1.7厘米，銎径2厘米。

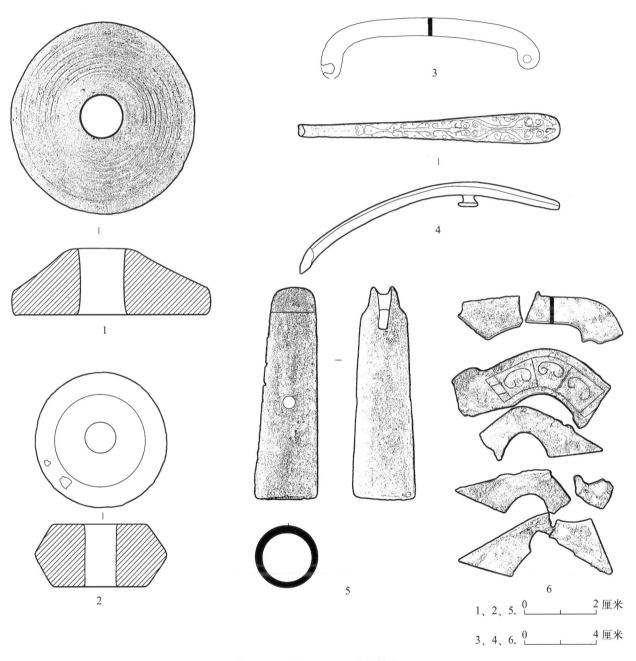

图4-42　98LGM103出土器物

1.陶纺轮（98LGM103：3）　2.陶纺轮（98LGM103：4）　3.铜弓形饰（98LGM103：5-4）
4.铜带钩（98LGM103：5-1）　5.铜帽（98LGM103：5-2）　6.铜桥形饰（98LGM103：5-3）

铜桥形饰 1组。98LGM103：5-3，残损严重。由铜片制成，呈拱桥形，有的周边向一面折起，有的不折，近弧顶处有一圆孔。其中1件饰有云雷纹。

铜弓形饰 1件。98LGM103：5-4，青铜，片状，弓背形，两端各有一圆孔。长12厘米。

铁钩 1件。98LGM103：7，锈蚀严重。长15.3厘米。

3. 石器

石圭 1组。98LGM103：6，大小不一。青灰色石质，板状。

98LGM103：6-1，等腰三角形，射尖与体分界不明显，平底。长9.87厘米，底宽1.66厘米，最厚0.68厘米。

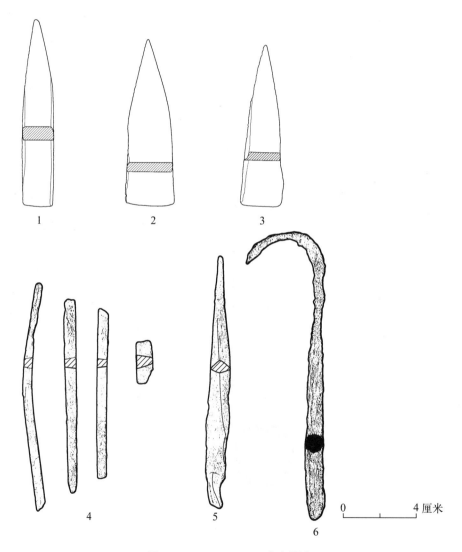

图4-43 98LGM103出土器物

1. 石圭（98LGM103：6-1） 2. 石圭（98LGM103：6-2） 3. 石圭（98LGM103：6-3） 4. 骨簪（98LGM103：8-1）
5. 骨锥（98LGM103：8-2） 6. 铁钩（98LGM103：7）

98LGM103：6-2，梯形上部斜削成尖，平底。长8.8厘米，底宽2.65厘米，最厚0.47厘米。

98LGM103：6-3，长方形上部斜削成尖，平底。长8.57厘米，底宽2.32厘米，最厚0.43厘米。

4. 骨器

骨簪　1件。98LGM103：8-1，残。长条形，横断面近梯形。最长12.5厘米，最宽0.5厘米。

骨锥　1件。98LGM103：8-2，近圆锥体。长13.4厘米。

二四、98LGM104

（一）墓葬位置

98LGM104位于灵寿岗北墓地南区的中部，M103的西侧、M112的南侧、M113的东北侧、M129的东南侧。开口于耕土层下，墓口距地表40厘米。

（二）墓葬形制

长方形竖穴土坑墓。口大底小，四壁斜收，表面平整；墓口长290厘米，宽210厘米；墓底长260厘米，宽192厘米；墓深410厘米。葬具为一棺一椁。椁壁受压变形；棺底有三条横向凹槽，槽长同墓底，宽30～40厘米，深8～12厘米，槽内为板灰，可能为棺底横置木板，抑或棺底防潮设施。椁长236厘米，宽127厘米，存高53厘米。人骨架一具，仰身直肢，头向正北。墓被盗扰（图4-44）。

（三）随葬品

出土随葬品12件（图4-45、4-46，图版四二、四三）。其中陶器10件，有鼎、壶、盖豆、盘各2件，球腹壶、匜各1件，位于墓主人脚下的棺椁之间；铜带钩1件、蚌饰1组，位于棺内小腿骨左侧。

1. 陶器

鼎　2件。

98LGM104：3，修复。泥质灰黑陶，陶色不匀。覆钵形弧顶盖，方唇；鼎子口内敛，圆方唇，弧腹，圜底，三蹄形足，足下部中空，口侧附加对称"∏"形双耳，耳外撇。器表饰黑色压光纹带和凸弦纹，脱落较重。盖面有4圈压光纹带，仅中部纹带间可见波折纹；鼎腹中部有1匝带状凸弦纹。盖口径13厘米，高3厘米。鼎口径10.7厘米，通高13厘米。

98LGM104：11，修复。泥质灰黑陶。覆钵形弧顶盖，盖面中部有三个等距半环形钮，方唇；鼎子口内敛，方圆唇，弧腹，圜底，三蹄形足，足下部中空，口侧附加对称"∏"形双耳，耳外撇。盖

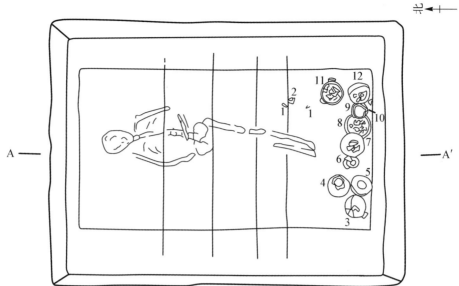

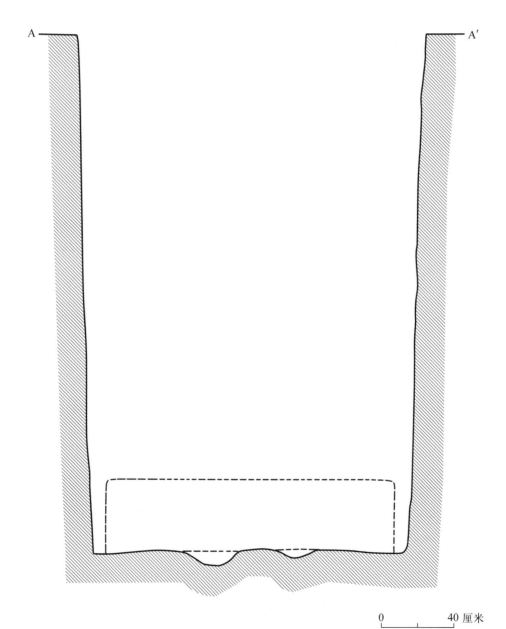

图4-44　98LGM104平剖面图

1.铜带钩　2.蚌饰　3.陶鼎　4.陶壶　5.陶盖豆　6.陶球腹壶　7.陶壶　8.陶盘　9.陶匜　10.陶盘　11.陶鼎　12.陶豆

面饰5圈压光纹带，纹带间仅中部两圈可见平行短斜线纹；鼎腹中部饰1匝带状凸弦纹。盖口径16厘米，高4.2厘米。鼎口径13.9厘米，通高16.8厘米。

盖豆　2件。

98LGM104：5，修复。泥质灰黑陶。覆钵形盖身，短束腰圆柄上接喇叭口形捉手；豆子口内敛，方圆唇，弧腹，内圜底，束腰圆柄下接喇叭口形底座。捉手顶面和盖面饰多圈压光纹带，纹带间纹饰漫漶不清；豆腹中部饰1匝带状凸弦纹，表皮脱落殆尽，局部可见压光。盖口径15.3厘米，高6.2厘米。豆口径12.6厘米，底座径11厘米，通高19.2厘米。

98LGM104：12，修复。泥质灰黑陶，陶色不匀。覆钵形盖身，束腰短圆柄上接圆饼状捉手，捉手顶面略外鼓，中心有一锥状凸起，方圆唇；豆子口内敛，方圆唇，弧腹，内圜底，束腰圆柄下接喇叭口形底座。捉手顶面和盖面各饰3圈黑色压光纹带，盖面下部纹带间饰一圈波折纹；豆腹中部饰1匝带状凸弦纹。盖口径15厘米，高6.9厘米。豆口径16.4厘米，底座径11.2厘米，通高19.5厘米。

壶　2件。

98LGM104：4，修复。泥质灰黑陶。斗笠形盖；壶敞口，方唇，长颈，鼓腹，假圈足，平底。器表饰黑色压光纹带，脱落严重。盖面有4圈压光纹带；口及腹中部饰多圈压光纹带，纹带间仅肩部可见一圈卷云纹。盖口径11厘米，高2.9厘米。壶口径10.2厘米，底径8.8厘米，通高27厘米。

98LGM104：7，修复。泥质灰黑陶。斗笠形盖；壶敞口，方唇，长颈，鼓腹，假圈足，平底。器表饰黑色压光纹带，脱落严重。盖面局部存压光纹带；口及腹中部饰多圈压光纹带，纹带间仅肩部依稀可见一圈卷云纹。盖口径10厘米，高2.8厘米。壶口径10厘米，底径8.6厘米，通高27厘米。

球腹壶　1件。98LGM104：6，修复。泥质灰陶，表皮脱落严重。敞口，方圆唇，短束颈，球腹，束腰圆柄下接喇叭形底座。口径5厘米，底座径8.5厘米，高13厘米。

盘　2件。98LGM104：10，修复。泥质灰陶。侈口，方圆唇，口沿下壁稍内弧，弧壁，平底内凹。口径13厘米，底径6.2厘米，高5.6厘米。

匜　1件。98LGM104：9，稍残。泥质灰陶。匜口平面呈桃形，一侧有尖嘴状流，对应一侧稍内凹，方圆唇，弧壁，平底。口大径13.3厘米、小径13厘米，底径7.2厘米，高4.4厘米。

2. 铜器

带钩　1件。98LGM104：1，残断。青铜，范铸。琵琶形，兽首钩，圆钮。钩面剔刻云雷纹。长7.3厘米，最宽1.4厘米，最厚0.58厘米。

3. 蚌器

蚌饰　1组。98LGM104：2，残。天然蚌壳，2扇，顶面磨平，钻一孔。残长3.8厘米，残宽4.8厘米。

0   8厘米

图4-45　98LGM104出土器物

1.盖豆（98LGM104：5）　2.盖豆（98LGM104：12）　3.壶（98LGM104：4）　4.壶（98LGM104：7）　5.球腹壶（98LGM104：6）
6.盘（98LGM104：10）　7.匜（98LGM104：9）

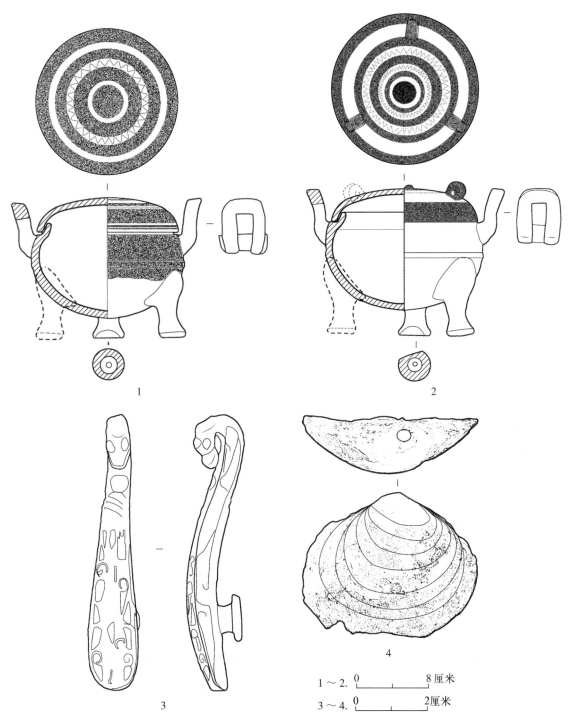

图4-46　98LGM104出土器物

1. 鼎（98LGM104：3）　2. 鼎（98LGM104：11）　3. 铜带钩（98LGM104：1）　4. 蚌饰（98LGM104：2）

二五、98LGM105

（一）墓葬位置

98LGM105位于灵寿岗北墓地南区的北部，M81的西北侧、M106的东北侧、M107的北侧。开口于耕土层下，墓口距地表40厘米。

（二）墓葬形制

长方形竖穴土坑墓。口大底小，壁斜收，表面平整；墓口长320厘米，宽190厘米；墓底长276厘米，宽160厘米。东壁、南壁近角处有蹄形脚窝各一纵列，东壁8个，脚窝高14～20厘米，宽8～16厘米，进深14厘米；南壁7个，脚窝宽12～18厘米，进深15厘米。葬具为一棺一椁。椁长269厘米，宽144厘米，存高29厘米；棺长200厘米，宽110厘米，存高29厘米。人骨架一具，侧身屈肢，头向北偏东70°（图4-47）。

（三）随葬品

出土随葬品8件（图4-48，图版四四），其中彩绘陶器7件，有壶、盖豆各2件，鼎、匜、双耳盘各1件，位于墓主人头上的棺椁之间；铜带钩1件，位于头骨右侧。

1. 陶器

彩绘鼎　1件。98LGM105：8，修复。泥质灰陶。覆钵形弧顶盖，盖面中部有三个等距半圆形钮，方圆唇；鼎子口内敛，方圆唇，弧腹，圜底，三蹄形足，足下部中空，口侧附加对称"口"字形双耳，耳外撇。器表饰红、白色彩绘，漫漶不清，可见鳞形纹、云雷纹和兽面纹。盖面中部和鼎腹中部各饰1匝凹弦纹。盖口径20.6厘米，高6厘米；鼎口径17.6厘米；通高27.7厘米。

彩绘盖豆　2件。

98LGM105：4，修复。泥质灰陶。覆钵形盖身，短束腰圆柄上接圆饼状捉手，方圆唇，盖口大于豆盘口；豆子口内敛，圆唇，弧腹，内圜底，束腰圆柄下接喇叭口形底座。器表饰彩绘纹饰，脱落严重。捉手顶面和底座纹饰不清，盖身边沿和豆盘上部各饰一圈上下红色边框间绘红白相间的竖排波折纹带。盖口径19厘米，高8.3厘米；豆口径16.3厘米，底座径11.2厘米；通高25.1厘米。

98LGM105：7，修复。泥质灰陶。覆钵形盖身，短束腰圆柄上接圆饼状捉手，方圆唇；豆子口内敛，圆唇，弧腹，内圜底，束腰圆柄下接喇叭口形底座。盖及豆盘上部彩绘，脱落严重。豆口沿下为一圈红色边框间填红白相间的竖排波折纹。盖口径18.8厘米，高8.4厘米；豆口径16厘米，底座径11.2厘米，通高25厘米。

彩绘壶　2件。

98LGM105：2，修复。夹砂灰陶。斗笠形盖，子口；壶敞口，方唇，长束颈，溜肩，弧腹，平底。

图4-47 98LGM105平剖面图

1.铜带钩　2.彩绘陶壶　3.彩绘陶壶　4.彩绘陶盖豆　5.彩绘陶匜　6.彩绘陶双耳盘　7.彩绘陶盖豆　8.彩绘陶鼎

图4-48 98LGM105出土器物

1.鼎（98LGM105∶8） 2.盖豆（98LGM105∶4） 3.盖豆（98LGM105∶7） 4.壶（98LGM105∶2） 5.壶（98LGM105∶3）
6.双耳盘（98LGM105∶6） 7.匜（98LGM105∶5） 8.带钩（98LGM105∶1）

器表饰彩绘纹饰，脱落严重。盖顶中央饰红、白相间涡纹，再下为一圈上下红色边框间绘红白相间连续"S"形纹；壶颈下部为一圈上下红色边框间绘红白相间鳞形纹，腹中部亦有一圈上下红色边框间绘红白相间绚形纹。其他部位彩绘纹饰大部分漫漶不清。盖口径16.4厘米，高3.9厘米；壶口径15.8厘米，底径12.8厘米；通高35.9厘米。

98LGM105∶3，修复。夹砂灰陶。斗笠形盖，子口内敛，圆唇；壶敞口，方唇，长束颈，圆肩，弧腹，平底。器表饰彩绘纹饰，脱落严重。盖面边沿局部可见上下红色边框间绘红白相间连续"S"形纹；壶口沿下和腹中部各绘一圈上下红色边框间绘红白相间绚形纹。其余部位彩绘纹饰漫漶不清。盖口径16厘米，高5厘米。壶口径15厘米，底径12.8厘米，通高35.9厘米。

彩绘双耳盘　1件。98LGM105∶6，修复。泥质灰陶，陶色不匀。器形不正，直口，方圆唇，折壁，圈足，口侧附加对称半圆形鋬耳。内壁口沿下为一圈红色边框间填红白相间的鳞形纹带。彩绘脱落严重。高6厘米，口径14.6厘米，底径7.7厘米。

彩绘匜　1件。98LGM105∶5，修复。泥质灰陶，陶色不匀。匜口平面呈桃形，一侧有尖嘴状流，方圆唇，折壁，假圈足，平底。内壁口沿下为一圈红色边框间填红白相间的鳞形纹带。彩绘脱落严重。高6厘米，口大径15.3厘米，口小径14.5厘米，底径6.9厘米。

2. 铜器

带钩　1件。98LGM105∶1，青铜，范铸。狭长琵琶形，中部起脊，横断面呈等腰三角形，枣核形钮。长6.7厘米，最宽1.2厘米，最厚0.7厘米。

二六、98LGM106

（一）墓葬位置

98LGM106位于灵寿岗北墓地南区的北部，M105的西南侧、M107的西北侧、M133的北侧、M134的东北侧。开口于耕土层下，墓口距地表30厘米。

（二）墓葬形制

长方形竖穴土坑墓。口大底小，壁斜收，表面平整。墓口长300厘米，宽270厘米；墓底长254厘米，宽228厘米；墓深420厘米。葬具为一椁二棺，二棺并列放置于椁内，为二人同穴合葬；椁西边与棺重合，东边内凸，从四角观察椁呈"Ⅱ"形。椁长200厘米，宽175厘米，存高21厘米；棺长160厘米，宽48厘米，存高21厘米。人骨架二具，头向一致，仰身直肢，头向北偏西5°（图4-49）。

（三）随葬品

出土随葬品10件（组）（图4-50，图版四五），其中陶器6件，有盖豆2件、鼎1件、壶1件，位于两棺之间；陶壶1件、鼎1件，位于左侧墓主人脚下的棺椁之间；铜带钩2组6件，有5件位于左侧墓主人股骨间，1件位于右侧墓主人腰部左侧；石环、玛瑙环各1件，位于左侧墓主人胸腹部。

图4-49 98LGM106平剖面图

1.铜带钩 2.石环 3.玛瑙环 4.铜带钩[5件] 5.陶盖豆 6.陶鼎 7.陶盖豆 8.陶壶 9.陶壶 10.陶鼎

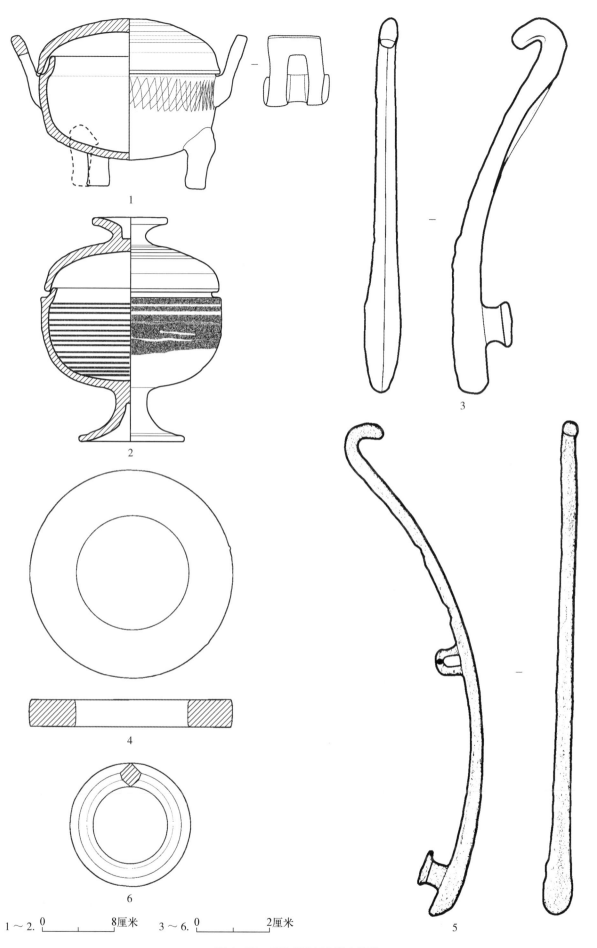

图4-50　98LGM106出土器物

1. 鼎（98LGM106∶6）　2. 盖豆（98LGM106∶5）　3. 铜带钩（98LGM106∶1）　4. 石环（98LGM106∶2）

5. 铜带钩（98LGM106∶4-1）　6. 玛瑙环（98LGM106∶3）

1. 陶器

鼎　1件。98LGM106：6，修复。泥质灰陶，陶色不匀。覆钵形弧顶盖，方唇；鼎子口内敛，方唇，圆弧腹，圜底，三柱形足，口侧附加对称"∏"形双耳，耳外撇。鼎腹上部饰压光网格纹带。盖口径19.5厘米，高5.9厘米。鼎口径16.5厘米，通高18厘米。

盖豆　2件。98LGM106：5，修复。泥质灰陶，陶色不匀。覆钵形盖身，短束腰圆柄上接喇叭口形捉手，方唇。豆子口内敛，方唇，弧腹，内底稍鼓，束腰圆柄下接喇叭口形底座。盖口径18.8厘米，高7.6厘米；豆口径17.5厘米，底座径11.3厘米；通高29.8厘米。

2. 铜器

带钩　2组6件。

98LGM106：1，青铜，范铸。长条形，中起脊，横断面呈圆角三角形，枣核形钮。长10厘米，最宽1厘米，最厚0.84厘米。

98LGM106：4，青铜，范铸。形制、大小基本相同。

98LGM106：4-1，长条形，背面尾部有枣核形钮，中部有一半环形钮。长13.1厘米，最宽0.8厘米，最厚0.48厘米。

98LGM106：4-2，残。长条形，背面尾部有枣核形钮，中部有一半环形钮。长13.2厘米，最宽0.8厘米，最厚0.35厘米。

98LGM106：4-3，残。长条形，背面尾部有枣核形钮，中部有一长方形钮。长13.2厘米，最宽0.8厘米，最厚0.35厘米。

98LGM106：4-4，残。长条形，背面尾部有枣核形钮，中部有一半环形钮。长13.2厘米，最宽0.8厘米，最厚0.35厘米。

98LGM106：4-5，残。长条形，背面尾部有枣核形钮，中部有一半环形钮。长13.2厘米，最宽0.8厘米，最厚0.35厘米。

3. 玉石器

石环　1件。残。98LGM106：2，白色石质，磨制。横断面呈长方形。直径5.5厘米，孔径3厘米，厚0.7厘米。

玛瑙环　1件。98LGM106：3，白玛瑙，磨制。外环钝刃，孔壁外弧，有多个不甚规整的棱面，横断面近弧底等腰三角形。直径3.3厘米，孔径2厘米，最厚0.55厘米。

二七、98LGM107

（一）墓葬位置

98LGM107位于灵寿岗北墓地南区的北部，M105的南侧、M106的东侧、M81的西南侧、M87的西侧、M132的东北侧。开口于耕土层下，墓口距地表30厘米。

图4-51　98LGM107平剖面图

1.陶罐　2.骨簪

（二）墓葬形制

长方形竖穴土坑墓，墓壁经加工。圹长220厘米，宽100厘米，深308厘米。葬具为一棺，长174厘米，宽60厘米，存高31厘米。人骨架一具，仰身直肢，面向朝左，头向北偏东45°（图4-51）。

（三）随葬品

出土随葬品2件，为陶罐1件、骨簪1件。位于棺内墓主人右肱骨右侧。

折肩罐　1件。98LGM107：1，泥质灰陶。敞口，方唇，折肩，弧腹，平底稍内凹。口径5.7厘米，底径8厘米，高9.5厘米（图4-51，图版四六：1）。

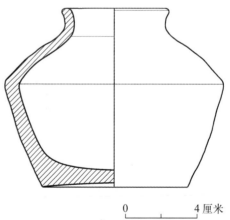

图4-52　98LGM107出土陶器

折腹罐（98LGM107：1）

二八、98LGM108

（一）墓葬位置

98LGM108位于灵寿岗北墓地南区的东部，M82的西南侧、M97的东侧、M101的南侧、M109的西北侧。开口于耕土层下，墓口距地表40厘米。

（二）墓葬形制

长方形竖穴土坑墓。口大底小，壁斜收，斜度较大，表面平整。墓口长410厘米，宽320厘米；墓底长310厘米，宽200厘米；墓深610厘米。北、东壁近角处，各有一纵列各10个蹄形脚窝，对称分布，窝径6～12厘米，进深15厘米。葬具为一椁一棺，椁呈"Ⅱ"形，椁壁变形内凸成坡状，残留有灰痕；棺置于椁中央，亦残留白色灰痕，棺底有横向白色灰痕，可能为棺板痕迹。椁长252厘米，宽129厘米，存高49厘米；棺长188厘米，宽70厘米，存高43厘米。人骨架一具，仰身直肢，面向朝上，头向北偏东80°（图4-53）。

（三）随葬品

出土随葬品12件（图4-54、4-55，图版四六：2～4、四七），其中陶器9件，有壶、鼎、盖豆各2件，盘、匜、碗各1件，位于墓主人头顶和左侧棺椁之间；青铜短剑、铜镞形器各1件，分别位于棺内墓主人腰部两侧；铜带钩1件，位于左股骨左侧。

1. 陶器

鼎　2件。98LGM108：12，残。泥质灰黑陶，表皮脱落较重。子口残缺，弧腹，圜底，三蹄形足，足底中部有小孔，双耳残缺。通高14.3厘米，口径18.6厘米。

壶　2件。

98LGM108：4，修复。泥质灰陶，表皮脱落严重。覆盘形弧顶盖；壶敞口，方唇，长束颈，溜肩，鼓腹，平底。盖面和颈部可见黑色压光纹带，颈肩结合处、肩部及腹中部各饰一组2匝凹弦纹，下部两组弦纹间可见压光网格纹。盖口径8.8厘米，高2.1厘米。壶口径8.0厘米，底径6.7厘米，通高21.5厘米。

98LGM108：5，修复。泥质灰陶，表皮脱落严重。敞口，方唇，长束颈，溜肩，鼓腹，平底。颈部可见压光纹带，颈肩结合处、肩部及腹中部各饰一组2匝凹弦纹，弦纹间可见压光网格纹。口径9.8厘米，底径8.6厘米，高22厘米。

碗　1件。98LGM108：11，修复。泥质灰陶，表皮脱落严重。敛口，方唇，折壁，假圈足，平

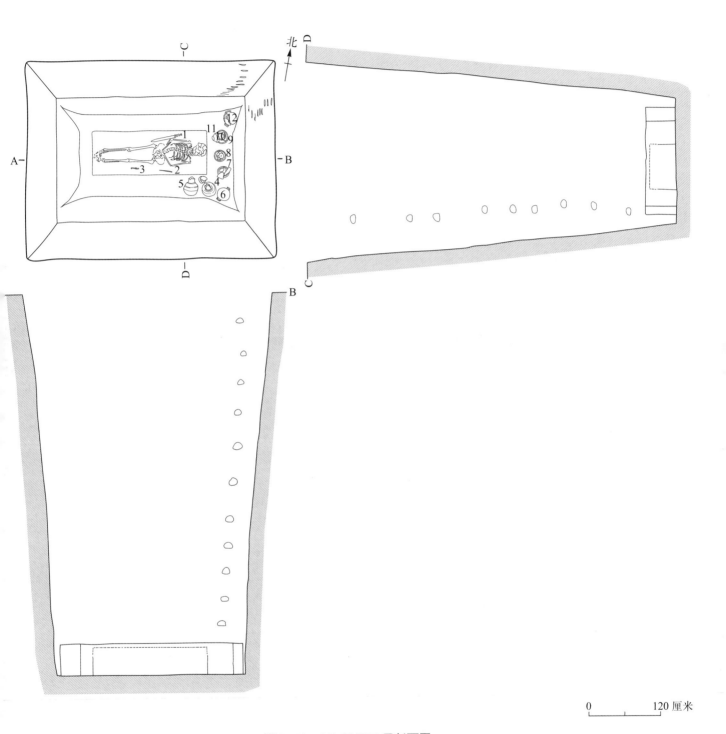

0 —————— 120 厘米

图4-53 98LGM108平剖面图

1.铜剑 2.铜镞形器 3.铜带钩 4.陶壶 5.陶壶 6.陶鼎 7.陶盖豆 8.陶盖豆 9.陶盘 10.陶匜 11.陶碗 12.陶鼎

底。近底处有3道瓦棱形纹。口径14厘米,底径5.9厘米,高6.7厘米。

2. 铜器

短剑　1件。98LGM108：1,青铜,范铸。椭圆筒状茎,中部有两个套环节结,喇叭口形首,窄格,剑身呈柳叶形,中脊两侧各有一条凹槽,较浅。通长47.9厘米,茎长37.5厘米,剑身最宽4.8厘米。

镞形器　1件。98LGM108：2,残。三棱形身,圆锥形铤。残长15.1厘米。

带钩　1件。98LGM108：3,青铜,范铸。长条形,中起脊,椭圆形钮。长17厘米,最宽1.2厘米,最厚1.1厘米。

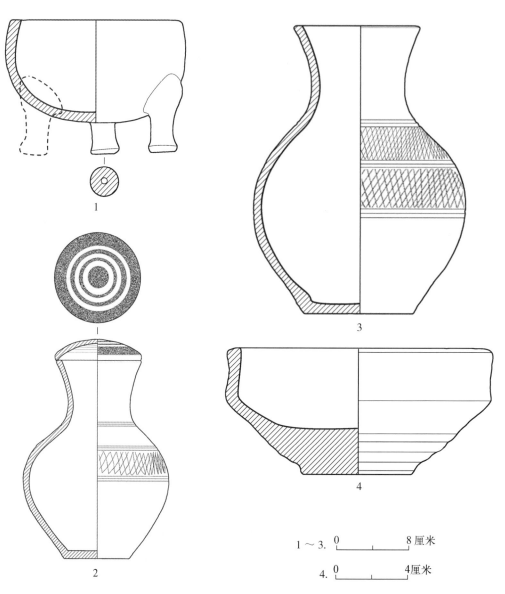

图4-54　98LGM108出土陶器

1.鼎(98LGM108：12)　2.壶(98LGM108：4)　3.壶(98LGM108：5)　4.碗(98LGM108：11)

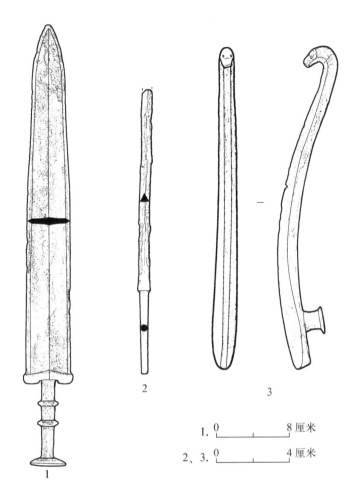

图4-55 98LGM108出土器物

1. 铜剑（98LGM108：1） 2. 铜镞形器（98LGM108：2） 3. 铜带钩（98LGM108：3）

二九、98LGM109

（一）墓葬位置

98LGM109位于灵寿岗北墓地南区的东部，M90的西侧、M91的北侧、M108的东南侧。开口于耕土层下，墓口距地表40厘米。

（二）墓葬形制

长方形竖穴土坑墓。口大底小，壁略斜收，表面平整。墓口长304厘米，宽186厘米；墓底长290厘米，宽166厘米；墓深466厘米。东、南壁各有一纵列各7个蹄形脚窝，窝径12～18厘米，进深10厘米。葬具为一椁一棺，椁呈"Ⅱ"形，壁坍塌成坡状。椁长272厘米，宽126厘米，存高42厘米；棺长192厘米，宽60厘米，存高42厘米。人骨架一具，仰身屈肢，头向北偏东85°（图4-56）。

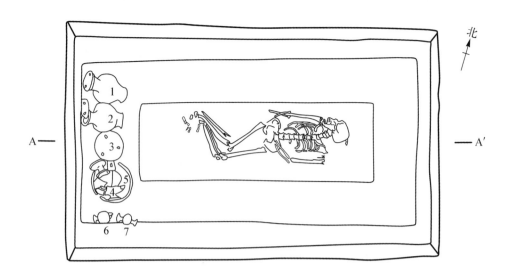

北

A —   — A′

A   A′

南壁脚窝平面图

0   40 厘米

图 4-56 98LGM109平剖面图

1.陶壶 2.陶壶 3.陶鼎 4.陶豆 5.陶盘 6.陶球腹壶 7.陶球腹壶

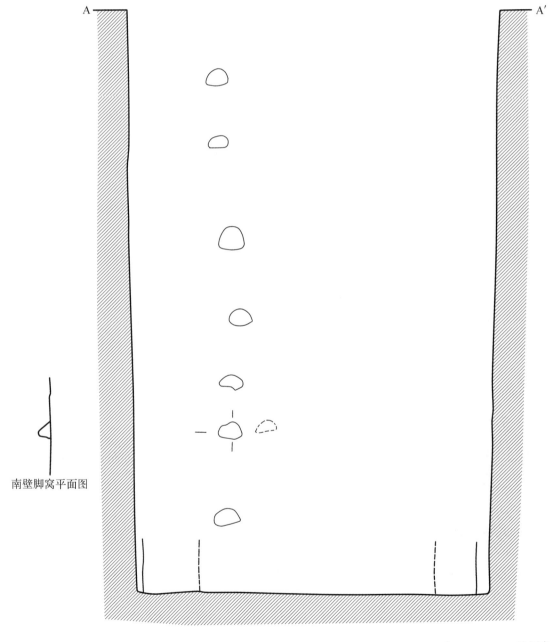

（三）随葬品

出土陶器7件（图4-57，图版四八），有壶、球腹壶各2件，鼎、豆、盘各1件。位于墓主人脚下的棺椁之间。

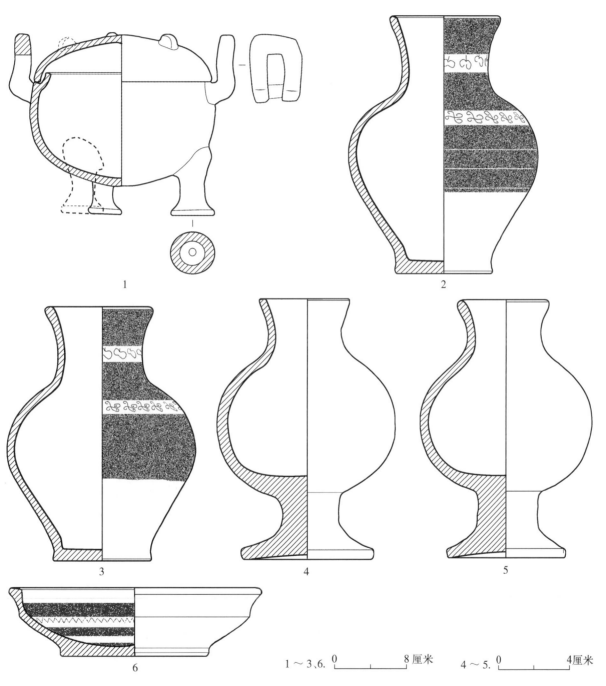

1～3、6. 0 ——————— 8厘米　　4～5. 0 ——————— 4厘米

图4-57　98LGM109出土陶器

1. 鼎（98LGM109：3）　2. 壶（98LGM109：1）　3. 壶（98LGM109：2）　4. 球腹壶（98LGM109：6）
5. 球腹壶（98LGM109：7）　6. 盘（98LGM109：5）

鼎　1件。98LGM109：3，修复。泥质灰陶。覆钵形弧顶盖，盖面中部有三个等距半圆板状钮，方唇；鼎子口内敛，方唇，弧腹，圜底，三蹄形足，足下部中空，口侧附加对称"П"形双耳，耳稍外撇。表皮脱落殆尽，残存局部可见压光纹带，下腹饰一组2匝凹弦纹。盖口径19厘米，高5.2厘米；鼎口径16.5厘米；通高19.3厘米。

壶　2件。

98LGM109：1，稍残。泥质灰黑陶。敞口，方唇，长束颈，溜肩，鼓腹，下腹斜收，假圈足，平底。器表饰黑色压光纹带。由口至腹中部依次为压光纹带、云朵纹、压光纹带、交叉S形卷云纹、压光纹带各一圈。口径12厘米，足径10.5厘米，高27.4厘米。

98LGM109：2，修复。泥质灰陶。敞口，方唇，长束颈，溜肩，鼓腹，下腹斜收，假圈足，平底。器表饰黑色压光纹带。由口至腹中部依次为压光纹带、云朵纹、压光纹带、交叉S形卷云纹、压光纹带各一圈。口径11.9厘米，足径10.7厘米，高26.9厘米。

球腹壶　2件。

98LGM109：6，修复。泥质灰陶。敞口，方圆唇，短束颈，球腹，束腰圆柄下接圆饼形底座，底面内凹。表皮脱落严重。口径4.9厘米，底座径7厘米，高13.8厘米。

98LGM109：7，修复。泥质灰陶。敞口，圆唇，短束颈，球腹，束腰圆柄下接圆饼形底座，底面内凹。表皮脱落严重。口径5厘米，底座径6.5厘米，高13.6厘米。

盘　1件。98LGM109：5，修复。泥质灰黑陶。外折窄平沿，方圆唇，折壁，假圈足，平底。器表饰黑色压光纹带，脱落严重。内壁两圈压光纹带间为一圈波折纹，外折壁上部残存有黑色压光。口径26厘米，足径19厘米，高7厘米。

三〇、98LGM110

（一）墓葬位置

98LGM110位于灵寿岗北墓地南区的东南部，M96的南侧、M100的东南侧、M111的东北侧、M121的西北侧。开口于耕土层下，墓口距地表30厘米。

（二）墓葬形制

长方形竖穴土坑墓，近底有生土二层台；壁斜收，表面较平整。墓口长244厘米，宽140厘米；墓底长200厘米，宽114厘米；墓深250厘米。二层台宽6～16厘米，高30厘米。葬具为一棺，仅存灰痕。人骨架一具，仰身屈肢，面向朝右，头向正北。无随葬品（图4-58）。

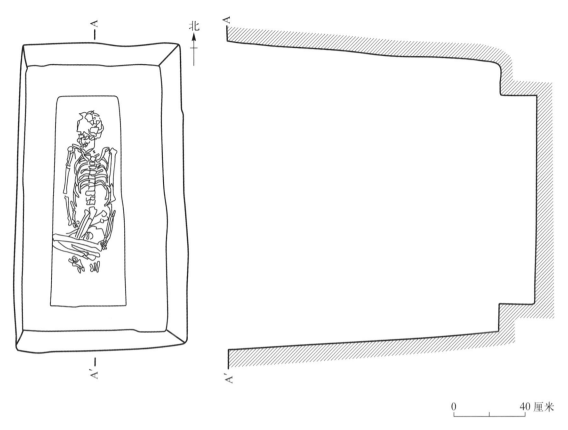

北

0   40 厘米

图4-58　98LGM110平剖面图

三一、98LGM111

（一）墓葬位置

98LGM111位于灵寿岗北墓地南区的东南部，M94的东南侧、M110的西南侧、M121的西北侧。开口于耕土层下，墓口距地表30厘米。

（二）墓葬形制

长方形竖穴土坑墓。直壁，壁面平整。墓圹长240厘米，宽82厘米，深150厘米。葬具为一棺，长171厘米，宽54厘米，存高16厘米。人骨架一具，仰身屈肢，面向朝左，头向北偏东4°。无随葬品（图4-59）。

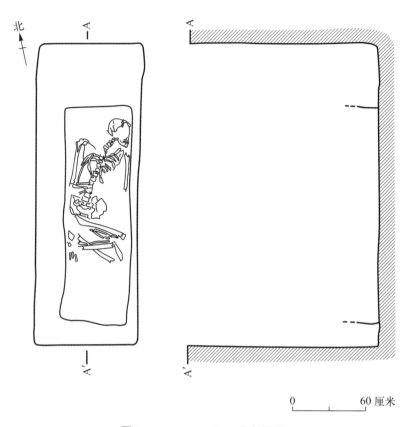

图4-59　98LGM111平剖面图

三二、98LGM112

（一）墓葬位置

98LGM112位于灵寿岗北墓地南区的中部，M97的西北侧、M104的北侧、M129的东北侧、M131的西南侧、M152的东南侧。开口于耕土层下，墓口距地表30厘米。

（二）墓葬形制

长方形竖穴土坑墓。口大底小，壁斜收，表面平整。墓口长324厘米，宽244厘米；墓底长276厘米，宽200厘米；墓深522厘米。东、南壁各有一纵列各8个蹄形脚窝，窝径12～18厘米，进深12厘米。葬具为一棺一椁，椁呈"Ⅱ"形，四壁挤压变形成坡状。椁长267厘米，宽175厘米，存高56厘米；棺长164厘米，宽69厘米，存高49厘米。人骨架一具，仰身屈肢，头向北偏东55°（图4-60）。

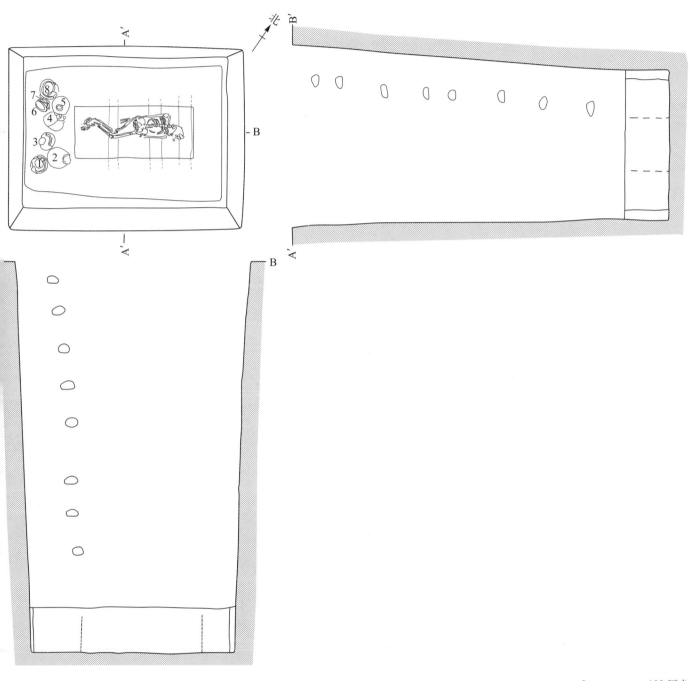

0   100 厘米

图4-60　98LGM112平剖面图

1.陶盖豆　2.陶壶　3.陶盖豆　4.陶鼎　5.陶壶　6.陶盘　7.陶匜　8.陶鼎

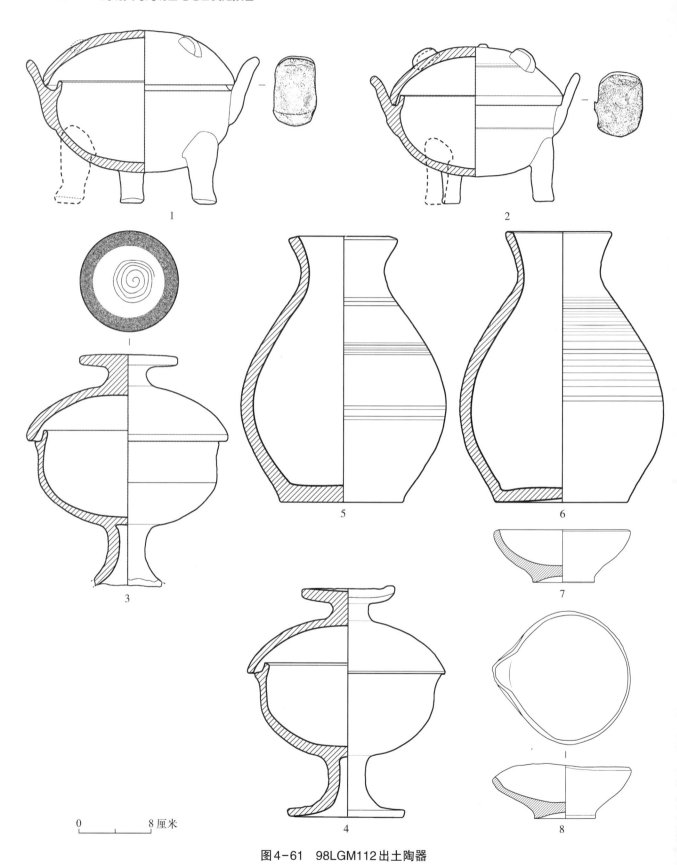

图4-61 98LGM112出土陶器

1.鼎（98LGM112：4） 2.鼎（98LGM112：8） 3.盖豆（98LGM112：1） 4.盖豆（98LGM112：3） 5.壶（98LGM112：2）
6.壶（98LGM112：5） 7.盘（98LGM112：6） 8.匜（98LGM112：7）

(三)随葬品

出土陶器8件(图4-61,图版四九),有盖豆、壶、鼎各2件,盘、匜各1件。位于墓主人脚下的棺椁之间。

鼎 2件。

98LGM112:4,修复。泥质灰陶。覆钵形弧顶盖,盖面中部有三个等距半圆板状钮,方唇,盖口径大于鼎口径;鼎子口内敛,方唇,弧腹,圜底,三柱形足,口侧附加对称长方形实耳,耳外撇。盖口径21厘米,高6厘米。鼎口径17.6厘米,通高18.4厘米。

98LGM112:8,修复。泥质灰陶。覆钵形弧顶盖,盖面中部有三个等距半圆板状纽,圆方唇;鼎子口内敛,方唇,弧腹,圜底,三柱形足,口侧附加对称长方形实耳,耳外撇。表皮脱落严重。盖口径19厘米,高6.5厘米。鼎口径16厘米,通高17.2厘米。

盖豆 2件。

98LGM112:1,残。泥质灰褐陶。覆钵形盖身,短束腰圆柄上接圆饼状捉手,盖口径明显大于豆口径;豆子口内敛,方唇,弧腹,束腰圆柄下接喇叭口形底座,底座下部残缺。捉手顶面中心有螺旋状瓦棱形纹。盖口径22厘米,高9.3厘米。豆口径18厘米,通高24.6厘米。

98LGM112:3,修复。泥质灰陶。覆钵形盖身,短束腰圆柄上接圆饼状捉手,盖口径明显大于豆口径;豆子口内敛,方唇,弧腹,束腰圆柄下接喇叭口形底座。盖口径21.6厘米,高8.9厘米。豆口径22厘米,底座径12厘米,通高24厘米。

壶 2件。

98LGM112:2,修复。泥质灰陶。敞口,方唇,短束颈,溜肩,鼓腹,平底。肩部、腹上部和中部各饰一组2匝凹弦纹。口径11.7厘米,底径13.5厘米,高28.3厘米。

98LGM112:5,修复。泥质灰陶。敞口,方唇,短束颈,溜肩,鼓腹,平底。表皮脱落严重。口径11.6厘米,底径14.5厘米,高28.8厘米。

盘 1件。98LGM112:6,泥质灰陶。敞口,圆唇,斜弧壁,假圈足,底内凹。口径14.7厘米,底径6.7厘米,高5.6厘米。

匜 1件。98LGM112:7,稍残。泥质灰陶。匜口平面呈桃形,一侧有尖嘴状流,斜弧壁,假圈足,底内凹。口大径15厘米、小径14厘米,底径6.7厘米,高5.8厘米。

三三、98LGM113

(一)墓葬位置

98LGM113位于灵寿岗北墓地南区的中部偏东南,M92的西北侧、M114的东北侧、M115的北侧、M129的南侧。开口于耕土层下,墓口距地表30厘米。

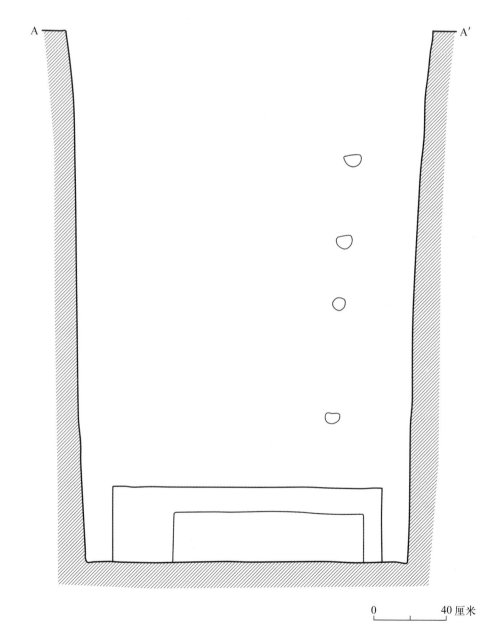

0　　　　40厘米

图4-62　98LGM113平剖面图

1.陶盖豆　2.陶盖豆　3.陶鼎　4.陶壶　5.陶壶

（二）墓葬形制

长方形竖穴土坑墓。口大底小，壁斜收，表面平整；墓口长300厘米，宽200厘米；墓底长260厘米，宽170厘米；墓深420厘米。西、南壁近角处各有互相对称的一纵列各4个蹄形脚窝，窝径8～16厘米，进深8厘米。葬具为一棺一椁，椁壁成坡状。椁长220厘米，宽140厘米，存高56厘米；棺长154厘米，宽62厘米，存高38厘米。人骨架一具，仰身屈肢，面向朝右，头向北偏西10°（图4-62）。

（三）随葬品

出土陶器5件（图4-63，图版五○），有盖豆2件、壶2件、鼎1件。位于墓主人头顶的棺椁之间。

鼎　1件。98LGM113：3，修复。泥质灰陶，陶色不匀。覆钵形弧顶盖，盖中部有三个等距半圆板状钮，方唇；鼎子口内敛，圆唇，圆弧腹，圜底，三蹄形足，口侧附加对称长方形实耳，耳外撇。盖口径18.4厘米，高4.6厘米。鼎口径15.7厘米，通高17厘米。

盖豆　2件。

98LGM113：1，修复。泥质灰陶，表皮脱落严重。覆钵形盖身，短束腰圆柄上接圆饼状捉手，方唇；豆子口内敛，方圆唇，弧腹，束腰圆柄下接喇叭口形底座。盖面饰2道瓦棱形纹。盖口径18.2厘米，高8.5厘米。豆口径16.3厘米，底座径10.9厘米，通高24厘米。

98LGM113：2，修复，缺盖。泥质灰陶，表皮脱落严重。子口内敛，圆唇，圆弧腹，束腰圆柄下接喇叭口形底座。腹部有2道瓦棱形纹。高16.8厘米，口径16.9厘米，底座径12.8厘米。

壶　2件。

98LGM113：4，残。泥质灰黑陶。口残缺，溜肩，鼓腹，假圈足，平底。器表饰黑色压光纹带，脱落殆尽，依稀可见压光纹带和波折纹带。底径12厘米，残高25.2厘米。

98LGM113：5，残。泥质灰黑陶。口残缺，溜肩，鼓腹，假圈足，平底。器表饰黑色压光纹带和凸弦纹，脱落殆尽。由颈至腹中部依次为压光纹带、横压竖排波折纹、凸弦纹加压光纹带、三角内填波折纹、凸弦纹加压光纹带、网格纹、凸弦纹加压光纹带各一圈。底径11.9厘米，残高24.4厘米。

三四、98LGM115

（一）墓葬位置

98LGM115位于灵寿岗北墓地南区的中部偏东南，M92的西南侧、M113的南侧、M116的北侧、M114的东南侧、M151的东北侧。开口于耕土层下，墓口距地表30厘米。

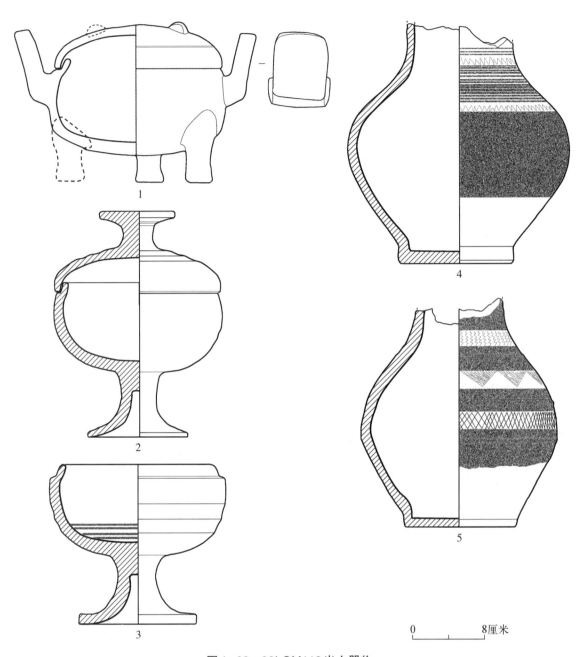

图4-63　98LGM113出土器物

1.鼎(98LGM113:3) 2.盖豆(98LGM113:1) 3.盖豆(98LGM113:2) 4.壶(98LGM113:4) 5.壶(98LGM113:5)

（二）墓葬形制

长方形竖穴土坑墓。口大底小，壁斜收，表面平整；墓口长360厘米，宽222厘米；墓底长330厘米，宽180厘米；墓深440厘米。葬具为一棺一椁，椁壁由于挤压变形，东西两边内凸；棺置于椁中部。椁长282厘米，宽148厘米，存高58厘米；棺长200厘米，宽70厘米，存高49厘米。人骨架一具，仰身直肢，面向朝上，头向北偏西10°（图4-64）。

图4-64　98LGM115平剖面图

1. 铜带钩　2. 海贝　3. 玉璧　4. 玉环　5. 石环　6. 牙坠［2个］　7. 铜器　8. 铜环　9. 石串珠　10. 陶壶　11. 陶壶　12. 陶鼎　13. 陶鼎　14. 陶盖豆　15. 陶球腹壶　16. 陶匜　17. 陶盘　18. 陶盖豆　19. 陶盘

（三）随葬品

出土随葬品19件（组）（图4-65、4-66、4-67,图版五一、五二、五三），其中陶器10件,有壶、鼎、盖豆、盘各2件,球腹壶、匜各1件,位于墓主人头顶部的棺椁之间;铜带钩1件、铜环1组（2件）、铜器1组、玉环1件、石环1件、玉璧1件、石串珠1组、海贝1组、牙坠1组（2件）,位于棺内墓主人左股骨处。

1. 陶器

鼎 2件。

98LGM115：12,修复。泥质灰陶。覆钵形弧顶盖,盖中部有三个等距半圆板状钮,方唇;鼎子口内敛,方唇,圆弧腹,圜底,三蹄形足,耳残。表皮脱落严重。盖口径19.4厘米,高5.2厘米。鼎口径18.1厘米,通高19.2厘米。

98LGM115：13,修复。泥质灰陶。覆钵形弧顶盖,盖面中部有三个等距半圆板状钮,方唇;鼎子口内敛,方唇,圆弧腹,圜底,三蹄形足,口侧附加对称"∏"形双耳,耳稍外撇。表皮脱落较重。盖口径21厘米,高6厘米。鼎口径18.4厘米,通高21厘米。

盖豆 2件。

98LGM115：14,修复。泥质灰陶。覆钵形盖身,短束腰圆柄上接圆饼状捉手,捉手顶面中心有一锥状凸起,方唇;豆子口内敛,方圆唇,圆弧腹,内底略鼓,中心凸起,束腰圆柄下接喇叭口形底座。表皮脱落较重。盖口径19厘米,高8.4厘米。豆口径17厘米,底座径8.5厘米,通高24.1厘米。

98LGM115：18,修复。泥质灰陶。覆钵形盖身,短束腰圆柄上接圆饼状捉手,捉手顶面中心有一锥状凸起,方唇;豆子口内敛,方圆唇,圆弧腹,内底略鼓,中心凸起,束腰圆柄下接喇叭口形底座。表皮脱落较重。盖口径19.4厘米,高7.8厘米。豆口径17厘米,底座径11.2厘米,通高23.1厘米。

球腹壶 1件。98LGM115：15,修复。泥质灰陶。覆盘形弧顶盖,子口;壶直口,方唇,直颈,球腹,束腰圆柄下接喇叭口形底座。表皮脱落严重。盖口径8厘米,高2.2厘米。壶口径7.6厘米,底座径9厘米,通高19.4厘米。

盘 2件。

98LGM115：17,修复。泥质灰陶。敞口,方唇,斜弧腹,假圈足,底内凹。表皮脱落严重。口径19.5厘米,底径9.6厘米,高6.5厘米。

98LGM115：19,稍残。泥质灰陶。直口,方唇,斜弧壁,假圈足,底内凹,口侧附加对称半圆形錾耳。表皮脱落严重。口径13.2厘米,底径6.5厘米,高4.7厘米。

匜 1件。98LGM115：16,修复。泥质灰陶。匜口平面呈桃形,一侧有尖嘴状流,方唇,斜弧壁,假圈足,底内凹。表皮脱落严重。口大径16.6厘米、小径14.1厘米,底径7.7厘米,高6.6厘米。

2. 铜器

带钩 1件。98LGM115：1,青铜,范铸。长条形,中起脊,枣核形钮。长7.58厘米,最宽1厘米,最厚0.57厘米。

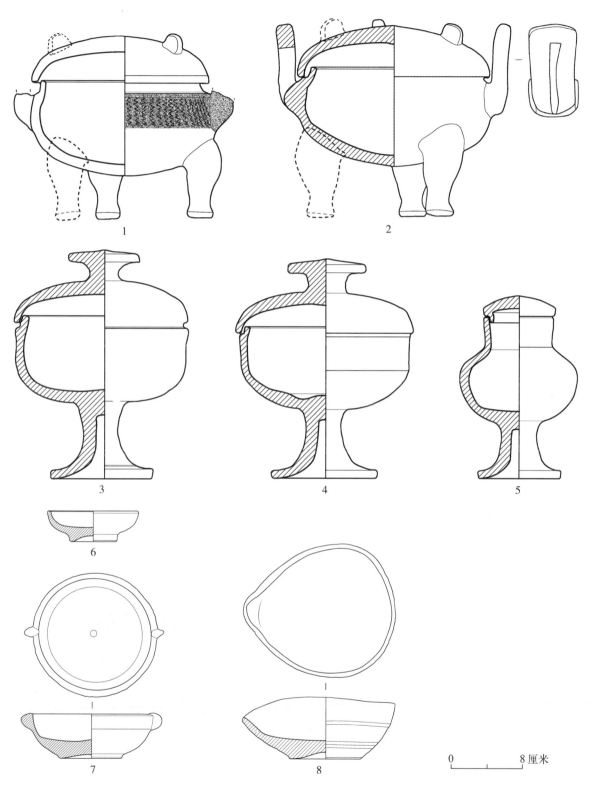

图4-65　98LGM115出土陶器

1. 鼎（98LGM115：12）　2. 鼎（98LGM115：13）　3. 盖豆（98LGM115：14）　4. 盖豆（98LGM115：18）　5. 球腹壶（98LGM115：15）
6. 盘（98LGM115：17）　7. 盘（98LGM115：19）　8. 匜（98LGM115：16）

铜器　1组。98LGM115：7，残碎。

铜环　1组2件。

98LGM115：8-1，青铜，横断面呈圆形。外径4厘米，内径3厘米。

98LGM115：8-2，青铜，横断面呈圆形。外径3.96厘米，内径3厘米。

3. 玉石器

玉璧　1件。98LGM115：3，青白玉，磨制。横断面近长方形。两面纹饰相同，内、外缘各一周凸棱，其间阳刻卷云纹。外径4.4厘米，孔径1.86厘米，厚0.5厘米。

玉环　1件。98LGM115：4，灰白色石质，有条形纹理，磨制。横断面呈抹角长方形。外径3.4厘米，内径1.9厘米，厚0.56厘米。

石环　1件。98LGM115：5，青白色石质，磨制。横断面呈圆角长方形。直径1.6厘米，孔径0.6厘米，厚0.45厘米。

石串珠　1组。

98LGM115：9，有石和蚌两种质地，长圆形和算珠形两种形制。

98LGM115：9-1，白色石质，磨制。长圆形，中粗向两端渐细，中钻一圆孔。长1.43厘米，最大径0.94厘米。

98LGM115：9-2，白色石质，磨制。算珠形，中钻一圆孔。高1.4厘米，直径0.9厘米。

98LGM115：9-3，白色蚌质，磨制。算珠形，中钻一圆孔。高1.4厘米，直径0.9厘米。

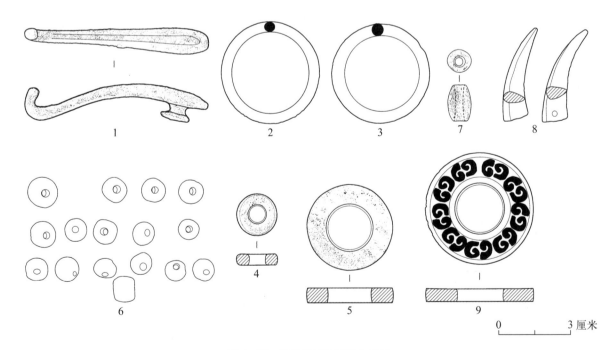

图4-66　98LGM115出土器物

1.铜带钩（98LGM115：1）　2.铜环（98LGM115：8-1）　3.铜环（98LGM115：8-2）　4.石环（98LGM115：5）　5.玉环（98LGM115：4）
6.石串珠（98LGM115：9-2）　7.石串珠（98LGM115：9-1）　8.牙坠（98LGM115：6）　9.玉璧（98LGM115：3）

4. 骨蚌器

牙坠　1组2件。98LGM115：6，形制、大小基本相同。用兽牙尖部制成，近顶部横穿一小孔。长3.7厘米。

海贝　1组。98LGM115：2，天然海贝。长1.6厘米。

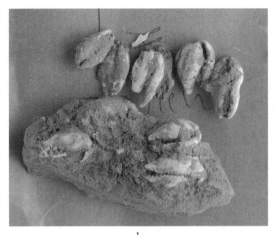

1　　　　　　　　　　　　　　　　　　　　2

图4-67　98LGM115出土器物

1. 海贝（98LGM115：2）　2. 铜器（98LGM115：7）

三五、98LGM116

（一）墓葬位置

98LGM116位于灵寿岗北墓地南区的东南部，M99的西侧、M115的南侧、M151的东南侧、M153的东北侧。开口于耕土层下，墓口距地表30厘米。

（二）墓葬形制

长方形竖穴土坑墓。口大底小，壁斜收，表面平整；墓口长276厘米，宽122厘米；墓底长236厘米，宽80厘米；墓深300厘米。葬具为一棺，长192厘米，宽50厘米，存高29厘米。人骨架一具，仰身直肢，头向南偏西80°（图4-68）。

（三）随葬品

出土陶器2件，有豆、罐各1件（图4-69，图版五四：1）。位于墓主人脚下的棺与墓圹之间。

双耳罐　1件。98LGM116：2，残。夹砂灰褐陶，陶色不匀，火候较高。口沿残，敞口，束颈，

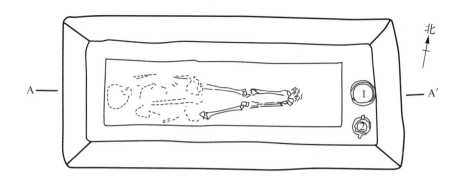

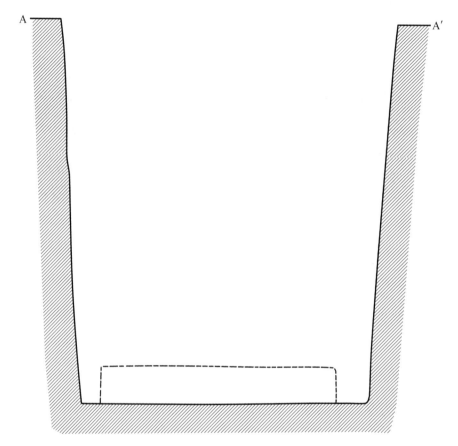

0   60 厘米

图4-68　98LGM116平剖面图

1. 陶豆　2. 陶罐

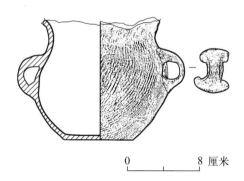

0   8 厘米

图4-69　98LGM116出土陶器

双耳罐（98LGM116∶2）

鼓腹,平底,腹上部附加对称竖桥形双耳。满饰绳纹,颈部被磨光,但仍残存有绳纹痕。残高13厘米,底径7.6厘米。

三六、98LGM117

(一)墓葬位置

98LGM117位于灵寿岗北墓地南区的南部,M123的东南侧、M151的西侧、M153的西北侧。开口于耕土层下,墓口距地表30厘米。

(二)墓葬形制

长方形竖穴土坑墓。直壁,表面粗加工;圹长230厘米,宽100厘米,深220厘米。葬具为一棺,长198厘米,宽64厘米,存高27厘米。人骨架一具,仰身直肢,面向朝右,头向正北(图4-70)。

(三)随葬品

出土铁带钩1件,位于墓主人两脚之间。

三七、98LGM118

(一)墓葬位置

98LGM118位于灵寿岗北墓地南区的中部,M95的北侧、M122的东北侧、M129的西侧、M145的南侧。开口于耕土层下,墓口距地表30厘米。

(二)墓葬形制

长方形竖穴土坑墓。口大底小,壁斜收,表面平整。墓口长310厘米,宽220厘米;墓底长270厘米,宽180厘米;墓深460厘米。东、南壁各有一纵列各7个蹄形脚窝,基本对称分布,窝径6~12厘米,进深10厘米。葬具为一棺一椁,椁壁呈坡状。椁长234厘米,宽124厘米,存高47厘米;棺长180厘米,宽52厘米,存高38厘米。人骨架一具,仰身直肢,头向正东(图4-71)。

(三)随葬品

出土随葬品13件(组)(图4-72、4-73,图版五四:2~6、五五),其中陶器10件,有鼎、壶、盖

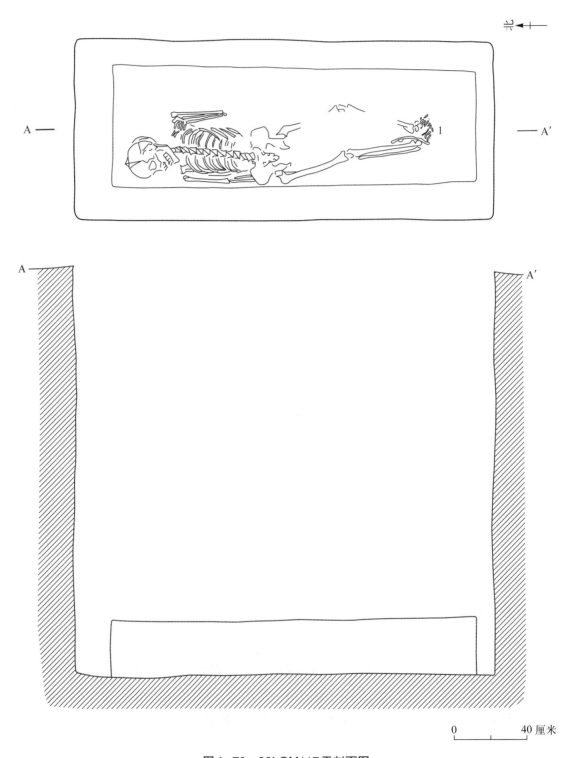

图4-70　98LGM117平剖面图

1. 铁带钩

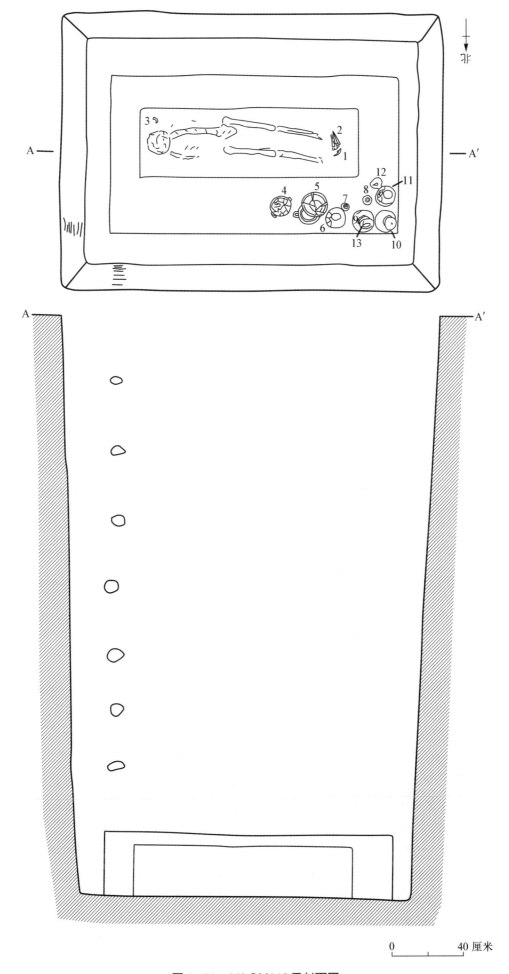

图4-71 98LGM118平剖面图

1.铜带钩 2.石圭 3.玛瑙环 4.陶鼎 5.陶鼎 6.陶盖豆 7.陶球腹壶 8.陶球腹壶 9.陶壶 10.陶壶 11.陶盖豆 12.陶匜 13.陶碗

豆、球腹壶各2件,匜、碗各1件,位于北侧西半段的棺椁之间;铜带钩1件、石圭1组(9件),位于棺内墓主人脚下;玛瑙环1件,位于头骨左侧。

1. 陶器

鼎 2件。

98LGM118:4,修复。泥质灰黑陶,陶色不匀。覆钵形弧顶盖,方唇;鼎子口内敛,圆唇,圆弧腹,圜底,三蹄形足,足下部中空,口侧附加对称"∏"形双耳,耳稍外撇。器表饰黑色压光纹带和凸弦纹,脱落严重。盖面纹饰漫漶不清;鼎口沿下一圈压光纹带,其下一圈平行短线纹,再下一圈带状凸弦纹加压光纹带。盖口径16厘米,高3.6厘米;鼎口径13.6厘米,通高15.2厘米。

98LGM118:5,修复。泥质灰黑陶,陶色不匀。覆钵形弧顶盖,盖中部有三个等距半环形钮,方唇;鼎子口内敛,圆唇,圆弧腹,圜底,三蹄形足,足下部中空,口侧附加对称"∏"形双耳,耳稍外撇。器表饰黑色压光纹带和凸弦纹,脱落严重。盖面饰5圈压光纹带,中部2圈纹带间饰平行短线纹,最内和最外两圈纹带间纹饰不清;鼎腹中部饰1匝带状凸弦纹,上面和口沿下部各饰一圈压光纹带,纹带间饰一圈竖向平行短线纹。盖口径15厘米,高9.7厘米;鼎口径12.8厘米,通高14.5厘米。

盖豆 2件。

98LGM118:6,残。泥质灰黑陶。覆钵形盖身,短束腰圆柄上接圆饼状捉手;豆子口内敛,圆唇,圆弧腹,内圜底,柄和底座残缺。器表饰黑色压光纹带和凸弦纹,脱落严重。捉手顶面、盖面和豆腹上部饰有压光纹带,纹带间纹饰漫漶不清,豆腹中部饰1匝带状凸弦纹。盖口径15厘米,高6厘米;豆口径13.6厘米,残高15厘米。

98LGM118:11,修复。泥质灰黑陶。覆钵形盖身,短束腰圆柄上接圆饼状捉手;豆子口内敛,圆唇,弧腹,内圜底,束腰圆柄下接喇叭口形底座。器表饰黑色压光纹带和凸弦纹,脱落严重。捉手顶面、盖面和豆腹上部、底座饰多圈压光纹带,纹带间纹饰仅盖面中部可见一圈波折纹,其他纹饰不清;豆腹中部饰1匝带状凸弦纹。盖口径15厘米,高5.9厘米;豆口径12.8厘米,底座径10.8厘米,通高18厘米。

壶 2件。

98LGM118:9,修复。泥质灰黑陶。敞口,方唇,长束颈,溜肩,鼓腹,假圈足,底稍内凹。器表饰黑色压光纹带和凹弦纹,脱落严重。口至腹下部饰多圈压光纹带,纹带间仅肩部可见一圈卷云暗纹,其他皆不清;颈肩结合部及腹上部各饰1匝凹弦纹。口径10.5厘米,底径9.3厘米,高23厘米。

98LGM118:10,修复。泥质灰黑陶。斗笠形盖,子口;壶敞口,方唇,长束颈,溜肩,鼓腹,假圈足,底稍内凹。器表饰黑色压光纹带和凹弦纹,脱落严重。盖面和壶口至腹下部饰多圈压光纹带,纹带间纹饰不清;颈肩结合部及腹上部各饰1匝凹弦纹。盖口径9.7厘米,高3.2厘米;壶口径9.4厘米,底径8.4厘米,高22.5厘米。

球腹壶 2件。98LGM118:7,泥质灰陶。敞口,方唇,长束颈,球腹,束腰圆柄下接圆饼状底座,底面内凹。口径4.2厘米,底径6.6厘米,高11.3厘米。

碗 1件。98LGM118:13,修复,泥质灰陶。直口,方圆唇,弧壁近底折收,圈足。表皮脱落严重。口径11.7厘米,底径5.1厘米,高5厘米。

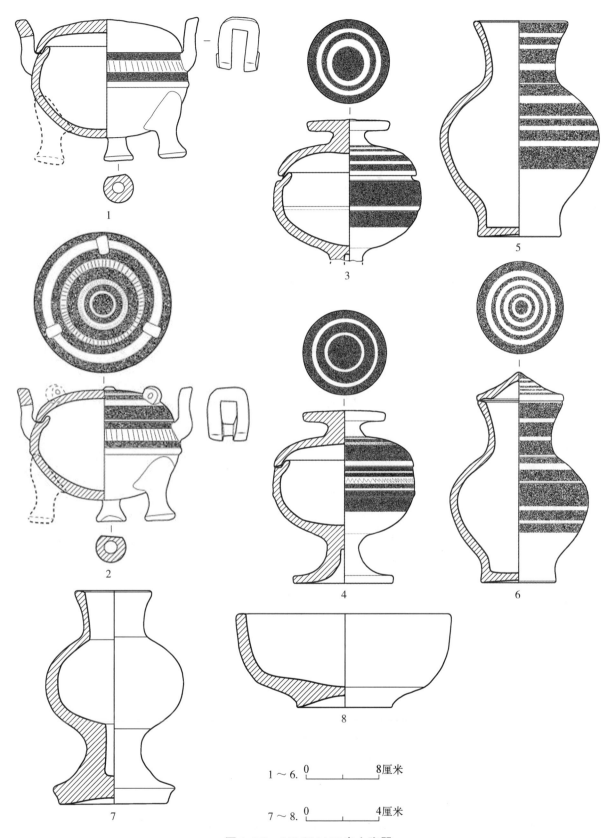

图4-72　98LGM118出土陶器

1.鼎（98LGM118：4）　2.鼎（98LGM118：5）　3.盖豆（98LGM118：6）　4.盖豆（98LGM118：11）　5.壶（98LGM118：9）
6.壶（98LGM118：10）　7.球腹壶（98LGM118：7）　8.小碗（98LGM118：13）

2. 铜器

带钩　1件。98LGM118:1,残。青铜,范铸。长条形,面有脊线两道,钩残缺,长圆形钮。残长8.6厘米,最宽1.27厘米,最厚0.4厘米。

3. 玉石器

石圭　1组9件。98LGM118:2,大小不一。青灰色石质,板状。

98LGM118:2-1,等腰三角形,射尖与体分界不明显,平底。长11.6厘米,底宽2厘米,最厚0.24厘米。

98LGM118:2-2,梯形上部斜削成尖,平底。长11.6厘米,底宽1.4厘米,最厚0.24厘米。98LGM118:2-3,长方形上部斜削成尖,平底。长11.8厘米,底宽1.8厘米,最厚0.24厘米。

玛瑙环　1件。98LGM118:3,残段。白色玛瑙,外环钝刃,孔壁外弧,并有多个不甚规整的棱面,横断面近弧底等腰三角形。厚0.74厘米,宽0.9厘米。

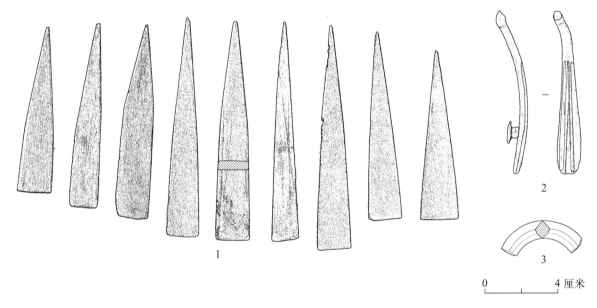

图4-73　98LGM118出土器物

1. 石圭(98LGM118:2)　2. 铜带钩(98LGM118:1)　3. 玛瑙环(98LGM118:3)

三八、98LGM119

(一) 墓葬位置

98LGM119位于灵寿岗北墓地南区的中部偏西北,M120的东北侧、M134的西南侧、M140的东南侧。开口于耕土层下,墓口距地表30厘米。

（二）墓葬形制

长方形竖穴土坑墓。口大底小，壁略斜收，表面平整；墓口长250厘米，宽120厘米；墓底长230厘米，宽100厘米；墓深230厘米。葬具为一棺，长182厘米，宽67厘米，存高49厘米。人骨架一具，仰身直肢，面向朝左，头向北偏西20°。无随葬品（图4-74）。

三九、98LGM120

（一）墓葬位置

98LGM120位于灵寿岗北墓地南区的中部偏西北，M119的西南侧、M130的北侧、M148的东侧、M174的东南侧。开口于耕土层下，墓口距地表30厘米。

（二）墓葬形制

长方形竖穴土坑墓。口大底小，壁上部斜收，下部外张，壁面平整；墓口长280厘米，宽170厘米；墓底长260厘米，宽150厘米；墓深470厘米。东、南壁各有一纵列各6个蹄形脚窝，基本对称分布，窝径8～10厘米，进深10厘米。葬具为一棺一椁。椁长230厘米，宽100厘米，存高52厘米；棺长174厘米，宽60厘米，存高40厘米。人骨架一具，仰身直肢，头向北偏西10°（图4-75）。

（三）随葬品

出土陶器3件，有鼎、豆、小陶器各1件。位于墓主人脚端的棺椁之间。

四〇、98LGM121

（一）墓葬位置

98LGM121位于灵寿岗北墓地南区的东南角，M110的南侧、M111的东南侧。开口于耕土层下，墓口距地表30厘米。

（二）墓葬形制

长方形竖穴土坑墓。口大底小，墓口长282厘米，宽200厘米；墓底长264厘米，宽180厘米；墓深416厘米。葬具为一棺，长180厘米，宽60厘米，存高15厘米。人骨架一具，仰身直肢，面向朝上，头向北偏东5°（图4-76）。

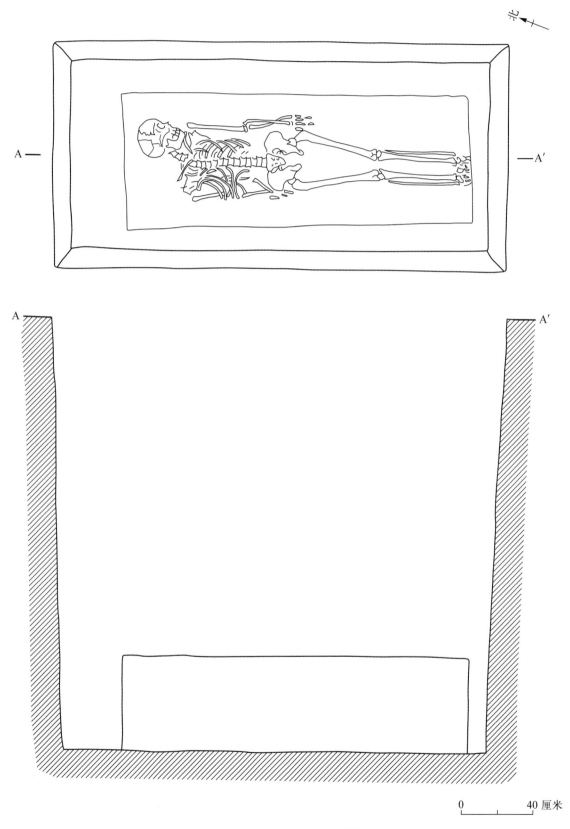

图4-74 98LGM119平剖面图

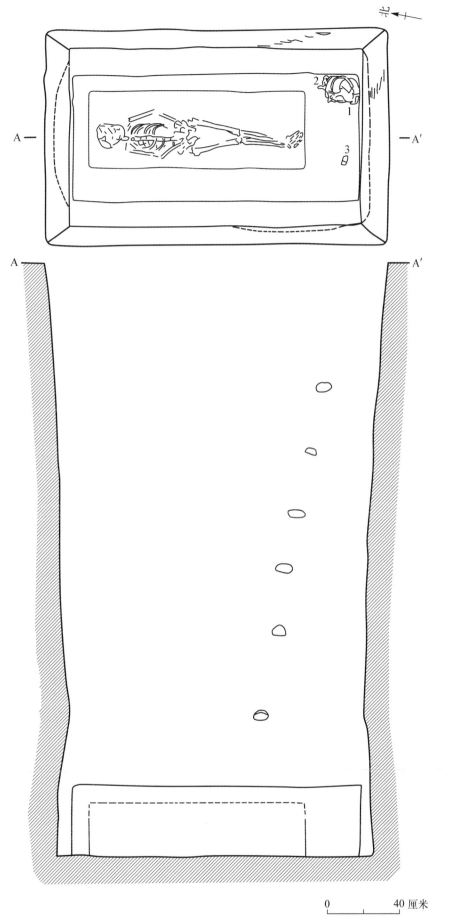

图4-75　98LGM120平剖面图

1.陶豆　2.陶鼎　3.小陶器

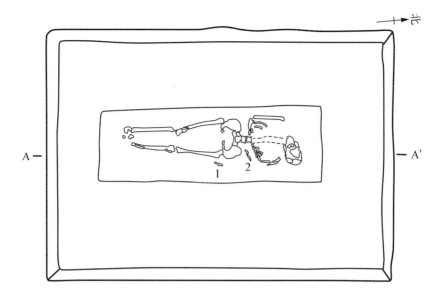

A —

— A′

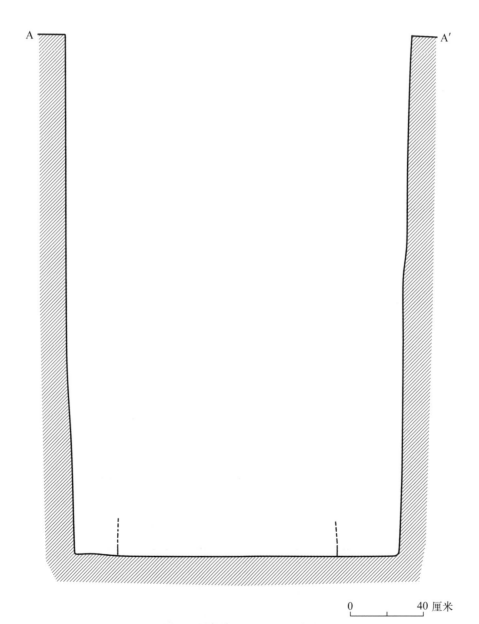

A

A′

0   40 厘米

图4-76 98LGM121平剖面图

1.铜带钩   2.骨簪

（三）随葬品

出土铜带钩1件、骨簪1件（图4-77，图版五六：1、2），分别位于棺内墓主人左侧股骨头和左侧腰部。

1. 铜器

带钩　1件。98LGM121：1，残。青铜，范铸。前、后部残缺，长圆形钮。残长4.43厘米，最宽0.66厘米，最厚0.57厘米。

2. 骨器

簪　1件。98LGM121：2，残。动物肢骨磨制，长条形，横断面近长方形。残长7.5厘米，最宽0.66厘米，最厚0.4厘米。

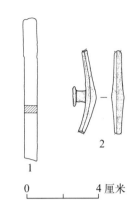

0　　　　　4厘米

图4-77　98LGM121出土器物
1. 骨簪（98LGM121：2）
2. 铜带钩（98LGM121：1）

四一、98LGM122

（一）墓葬位置

98LGM122位于灵寿岗北墓地南区的中部，M118的西南侧、M95的西北侧、M123的北侧、M127的东北侧。开口于耕土层下，墓口距地表30厘米。

（二）墓葬形制

长方形竖穴土坑墓。口大底小，壁斜收，壁面平整；墓口长390厘米，宽260厘米；墓底长316厘米，宽212厘米；墓深570厘米。葬具为一棺一椁。椁呈"Ⅱ"形，稍变形，长280厘米，宽160厘米，存高68厘米；北壁椁盖板灰清晰可辨，呈褐色，横向排列，板宽15～20厘米；从东壁解剖看，椁壁板厚约10厘米。棺置于椁中央，存有板灰，长172厘米，宽64厘米，存高54厘米。人骨架一具，仰身直肢，头向北偏东70°（图4-78）。

（三）随葬品

出土陶器13件（图4-79，图版五七、五八），有盖豆、鼎、壶、球腹壶各2件，盆、碗、罐、匜、豆各1件。位于墓主人脚端的棺椁之间。

鼎　2件。

98LGM122：2，修复。泥质灰黑陶。覆钵形弧顶盖，盖中部有三个等距半环形钮；鼎子口内敛，方唇，弧腹，圜底，三蹄形足，口侧附加对称"⊓"形双耳，耳外撇。盖口径24厘米，高5.5厘

图4-78　98LGM122平剖面图

1.陶盖豆　2.陶鼎　3.陶壶　4.陶罐　5.陶盆　6.陶碗　7.陶匜　8.陶壶　9.陶盖豆　10.陶豆
11.陶鼎　12.陶球腹壶　13.陶球腹壶

米；鼎口径21.9厘米，通高23.7厘米。

98LGM122：11，修复。泥质灰黑陶。覆钵形弧顶盖，盖中部有三个等距半环形钮；鼎子口内敛，方唇，弧腹，圜底，三蹄形足，口侧附加对称 "∏" 形双耳，耳外撇。盖内壁有螺旋形凹弦纹。盖口径23.5厘米，高5.6厘米；鼎口径20.8厘米，通高23厘米。

盖豆　2件。

98LGM122：1，修复。泥质灰黑陶。覆钵形盖身，短束腰圆柄上接圆饼状捉手；豆子口内敛，方圆唇，弧腹，内底略鼓，束腰圆柄下接喇叭口形底座。盖面上部饰3道瓦棱形纹，豆腹中部饰1匝带状凸弦纹。表皮局部脱落。盖口径19厘米，高6.9厘米。豆口径16.8厘米，底座径12.9厘米，通高22厘米。

98LGM122：9，修复。泥质灰黑陶。覆钵形盖身，短束腰圆柄上接圆饼状捉手；豆子口内敛，方圆唇，弧腹，内底略鼓，束腰圆柄下接喇叭口形底座。盖面上部饰3道瓦棱形纹，豆腹中部饰1匝带状凸弦纹。表皮局部脱落。盖口径18.2厘米，高7厘米。豆口径16.8厘米，底座径12.7厘米，通高22.1厘米。

壶　2件。

98LGM122：3，修复。泥质灰黑陶。圆饼形弧面盖身，盖面中部有三个等距长舌形捉手，子口，口内中心有一圆饼状凸起；壶敞口，方唇，长束颈，溜肩，弧腹，圈足外撇。颈、肩和腹部各饰1匝凸弦纹。盖口径15.1厘米，高10.2厘米。壶口径16.9厘米，足径15厘米，通高50厘米。

98LGM122：8，修复。泥质灰黑陶。圆饼形弧面盖身，盖面中部有三个等距长舌形捉手，子口，口内中心有一圆饼状凸起；壶敞口，方唇，长束颈，溜肩，弧腹，圈足外撇。颈、肩和腹部各饰1匝凸弦纹。盖口径15.7厘米，高11.2厘米。壶口径16.3厘米，足径15.4厘米，通高49.6厘米。

球腹壶　2件。98LGM122：12，微残。泥质灰陶。饼状弧顶盖；壶敞口，方圆唇，束颈，球腹，束腰圆柄下接喇叭口形底座。腹上部饰3道瓦棱形纹。盖口径7.2厘米，高1.3厘米。壶口径7.6厘米，底座径7.1厘米，通高17.2厘米。

绳纹罐　1件。98LGM122：4，修复。夹砂灰陶，火候较高，陶色不匀。侈口，方唇，矮领，溜肩，弧腹，底内凹，腹、底间无明显分界。满饰绳纹。口径12.7厘米，底径9厘米，高23.7厘米。

绳纹盆　1件。98LGM122：5，修复。夹砂灰褐陶，陶色不匀。器形不正。大盘口，圆唇，斜弧壁，平底。壁饰竖压细绳纹。口径34厘米，底径13.8厘米，高9厘米。

碗　1件。98LGM122：6，修复。泥质灰陶，表皮脱落严重。直口，方唇，直壁近底折收，平底，壁上部附加对称竖向半圆形鋬耳。口径15.4厘米，高6.1厘米。

匜　1件。98LGM122：7，残。泥质灰陶。直口，方圆唇，折壁，平底，一侧有流，残，对应一侧有竖向半圆形鋬。口径18厘米，底径7.6厘米，高5.5厘米。

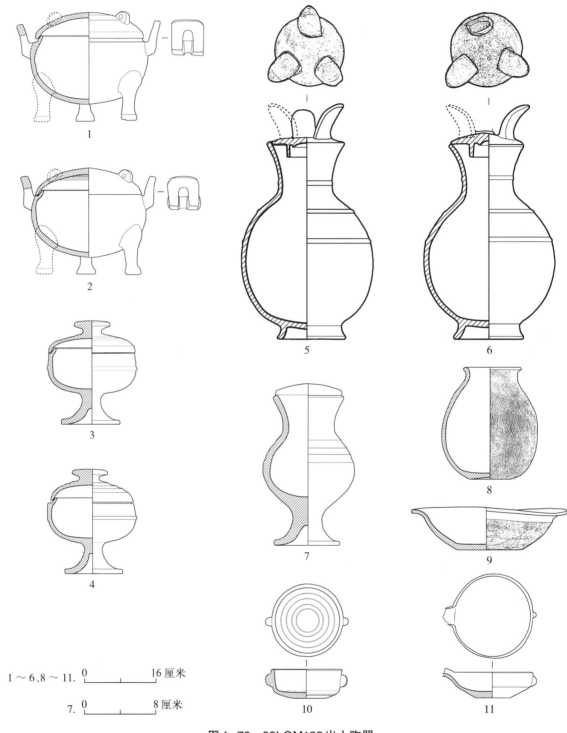

图4-79 98LGM122出土陶器

1.鼎(98LGM122:2) 2.鼎(98LGM122:11) 3.盖豆(98LGM122:1) 4.盖豆(98LGM122:9)
5.壶(98LGM122:3) 6.壶(98LGM122:8) 7.球腹壶(98LGM122:12) 8.罐(98LGM122:4) 9.盆(98LGM122:5)
10.碗(98LGM122:6) 11.匜(98LGM122:7)

四二、98LGM123

（一）墓葬位置

98LGM123位于灵寿岗北墓地南区的南部,M117的西北侧、M122的南侧、M126的东侧、M127的东南侧。开口于耕土层下,墓口距地表30厘米。

（二）墓葬形制

长方形竖穴土坑墓。口大底小,壁斜收,表面平整。墓口长300厘米,宽182厘米;墓底长252厘米,宽150厘米;墓深280厘米。葬具为一棺一椁,棺置于椁中央。椁长214厘米,宽100厘米,存高38厘米;棺长196厘米,宽74厘米,存高31厘米。人骨架一具,仰身直肢,头向南偏西85°（图4-80）。

（三）随葬品

出土铜带钩1件、玛瑙环1件（图4-81,图版五六：3、4）,分别位于墓主人腰部和骨盆右侧。

1. 铜器
带钩　1件。98LGM123：2,青铜,范铸。狭长琵琶形,面有脊线两道,圆角方形钮。长9.14厘米,最宽1.3厘米。

2. 玉石器
玛瑙环　1件。98LGM123：1,白色玛瑙,磨制。外环钝刃,孔壁外弧,并有多个不甚规整的棱面,横断面近弧底等腰三角形。直径3.8厘米,孔径1.85厘米,最厚0.8厘米。

四三、98LGM126

（一）墓葬位置

98LGM126位于灵寿岗北墓地南区的南部,M123的西侧、M125的东北侧、M127的西南侧、M128的东南侧、M139的南侧。开口于耕土层下,墓口距地表30厘米。

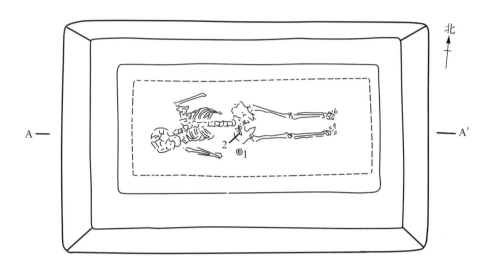

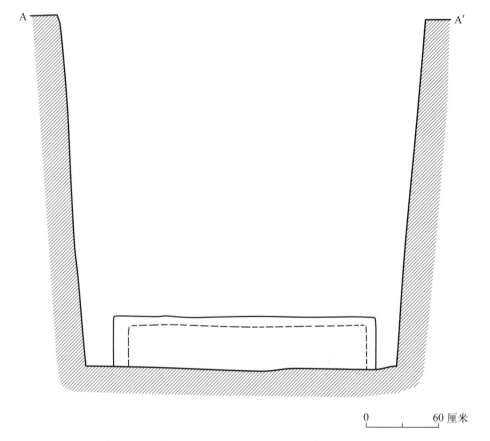

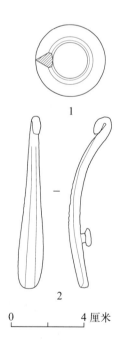

图4-80　98LGM123平剖面图

1. 玛瑙环　2. 铜带钩

图4-81　98LGM123出土器物

1. 玛瑙环（98LGM123：1）

2. 铜带钩（98LGM123：2）

（二）墓葬形制

长方形竖穴土坑墓。口大底小，壁斜收，表面平整。墓口长290厘米，宽170厘米；墓底长250厘米，宽130厘米；墓深320厘米。葬具为一棺一椁。椁长204厘米，宽86厘米，存高37厘米；棺长178厘米，宽60厘米，存高37厘米。人骨架一具，仰身直肢，头向正西（图4-82）。

（三）随葬品

出土铜镜1件、铜带钩1件（图4-83，图版五九：1～2），分别位于棺内墓主人右肱骨右侧和骨盆上。

铜镜 1件。98LGM126：1，残。方镜，桥形小钮。长9.5厘米，宽9.14厘米，厚0.26厘米。

铜带钩 1件。98LGM126：2，青铜，范铸。狭长琵琶形，面有脊线2道，钩缺失，圆钮。残长11.0厘米，最宽1.44厘米。

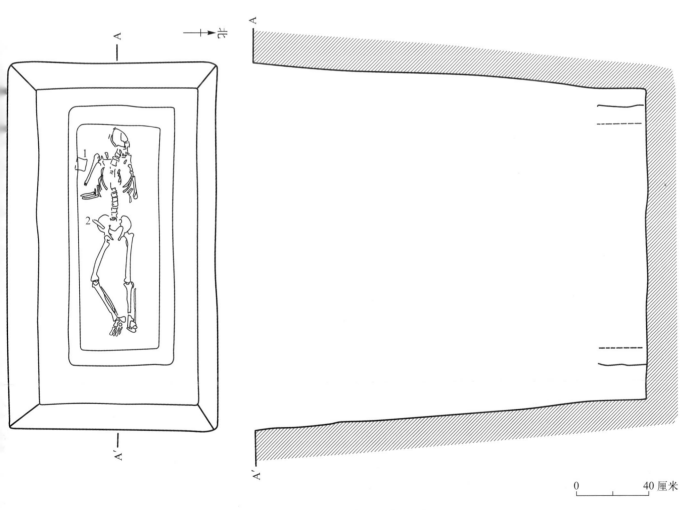

0   40 厘米

图4-82 98LGM126平剖面图

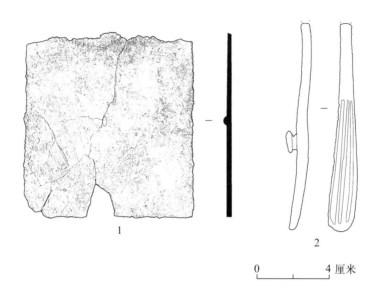

图4-83　98LGM126出土器物

1. 铜镜（98LGM126：1）　2. 铜带钩（98LGM126：2）

四四、98LGM127

（一）墓葬位置

98LGM127位于灵寿岗北墓地中部偏西南，M122的西南侧、M123的西北侧、M126的东北侧、M139的东南侧。开口于耕土层下，墓口距地表30厘米。

（二）墓葬形制

长方形竖穴土坑墓，近底有生土二层台，表面略经加工。墓口长230厘米，宽100厘米；墓底长185厘米，宽60厘米。二层台宽16～20厘米，高28厘米。葬具为一棺，长185厘米，宽60厘米。人骨架一具，仰身直肢，头向正北（图4-84）。

（三）随葬品

出土铜带钩1件，位于墓主人右股骨右侧。

铜带钩　1件。98LGM127：1，青铜，范铸。长条形，面有4道凸棱，钩首缺失，圆钮。面饰浮雕兽面纹，鎏金。长11.9厘米，最宽1.48厘米（图4-85，图版五九：3）。

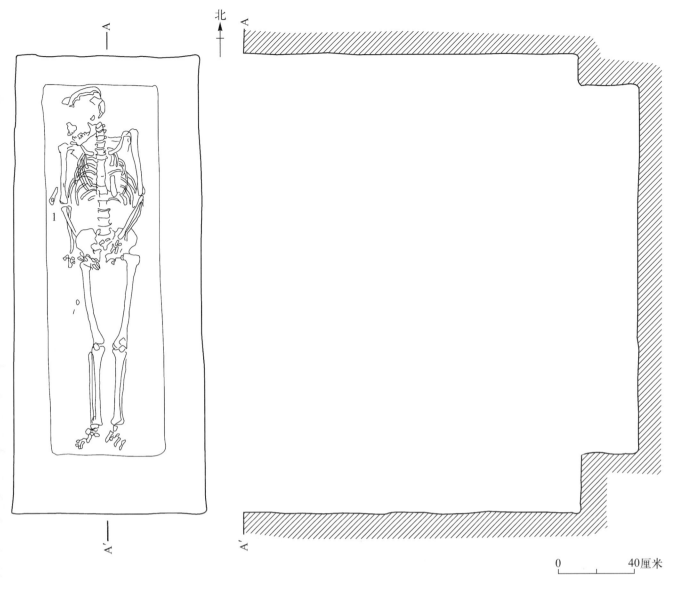

北

0   40厘米

图4-84　98LGM127平剖面图

1.铜带钩

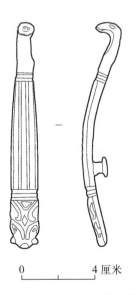

0   4厘米

图4-85　98LGM127出土器物

铜带钩（98LGM127：1）

四五、98LGM128

（一）墓葬位置

98LGM128位于灵寿岗北墓地南区的中部偏西南，M125的北侧、M126的西北侧、M130的西南侧、M139的西侧、M143的东侧。开口于耕土层下，墓口距地表30厘米。

（二）墓葬形制

长方形竖穴土坑墓。口大底小，壁斜收，表面略经加工。墓口长320厘米，宽220厘米；墓底长284厘米，宽180厘米；墓深290厘米。东、南壁各有一纵列各4个蹄形脚窝，窝径8～14厘米，进深10厘米。葬具为一棺一椁，椁西壁成坡状，棺腐朽，残留灰痕。椁长228厘米，宽120厘米，存高62厘米；棺长190厘米，宽54厘米，存高46厘米。人骨架一具，仰身直肢，头向北偏东10°（图4-86）。

（三）随葬品

出土铜带钩1件、石圭1组。位于墓主人右侧小腿下部的棺椁之间。

铜带钩　1件。98LGM128：1，青铜，范铸。狭长琵琶形，面有脊线2道，钩首残缺，圆形钮。残长10.4厘米，最宽1.3厘米，最厚0.56厘米（图4-87，图版五九：4）。

四六、98LGM129

（一）墓葬位置

98LGM129位于灵寿岗北墓地南区的中部，M104的西北侧、M112的西南侧、M113的北侧、M118的东侧。开口于耕土层下，墓口距地表30厘米。

（二）墓葬形制

长方形竖穴土坑墓。口大底小，壁斜收，表面平整。墓口长304厘米，宽182厘米；墓底长270厘米，宽166厘米；墓深280厘米。葬具为一椁一棺。椁长210厘米，宽108厘米，存高87厘米；棺长188厘米，宽68厘米，存高57厘米。人骨架一具，仰身屈肢，头向北偏东15°（图4-88）。

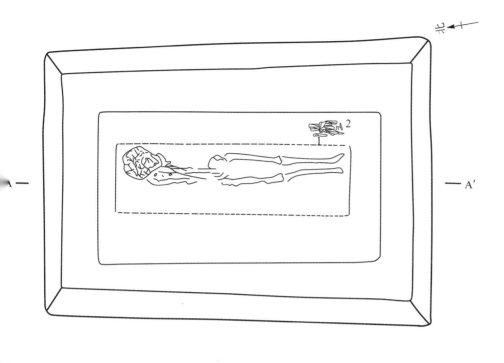

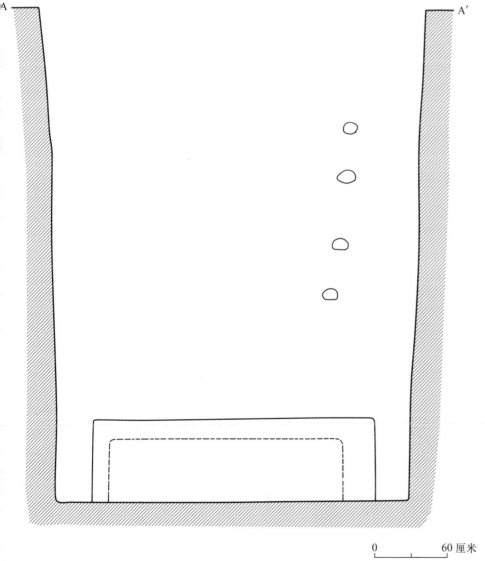

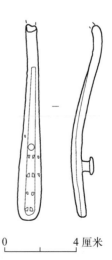

图4-86　98LGM128平剖面图

1. 铜带钩　2. 石圭

0   60 厘米

0   4 厘米

图4-87　98LGM128出土器物

铜带钩（98LGM128：1）

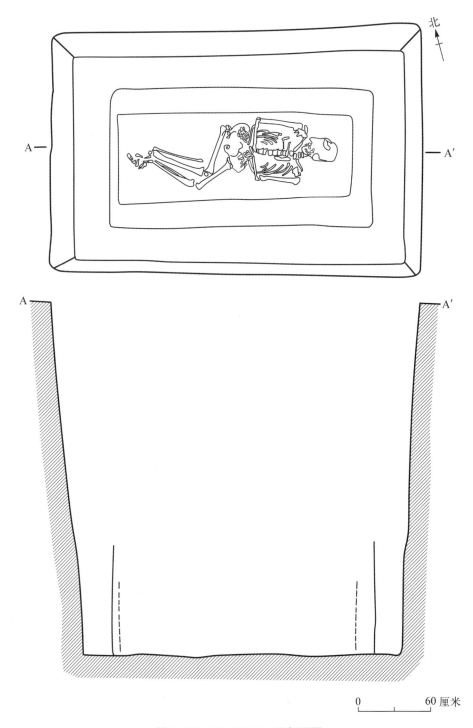

图4-88 98LGM129平剖面图

1. 铜带钩

（三）随葬品

出土铜带钩1件，位于墓主人胸部。

铜带钩 1件。98LGM129：1，残。青铜，范铸。长条形，圆钮。钩面前、中、后部各一附加式圆饼，圆饼上纹饰漫漶不清，镶嵌宝石脱落缺失。残长14.1厘米，最宽1.4厘米，最厚0.52厘米（图4-89，图版五九：5）。

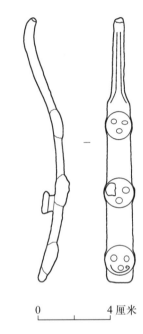

0　　　　4厘米

图4-89　98LGM129出土器物

铜带钩（98LGM129：1）

四七、98LGM130

（一）墓葬位置

98LGM130位于灵寿岗北墓地南区的中部偏西，M118的西侧、M120的南侧、M139的东北侧。开口于耕土层下，墓口距地表30厘米。

（二）墓葬形制

长方形竖穴土坑墓。口大底小，壁斜收，表面平整。墓口长310厘米，宽200厘米；墓底长274厘米，宽168厘米；墓深368厘米。葬具为一椁一棺。椁长208厘米，宽92厘米，存高35厘米；棺长177厘米，宽55厘米，存高29厘米。人骨架一具，仰身直肢，面向朝右，头向北偏西8°（图4-90）。

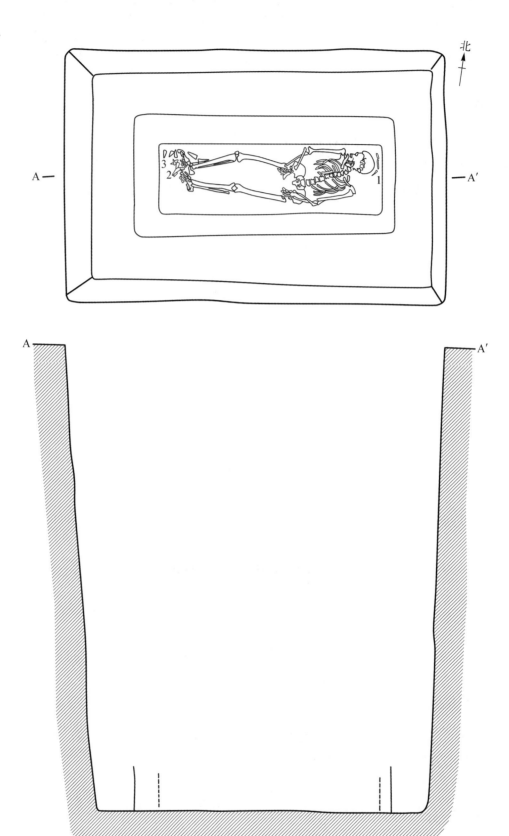

图4-90 98LGM130平剖面图

1.骨簪 2.铁器 3.石圭

（三）随葬品

出土随葬品3件(组)(图4-91,图版六〇),其中骨簪1件,位于墓主人头顶部;铁器1件、石圭1组,位于墓主人脚下部。

1. 铁器
铁器　1件。98LGM130∶2,锈蚀严重。

2. 石器
石圭　1组。
98LGM130∶3,青色石质,板状。

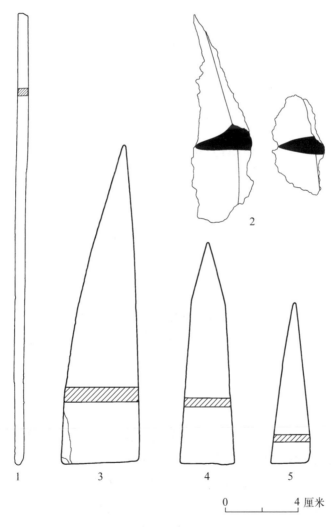

0　　　　　　4厘米

图4-91　98LGM130出土器物

1.骨簪(98LGM130∶1)　2.铁器(98LGM130∶2)　3.石圭(98LGM130∶3-2)
4.石圭(98LGM130∶3-1)　5.石圭(98LGM130∶3-3)

98LGM130：3-1,梯形上部抹斜成尖,平底。长11.6厘米,底宽3厘米,最厚0.4厘米。

98LGM130：3-2,三角形,平底。长16.8厘米,底宽4.24厘米,最厚0.82厘米。

98LGM130：3-3,三角形,平底。长8.5厘米,底宽2.06厘米,最厚0.4厘米。

3. 骨器

骨簪　1件。98LGM130：1,断成4段。兽骨磨制。长条形,横断面呈抹角长方形。残长24.6厘米,最宽0.5厘米。

四八、98LGM131

（一）墓葬位置

98LGM131位于灵寿岗北墓地南区的中部,M132的东南侧、M86的南侧、M108的西北侧、M97的北侧、M152的东侧。

（二）墓葬形制

长方形土坑竖穴墓,圹长200厘米,宽80厘米,深160厘米。人骨架一具,仰身直肢,面向朝右,头向正北。无随葬品（图4-92）。

四九、98LGM134

（一）墓葬位置

98LGM134位于灵寿岗北墓地南区的中部偏北,M106的西南侧、M119的东北侧、M133的西侧、M135的东南侧、M140的东侧。开口于耕土层下,墓口距地表30厘米。

（二）墓葬形制

长方形竖穴土坑墓。口大底小,壁斜收,表面平整。墓口长390厘米,宽288厘米;墓底长320厘米,宽250厘米;墓深626厘米。南、西壁近角处各有一纵列各8个蹄形脚窝,对称分布,窝径8～14厘米,进深10厘米。葬具为一棺一椁,椁呈"Ⅱ"形,挤压变形,椁盖板残留灰痕,宽15～20厘米,排列不匀;棺置于椁中央,残留灰白色板灰,板厚5厘米。椁长258厘米,宽230厘米,存高75厘米;棺长182厘米,宽64厘米,存高56厘米。人骨架一具,仰身直肢,头向北偏东65°（图4-93）。

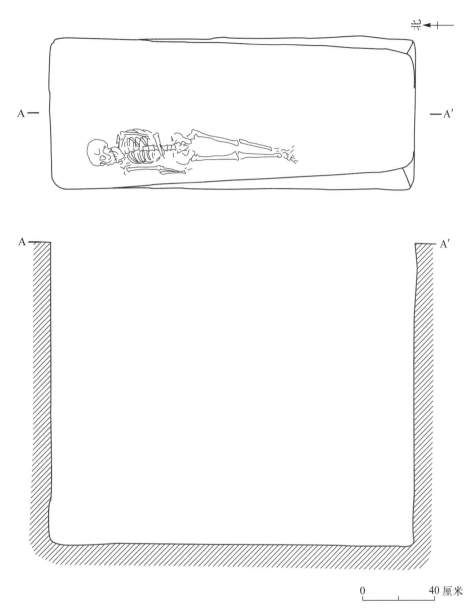

图4-92　98LGM131平剖面图

（三）随葬品

出土陶器6件（图4-94，图版六一），有壶、盖豆各2件，鼎、双耳罐各1件。位于墓主人脚下部的棺椁之间。

鼎　1件。98LGM134∶1，修复。夹砂灰褐陶，陶色不匀。覆盘形弧顶盖，盖面边有三个等距半环形钮；鼎子口内敛，方唇，鼓腹，圜底，三兽首形足，口侧附加对称"∏"形双耳，耳外撇。腹部饰2匝凹弦纹。盖口径14.3厘米，高3.1厘米；鼎口径12.4厘米，通高14.6厘米。

盖豆　2件。

98LGM134∶3，修复，缺盖。泥质灰陶。子口内敛，圆唇，弧腹，内底外鼓，束腰圆柄下接喇叭

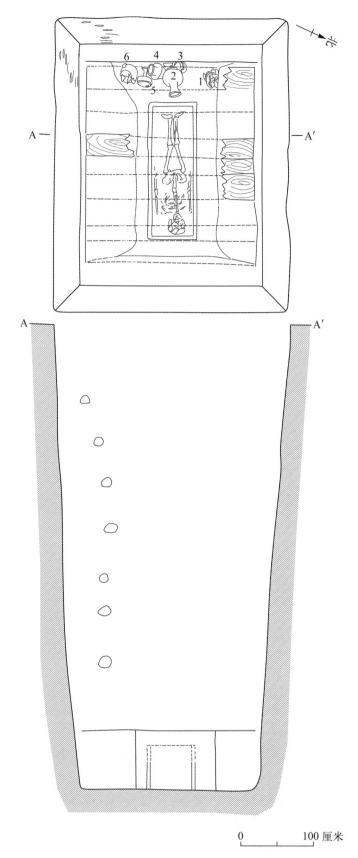

图4-93　98LGM134平剖面图

1.陶鼎　2.陶壶　3.陶盖豆　4.陶壶　5.陶盖豆　6.陶双耳罐

0 　　　　　8厘米

图4-94　98LGM134出土陶器

1.鼎(98LGM134∶1)　2.盖豆(98LGM134∶3)　3.盖豆(98LGM134∶5)　4.壶(98LGM134∶2)
5.壶(98LGM134∶4)　6.双耳罐(98LGM134∶6)

口形底座。腹部饰2道瓦棱形纹。表皮脱落严重。高17厘米,口径16.8厘米,底座径12.4厘米。

98LGM134：5,修复。缺盖。泥质灰陶。子口内敛,圆唇,弧腹,内底外鼓,束腰圆柄下接喇叭口形底座。腹部饰4道瓦棱形纹。表皮脱落严重。高16.7厘米,口径17厘米,底座径12.2厘米。

壶　2件。

98LGM134：2,稍残。泥质灰黑陶,陶色不匀。敞口,方唇,长束颈,溜肩,鼓腹,假圈足,平底。口径14.1厘米,底径14厘米,高30厘米。

98LGM134：4,口残。泥质灰陶。侈口,唇部残,直领,折肩,斜直腹,平底。肩部饰4匝凹弦纹。底径12.7厘米,高26.5厘米。

绳纹双耳罐　1件。98LGM134：6,修复。夹砂红褐陶,陶色不匀。敞口,方唇,束颈,折腹,平底,肩部附加对称桥形双耳。腹部饰交叉绳纹,耳中部有一道凸棱。口径15厘米,底径9.7厘米,高19厘米。

五○、98LGM136

（一）墓葬位置

98LGM136位于灵寿岗北墓地南区的北部,M135的西北侧、M137的东北侧。开口于耕土层下,墓口距地表30厘米。

（二）墓葬形制

长方形竖穴土坑墓。口大底小,壁斜收,表面较平整。墓口长274厘米,宽200厘米;墓底长234厘米,宽164厘米;墓深310厘米。葬具为一棺一椁。椁长210厘米,宽104厘米,存高46厘米;棺长182厘米,宽74厘米,存高37厘米。人骨架一具,仰身直肢,头向北偏东10°(图4-95)。

（三）随葬品

出土随葬品3件(组)(图4-96,图版六二：1～3),玛瑙环1件、铜带钩1件、石圭1组。位于棺内墓主人左臂上部。

1. 铜器
带钩　1件。98LGM136：3,残。青铜,范铸。长条形,圆钮。残长14厘米,最宽1.8厘米。

2. 玉石器
玛瑙环　1件。98LGM136：1,白色玛瑙,有红、黄色纹理。外环钝刃,孔壁外弧,并有多个不其规整的棱面,横断面近弧底等腰三角形。直径6.7厘米,孔径4.74厘米,最厚0.66厘米。

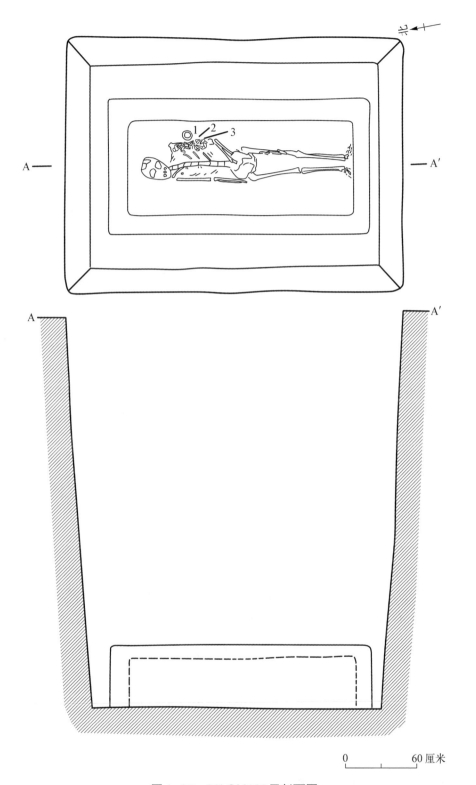

图4-95　98LGM136平剖面图

1.玛瑙环　2.石圭　3.铜带钩

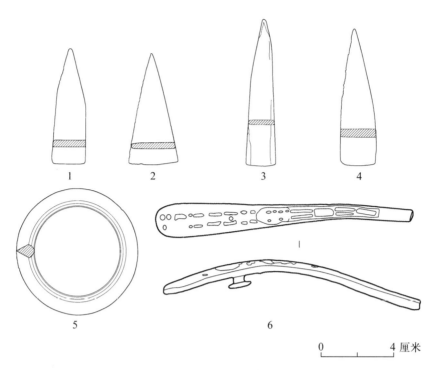

图4-96　98LGM136出土器物

1. 石圭（98LGM136∶2-1）　2. 石圭（98LGM136∶2-2）　3. 石圭（98LGM136∶2-3）　4. 石圭（98LGM136∶2-4）
5. 玛瑙环（98LGM136∶1）　6. 铜带钩（98LGM136∶3）

石圭　1组。

98LGM136∶2，大小不一。青灰色石质，板状。

98LGM136∶2-1，体矮宽，梯形上部抹斜成尖，平底。长6.06厘米，底宽1.86厘米，最厚0.36厘米。

98LGM136∶2-2，体狭长，梯形上部抹斜成尖，平底。长5.86厘米，底宽2.68厘米，最厚0.32厘米。

98LGM136∶2-3，三角形，平底。长7.76厘米，底宽1.6厘米，最厚0.26厘米。

98LGM136∶2-4，体矮宽，长方形上部抹斜成尖，平底。长7.26厘米，底宽1.94厘米，最厚0.46厘米。

五一、98LGM137

（一）墓葬位置

98LGM137位于灵寿岗北墓地南区的北部，M135的西北侧、M136的西南侧、M140的东北侧、M141的东侧。开口于耕土层下，墓口距地表30厘米。

（二）墓葬形制

长方形竖穴土坑墓。直壁，表面平整；墓圹长254厘米，宽140厘米，深280厘米。葬具为一棺一椁。椁长224厘米，宽110厘米，存高49厘米；棺长178厘米，宽74厘米，存高38厘米。人骨架一具，仰身直肢，头向北偏西20°。无随葬品（图4-97）。

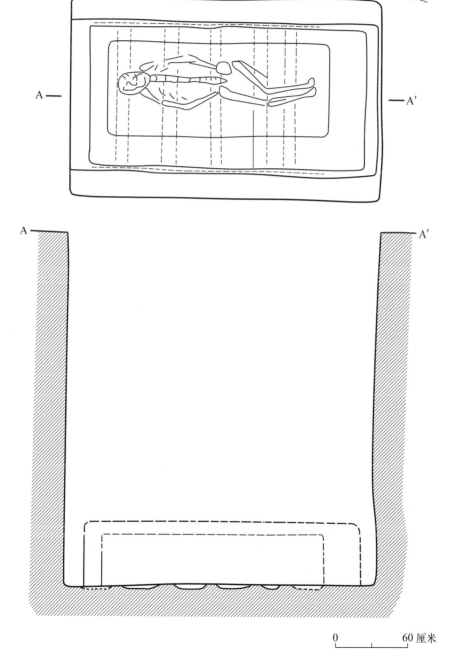

图4-97　98LGM137平剖面图

五二、98LGM139

（一）墓葬位置

98LGM139位于灵寿岗北墓地南区中部偏西南，M126的北侧、M127的西北侧、M128的东侧、M130的南侧。开口于耕土层下，墓口距地表30厘米。

（二）墓葬形制

长方形竖穴土坑墓。口大底小，壁斜收，表面平整。墓口长290厘米，宽182厘米；墓底长270厘米，宽160厘米；墓深310厘米。葬具为一棺一椁。椁长210厘米，宽124厘米，存高30厘米；棺长152厘米，宽48厘米。人骨架一具，仰身直肢，头向正北（图4-98）。

（三）随葬品

出土陶器3件（图4-99，图版六二：4、5），有鼎、盖豆、壶各1件。位于墓主人上身左侧的棺椁之间。

盖豆　1件。98LGM139：3，残。泥质灰陶，表皮脱落严重。覆钵形盖身，短束腰圆柄上接捉手，捉手残；豆子口内敛，圆唇，弧腹，内圜底，束腰圆柄下接喇叭口形底座。盖面上部饰3道瓦棱形纹。盖口径20.4厘米，残高9.6厘米；豆口径18厘米，底座径13.7厘米；通高24.5厘米。

壶　1件。98LGM139：1，修复。泥质灰陶，陶色不匀。覆盘形弧顶盖；壶敞口，方唇，长束颈，溜肩，鼓腹，平底。器表饰黑色压光纹带和凹弦纹，脱落殆尽。盖面中心饰数匝螺旋形凹弦纹，中部2匝凹弦纹；壶颈、腹部有压光纹带，肩腹部依稀可见波折纹。盖口径15.5厘米，高3.7厘米；壶口径15.5厘米，底径12.2厘米；通高37.3厘米。

五三、98LGM140

（一）墓葬位置

98LGM140位于灵寿岗北墓地南区的西北部，M119、M134的西北侧，M141的东南侧、M174的西侧。开口于耕土层下，墓口距地表30厘米。

（二）墓葬形制

长方形竖穴土坑墓。口大底小，壁斜收，表面平整。墓口长242厘米，宽180厘米；墓底长236厘

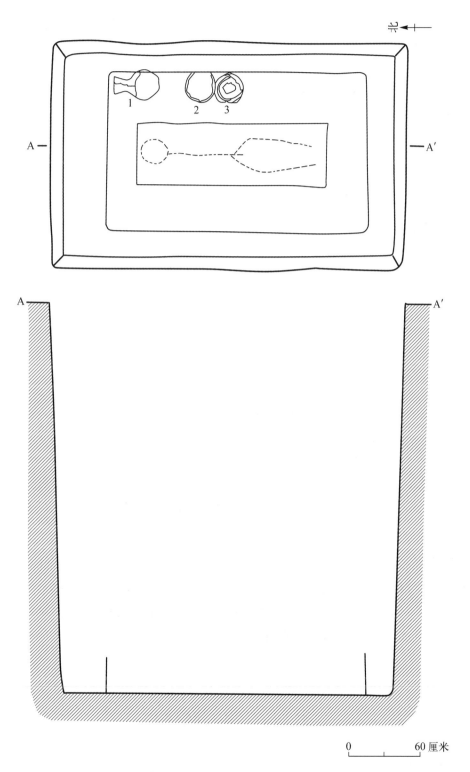

图4-98　98LGM139平剖面图

1.陶壶　2.陶鼎　3.陶盖豆

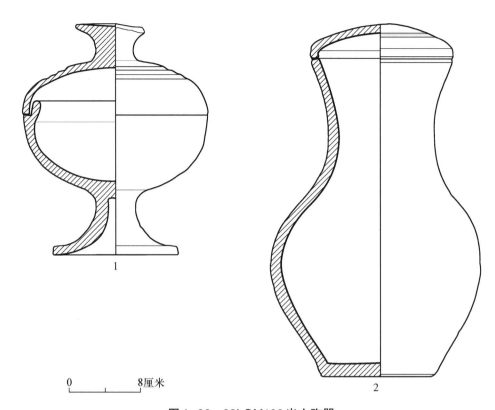

0 ┠────┨ 8厘米

图4-99　98LGM139出土陶器

1.盖豆(98LGM139：3)　2.壶(98LGM139：1)

米,宽149厘米;墓深524厘米。南、西壁近角处各有一纵列各9个脚窝,基本对称分布,窝径8～14厘米,进深10厘米。葬具为一棺一椁,有板灰痕迹。椁长184厘米,宽101厘米,存高49厘米;棺长140厘米,宽54厘米,存高41厘米。人骨架一具,屈肢,头向北偏东70°。墓被盗扰(图4-100)。

(三)随葬品

出土陶器2件,有豆、罐各1件,分别位于墓主人脚下部的棺椁之间和椁与墓圹之间。

绳纹罐　1件。98LGM140：2。夹砂灰褐陶,陶色不匀。盘口,方圆唇,垂腹,底内凹,腹、底间无明显分界。腹及底饰绳纹,上部为竖压绳纹,下部及底部为交叉绳纹。口径13.7厘米,高25.1厘米(图4-101,图版六二：6)。

五四、98LGM141

(一)墓葬位置

98LGM141位于灵寿岗北墓地南区的西北部,M137的西侧、M140的西北侧、M174的北侧。开口于耕土层下,墓口距地表30厘米。

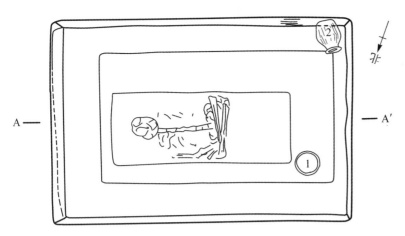

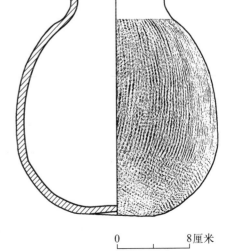

图4-100　98LGM140平剖面图

1.陶豆　2.陶罐

图4-101　98LGM140出土陶器

罐（98LGM140：2）

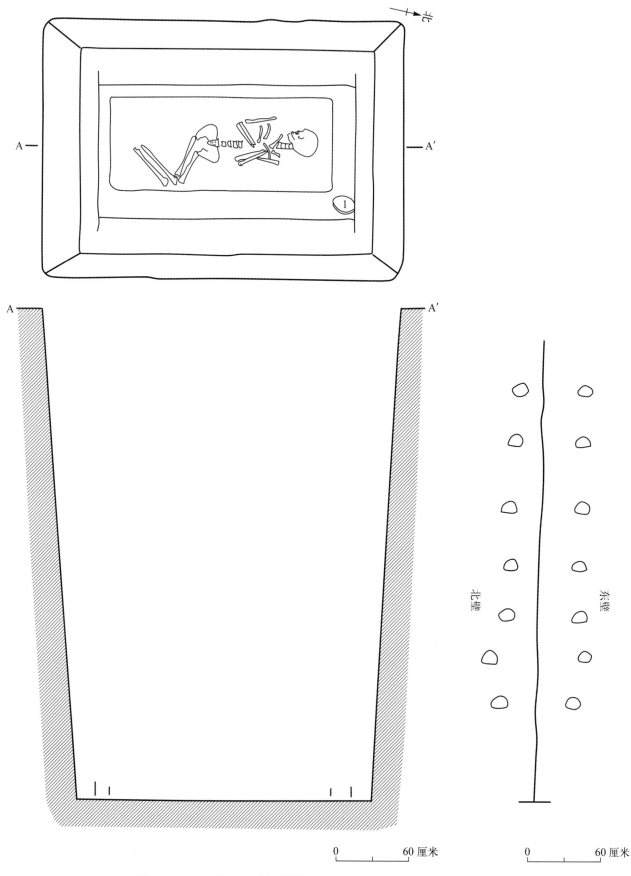

图4-102 98LGM141平剖面图

1. 陶豆

图4-103 98LGM141脚窝正视图

（二）墓葬形制

长方形竖穴土坑墓。口大底小,壁斜收,坡度较大,表面加工平整。墓口长300厘米,宽200厘米;墓底长240厘米,宽160厘米;墓深390厘米。北、东壁各有一纵列各7个蹄形脚窝,对称排列,窝径10～16厘米,进深15厘米。葬具为一棺一椁,椁呈"Ⅱ"形,棺置于椁中央。椁长208厘米,宽100厘米;棺长180厘米,宽72厘米。人骨架一具,仰身屈肢,面向朝右,头向北偏西12°(图4-102、4-103)。

（三）随葬品

出土陶豆1件,位于墓主人头端的棺椁之间。

五五、98LGM143

（一）墓葬位置

98LGM143位于灵寿岗北墓地南区的中部偏西南,M139的西侧、M144的东南侧、M154的东北侧。开口于耕土层下,墓口距地表30厘米。

（二）墓葬形制

长方形竖穴土坑墓。口大底小,壁斜收,表面平整。墓口长360厘米,宽267厘米;墓底长290厘米,宽190厘米;墓深500厘米。棺底平铺一层厚约5厘米的青膏泥。南、西壁近角处各有一纵列各6个蹄形脚窝,基本对称分布,窝径8～15厘米,进深10厘米。葬具为一棺一椁。椁长240厘米,宽119厘米,存高57厘米;棺长176厘米,宽68厘米,存高46厘米。人骨架一具,仰身直肢,头向正北(图4-104)。

（三）随葬品

出土随葬品7件(图4-105,图版六三),其中陶器6件,有壶、盖豆各2件,鼎、匜各1件,除匜位于墓主人左侧棺椁之间外,余皆位于脚下部的棺椁之间;铜带钩1件,位于棺内墓主人右股骨右侧。

1. 陶器

鼎 1件。98LGM143:5,修复。泥质灰陶。覆钵形弧顶盖,盖中部有三个等距半圆板状钮;鼎子口内敛,圆方唇,弧腹,圜底,三蹄形足,足下部中空,口侧附加对称"П"形双耳,耳外撇。器表饰黑色压光纹带和凹弦纹,脱落殆尽。盖面局部残存有压光纹带、短斜线纹和卷云纹;鼎腹局部残存有压

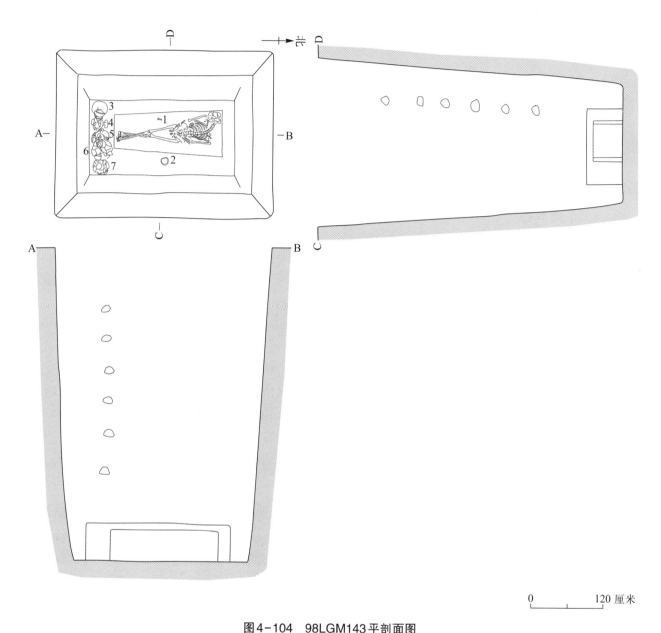

图4-104　98LGM143平剖面图

1. 铜带钩　2. 陶匜　3. 陶壶　4. 陶盖豆　5. 陶鼎　6. 陶壶　7. 陶盖豆

光纹带和波折纹,腹下部饰1匝凹弦纹。盖口径15厘米,高3.1厘米;鼎口径13厘米,通高14.4厘米。

盖豆　2件。

98LGM143:4,修复。泥质灰黑陶。覆钵形盖身,短束腰圆柄上接圆饼状捉手;豆子口内敛,圆唇,弧腹,束腰圆柄下接喇叭口形底座。器表饰黑色压光纹带和瓦棱形纹,脱落严重。捉手顶面饰三圈压光纹带,纹带间纹饰不清,盖面上部饰3道瓦棱形纹,中间瓦棱纹上饰波折纹;豆腹上部饰压光纹带和波折纹,中部饰4道瓦棱形纹。盖口径19.3厘米,高7.8厘米。豆口径10.5厘米,底座径12.5厘米,通高23.6厘米。

　　98LGM143：7，修复。泥质灰黑陶。覆钵形盖身，短束腰圆柄上接圆饼状捉手；豆子口内敛，圆方唇，弧腹，内圜底，束腰圆柄下接喇叭口形底座。器表饰黑色压光纹带和瓦棱形纹，脱落较重。捉手顶面中心饰圆形压光纹带，边沿饰一圈压光纹带，其间饰1圈波折纹；盖身上部饰3道瓦棱形纹，中间瓦棱纹上饰波折纹；豆口至底座依次为1圈压光纹带、1圈波折纹、4道瓦棱形纹并压光、数圈螺旋形纹。盖口径19.4厘米，高8.1厘米；豆口径17.4厘米，底座径12厘米，通高23.3厘米。

　　壶　1件。98LGM143：6，修复。泥质灰陶。覆盘形盖，子口；壶敞口，圆方唇，长束颈，溜肩，鼓腹，平底。盖面饰3道瓦棱形纹；壶颈肩结合处有1匝凸弦纹，腹上部饰一组2匝凹弦纹，凸、凹弦纹间饰压光折线形成的三角形纹，正三角内填压光波折纹。盖口径14.1厘米，高4.9厘米；壶口

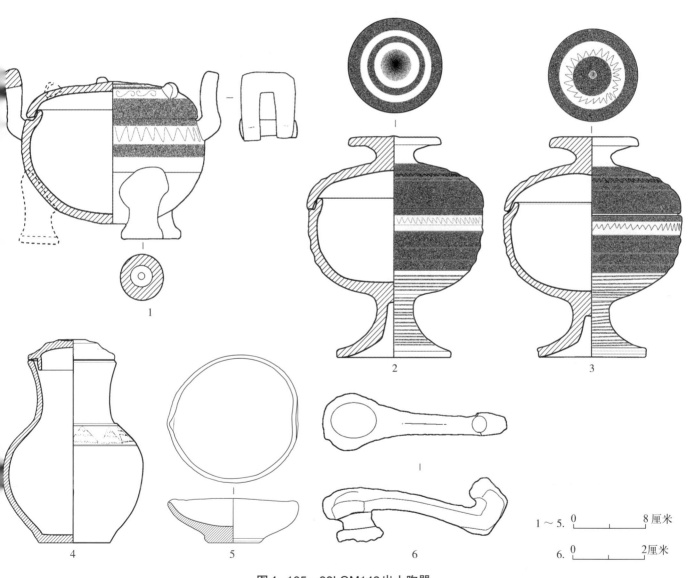

　　　　　　　　　　　　1～5.　0 ————————— 8厘米

　　　　　　　　　　　　6.　0 ————— 2厘米

图4-105　98LGM143出土陶器

1.鼎（98LGM143：5）　2.盖豆（98LGM143：4）　3.盖豆（98LGM143：7）　4.壶（98LGM143：6）
5.匜（98LGM143：2）　6.带钩（98LGM143：1）

径14.4厘米,底径11.5厘米,通高32.3厘米。

匜 1件。98LGM143:2,修复。泥质灰陶。匜口平面呈桃形,一侧有尖嘴状流,对应一侧弧形内凹,敛口,方圆唇,斜弧壁,假圈足,平底。口大径14厘米、小径13.5厘米,底径5.6厘米,高4.7厘米。

2. 铜器

带钩 1件。98LGM143:1,青铜,范铸。琵琶形,形体较小,长圆形钮。长5厘米,最宽1.5厘米,最厚0.6厘米。

五六、98LGM144

(一) 墓葬位置

98LGM144位于灵寿岗北墓地南区的中部偏西南,M143的西北侧、M160的东南侧、M162的东北侧。开口于耕土层下,墓口距地表30厘米。

(二) 墓葬形制

长方形竖穴土坑墓。口大底小,壁斜收,表面平整;墓口长314厘米,宽220厘米;墓底长245厘米,宽150厘米;墓深433厘米。东、南两壁近角处各有一纵列各7个蹄形脚窝,基本对称分布,窝径9～15厘米,进深10厘米。葬具为一棺一椁,仅存灰痕,棺底平铺一层厚5厘米的青膏泥,其下为一层极薄的红色粉末状物质。椁长236厘米,宽135厘米,存高41厘米;棺长188厘米,宽74厘米,存高33厘米。人骨架一具,仰身直肢,面向朝上,头向正东(图4-106)。

(三) 随葬品

出土随葬品3件(组)(图4-107、4-108,图版六四:1～3),皆位于棺内墓主人骨架上。玛瑙环1件,在口部;铜带钩1件、铜铃1组8件,在左股骨头和手部。

1. 铜器

带钩 1件。98LGM144:2,残。青铜,范铸。狭长琵琶形,横断面呈半圆形,钩残缺,圆形钮。残长6.7厘米,最宽1.14厘米,最厚0.78厘米。

铃 1组8件。

98LGM144:3,青铜,范铸。形制相同,大小相若。

98LGM144:3-1,钟形,体狭长,腔狭而圆,一大面有豁口,底部呈燕尾形,顶部有桥钮,内悬铃铛缺失。高4.65厘米。

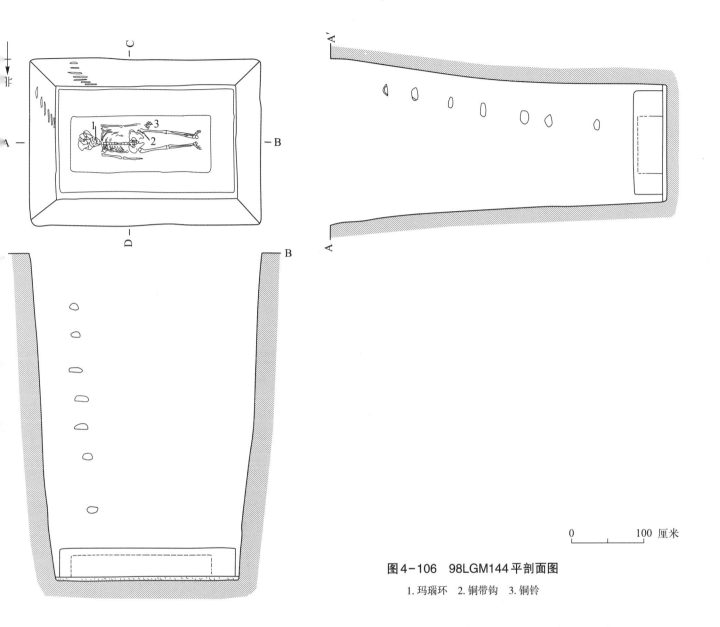

图4-106　98LGM144平剖面图

1. 玛瑙环　2. 铜带钩　3. 铜铃

　　98LGM144：3-2，钟形，体狭长，腔狭而圆，一大面有豁口，底部呈燕尾形，顶部有桥钮，内悬铃铛缺失。高4.67厘米。

　　98LGM144：3-3，残。钟形，体狭长，腔狭而圆，一大面有豁口，底部呈燕尾形，顶部有桥钮，内悬铃铛缺失。高4.7厘米。

　　98LGM144：3-4，钟形，体狭长，腔狭而圆，一大面有豁口，底部呈燕尾形，顶部有桥钮，内悬铃铛缺失。高4.7厘米。

　　98LGM144：3-5，钟形，体狭长，腔狭而圆，一大面有豁口，底部呈燕尾形，顶部有桥钮，内悬铃铛缺失。高4.59厘米。

　　98LGM144：3-6，残。钟形，体狭长，腔狭而圆，一大面有豁口，底部呈燕尾形，顶部有桥钮，内悬铃铛缺失。高4.8厘米。

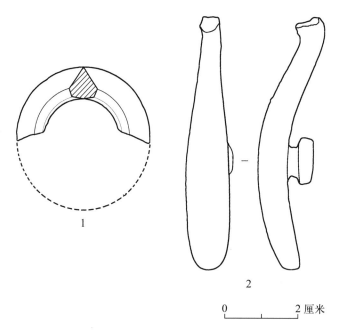

0   2厘米

图4-107　98LGM144出土物器

1.玛瑙环（98LGM144：1）　2.铜带钩（98LGM144：2）

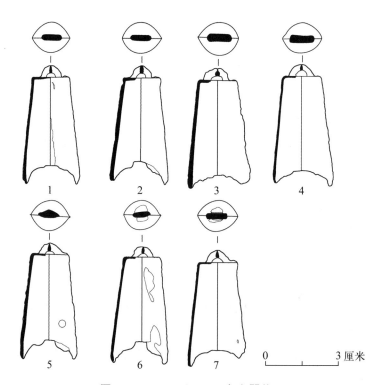

0   3厘米

图4-108　98LGM144出土物器

1.铜铃（98LGM144：3-1）　2.铜铃（98LGM144：3-2）　3.铜铃（98LGM144：3-3）　4.铜铃（98LGM144：3-4）

5.铜铃（98LGM144：3-5）　6.铜铃（98LGM144：3-6）　7.铜铃（98LGM144：3-7）

98LGM144∶3-7,残。钟形,体狭长,腔狭而圆,一大面有豁口,底部呈燕尾形,顶部有桥钮,内悬铃铛缺失。高4.52厘米。

98LGM144∶3-8,残。钟形,体狭长,腔狭而圆,一大面有豁口,底部呈燕尾形,顶部有桥钮,内悬铃铛缺失。高3.9厘米。

2. 玉器

玛瑙环　1件。98LGM144∶1,残段。白玛瑙,仅存约二分之一,外环钝刃,孔壁外弧,并有多个不甚规整的棱面,横断面近弧底等腰三角形。外径3.67厘米,孔径1.9厘米,最厚0.8厘米。

五七、98LGM145

(一) 墓葬位置

98LGM145位于灵寿岗北墓地南区的中部,M118的北侧、M129的西北侧、M152的西南侧。开口于耕土层下,墓口距地表30厘米。

(二) 墓葬形制

长方形竖穴土坑墓。口大底小,壁斜收,表面平整;墓口长372厘米,宽260厘米;墓底长314厘米,宽200厘米;墓深405厘米。东、南壁近角处各有一纵列各6个蹄形脚窝,窝径12～18厘米,进深10厘米。葬具为一棺一椁,椁呈"Ⅱ"形,棺存灰痕,置于椁中央。椁长260厘米,宽130厘米,存高50厘米;棺长174厘米,宽84厘米。人骨架一具,仰身直肢,头向北偏东85°。墓被盗扰(图4-109)。

(三) 随葬品

出土随葬品16件(图4-110,图版六三∶4～6、六五、六六),其中陶器14件,有鼎、壶、球腹壶、平盘豆、盖豆各2件,鸟柱盆、筒形器、匜、碗各1件,位于墓主人脚下部和右侧的棺椁之间;铜带钩1件,位于墓主人腰部;铜帽1件,位于墓主人左股骨左侧的棺边。

1. 陶器

鼎　2件。其中1件不能复原。

98LGM145∶13,修复。泥质灰陶。覆钵形弧顶盖,方唇,盖面中部有三个等距环形钮;鼎子口内敛,方圆唇,圆弧腹,圜底,三蹄形足,足下部中空,口侧附加对称"∏"形双耳,耳稍外撇。器表饰黑色压光纹带和凹、凸弦纹,脱落严重。盖面有压光纹带,纹带间纹饰不清,中部饰2匝凹弦纹;鼎腹上部饰2圈压光纹带,纹带间依稀可见平行短线纹,腹中部饰1匝带状凸弦纹。盖口径17.7厘米,高5.1厘米;鼎口径15.6厘米;通高18.9厘米。

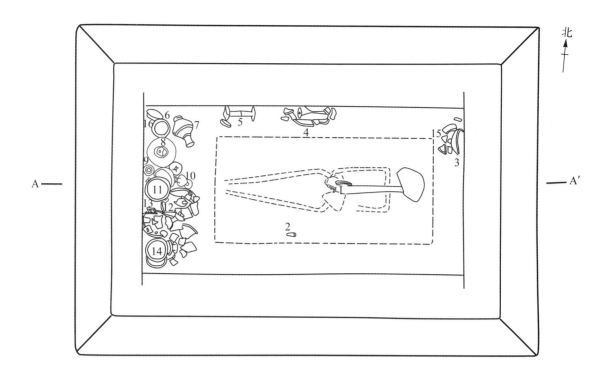

北

0   60 厘米

图4-109 98LGM145平剖面图

1. 铜带钩 2. 铜帽 3. 陶匜 4. 陶筒形器 5. 陶平盘豆 6. 陶平盘豆 7. 陶壶 8. 陶壶 9. 陶球腹壶 10. 陶球腹壶
11. 陶鼎 12. 陶鸟柱盆 13. 陶鼎 14. 陶盖豆 15. 陶盖豆 16. 陶碗

盖豆　2件。

98LGM145：14，修复。泥质灰黑陶。覆钵形盖，方圆唇，短束腰圆柄上接圆饼状捉手；豆子口内敛，圆唇，弧腹，内底稍外鼓，束腰圆柄下接喇叭口形底座。器表饰黑色压光纹带和瓦棱形纹，脱落殆尽。捉手顶面可见压光纹带和波折纹，盖身中部饰2道瓦棱形纹并压光；豆腹上半部压光，中部饰2道瓦棱形纹；柄及底座饰有螺旋形纹。盖口径16.9厘米，高6.9厘米；豆口径14.5厘米，底座径12厘米；通高22厘米。

98LGM145：15，修复。泥质灰黑陶。覆钵形盖身，方圆唇，短束腰圆柄上接圆饼状捉手；豆子口内敛，圆唇，弧腹，内底稍外鼓，束腰圆柄下接喇叭口形底座。器表饰黑色压光纹带和瓦棱形纹，脱落严重。捉手顶面有四圈压光纹带，纹带间纹饰不清；盖面有多圈压光纹带，中部纹带间饰一圈波折纹；豆腹上部饰两圈压光纹带，其间饰一圈平行短斜线纹；腹中部饰2道瓦棱形纹。盖口径17.2厘米，高6.8厘米；豆口径14.5厘米，底座径12.3厘米；通高21厘米。

平盘豆　2件。

98LGM145：5，修复。泥质灰黑陶，陶色不匀。浅盘，敞口，圆唇，折壁，内底中心有一锥状凸起，圆筒形长柄下接喇叭口形底座。器表饰黑色压光纹带，脱落严重。盘内壁中心饰压光圆形纹，向外一圈波折纹，再外压光；盘外折壁上部压光，盘底部、柄及底座上部满饰螺旋形纹，底座下部压光。口径15.5厘米，底座径11.4厘米，高18.6厘米。

98LGM145：6，修复。泥质灰黑陶。浅盘，敞口，圆唇，折壁，圆筒形长柄下接喇叭口形底座。器表饰黑色压光纹带，脱落严重。盘内壁中心饰压光圆形纹，向外一圈波折纹，再外压光；盘外折壁上部压光，盘底部、柄及底座满饰螺旋形纹。口径14.1厘米，底座径10.8厘米，高17.8厘米。

壶　2件。

98LGM145：7，稍残。泥质灰黑陶。斗笠形盖，尖部残缺；壶敞口，方唇，长束颈，鼓腹，下腹斜收，假圈足，平底。盖面有三圈黑色压光纹带，纹带间纹饰不清；壶颈部及腹上部有多圈压光纹带，肩上部、腹上部和中部各饰1匝带状凸弦纹。盖口径11.6厘米，残高3.4厘米；壶口径11厘米，底径9.8厘米；通高30厘米。

98LGM145：8，修复。泥质灰黑陶。斗笠形盖，尖部残缺；壶敞口，方唇，长束颈，鼓腹，下腹斜收，假圈足，平底。盖面有四圈黑色压光纹带，纹带间纹饰不清；壶颈部及腹上部有多圈压光纹带，肩上部、腹上部和中部各饰1匝带状凸弦纹。盖口径11.3厘米，残高3厘米；壶口径11.3厘米，底径10厘米；通高29.4厘米。

球腹壶　2件。

98LGM145：9，残。泥质灰黑陶。敞口，方唇，束颈，球腹，柄和底座残缺。颈部和腹上部有多圈黑色压光纹带，肩部纹带间饰一圈黑色压光平行短线纹。口径4.4厘米，残高8.6厘米。

98LGM145：10，修复。泥质灰黑陶。敞口，方唇，长束颈，球腹，束腰圆柄下接喇叭口形底座。颈部和腹上部有多圈黑色压光纹带，肩部纹带间饰一圈黑色压光平行短线纹，柄和底座饰螺旋形纹。口径4.4厘米，底座径8.1厘米，高13.5厘米。

碗　1件，修复。98LGM145：16，泥质灰陶。侈口，圆唇，弧壁，圈足。口径14.2厘米，足径

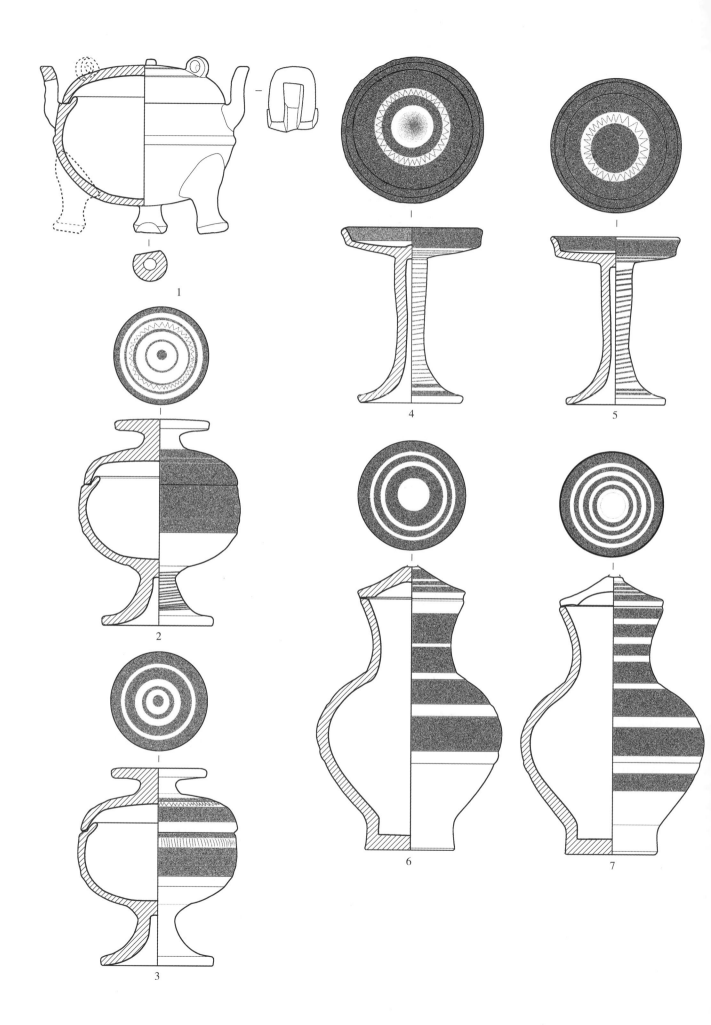

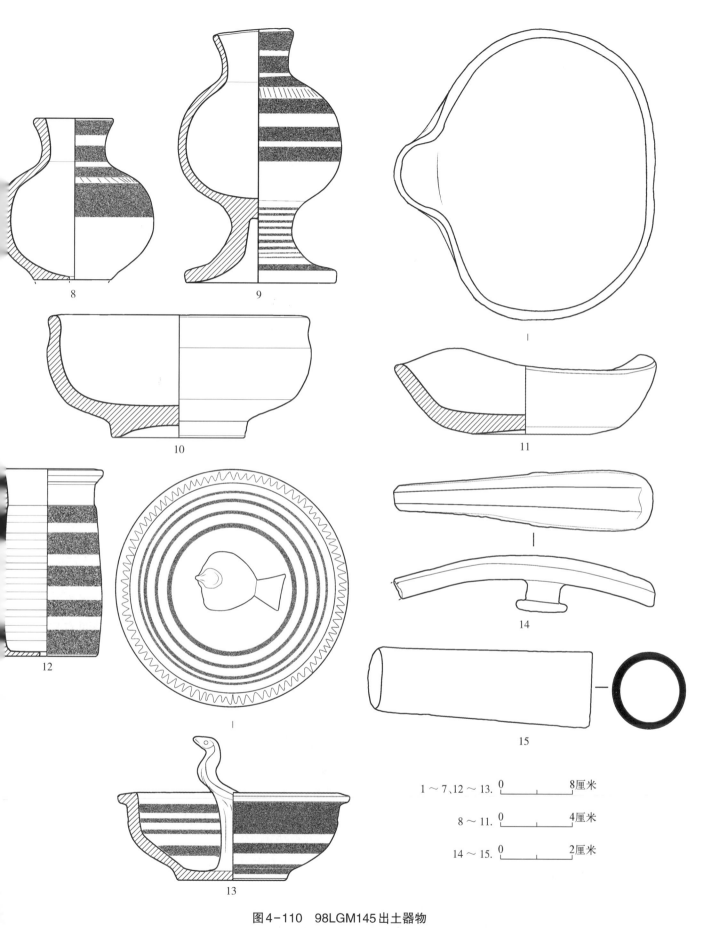

图 4-110　98LGM145出土器物

1. 鼎（98LGM145∶13）　2. 盖豆（98LGM145∶14）　3. 盖豆（98LGM145∶15）　4. 平盘豆（98LGM145∶5）　5. 平盘豆（98LGM145∶6）　6. 壶（98LGM145∶7）
7. 壶（98LGM145∶8）　8. 球腹壶（98LGM145∶9）　9. 球腹壶（98LGM145∶10）　10. 碗（M145∶16）　11. 匜（98LGM145∶3）　12. 筒形器（98LGM145∶4）
13. 鸟柱盘（98LGM145∶12）　14. 铜带钩（98LGM145∶1）　15. 铜帽（98LGM145∶2）

7.3厘米,高6.5厘米。

匜 1件。98LGM145:3,修复。泥质灰陶。匜口平面呈桃形,一侧有尖嘴状流,对应一侧弧形内凹,方圆唇,弧壁,底内凹,壁、底间无明显分界。口大径15.2厘米、小径14厘米,底大径7.4厘米、小径6.5厘米,高4.6厘米。

筒形器 1件。98LGM145:4,修复。泥质灰黑陶。外折窄平沿,圆唇,直领,直腹稍外弧,平底,底部中心有一近圆形孔。器表饰多圈黑色压光纹带,脱落较重。口径12厘米,底径10.8厘米,高20厘米。

鸟柱盆 1件。98LGM145:12,修复。泥质灰黑陶。盆直口,外折平沿,方圆唇,弧壁,假圈足,平底;盆内底中央出一圆柱,柱头捏塑一飞鸟,鸟尖喙,曲颈,梯形尾,双翅与体相连,作展翅状。器表饰黑色压光纹带,脱落严重。沿面内、外缘各饰一圈压光纹带,其间饰一圈波折纹;内、外壁饰多圈压光纹带,纹带间纹饰不清。盆口径25.2厘米,底径12厘米;鸟柱高14.3厘米;通高15.3厘米。

2. 铜器

带钩 1件。98LGM145:1,残。青铜,范铸。狭长琵琶形,面有2道脊线,圆钮。残长7.16厘米,最宽1.6厘米,最厚0.65厘米。

铜帽 1件。98LGM145:2,青铜。圆筒形,上细下粗,圆銎。高6.2厘米,銎口径2厘米,壁厚0.15厘米。

五八、98LGM146

(一)墓葬位置

98LGM146位于灵寿岗北墓地南区的西部,M147的东北侧、M148的西北侧、M174的西南侧。开口于耕土层下,墓口距地表30厘米。

(二)墓葬形制

长方形竖穴土坑墓,南、北、东壁近底有生土二层台。口大底小,壁斜收,壁面粗糙;墓口长243厘米,宽122厘米;墓底长220厘米,宽100厘米;墓深260厘米。二层台宽14～18厘米,高20厘米。葬具为一棺一椁,棺椁靠西壁。椁长194厘米,宽78厘米,存高38厘米;棺长188厘米,宽66厘米,存高19厘米。人骨架一具,仰身直肢,面向朝上,头向北偏东10°(图4-111)。

(三)随葬品

出土随葬品5件(组)(图4-112、4-113,图版六七),其中玛瑙环1组2件、铜桥形饰1组6件,位于墓主人头顶部;铜带钩1件、玛瑙环1组,位于墓主人腰部。

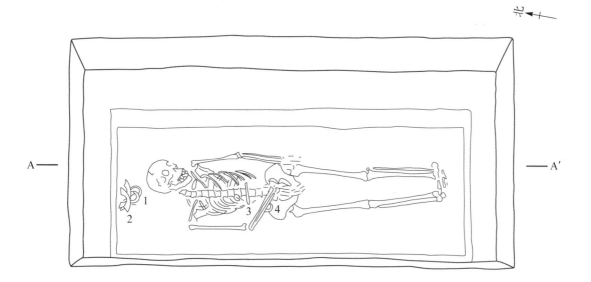

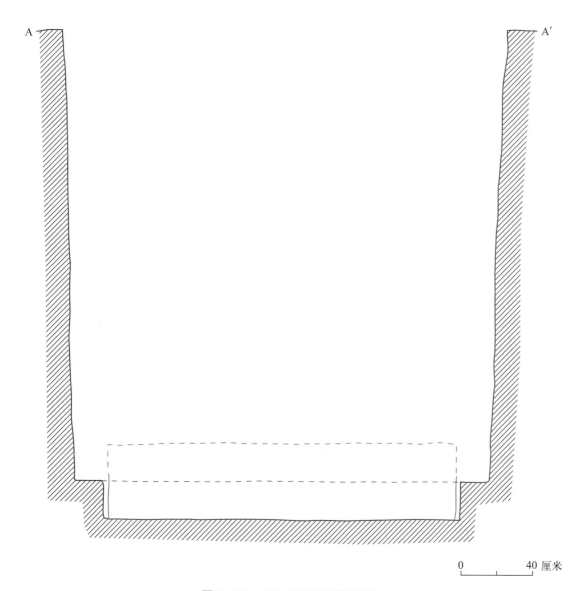

图4-111　98LGM146平剖面图

1.玛瑙环　2.铜桥形饰　3.铜带钩　4.玛瑙环

0 ——————— 40 厘米

1. 铜器

桥形饰　1组6件。

98LGM146：2，青铜，由铜片制成。形制相同。

98LGM146：2-1，呈拱桥形，边缘向一面折起，近顶部有一近圆形孔。长4.2厘米，宽1.2厘米，厚0.06厘米。

98LGM146：2-2，呈拱桥形，边缘向一面折起，近顶部有一近圆形孔。长4.24厘米，宽12.1厘米，厚0.06厘米。

98LGM146：2-3，呈拱桥形，边缘向一面折起，近顶部有一近圆形孔。长4.2厘米，宽12.14厘米，厚0.14厘米。

98LGM146：2-4，呈拱桥形，边缘向一面折起，近顶部有一近圆形孔。长3.92厘米，宽11.3厘米，厚0.12厘米。

98LGM146：2-5，呈拱桥形，边缘向一面折起，近顶部有一近圆形孔。长4.12厘米，宽12.28厘米，厚0.15厘米。

98LGM146：2-6，呈拱桥形，边缘向一面折起，近顶部有一近圆形孔。长4.24厘米，宽1.2厘米，厚0.12厘米。

带钩　1件。98LGM146：3，残。青铜，范铸。狭长琵琶形，边有廓线，面有脊线2道，钩首缺失，圆钮。脊线两侧浅浮雕涡纹。长10.1厘米，最宽1.3厘米。

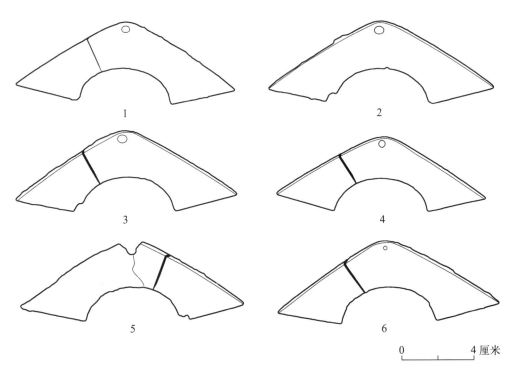

0 ————— 4厘米

图4-112　98LGM146出土器物

1.铜桥形饰（98LGM146：2-1）　2.铜桥形饰（98LGM146：2-2）　3.铜桥形饰（98LGM146：2-3）
4.铜桥形饰（98LGM146：2-4）　5.铜桥形饰（98LGM146：2-5）　6.铜桥形饰（98LGM146：2-6）

2. 玉器

玛瑙环　2组3件。

98LGM146∶1-1，残。白玛瑙，有褐色纹理。外环钝刃，孔壁外弧，并有多个不甚规整的棱面，横断面近弧底等腰三角形。直径5.7厘米，孔径3.85厘米，最厚0.36厘米。

98LGM146∶1-2，残。白玛瑙，磨制。外环钝刃，孔壁外弧，并有多个不甚规整的棱面，横断面近弧底等腰三角形。直径5.74厘米，孔径3.9厘米，最厚0.33厘米。

98LGM146∶4，白玛瑙，有红褐色纹理。外环钝刃，孔壁外弧，并有多个不甚规整的棱面，横断面近弧底等腰三角形。直径5.3厘米，孔径3.4厘米，最厚0.33厘米。

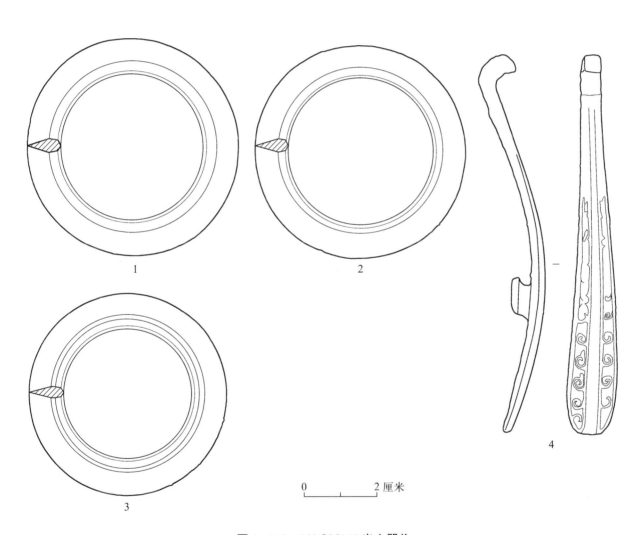

0   2 厘米

图4-113　98LGM146出土器物

1.玛瑙环（98LGM146∶1-1）　2.玛瑙环（98LGM146∶1-2）　3.玛瑙环（98LGM146∶4）　4.铜带钩（98LGM146∶3）

五九、98LGM147

（一）墓葬位置

98LGM147位于灵寿岗北墓地南区的西部，M146的西南侧、M148的西北侧、M157的东北侧。开口于耕土层下，墓口距地表30厘米。

（二）墓葬形制

长方形竖穴土坑墓。口大底小，壁斜收，表面平整。墓口长290厘米，宽170厘米；墓底长270厘米，宽150厘米；墓深310厘米。葬具为一棺一椁。椁长246厘米，宽128厘米，存高40厘米；棺长148厘米，宽58厘米。人骨架一具，仰身直肢，头向南偏西10°（图4-114）。

（三）随葬品

出土随葬品4件（图4-115，图版六八：1～3），其中陶器3件，有罐、盖豆、鬲各1件，位于墓主人脚下部的棺椁之间；玛瑙环1件，位于墓主人腰部。

1. 陶器

鬲　1件。98LGM147：4，微残。夹砂灰陶，火候较高。盘口，方圆唇，束颈，弧腹，圜底，底部有三个乳头形足。通体饰绳纹，颈部被磨光，但仍可见绳纹痕，腹上部竖压绳纹，下部交叉绳纹。口径16.8厘米，高19.7厘米。

盖豆　1件。98LGM147：3，修复，缺盖。泥质灰黑陶。子口内敛，方圆唇，弧腹，内圜底，束腰圆柄下接喇叭口形底座。高16厘米，口径15.5厘米，底座径11厘米。

2. 玉器

玛瑙环　1件。98LGM147：1，白玛瑙，磨制。外环钝刃，孔壁外弧，并有多个不甚规整的棱面，横断面近弧底等腰三角形。直径3.07厘米，孔径1.65厘米，最厚0.24厘米。

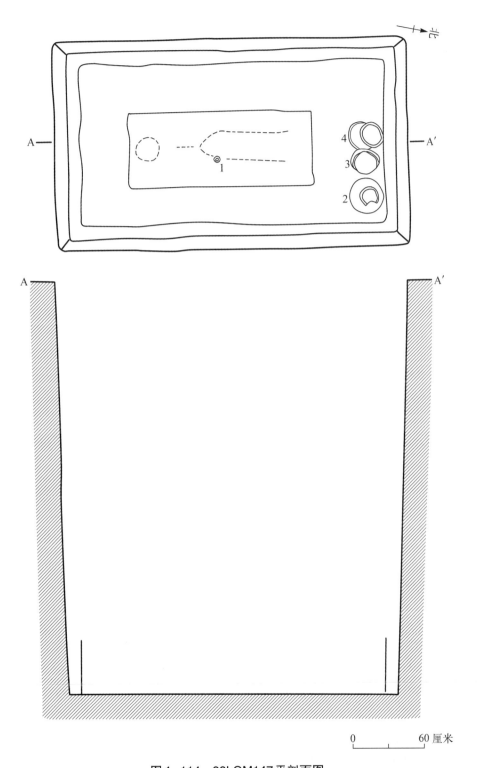

北

A —　— A′

4

3

2

1

A　　　　　　　　　A′

0　　　　　　60 厘米

图4-114　98LGM147平剖面图

1.玛瑙环　2.陶罐　3.陶盖豆　4.陶舾

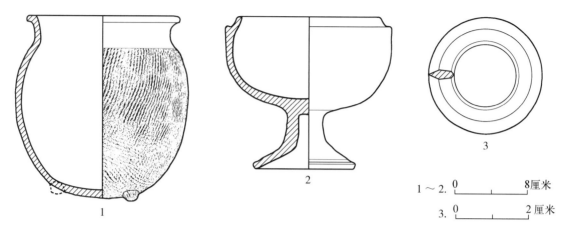

图 4-115　98LGM147 出土器物

1. 鬴（98LGM147：4）　2. 盖豆（98LGM147：3）　3. 玛瑙环（98LGM147：1）

六〇、98LGM148

（一）墓葬位置

98LGM148灵寿岗北墓地南区的西部，M120的西侧、M147的东南侧。开口于耕土层下，墓口距地表30厘米。

（二）墓葬形制

长方形竖穴土坑墓。口大底小，壁斜收。墓口长280厘米，宽180厘米；墓底长250厘米，宽172厘米；墓深320厘米。葬具为一棺一椁，残留有板灰痕迹。椁长231厘米，宽103厘米，存高47厘米；棺长213厘米，宽74厘米，存高37厘米。人骨架一具，仰身直肢，头向正北（图4-116）。

（三）随葬品

出土随葬品8件（组）（图4-117、4-118、4-119、4-120，图版六八：4～5、六九），有玛瑙环、铜带钩、玉璧各1件，铜铃、琉璃珠和料珠、铜桥形饰各1组，石圭2组。除玛瑙环位于墓主人口部外，余皆位于墓主人小腿部和脚下部。

1. 铜器

带钩　1件。98LGM148：2，弯曲变形。青铜，范铸。兽首钩，圆钮，尾部近长方形。尾部浅浮雕缠枝卷草纹，镶嵌宝石脱落缺失，鎏金。残长11.6厘米，最宽3.24厘米，最厚0.54厘米。

铃　1组7件。

98LGM148：6，青铜，范铸。形制相同，大小不一。

0 ⊢———⊣ 60 厘米

图4-116　98LGM148平剖面图

1.玛瑙环　2.铜带钩　3.石圭　4.石圭　5.玉璧　6.铜铃　7.料珠和琉璃珠　8.铜桥形饰

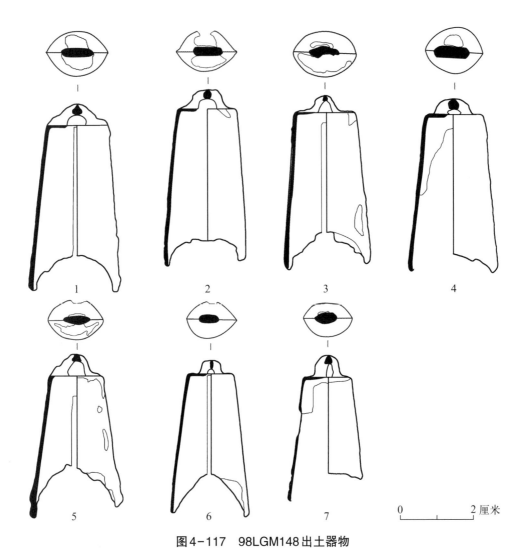

图4-117　98LGM148出土器物

1. 铜铃（98LGM148：6-1）　2. 铜铃（98LGM148：6-2）　3. 铜铃（98LGM148：6-3）　4. 铜铃（98LGM148：6-4）
5. 铜铃（98LGM148：6-5）　6. 铜铃（98LGM148：6-6）　7. 铜铃（98LGM148：6-7）

　　98LGM148：6-1，钟形，体狭长，腔狭而圆，一大面有豁口，底部呈燕尾形，顶部有桥钮，内悬铃铛缺失。高4.9厘米。

　　98LGM148：6-2，钟形，体狭长，腔狭而圆，一大面有豁口，底部呈燕尾形，顶部有桥钮，内悬铃铛缺失。高4.6厘米。

　　98LGM148：6-3，残。钟形，体狭长，腔狭而圆，一大面有豁口，底部呈燕尾形，顶部有桥钮，内悬铃铛缺失。高4.6厘米。

　　98LGM148：6-4，残。钟形，体狭长，腔狭而圆，一大面有豁口，底部呈燕尾形，顶部有桥钮，内悬铃铛缺失。高4.5厘米。

　　98LGM148：6-5，残。钟形，体狭长，腔狭而圆，一大面有豁口，底部呈燕尾形，顶部有桥钮，内悬铃铛缺失。高4.28厘米。

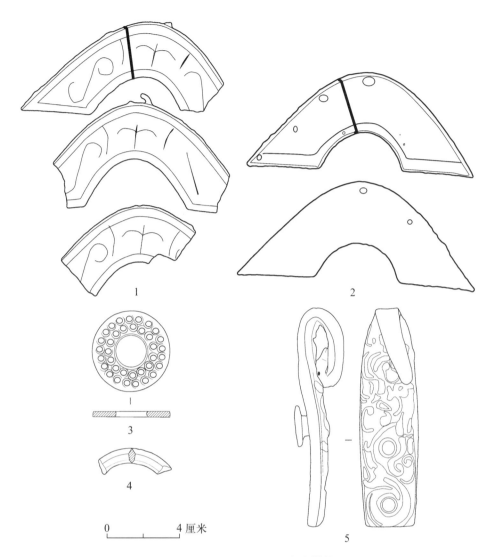

图4-118　98LGM148出土器物

1.铜桥形饰(98LGM148：8-2)　2.铜桥形饰(98LGM148：8-1)　3.玉璧(98LGM148：5)　4.玛瑙环(98LGM148：1)　5.铜带钩(98LGM148：2)

　　98LGM148：6-6，钟形，体狭长，腔狭而圆，一大面有豁口，底部呈燕尾形，顶部有桥钮，内悬铃铛缺失。高4.03厘米。

　　98LGM148：6-7，残。钟形，体狭长，腔狭而圆，一大面有豁口，底部呈燕尾形，顶部有桥钮，内悬铃铛缺失。高3.8厘米。

　　桥形饰　1组2件。98LGM148：8，由铜片制成。98LGM148：8-1，呈拱桥形，一面周边有凸起的边框，上弧边一条，下弧边及两端两条，近顶部有一近圆形孔。长12.36厘米，高5.2厘米，厚0.16厘米。98LGM148：8-2，呈拱桥形，周边向一面折起，顶部出一半环形钮。另一面在边框内饰几何纹，为线状阳纹。长10.6厘米，高4.7厘米，厚0.12厘米。

　　2. 玉石器

　　玉璧　1件。98LGM148：5，碧玉，一面有白色石皮。外缘抹角，内缘方直，横断面呈长方形。

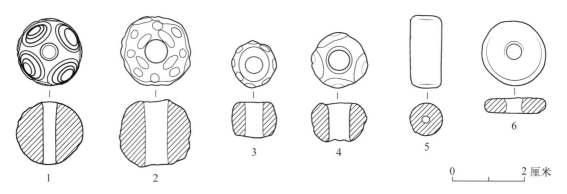

图4-119 98LGM148出土器物

1.琉璃珠（98LGM148：7-1） 2.琉璃珠（98LGM148：7-2） 3.琉璃珠（98LGM148：7-3）
4.琉璃珠（98LGM148：7-4） 5.料珠（98LGM148：7-5） 6.琉璃珠（98LGM148：7-6）

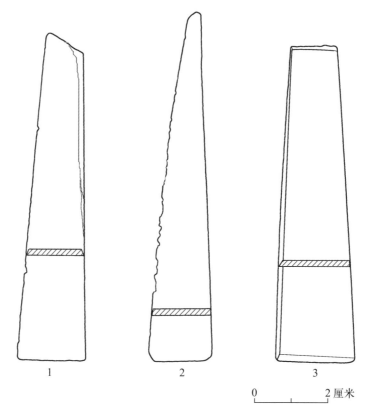

图4-120 98LGM148出土器物

1.石圭（98LGM148：3-1） 2.石圭（98LGM148：3-2） 3.石圭（98LGM148：3-3）

两面刻谷纹。直径4.26厘米,孔径1.6厘米,最厚0.28厘米。

玛瑙环 1件。98LGM148：1,残断。白玛瑙,磨制。外环钝刃,孔壁外弧,并有多个不甚规整的棱面,横断面近弧底等腰三角形。厚0.4厘米。

串珠 1组。98LGM148：7,琉璃珠和料珠。

琉璃珠 98LGM148：7-1,琉璃花珠,在凸起的白色几何块上点蓝色。直径1.8厘米,高1.6

厘米,孔径0.37厘米。98LGM148:7-2,琉璃花珠,花纹剔刻似葵花,花纹涂蓝色。直径1.9厘米,高1.7厘米,孔径0.05厘米。98LGM148:7-3,琉璃花珠,在凸起的白色几何块上点蓝色。直径1.2厘米,高0.9厘米,孔径0.45厘米。98LGM148:7-4,琉璃花珠,在凸起的白色几何块上点蓝色。直径1.48厘米,高1厘米,孔径0.55厘米。

料珠 98LGM148:7-5,管状,蓝色。长1.92厘米,直径0.87厘米,孔径0.17厘米。98LGM148:7-6,圆形,片状,白色。高0.4厘米,直径1.75厘米,孔径0.46厘米。

石圭 2组。

98LGM148:3,形制相同,大小不一。青色石质,板状。部分碎片上涂红色,应为朱砂。

98LGM148:3-1,射尖残缺。体狭长,近等腰三角形,平底。长8.6厘米,底宽1.9厘米,最厚0.2厘米。

98LGM148:3-2,体狭长,近等腰三角形,平底。长9.25厘米,底宽1.75厘米,最厚0.2厘米。

98LGM148:3-3,射尖残缺。体狭长,近等腰三角形,平底。长8.4厘米,底宽2.13厘米,最厚0.15厘米。

98LGM148:4,青色石质,板状。残碎严重,无完整者。

六一、98LGM151

(一) 墓葬位置

98LGM151位于灵寿岗北墓地南区的南部,M114的南侧、M115的西南侧、M116的西北侧、M117的东侧、M153的北侧。开口于耕土层下,墓口距地表39厘米。

(二) 墓葬形制

长方形竖穴土坑墓。口大底小,壁斜收,表面略经加工;墓口长276厘米,宽180厘米;墓底长250厘米,宽163厘米;墓深320厘米。葬具为一棺一椁。椁长193厘米,宽114厘米,存高50厘米;棺长138厘米,宽50厘米。人骨架一具,葬式不清,头向南偏东15°(图4-121)。

(三) 随葬品

出土陶器4件(图4-122,图版七〇),有陶壶、鼎各2件。位于墓主人脚端的棺椁之间。

鼎 2件。

98LGM151:1,修复。泥质红陶。覆钵形弧顶盖,盖中部有三个等距半环形钮,方唇;鼎子口内敛,方唇,弧腹,圜底,三兽首形足,口侧附加对称"∏"形双耳,耳外撇。盖口径17厘米,高5厘米。鼎口径14.4厘米,通高17.8厘米。

98LGM151:2,修复。泥质红陶。覆钵形弧顶盖,盖中部有三个等距半环形钮,方唇;鼎子口

图4-121 98LGM151平剖面图

1. 陶鼎 2. 陶鼎 3. 陶壶 4. 陶壶

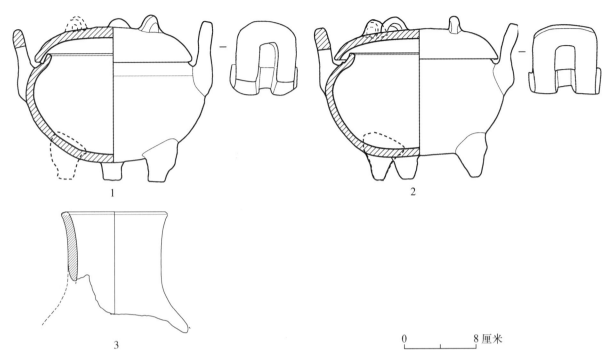

图4-122 98LGM151出土陶器

1.鼎（98LGM151：1） 2.鼎（98LGM151：2） 3.壶（98LGM151：4）

内敛，方唇，弧腹，三兽首形足残，口侧附加对称"Π"形双耳，耳外撇。盖口径17.9厘米，高4.5厘米。鼎口径15.3厘米，残高17.3厘米。

壶 2件。标本98LGM151：4。口部残片。泥质红陶。敞口，方唇，直颈。口径11.6厘米，残高12.8厘米。

六二、98LGM152

（一）墓葬位置

98LGM152位于灵寿岗北墓地南区的中部，M112的西北侧、M132的西南侧、M133的东南侧、M145的东北部。开口于耕土层下，墓口距地表30厘米。

（二）墓葬形制

长方形竖穴土坑墓。口大底小，壁斜收，表面平整。墓口长342厘米，宽220厘米；墓底长324厘米，宽200厘米；墓深420厘米。葬具为一棺一椁。椁长296厘米，宽184厘米，存高66厘米；棺长190厘米，宽80厘米。人骨架一具，严重腐朽，头向南偏西55°（图4-123）。

图4-123 98LGM152平剖面图

1.陶鼎 2.陶壶盖 3.陶壶盖 4.陶盖豆 5.陶盖豆 6.陶鼎 7.陶匜 8.铜钺 9.陶匜

（三）随葬品

出土随葬品9件（图4-124，图版七一、七二），其中陶器8件，有鼎、壶盖、盖豆、匜各2件，位于墓主人头端的棺椁之间；铜铍1件，位于墓主人头部左侧的棺椁之间。

1. 陶器

鼎　2件。

98LGM152：1，修复。泥质红褐陶，表皮脱落严重。覆钵形弧顶盖，盖中部有三个等距半圆板状钮，方唇；鼎子口内敛，圆方唇，弧腹，圜底，三柱形足，口侧附加对称"∏"形双耳，耳外撇。盖口径20.8厘米，高6.3厘米。鼎口径18.8厘米，通高22厘米。

98LGM152：6，修复。泥质红褐陶，表皮脱落严重。覆钵形弧顶盖，盖中部有三个等距半圆板状钮，方唇；鼎子口内敛，圆方唇，弧腹，圜底，三柱形足，口侧附加对称"∏"形双耳，耳外撇。盖口径21厘米，高5.4厘米。鼎口径18.3厘米，通高22厘米。

壶盖　2件。98LGM152：3。斗笠形盖，盖面中部有三个等距半圆板状钮，子口，方圆唇。盖径18.3厘米，高5厘米。

盖豆　2件。

98LGM152：4，修复。泥质红褐陶，表皮脱落严重。覆钵形弧顶盖身，短束腰圆柄上接喇叭口形捉手，方唇；豆子口内敛，圆唇，弧腹，内圜底，束腰圆柄下接喇叭口形底座。盖口径21厘米，高5.9厘米。豆口径18.7厘米，底座径11.6厘米，通高21厘米。

98LGM152：5，修复。泥质灰陶，表皮脱落严重。覆钵形弧顶盖身，短束腰圆柄上接喇叭口形捉手，方唇；豆子口内敛，圆唇，弧腹，内圜底，束腰圆柄下接喇叭口形底座。盖口径21.7厘米，高7.3厘米。豆口径18.8厘米，底座径12厘米，通高22厘米。

匜　2件。

8LGM152：7。泥质灰陶，表皮脱落严重。匜口平面呈桃形，一侧有尖嘴状流，对应一侧弧形内凹，方圆唇，弧壁，矮假圈足，平底。口大径15厘米、小径13.4厘米，底径9厘米，高5.4厘米。

98LGM152：9，修复。泥质灰陶，陶色不匀，表皮脱落严重。匜口平面呈桃形，一侧有尖嘴状流，对应一侧弧形内凹，方圆唇，弧壁，矮假圈足，平底。口大径15.3厘米、小径12.9厘米，底径8.2厘米，高5.3厘米。

2. 铜器

铜铍　1件。98LGM152：8，青铜，范铸。长方形扁茎；铍身近柳叶形，曲刃，中脊两侧各有一条凹槽，中脊与凹槽通茎。通长29.6厘米，剑身最宽3.6厘米，茎长3.7厘米。

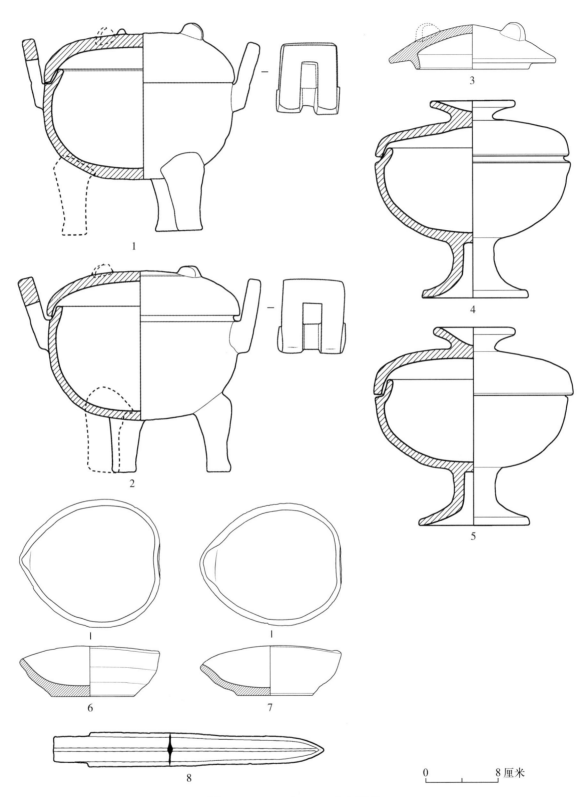

图4-124 98LGM152出土器物

1. 鼎（98LGM152：1） 2. 鼎（98LGM152：6） 3. 壶盖（98LGM152：3） 4. 盖豆（98LGM152：4） 5. 盖豆（98LGM152：5）
6. 匜（98LGM152：7） 7. 匜（98LGM152：9） 8. 铜铍（98LGM152：8）

六三、98LGM153

（一）墓葬位置

98LGM153位于灵寿岗北墓地南区的南部，M116的西南侧、M117的东南侧、M151的南侧。开口于耕土层下，墓口距地表30厘米。

（二）墓葬形制

长方形竖穴土坑墓。口大底小，墓口长250厘米，宽190厘米；墓底长230厘米，宽170厘米；墓深490厘米。葬具为一棺一椁。椁长184厘米，宽110厘米，存高39厘米；棺长140厘米，宽60厘米，存高29厘米。人骨架一具，仰身屈肢，面向朝上，头向北偏西30°（图4-125）。

（三）随葬品

出土陶鬲2件（图4-126，图版七三：1、2），位于墓主人脚端的棺椁之间。

鬲　2件。

98LGM153：1，微残。夹砂灰陶。直口，重唇，短颈，折肩，弧腹，圜底，底部有三个乳头形足。肩及底满饰绳纹，上部竖压绳纹，下部交叉绳纹。口径13.5厘米，高15.5厘米。

98LGM153：2，微残。夹砂灰陶。敛口，重唇，短颈，折肩，弧腹，圜底，底部有三个乳头形足。肩及底满饰绳纹，上部竖压绳纹，下部交叉绳纹。口径13.2厘米，高15.6厘米。

六四、98LGM154

（一）墓葬位置

98LGM154位于灵寿岗北墓地南区的西南部，M143的西南侧、M144的南侧、M155的东侧、M165的东北侧。开口于耕土层下，墓口距地表30厘米。

（二）墓葬形制

长方形竖穴土坑墓。口大底小，墓口长300厘米，宽170厘米；墓底长274厘米，宽150厘米；墓深430厘米。葬具为一棺一椁。椁长209厘米，宽112厘米，存高32厘米；棺长164厘米，宽49厘米，存高25厘米。人骨架一具，仰身直肢，头向北偏西25°（图4-127）。

北

0 ⎯⎯⎯⎯ 60厘米

0 ⎯⎯⎯ 8厘米

图4-125　98LGM153平剖面图

1.陶甂　2.陶甂

图4-126　98LGM153出土陶器

1.甂（98LGM153：1）　2.甂（98LGM153：2）

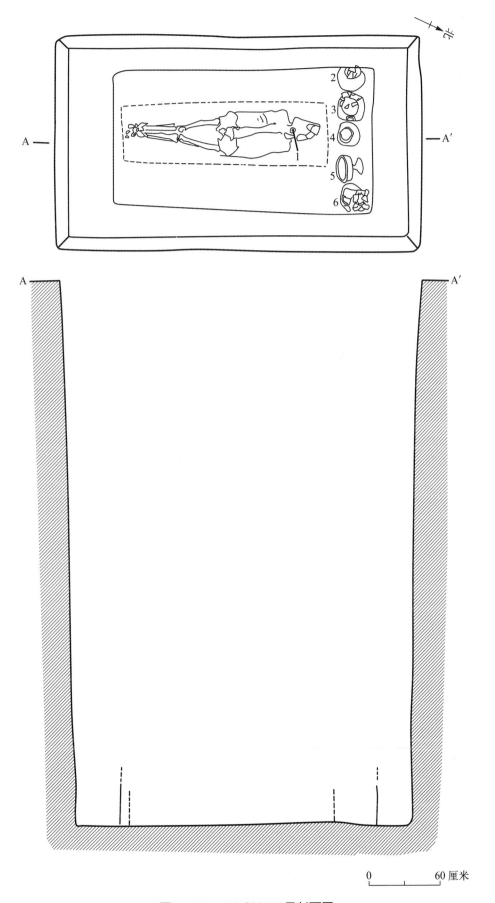

北

0　　　　60 厘米

图4-127　98LGM154平剖面图

1.水晶璧　2.陶壶　3.陶鼎　4.陶鬸　5.陶豆　6.陶壶

（三）随葬品

出土随葬品6件（图4-128，图版七三：3、4），其中陶器5件，有壶2件，鼎、鬲、豆各1件，位于墓主人头端的棺椁之间；水晶璧1件，位于墓主人颈部。

1. 陶器

鬲　1件。98LGM154：4，修复。夹砂灰褐陶，陶色不匀。盘口，方圆唇，束颈，弧腹，圜底，底部有三个乳头形足。腹部满饰绳纹，上部竖压绳纹，下部横压绳纹。口径13.5厘米，高17.5厘米。

2. 玉石器

水晶璧　1件。98LGM154：1，白水晶，磨制。外环钝刃，孔壁有2个棱面，横剖面呈六棱形。直径2.06厘米，孔径0.6厘米，最厚0.48厘米。

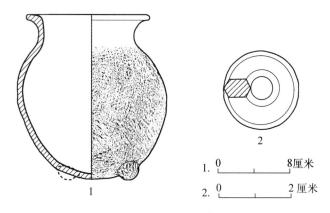

图4-128　98LGM154出土陶器
1. 鬲（98LGM154：4）　2. 水晶璧（98LGM154：1）

六五、98LGM155

（一）墓葬位置

98LGM155位于灵寿岗北墓地南区的西南部，M154的西侧、M156的东北侧、M162的东南侧、M165的北侧。开口于耕土层下，墓口距地表30厘米。

（二）墓葬形制

长方形竖穴土坑墓。口大底小，壁斜收；墓口长276厘米，宽160厘米；墓底长256厘米，宽140厘米；墓深412厘米。葬具为一棺一椁，存板灰痕。椁长222厘米，宽80厘米，存高10厘米；棺长200厘米，宽54厘米，存高10厘米。人骨架一具，仰身直肢，头向南偏西75°。无随葬品（图4-129）。

图4-129　98LGM155平剖面图

六六、98LGM156

（一）墓葬位置

98LGM156位于灵寿岗北墓地南区的西南部,M155的西南侧、M162的南侧、M165的西侧。开口于耕土层下,墓口距地表30厘米。

（二）墓葬形制

长方形竖穴土坑墓。口大底小,壁斜收,表面平整。墓口长310厘米,宽213厘米;墓底长290厘米,宽204厘米;墓深450厘米。葬具为一棺一椁。椁长245厘米,宽130厘米,存高39厘米;棺长178厘米,宽66厘米,存高39厘米。人骨架一具,仰身直肢,头向北偏东60°(图4-130)。

（三）随葬品

出土陶器11件(图4-131,图版七四),有盖豆、豆、鼎、盆、壶各2件,球腹壶1件。位于墓主人脚下部的棺椁之间。

鼎　2件。

98LGM156:4,修复。泥质灰黑陶。覆钵形弧顶盖,盖面中部有三个半圆板状钮,方唇;鼎子口内敛,方唇,弧腹,圜底,三蹄形足,足底中部各有一细圆孔,口侧附加对称"∏"形双耳,耳外撇。器表饰黑色压光纹带和凹、凸弦纹,脱落严重。盖面有2匝凹弦纹;鼎口沿下一圈压光窄纹带,其下一圈平行短斜线纹,在下腹中部有1匝凸弦纹加饰压光宽纹带。盖口径19.7厘米,高6.3厘米。鼎口径17.6厘米;通高18.4厘米。

98LGM156:7,修复。泥质灰黑陶。覆钵形弧顶盖,盖面中部三钮残缺,方唇;鼎子口内敛,方圆唇,弧腹,圜底,三蹄形足,足底中部有一细圆孔,口侧附加对称"∏"形双耳,耳外撇。器表饰黑色压光纹带和凸弦纹,脱落严重。盖面可见压光纹带,中部纹带间依稀可见两圈平行短斜线纹;鼎腹部可见压光纹带和一圈平行短斜线纹,腹中部1匝凸弦纹。盖口径20厘米,高5厘米;鼎口径17.6厘米;通高17.3厘米。

盖豆　2件。

98LGM156:1,修复。泥质灰黑陶。覆钵形盖身,短束腰圆柄上接喇叭口形捉手;豆子口内敛,方唇,弧腹,束腰圆柄下接喇叭口形底座。捉手顶面边缘饰一圈黑色压光波折纹,盖身中部有1匝凸弦纹,豆盘腹部有3道瓦棱形纹。表皮脱落较重。盖口径18.8厘米,高8.6厘米。豆口径17厘米,底座径12厘米;通高24.5厘米。

北

0   60厘米

图4-130　98LGM156平剖面图

1.陶盖豆　2.陶豆　3.陶盖豆　4.陶鼎　5.陶球腹壶　6.陶豆　7.陶鼎　8.陶盆　9.陶盆　10.陶壶　11.陶壶

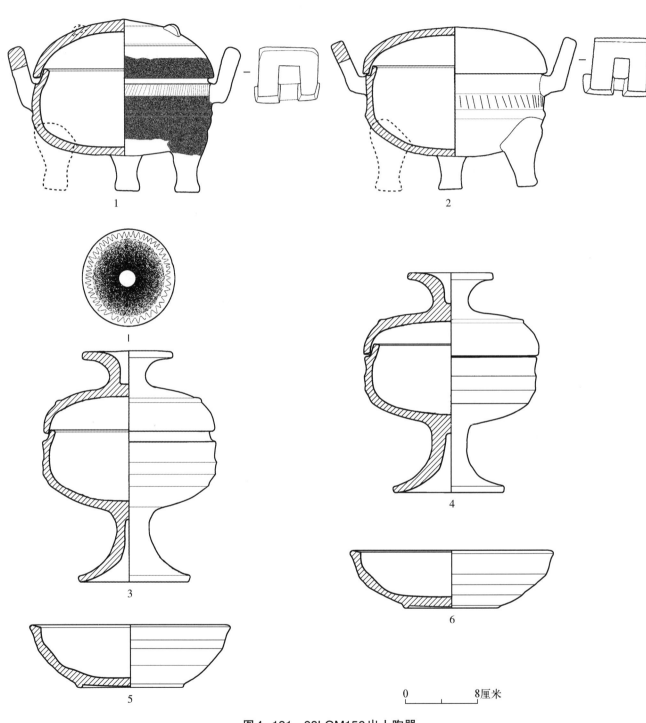

图4-131 98LGM156出土陶器

1.鼎（98LGM156：4） 2.鼎（98LGM156：7） 3.盖豆（98LGM156：1） 4.盖豆（98LGM156：3）
5.盆（98LGM156：8） 6.盆（98LGM156：9）

98LGM156：3，修复。泥质灰黑陶。覆钵形盖身，短束腰圆柄上接喇叭口形捉手；豆子口内敛，方唇，弧腹，内圜底，束腰圆柄下接喇叭口形底座。盖身中部有1匝凸棱纹，豆盘腹部有3道瓦棱形纹。表皮脱落较重。盖口径19厘米，高8.8厘米。豆口径17厘米，底座径12厘米，通高23厘米。

盆　2件。

98LGM156：8，修复。泥质灰陶，陶色不匀，表皮脱落严重。敞口，外折窄平沿，圆唇，斜弧壁，矮圈足。口径22厘米，足径11.4厘米，高6.7厘米。

98LGM156：9，修复。泥质灰陶，陶色不匀。敞口，外折窄平沿，圆唇，斜弧壁，矮圈足。口径22.1厘米，足径10厘米，高6厘米。

六七、98LGM157

（一）墓葬位置

98LGM157位于灵寿岗北墓地南区的西部，M147的西南侧、M158的东北侧。开口于耕土层下，墓口距地表30厘米。

（二）墓葬形制

长方形竖穴土坑墓。口大底小，壁斜收。墓口长290厘米，宽190厘米；墓底长272厘米，宽174厘米；墓深572厘米。葬具为一棺一椁。椁长230厘米，宽117厘米，存高48厘米；棺长164厘米，宽60厘米，存高48厘米。人骨架一具，面向朝上，仰身，下肢无存，头向北偏西30°（图4-132）。

（三）随葬品

出土随葬品6件，其中陶器5件，有壶2件、豆2件、鼎1件，位于墓主人头顶和脚下部的棺椁之间；玛瑙环1件，位于墓主人胸腹部。

玛瑙环　1件。98LGM157：1，白玛瑙，磨制。内、外缘环刃，横断面呈六棱形。外径3.5厘米，孔径2.2厘米，最厚0.55厘米（图4-133，图版七五：1）。

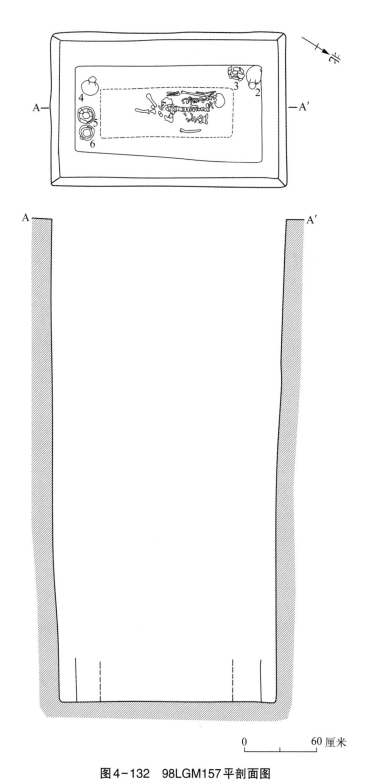

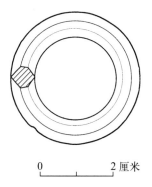

图4-132　98LGM157平剖面图

1.玛瑙环　2.陶壶　3.陶豆　4.陶壶　5.陶豆　6.陶鼎

图4-133　98LGM157出土器物

玛瑙环（98LGM157：1）

六八、98LGM160

（一）墓葬位置

98LGM160位于灵寿岗北墓地南区的西南部，M144的西北侧、M159的西南侧、M161的东北侧。开口于耕土层下，墓口距地表30厘米。

（二）墓葬形制

长方形竖穴土坑墓。口大底小，墓口长330厘米，宽210厘米；墓底长310厘米，宽190厘米；墓深520厘米。葬具为一棺一椁。椁长276厘米，宽156厘米，存高41厘米；棺长182厘米，宽86厘米，存高34厘米。人骨架一具，仰身直肢，头向北偏西35°（图4-134）。

（三）随葬品

出土陶器10件（图4-135，图版七五：2～3、七六），有鼎3件，壶、球腹壶各2件，盖豆、盘、匜各1件。位于墓主人头顶和脚下部的棺椁之间。

鼎　3件。

98LGM160：1，修复，缺盖。泥质灰陶，陶色不匀。子口内敛，圆方唇，弧腹，圜底，三蹄形足，其中一足底中部有一细圆孔，口侧附加对称长方形实耳，耳稍外撇。腹中部饰1匝凸弦纹。通高17.6厘米，口径17.4厘米。

98LGM160：3，修复。缺盖。泥质灰陶，陶色不匀。子口内敛，圆方唇，弧腹，圜底，三蹄形足，口侧附加对称长方形实耳，耳稍外敞。耳外面饰划线网格纹，腹中部饰1匝凸弦纹。高18厘米，口径17.8厘米。

盖豆　1件。98LGM160：5，修复，缺盖。泥质灰陶，表皮脱落严重。子口内敛，弧腹，内底外鼓，中心有一锥状凸起，束腰圆柄下接喇叭口形底座。腹中部饰3道瓦棱形纹。高16厘米，口径17厘米，底座径13.6厘米。

球腹壶　2件。98LGM160：4，修复。泥质灰陶。直口，方圆唇，矮领，球腹，束腰圆柄下接喇叭口形底座。上腹部饰2道瓦棱形纹。口径4.5厘米，底座径7.5厘米，高11厘米。

盘　1件。98LGM160：10，修复。泥质灰陶，表皮脱落严重。直口，方圆唇，弧壁，平底。口径15厘米，底径10厘米，高4.4厘米。

匜　1件。98LGM160：9，修复。泥质灰陶。匜口平面呈桃形，一侧有尖嘴状流，对应一侧为弧形内凹，方圆唇，弧壁，平底。口大径14.2厘米、小径13.7厘米，底径7.6厘米，高4.2厘米。

图4-134 98LGM160平剖面图

1.陶鼎 2.陶壶 3.陶鼎 4.陶球腹壶 5.陶盖豆 6.陶鼎 7.陶壶 8.陶球腹壶 9.陶匜 10.陶盘

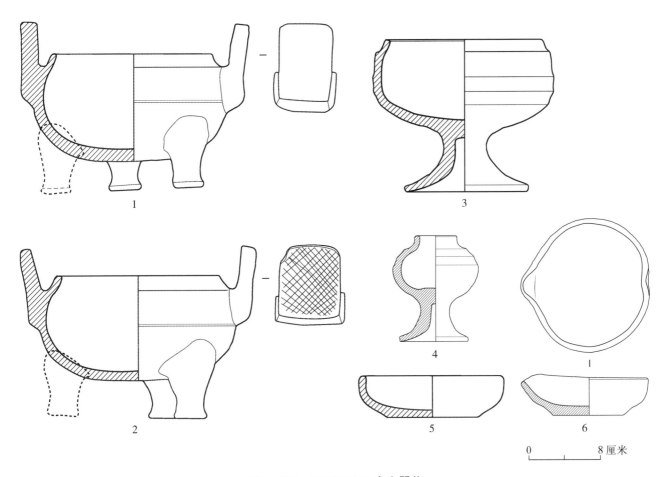

图4-135　98LGM160出土器物

1. 鼎（98LGM160∶1）　2. 鼎（98LGM160∶3）　3. 盖豆（98LGM160∶5）　4. 球腹壶（98LGM160∶4）
5. 盘（98LGM160∶10）　6. 匜（98LGM160∶9）

六九、98LGM161

（一）墓葬位置

98LGM161位于灵寿岗北墓地南区的西南部，M144的西侧、M160的西南侧、M162的西北侧、M163的东侧。开口于耕土层下，墓口距地表30厘米。

（二）墓葬形制

长方形竖穴土坑墓。口大底小，墓口长300厘米，宽190厘米；墓底长280厘米，宽170厘米；墓深422厘米。葬具为一棺一椁。椁长266厘米，宽132厘米，存高37厘米；棺长196厘米，宽72厘米，存高37厘米。人骨架一具，仰身直肢，面向朝上，头向北偏西35°（图4-136）。

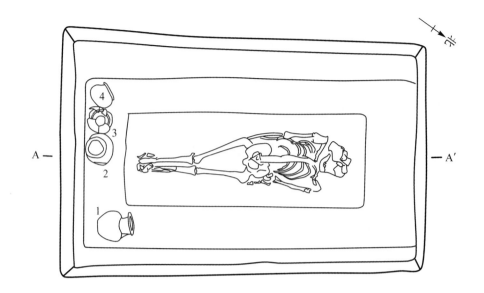

图4-136　98LGM161平剖面图

1.陶罐　2.陶罐　3.陶盖豆　4.陶甂

（三）随葬品

出土陶器4件（图4-137，图版七五：4～5），有罐2件，鬲、盖豆各1件。位于墓主人脚下部的棺椁之间。

鬲 1件。98LGM161：4，修复。夹砂灰陶，陶色不匀。直口，重唇，弧腹，圜底，底部有三个乳头形足，足尖残。腹部满饰绳纹，上部竖压绳纹，底部交叉绳纹。口径14.7厘米，残高15.2厘米。

盖豆 1件。98LGM161：3，修复。泥质灰陶，陶色不匀。覆钵形盖身，短束腰圆柄上接圆饼状捉手，捉手顶面内凹；豆子口内敛，方唇，弧腹，束腰圆柄下接喇叭口形底座。捉手顶面、盖身和豆腹部饰有瓦棱形纹。盖口径16厘米，高6厘米。豆口径14.8厘米，底座径10厘米，通高20.9厘米。

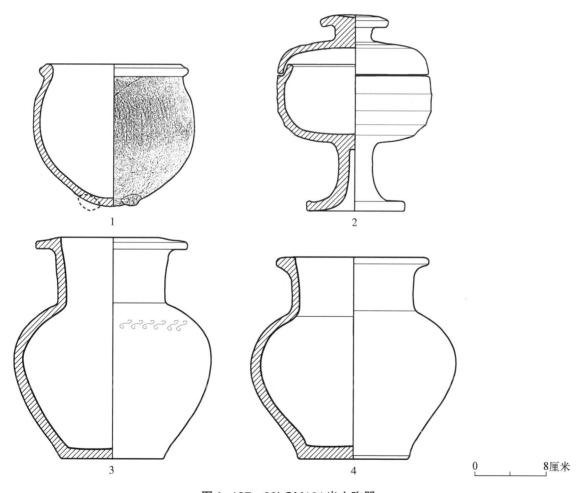

图4-137　98LGM161出土陶器

1.鬲（98LGM161：4） 2.盖豆（98LGM161：3） 3.罐（98LGM161：1） 4.罐（98LGM161：2）

罐　2件。

98LGM161：1，修复。泥质灰陶。敞口，外折宽平沿，方圆唇，直领，鼓腹，下腹斜收，平底。器表饰黑色压光纹带，脱落严重。仅腹上部可见有S形卷云纹。口径11厘米，底径11厘米，高23.5厘米。

98LGM161：2，修复。泥质灰陶。敞口，外折窄平沿，方圆唇，直领，鼓腹，平底。口径16.6厘米，底径12厘米，高21厘米。

七〇、98LGM162

（一）墓葬位置

98LGM162位于灵寿岗北墓地南区的西南部，M144的西南侧、M155的西北侧、M161的东南侧。开口于耕土层下，墓口距地表30厘米。

（二）墓葬形制

长方形竖穴土坑墓。口大底小，壁斜收。墓口长310厘米，宽170厘米；墓底长294厘米，宽150厘米；墓深400厘米。葬具为一棺一椁。椁长248厘米，宽116厘米，存高75厘米；棺长184厘米，宽54厘米，存高55厘米。人骨架一具，仰身直肢，头向南偏西70°（图4-138）。

（三）随葬品

出土随葬品6件（组）（图4-139、4-140，图版七七：1～4），其中陶器3件，有壶、鼎、豆各1件，蚌饰1组，位于墓主人头顶部和右侧的棺椁之间；铜刀币1枚、铜器残渣1组（2件），位于棺内墓主人脚部和右股骨头右侧。

1. 陶器
壶　1件。98LGM162：3，修复。泥质灰陶，陶色不匀。敞口，方唇，长束颈，溜肩，鼓腹，平底。口径15.3厘米，底径12厘米，高31.6厘米。

2. 铜器
刀币　1枚。98LGM162：1，残。青铜，范铸。尖首，直背，直刃。残长11.4厘米，刀宽1.68厘米。

3. 蚌器
蚌饰　1组。98LGM162：6，天然蚌壳，顶部磨平，钻一小孔。最长3.14厘米，最宽3.7厘米。

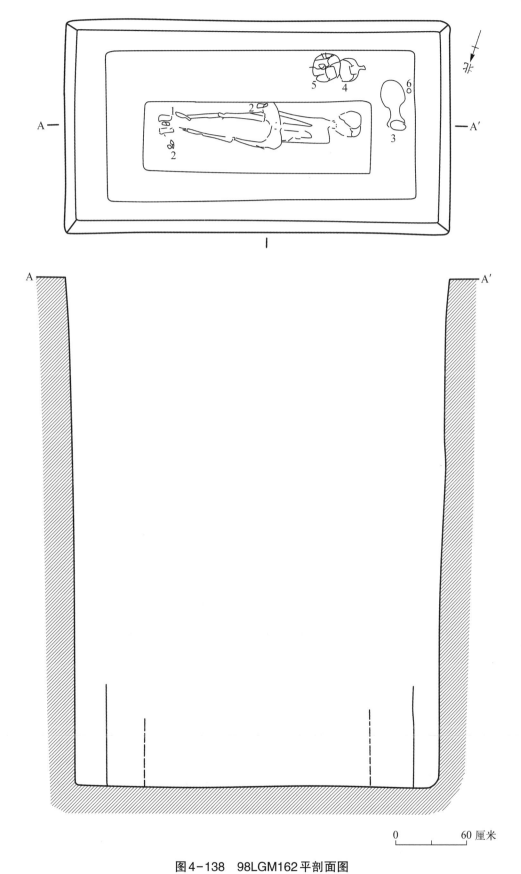

图4-138　98LGM162平剖面图

1.铜刀币　2.铜器残渣　3.陶壶　4.陶鼎　5.陶豆　6.蚌饰

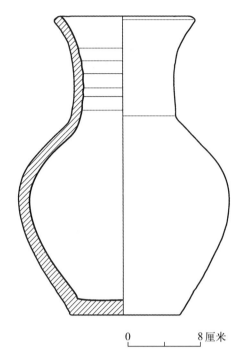

0   8厘米

图4-139 98LGM162出土陶器

壶（98LGM162：3）

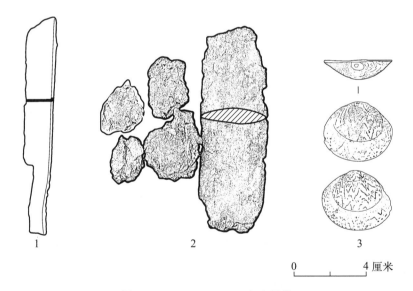

1   2   3

0   4厘米

图4-140 98LGM162出土器物

1. 刀币（98LGM162：1） 2. 铜原料（98LGM162：2） 3. 蚌饰（98LGM162：6）

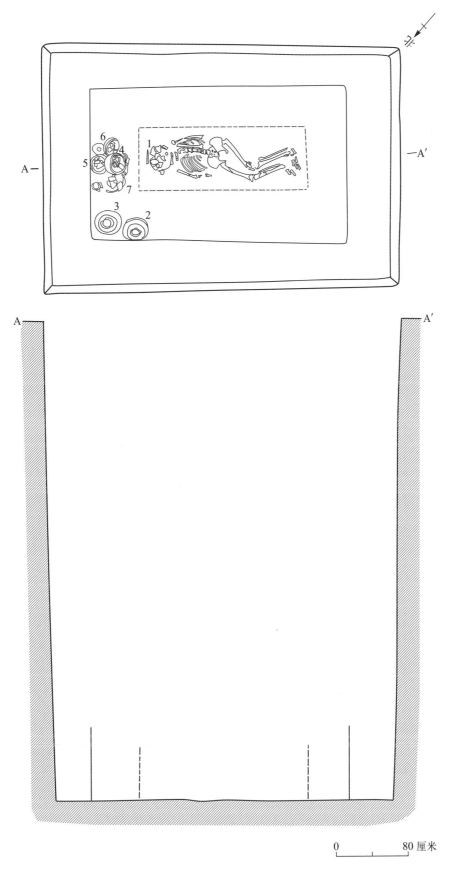

图4-141 98LGM163平剖面图

1.骨簪 2.陶壶 3.陶壶 4.陶鼎 5.陶鼎 6.陶盖豆 7.陶盖豆

七一、98LGM163

（一）墓葬位置

98LGM163位于灵寿岗北墓地南区的西南部，M161的西侧、M162的西北侧、M168的东侧。开口于耕土层下，墓口距地表30厘米。

（二）墓葬形制

长方形竖穴土坑墓。口大底小，壁斜收。墓口长390厘米，宽266厘米；墓底长350厘米，宽250厘米；墓深510厘米。葬具为一棺一椁。椁长278厘米，宽162厘米，存高76厘米；棺长185厘米，宽64厘米，存高55厘米。人骨架一具，仰身屈肢，头向北偏东45°（图4-141）。

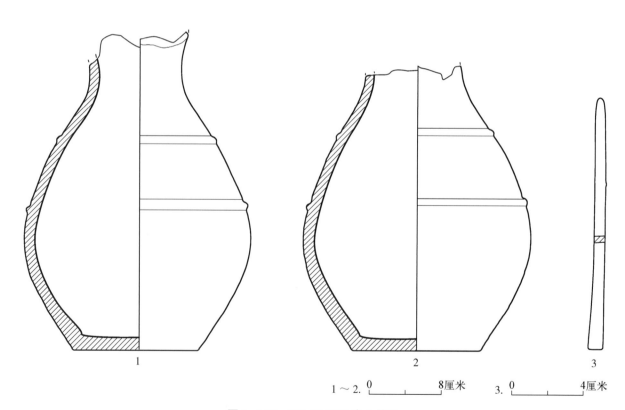

1 ~ 2. 0 ____ 8厘米　　3. 0 ____ 4厘米

图4-142　98LGM163出土器物

1.壶（98LGM163：2）　2.壶（98LGM163：3）　3.骨簪（98LGM163：1）

（三）随葬品

出土随葬品7件（图4-142，图版七七：5～7），其中陶器6件，有壶、鼎、盖豆各2件，位于墓主人头顶端的棺椁之间；骨簪1件，位于棺内墓主人头骨顶部。

1. 陶器

壶 2件。

98LGM163：2，残。泥质灰陶，陶色不匀。口、颈残缺，溜肩，弧腹，平底。肩及腹部各饰1匝凸弦纹。底径13.8厘米，残高33.8厘米。

98LGM163：3，残。泥质灰陶，陶色不匀。口、颈残缺，溜肩，弧腹，平底。肩及腹部各饰1匝凸弦纹。底径13.8厘米，残高31厘米。

2. 骨器

骨簪 1件。98LGM163：1，动物肢骨磨制。长方扁条状，上粗下细，横断面呈长方形。长13.3厘米，最宽0.8厘米，最厚0.36厘米。

七二、98LGM165

（一）墓葬位置

98LGM165位于灵寿岗北墓地南区的西南部，M154的西南侧、M155的南侧、M156的东侧。开口于耕土层下，墓口距地表30厘米。

（二）墓葬形制

长方形竖穴土坑墓。口大底小，壁斜收，墓壁平整。墓口长260厘米，宽126厘米；墓底长240厘米，宽110厘米；墓深390厘米。葬具为一棺，长180厘米，宽60厘米，存高36厘米。人骨架一具，仰身直肢，面向朝右，头向北偏西5°。无随葬品（图4-143）。

七三、98LGM168

（一）墓葬位置

98LGM168位于灵寿岗北墓地南区的西南部，M163的西侧、M169的东北侧。开口于耕土层下，墓口距地表30厘米。

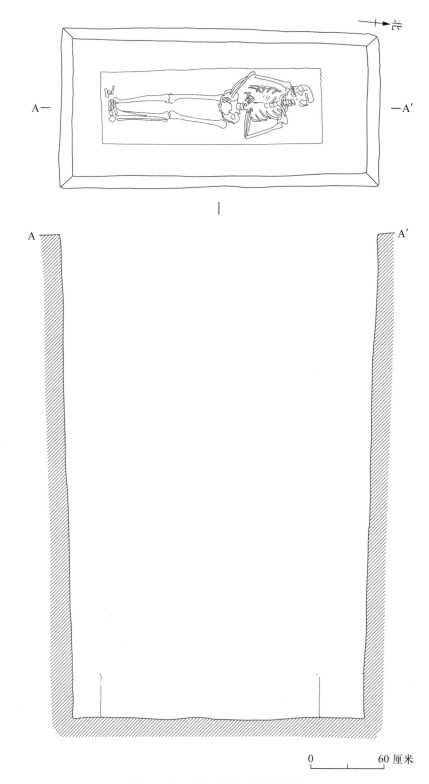

图4-143 98LGM165平剖面图

（二）墓葬形制

长方形竖穴土坑墓。口大底小，壁斜收、平整。墓口长320厘米，宽200厘米；墓底长300厘米，宽136厘米；墓深410厘米。葬具为一棺一椁。椁长300厘米，宽132厘米，存高78厘米；棺长208厘米，宽82厘米，存高45厘米。人骨架一具，骨骼腐朽严重，残留痕迹，头向北偏东5°（图4-144）。

（三）随葬品

出土随葬品6件（图4-145，图版七八：1～4），其中陶器4件，有壶、鼎各1件，盖豆2件，位于墓主人脚端的棺椁之间；玛瑙环1件，位于墓主人口部；骨簪1件，位于墓主人头顶。

1. 陶器

鼎　1件。98LGM168：4，修复。泥质灰黑陶。覆钵形弧顶盖，盖中部有三个等距半环形钮，方唇；鼎子口内敛，圆唇，弧腹，圜底，三蹄形足，足下部中空，口侧附加对称"∏"形双耳，耳稍外撇。盖面饰多圈黑色压光纹带和平行短线纹带，大多漫漶不清；鼎腹中部饰1匝带状凸弦纹。盖口径19厘米，高5.4厘米。鼎口径16厘米；通高19.5厘米。

盖豆　2件。

98LGM168：5，修复。泥质灰黑陶。覆钵形盖身，短束腰圆柄上接喇叭口形捉手，中心有一锥状小凸起，方唇；豆子口内敛，方圆唇，弧腹，圜底，喇叭口形高圈足。器表饰黑色压光纹带和瓦棱形纹，脱落严重。捉手顶面中心饰圆形纹，边缘一圈压光纹带，其间纹饰不清；盖身压光，中部饰2道瓦棱形纹；豆腹部纹饰由上至下依次为压光窄纹带、波折纹带、瓦棱形纹加压光宽纹带、螺旋形纹带。豆口径18厘米，足径11.7厘米，通高19.6厘米。

98LGM168：6，修复。泥质灰黑陶。覆钵形盖身，短束腰圆柄上接喇叭口形捉手，中心有一锥状小凸起，方唇；豆子口内敛，方圆唇，弧腹，圜底，喇叭口形高圈足。器表饰黑色压光纹带和瓦棱形纹，脱落严重。捉手顶面中心饰圆形纹，边缘一圈压光纹带，其间纹饰不清；盖身压光，中部饰2道瓦棱形纹；豆腹部纹饰由上至下依次为压光窄纹带、波折纹带、瓦棱形纹加压光宽纹带和螺旋形纹带。盖口径19.4厘米，高6.3厘米。豆口径16.3厘米，足径11厘米；通高19厘米。

2. 玉器

玛瑙环　1件。98LGM168：2，残段。白玛瑙，磨制。仅残存一小段，外环钝刃，孔壁外弧，并有多个不甚规整的棱面，横断面近弧底等腰三角形。最厚0.7厘米。

3. 骨器

骨簪　1件。98LGM168：1，残。动物肢骨磨制。上粗下细，横断面近梯形。残长13.5厘米，最宽0.8厘米，最厚0.6厘米。

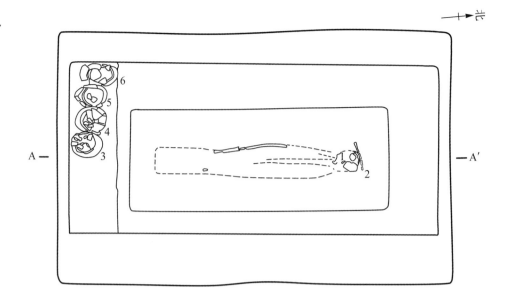

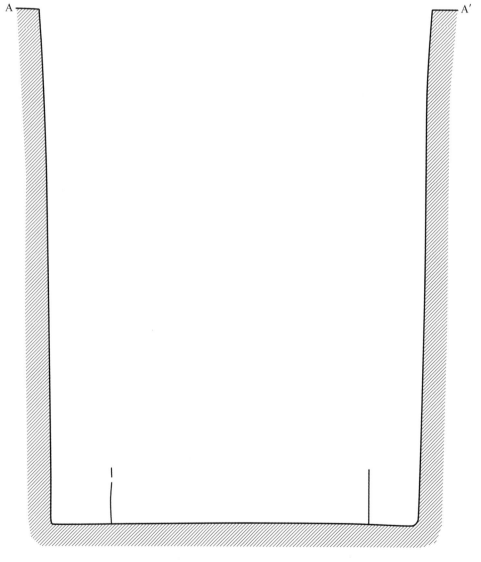

图4-144 98LGM168平剖面图

1.玛瑙环 2.骨簪 3.陶壶 4.陶鼎 5.陶盖豆 6.陶盖豆

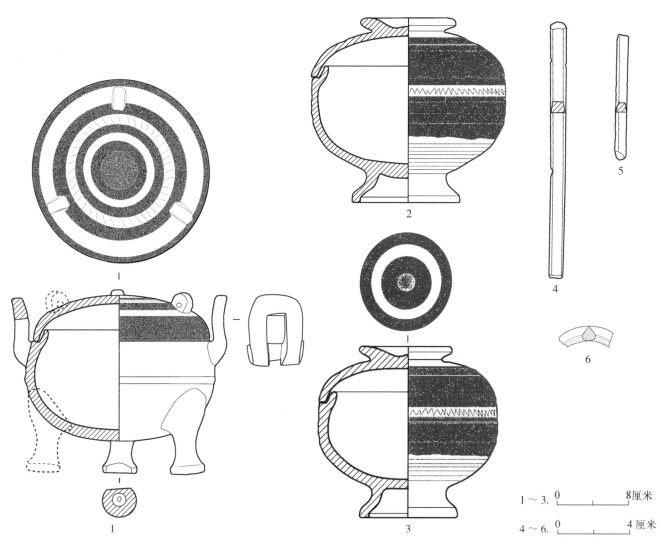

图4-145 98LGM168出土器物

1.鼎(98LGM168:4) 2.盖豆(98LGM168:5) 3.盖豆(98LGM168:6) 4、5.骨簪(98LGM168:1) 6.玛瑙环(98LGM168:2)

七四、98LGM169

(一)墓葬位置

98LGM169位于灵寿岗北墓地南区的西南部,M171的南侧、M172的东北侧、M175的东侧。开口于耕土层下,墓口距地表30厘米。

(二)墓葬形制

长方形竖穴土坑墓。口大底小,墓口长270厘米,宽140厘米;墓底长236厘米,宽110厘米;

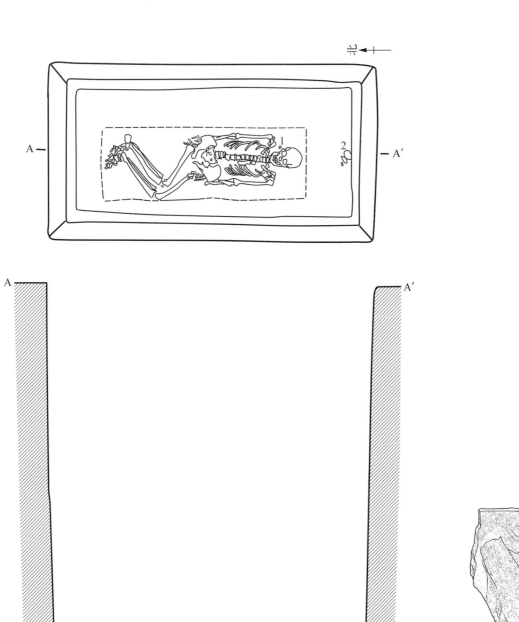

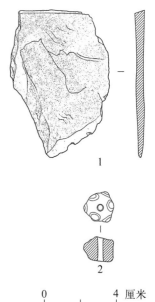

0　　　　　　　　　60厘米

图4-146　98LGM169平剖面图

1.琉璃珠　2.石片

0　　　　　　4厘米

图4-147　98LGM169出土器物

1.石片（98LGM169：2）

2.琉璃珠（98LGM169：1）

墓深360厘米。葬具为一棺一椁,残存痕迹呈斜坡状。椁长228厘米,宽98厘米,存高27厘米;棺长163厘米,宽56厘米,存高27厘米。人骨架一具,仰身屈肢,面向朝上,头向正南(图4-146)。

(三) 随葬品

出土随葬品2件(图4-147,图版七八:5~6),琉璃珠1件,位于墓主人口部右侧;石片1件,位于墓主人头端的棺椁之间。

琉璃珠　1件。98LGM169:1,花珠,中间贯穿一圆孔。珠身涂淡绿色,并有多个半圆形凸起,上涂白色。直径1.6厘米,高1.2厘米,孔径0.27厘米。

石片　1件。98LGM169:2,青灰色石质,打制。长7.8厘米,宽5厘米,最厚0.44厘米。

七五、98LGM170

(一) 墓葬位置

98LGM170位于灵寿岗北墓地南区的西南部,M169的西北侧、M171的西侧、M175的东北侧。开口于耕土层下,墓口距地表30厘米。

(二) 墓葬形制

长方形竖穴土坑墓。口大底小,四壁斜收,较规整。墓口长340厘米,宽212厘米;墓底长318厘米,宽194厘米;墓深360厘米。葬具为一棺一椁。椁长268厘米,宽112厘米,存高29厘米;棺长200厘米,宽54厘米,存高29厘米。人骨架一具,仰身直肢,面向朝右,头向北偏西20°(图4-148)。

(三) 随葬品

出土随葬品8件(图4-149、4-150,图版七九),其中陶器6件,有鼎、豆、壶、球腹壶、匜、碗各1件,位于墓主人头端的棺椁之间;玛瑙环1件,位于墓主人右肱骨中部;铜带钩1件,位于墓主人右桡骨右侧。

1. 陶器

壶　1件。98LGM170:5,残。泥质灰黑陶。斗笠形盖,子口,方唇;壶口、颈残缺,鼓腹,假圈足,平底。器表饰黑色压光纹带,脱落严重。盖面饰多圈压光纹带,纹带间纹饰不清;壶腹部饰多圈压光纹带,其中腹上部可见一圈波折纹带。盖口径15厘米,高5.2厘米。壶底径12.3厘米,残高22.9厘米。

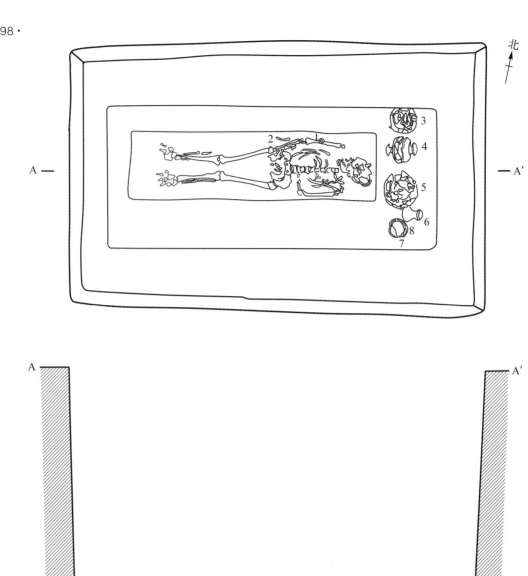

0   60 厘米

图4-148 98LGM170平剖面图

1. 玛瑙环 2. 铜带钩 3. 陶鼎 4. 陶豆 5. 陶壶 6. 陶球腹壶 7. 陶匜 8. 陶碗

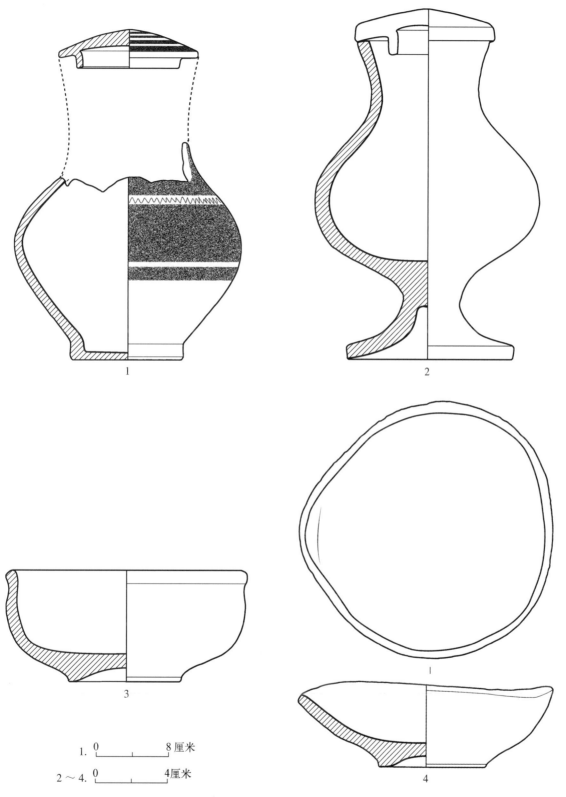

图4-149　98LGM170出土陶器

1.壶（98LGM170：5）　2.球腹壶（98LGM170：6）　3.碗（98LGM170：8）　4.匜（98LGM170：7）

　　球腹壶　1件。98LGM170：6，修复。泥质灰黑陶。斗笠形盖，子口；壶敞口，方唇，束颈，球腹，束腰圆柄下接喇叭口形底座。器表饰有黑色压光螺旋形纹，脱落较重。盖口径7.7厘米，高2.5厘米。壶口径7.4厘米，底座径9.3厘米，通高18.6厘米。

　　碗　1件。98LGM170：8，修复。泥质灰陶，表皮脱落严重。侈口，方圆唇，直领，弧壁，矮圈足。口径12.6厘米，底径6厘米，高5.9厘米。

　　匜　1件。98LGM170：7，修复。泥质灰陶，表皮脱落严重。匜口平面呈桃形，一侧有尖嘴状流，对应一侧弧形内凹，方圆唇，弧壁，圈足。口大径13.9厘米、小径13.6厘米，足径5.9厘米，高4.4厘米。

2. 铜器

　　带钩　1件。98LGM170：2，青铜，范铸。长条形，中起脊，横断面呈三角形，长圆形钮。长10.8厘米，最宽1厘米，最厚0.8厘米。

3. 玉石器

　　玛瑙环　1件。98LGM170：1，白玛瑙，磨制。外环钝刃，孔壁外弧，并有多个不甚规整的棱面，横断面近弧底等腰三角形。外径3.3厘米，内径2.1厘米，最厚0.54厘米。

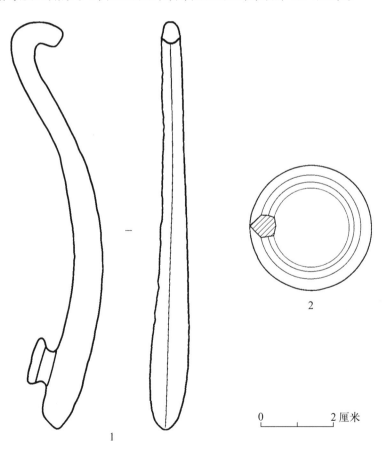

0 ⊢——⊢——⊢ 2厘米

图4-150　98LGM170出土器物

1. 铜带钩（98LGM170：2）　2. 玛瑙环（98LGM170：1）

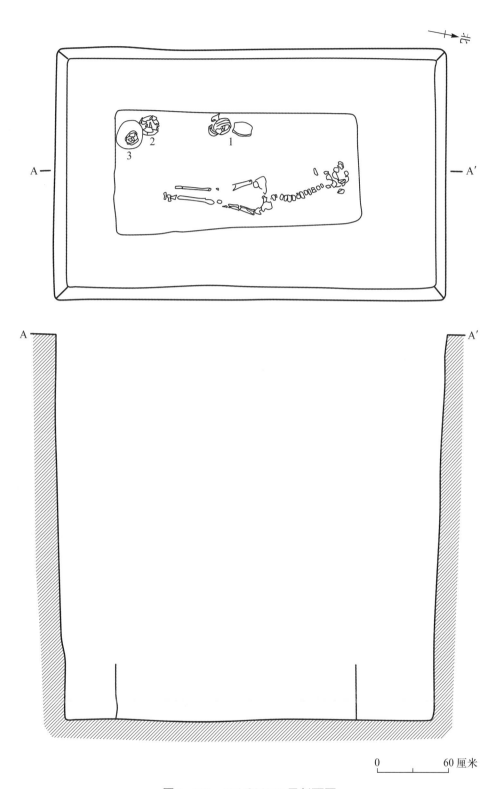

图4-151　98LGM171平剖面图

1. 陶盖豆　2. 陶鼎　3. 陶壶

七六、98LGM171

（一）墓葬位置

98LGM171位于灵寿岗北墓地南区的西南部，M168的西侧、M169的北侧、M170的东侧。开口于耕土层下，墓口距地表30厘米。

（二）墓葬形制

长方形竖穴土坑墓。口大底小，墓壁平整。墓口长320厘米，宽200厘米；墓底长300厘米，宽180厘米；墓深310厘米。葬具为一棺，长197厘米，宽95厘米，存高47厘米。人骨架一具，仰身直肢，头向北偏西10°（图4-151）。

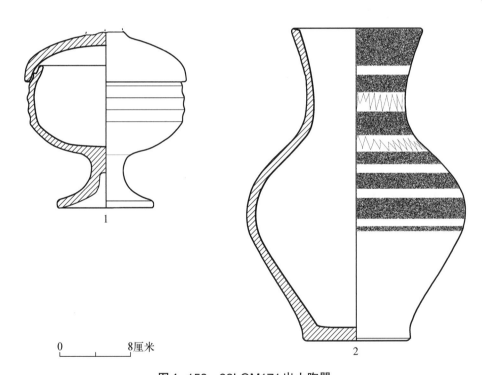

0 　　　　　8厘米

图4-152　98LGM171出土陶器

1. 盖豆（98LGM171：1）　2. 壶（98LGM171：3）

（三）随葬品

出土陶器3件（图4-152，图版八〇：1、2），有盖豆、鼎、壶各1件。位于棺内墓主人下半身右侧。

盖豆　1件。98LGM171：1，残。泥质灰陶，陶色不匀。覆钵形弧顶盖身，捉手残缺，盖口明显大于豆口；豆子口内敛，方圆唇，弧腹，束腰圆柄下接喇叭口形底座。豆腹部有4道瓦棱形纹。盖口径17.9厘米，残高5.4厘米。豆口径14.8厘米，底座径13.4厘米，残高18.7厘米。

壶 1件。98LGM171：3，修复。泥质灰黑陶。敞口，方唇，长束颈，溜肩，鼓腹，下腹斜收，平底。器表饰黑色压光纹带，脱落严重。口沿至腹中部有多圈压光纹带，其中颈中部和颈肩结合部纹带间各有一圈波折纹带。口径14.3厘米，底径11.7厘米，高33厘米。

七七、98LGM172

（一）墓葬位置

98LGM172位于灵寿岗北墓地南区的西南部，M169的西南侧、M175的东南侧。开口于耕土层下，墓口距地表30厘米。

（二）墓葬形制

长方形竖穴土坑墓，近底部有生土二层台，墓壁平整。墓口长310厘米，宽190厘米；墓底长225厘米，宽76厘米；墓深482厘米。二层台宽20～55厘米，高68厘米。葬具为一棺，长225厘米，宽76厘米，存高65厘米。人骨架一具，直肢，头向北偏东5°（图4-153）。

（三）随葬品

出土陶器3件（图4-154，图版八〇：3～5），有壶2件、鼎1件。位于棺内墓主人头顶部。

鼎 1件。98LGM172：2，修复。泥质灰陶。覆钵形弧顶盖，方圆唇；鼎子口内敛，圆方唇，弧腹，圜底，三柱形足，口侧附加对称长方形实耳，耳外撇。盖口径20厘米，高6.1厘米；鼎口径17.3厘米，通高20.8厘米。

壶 2件。

98LGM172：1，修复。泥质灰陶。敞口，方唇，长束颈，溜肩，鼓腹，平底。腹部饰瓦棱形纹。口径14.2厘米，底径11厘米，高32.5厘米。

98LGM172：3，修复。泥质灰陶。敞口，方唇，长束颈，溜肩，鼓腹，平底。口径14厘米，底径11厘米，高32厘米。

图4-153 98LGM172平剖面图

1.陶壶 2.陶鼎 3.陶壶

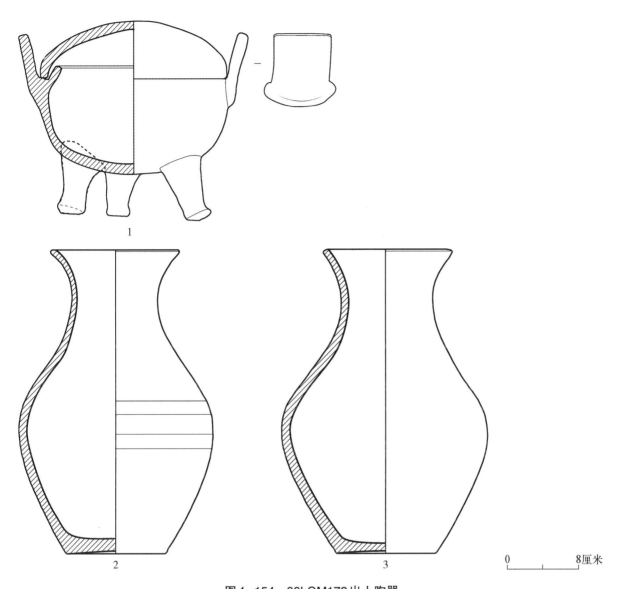

图4-154　98LGM172出土陶器

1.鼎（98LGM172∶2）　2.壶（98LGM172∶1）　3.壶（98LGM172∶3）

七八、98LGM174

（一）墓葬位置

98LGM174位于灵寿岗北墓地南区的西北部，M119的西北侧、M140的西侧、M141的南侧、M146的东北侧。开口于耕土层下，墓口距地表30厘米。

图4-155　98LGM174平剖面图

1.铜剑　2.铜刀　3.铜带钩　4.铜带钩　5.陶鼎　6.陶鼎　7.陶盖豆　8.陶壶　9.陶豆　10.陶壶　11.骨器　12.残陶器

（二）墓葬形制

长方形竖穴土坑墓。口大底小，壁斜收，表面平整。墓口长330厘米，宽210厘米；墓底长310厘米，宽190厘米；墓深420厘米。葬具为一棺一椁，棺置于椁一侧。椁长284厘米，宽160厘米，存高50厘米；棺长170厘米，宽80厘米。人骨架一具，腐朽，从残留灰痕观察，为屈肢，头向北偏西20°（图4-155）。

（三）随葬品

随葬品12件（图4-156、4-157,图版八一、八二），其中陶器7件，有鼎、壶、盖豆各2件，残陶器1件，位于墓主人头端的棺椁之间；铜钺1件、铜带钩2件，位于棺内墓主人上身右侧；铜刀1件、骨器1件，分别位于墓主人右侧的棺椁之间。

1. 陶器

盖豆 2件。

98LGM174：7,修复，缺盖。泥质灰黑陶。子口内敛，圆唇，弧腹，内底略外鼓，中心有一锥状凸起，束腰圆柄下接喇叭口形底座。高15.8厘米，口径15.8厘米，底座径12.8厘米。

98LGM174：9,残，仅存残盖及底座。泥质灰陶。覆钵形盖身，圆柱状短柄上接圆饼状捉手，捉手顶面中心有一半圆形凹窝；豆盘缺失，束腰圆柄下接喇叭口形底座。底座径12.8厘米，残高8.8厘米,盖残高5.2厘米。

壶 2件。

98LGM174：8。仅存底部。泥质灰陶。矮假圈足，底稍内凹。底径7厘米，残高5.1厘米。

98LGM174：10,仅存底部。泥质灰陶。矮假圈足，平底。底径8.6厘米,残高2.5厘米。

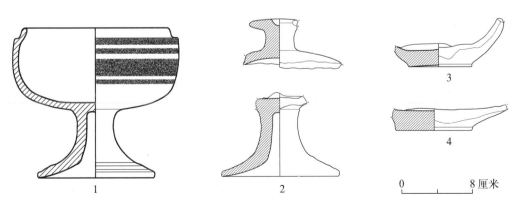

图4-156 98LGM174出土陶器

1.盖豆（98LGM174：7） 2.盖豆（98LGM174：9） 3.壶（98LGM174：8） 4.壶（98LGM174：10）

2. 铜器

铍 1件。98LGM174：1，青铜，范铸。长方扁茎；铍身近柳叶形，曲刃，中脊通茎，两侧各有一条凹槽，凹槽较浅。通长31.1厘米，剑身最宽4.1厘米。

削刀 1件。98LGM174：2，残。直背，直刃，扁圆环首。柄横断面呈等腰三角形。残长19.1厘米，刀身最宽1.3厘米，环首横径0.4厘米、纵径0.32厘米。

带钩 2件。

98LGM174：3，青铜，范铸。长条形，横断面呈梯形，椭圆钮。长10厘米，最宽0.8厘米。

98LGM174：4，青铜，范铸。长条形，横断面呈梯形，椭圆钮。长9.75厘米，最宽0.9厘米。

3. 骨器

骨器 1件。98LGM174：11，残。动物肢骨磨制。圆台状，纵穿一孔，上细下粗。近底一侧横穿一椭圆形孔。高3.1厘米，孔上径0.6厘米，孔下径1.1厘米。

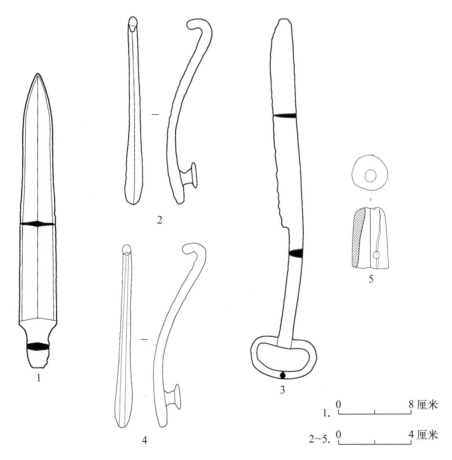

图4-157 98LGM174出土器物

1.铜铍（98LGM174：1） 2.铜带钩（98LGM174：3） 3.铁削刀（98LGM174：2）
4.铜带钩（98LGM174：4） 5.骨器（98LGM174：11）

伍　结语

灵寿岗北墓地西倚东灵山，南距中山古城遗址约350米，分为南区和北区，出土陶、铜、铁等各类器物600余件（组），为我们提供了较多有关古中山国的第一手资料。通过对岗北墓地的系统整理，本节将对墓地所反映的相关问题进行讨论。

一、墓　葬　年　代

岗北墓地"墓葬多数被盗"[1]，由于出土时大多文物残破，一部分陶器未能复原等因素，85座陶器墓葬可供判断年代的有62座，大体可划分为春秋晚期、战国早期、战国中期、战国晚期四期，其中战国中期又可划分为早晚两段，以战国中期墓葬为主（见表5-1，图5-1、5-2）。

表5-1　岗北墓地墓葬分期表

分期＼分区		北　区	南　区
春秋晚期			M86
战国早期		M38、M64	M116、M134
战国中期	早段	M8、M33、M034、M39、M44、M47、M53、M54、M57、M58、M72	M83、M96、M101、M103、M104、M118、M122、M140、M145、M147、M153、M154、M161、M168
	晚段	M2、M4、M5、M7、M017、M19、M21、M23、M26、M36、M40、M49、M52、M59	M87、M105、M108、M109、M113、M115、M143、M156、M160、M170、M171
战国晚期		M35、M60	M106、M112、M139、M152、M172

年代为春秋晚期的M86，出土1件夹砂灰陶绳纹鬲，敞口，束颈，弧腹，裆部下弧，三个乳头形小足，与灵寿城一号居址下层出土的夹砂灰陶绳纹鬲[2]形态相似。"一号居址的年代在城址建立

---

［1］　徐海峰：《河北省灵寿县岗北东周墓地》，刘庆柱主编：《中国考古学年鉴（1997）》，文物出版社，1999年，103～104页。

［2］　河北省文物研究所：《战国中山国灵寿城——1975～1993年考古发掘报告》，文物出版社，2005年。

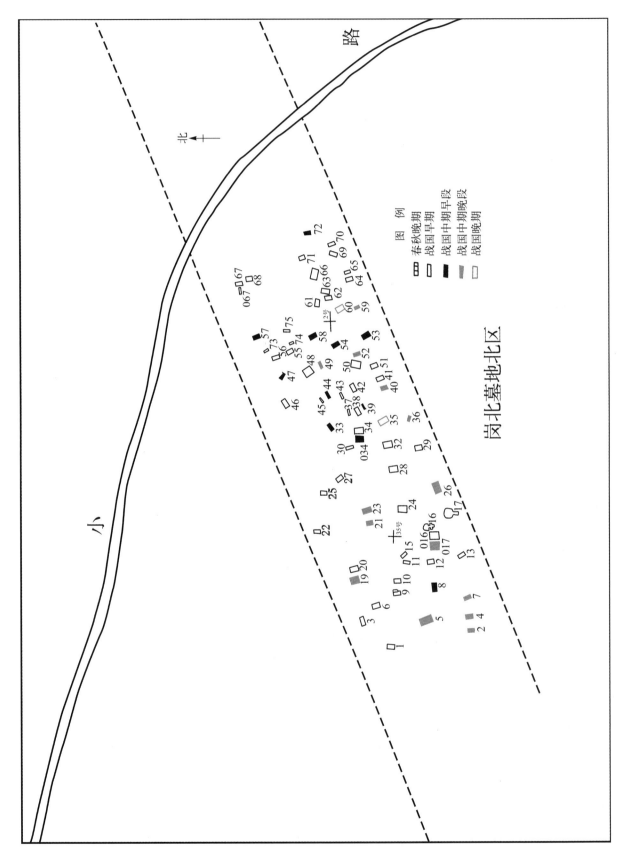

图5-1 岗北墓地北区可确定年代墓葬分布图

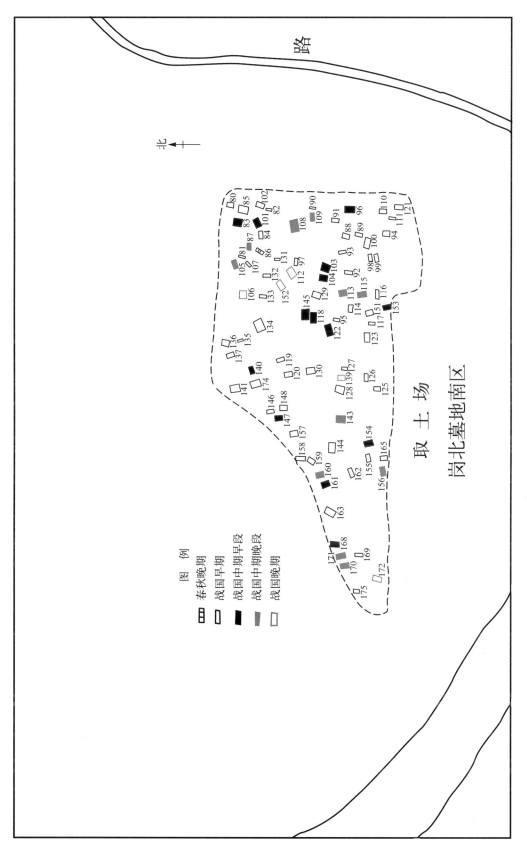

图 5-2 岗北墓地南区可确定年代墓葬分布图

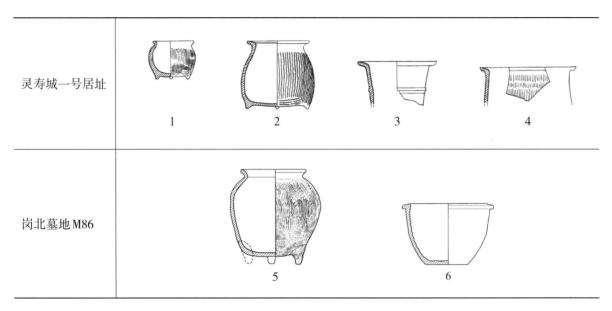

| 灵寿城一号居址 | |
| 岗北墓地M86 | |

图5-3　岗北墓地M86所出陶鬲、陶盆对比图

1~4.灵寿城一号居址采集　5.岗北墓地M86：3　6.岗北墓地M86：2

之前,其下限应不会晚于战国早期"[1],由此,M86的年代当为春秋晚期(图5-3)。

战国早期的4座墓葬中,除随葬数量不等的陶礼器外,M38和M64还各出土1件夹砂灰陶绳纹双耳罐形鼎,形制与战国早期的侯马下平望92M3：5、侯马古城南57H4M2：8[2]、岗北村西M8011：24同类器物[3]相同或相近;M116出土1件夹砂灰陶绳纹双耳罐,M134出土1件夹砂红褐陶绳纹双耳罐,形制与侯马古城南63H4M8：8、太原金胜村M251：557[4]同类器物相同或相近(图5-4)。

战国中期早段的25座墓葬中,有21座墓出土了成组的仿铜陶礼器,经比对,与战国中期早段的中山王族墓M3陪葬墓、盖家庄村西M8207、岗北村东南M8007[5]出土的同类器物相同。其中有9座墓葬除随葬仿铜陶礼器外,还同时随葬灰陶绳纹甗、罐,4座墓葬仅随葬灰陶绳纹甗或陶罐。灰陶绳纹甗、罐与战国中期早段的灵寿城四号制陶作坊遗址、五号铸铜铁器作坊遗址、六号居住遗址第三层中出土的灰陶绳纹甗、罐相同[6](图5-5)。

战国中期晚段的25座墓葬中,皆随葬有成组的仿铜陶礼器,经比对,与战国中期晚段的岗北村西北M8012、岗北村东南M8204[7]出土的同类器物相同。

[1]　滕铭予:《中山灵寿城东周时期墓葬研究》,《边疆考古研究》第19辑,科学出版社,2016年。
[2]　滕铭予、王春斌:《东周时期三晋地区的北方文化因素》,《边疆考古研究》第10辑。
[3]　滕铭予:《中山灵寿城东周时期墓葬研究》,《边疆考古研究》第19辑,科学出版社,2016年。
[4]　滕铭予、王春斌:《东周时期三晋地区的北方文化因素》,《边疆考古研究》第10辑。
[5]　河北省文物研究所:《战国中山国灵寿城——1975～1993年考古发掘报告》,文物出版社,2005年。
[6]　河北省文物研究所:《战国中山国灵寿城——1975～1993年考古发掘报告》,文物出版社,2005年。
[7]　滕铭予:《中山灵寿城东周时期墓葬研究》,《边疆考古研究》第19辑,科学出版社,2016年。

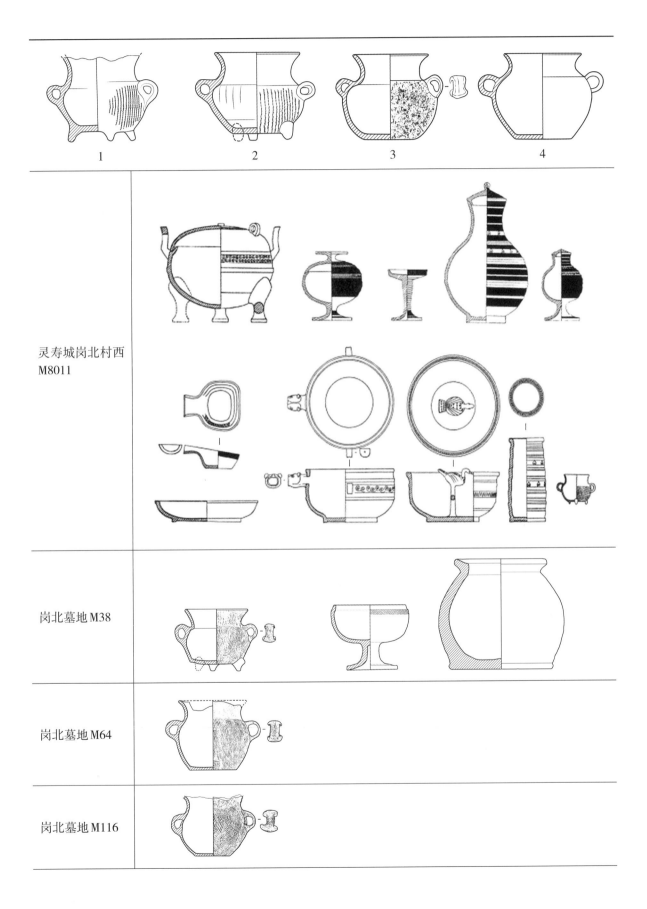

岗北墓地M134

图5-4　岗北墓地M38、M64、M116、M134所出陶双耳罐形鼎、双耳罐对比图

1. 侯马下平望M3：5双耳罐形陶鼎　2. 侯马古城南57H4M2：8双耳罐形陶鼎
3. 侯马古城南63H4M8：8双耳陶罐　4. 太原金胜村M251：557双耳铜罐

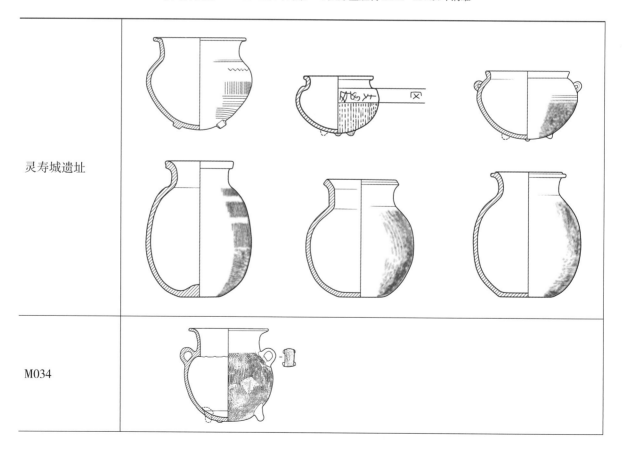

灵寿城遗址

M034

续图

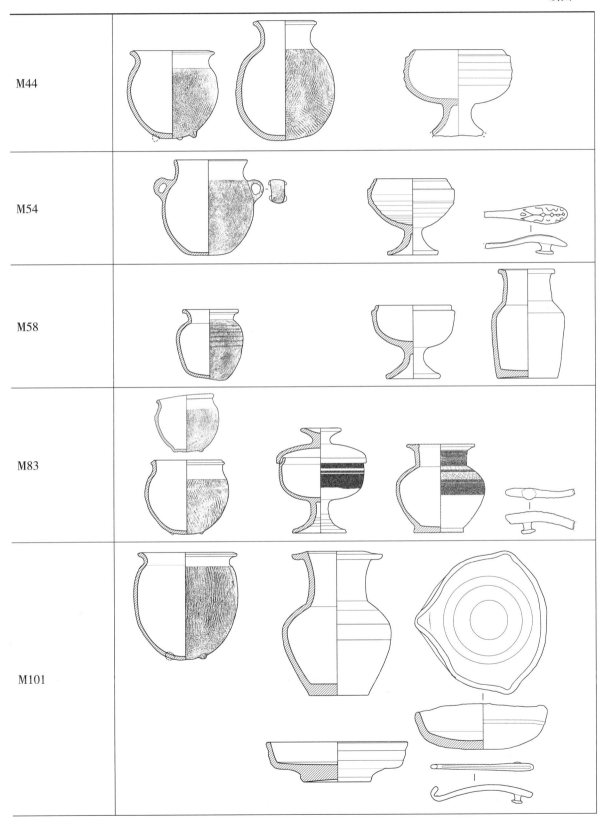

M44	
M54	
M58	
M83	
M101	

M103

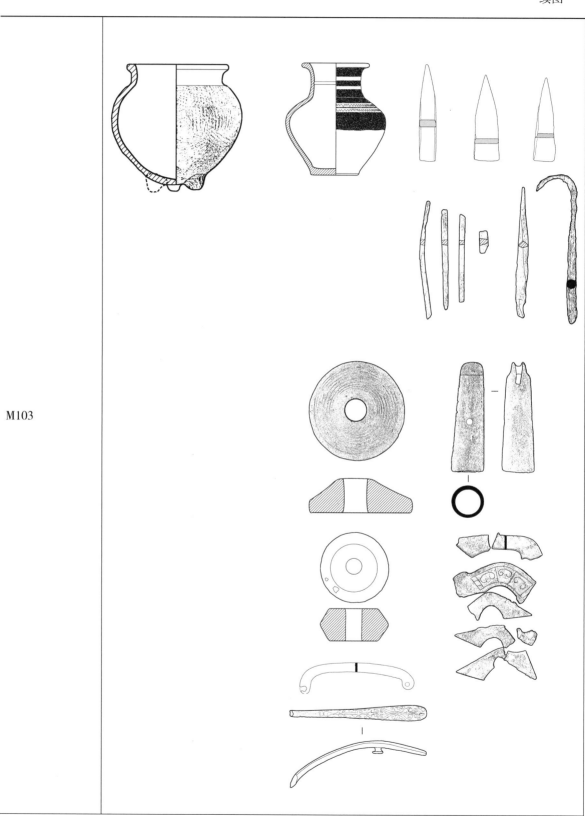

续图

续表

M154	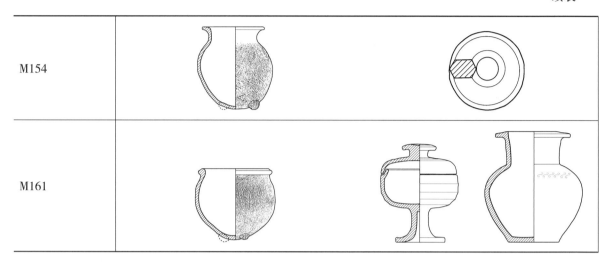	
M161		

图5-5　岗北墓地墓葬出土陶鬴、陶罐对比图

战国晚期的7座墓葬中随葬成组的仿铜陶礼器,经比对,与战国晚期的中七汲村M8001、访驾庄北M8304、岗北村西北M8010[1]出土的同类器物相同。

二、随葬陶器

岗北墓地共有85座墓葬随葬陶器,以泥质(部分陶器中掺杂有少量砂粒)灰黑陶为主,还有少量夹砂灰陶和夹砂红陶。器型有鼎、盖豆、平盘豆、壶、球腹壶、盘、碗、匜、盆、鸟柱盆、罐、筒形器、鬴等,大多是专为随葬而制作的明器,少量为实用器,某些器型明显为仿铜器。部分陶器器表有纹饰,有黑色压光纹带、瓦棱形纹、凸弦纹、凹弦纹、划纹、绳纹等,还有少量彩绘(仅M105出土7件彩绘陶)。黑色压光纹有带状纹、波折纹、网格纹、三角纹、卷云纹、螺旋形纹、同心圆纹等;彩绘用红、白彩绘画,纹样有S形纹、云雷纹、波折纹、鳞形纹、兽面纹等。还有为数不少的素面磨光陶。

1. 陶器组合
陶器大多成组出土,主要有以下组合:
一类陶器组合:鼎2、盖豆2、平盘豆2、壶2、球腹壶2、鸟柱盆1、筒形器1、匜1、碗1,仅M145。
二类陶器组合:鼎2、盖豆2、平盘豆1、球腹壶2、盘2、匜1、碗1、绳纹盆1、绳纹罐1,仅M122。
三类陶器组合:鼎2、盖豆2、壶2、球腹壶2、盘1、匜1,有M2、M4、M017、M21、M23、M26、M28、M35、M87、M104、M105、M108、M112、M115、M118、M143、M152、M156、M160、M174。

---

[1]　滕铭予:《中山灵寿城东周时期墓葬研究》,《边疆考古研究》第19辑,科学出版社,2016年。

四类陶器组合：豆2、壶2、盘1、匜1、鬴1，仅M101。

五类陶器组合：鼎1、盖豆1、壶1、球腹壶1、碗1、匜1，仅M170。

六类陶器组合：鼎1、盖豆2、壶2，有M7、M12、M59、M66、M106、M157、M163。另外M40为鼎1、盖豆2、平盘豆1、壶2、球腹壶2，M19和M96为鼎2、豆1、壶2、球腹壶1，M29和M113为鼎1、豆4、壶2，M42为鼎1、豆2、壶1、罐1。

七类陶器组合：鼎1、盖豆1、壶1、盘1，有M8、M36、M49、M51、M52、M109。另外，M154为鼎1、豆1、壶2、鬴1，M134为鼎1、盖豆2、壶2、绳纹双耳罐1。

八类陶器组合：鼎1、盖豆1、壶1，有M24、M33、M46、M57、M72、M120、M139、M162、M168、M171。另外，M60为鼎1、盖豆1，M151和M172为鼎2、壶2，M5为鼎1、壶2、匜1。

九类陶器组合：盖豆1～2、壶（或罐）1～2、绳纹罐（鬴）1～2，有M58、M64、M83、M161。另外，M38为盖豆1、罐1、绳纹双耳罐形鼎1。

十类陶器组合：盖豆（或壶、罐）1、绳纹罐（或鬴）1，有M39、M44、M54、M103、M140、M147、M116。

其他类：M48为盖豆1、碗式长柄喇叭口足豆1、罐1，M53为盖豆2、罐1，M47为盖豆1、壶（罐）2，M69为盖豆2、壶1，M153为鬴2，M034为鬴1，M15为盖豆1、壶1，M74为盆1，M102和M107为罐1，M27为罐1、残片1，M141为豆1，M100豆盘1（见表5-2、5-3）。

鼎、豆、壶是岗北墓地陶器的基本组合，出现的频率占到了陶器墓葬近63%。墓葬级别不同，在陶器组合上的表现是鼎、豆（盖豆、平盘豆）、壶（罐形壶、球腹壶）基本组合在数量上的增减，再分别配以盘、匜、碗、鸟柱盆、筒形器、鬴、绳纹罐等器物。据统计，鼎、豆（盖豆、平盘豆）、壶（罐形壶、球腹壶）三器同墓出土2件的频次较高，约在40%。

2. 仿铜礼器

岗北墓地出土大量陶器，其中有较多仿铜陶礼器。战国早中期丧葬制度发生了较大变化，尤其体现在墓葬随葬品由青铜器变为仿铜陶礼器。此时的陶器，除了具有实用功能之外，也具有了较强的"礼器"属性，这体现在器物组合、制作手法、数量多寡、纹饰等各方面。北区共42座墓出土有陶器，从中可以看到，出土仿铜陶礼器的28座墓葬均用一棺一椁，陶器数量为2～11件，而出土实用器的12座墓葬仅用一棺，陶器数量为1～5件；南区共43座墓葬出土有陶器，多为仿铜陶礼器。

通过对岗北墓地墓葬的统计，葬具为一棺一椁（包括一椁二棺）者共有92座，葬具为一棺（包括二棺）者共有53座；出土陶器的墓葬共有85座，共出土陶器443件。其中葬具为一棺一椁（包括一椁二棺）者的墓葬中，有67座出土陶器，占一棺一椁葬具墓的71%，出土陶器338件，占陶器总数的76%；葬具为一棺（包括二棺）者的墓葬有16座出土陶器，占一棺葬具墓的31%，出土陶器48件，占陶器总数的近10%，并且一棺墓葬随葬陶器皆在七类陶器组合以下。

上述数字表明，随葬陶器数量的多少与墓葬规格的高低成正比。换言之，各类别陶器组合所对应的是墓主人生前的地位与财富，当然还与埋葬者对被埋葬者的尊重和重视程度有关。

3. 互动与交流

中山国人在其发展过程中,与各诸侯国的联系和交融逐渐频繁且日益加深,这在其精神和物质文化层面均有体现。以陶器视角来看,中原地区、燕等与中山国进行对比可见,鼎、豆、壶、盘、匜等为基本仿铜陶礼器组合,同时也具有相似的文化因素,当是其相互交融的体现[1]。

M86为春秋晚期墓葬,出土有陶鬲、陶壶、陶盆,其中陶鬲为夹砂灰陶,侈口,方唇,束颈,弧腹,裆部下弧,底部有三个乳头形小足,腹至底部饰绳纹,腹上部饰竖压绳纹,腹下部及底饰交叉绳纹,与灵寿城一号居址下层出土的夹砂灰陶鬲非常相似(图5-3),"由于灵寿城一号居址出土的陶鬲与易县燕下都东沈村6号居址、徐水大马各庄M3、M7等春秋时期燕文化遗址所出陶鬲几近相同,应该是受到燕文化影响的产物"[2]。由此推测,M86很可能也是受到了燕文化影响的墓葬。

战国早期的M38、M64、M116、M134,除各随葬1件北方文化的夹砂灰陶绳纹双耳罐形鼎、夹砂灰陶或红褐陶绳纹双耳罐外,同时还随葬有盖豆、鼎、壶等三晋式仿铜陶礼器(图5-4)。在同时期三晋地区的墓葬中也出土有上述这种北方文化的夹砂灰陶绳纹双耳罐形鼎(或称双耳三足罐)、夹砂灰陶绳纹双耳罐(图5-4,1、2、3)。这种现象说明,在战国早期,中山和三晋地区有文化上的交流与互动。

战国中期早段的25座陶器墓葬,依据随葬陶器组合可分为两组。其中一组12座,随葬陶器组合为中原式仿铜陶礼器;另一组13座,有12座除分别随葬有鼎、盖豆、壶、盘、匜等中原式仿铜陶礼器外,还同时伴出有北方文化的夹砂灰陶绳纹罐、夹砂灰陶绳纹鬲,另1座墓葬只随葬2件夹砂灰陶绳纹鬲(图5-5)。上述两组墓葬随葬陶器的不同,可能是不同文化背景的人群在墓葬中的反应。

表5-2　岗北墓地北区陶器墓葬统计表

墓号	葬具	葬式	头向(墓向)(度)	陶器组合	陶器位置	年 代
M2	一棺一椁	仰身直肢	359	鼎2、盖豆2、壶2、球腹壶2、匜1、盘1	位于北侧和东侧北半段的棺椁之间	战国中期晚段
M4	一棺一椁		153	鼎2、盖豆2、壶2、小壶(球腹壶)2、盘2、匜1	位于西侧和北侧棺椁之间	战国中期晚段
M5	不详		墓向328	鼎1、壶3、匜1	位于西角内	战国中期晚段
M7	一棺一椁		334	鼎1、豆2、壶2	位于棺内人骨左侧下半部	战国中期晚段
M8	一棺		墓向84	鼎1、盖豆1、壶1、盘1	位于棺内北角	战国中期早段

[1] 王晓琨、陈地成:《"器以藏礼"——战国中山国不同等级墓葬陶器探析》,《南方文物》2021年6期,126～143页。
[2] 滕铭予:《中山灵寿城东周时期墓葬研究》,《边疆考古研究》第19辑,科学出版社,2016年。

续表

墓号	葬具	葬式	头向（墓向）（度）	陶器组合	陶器位置	年代
M12	一棺一椁	仰身直肢	350	鼎1、豆1、壶2	位于脚下部的棺椁之间	
M15	一棺	仰身屈肢	313	盖豆1、盘1、壶1	位于棺内人骨头端	
M017	一棺一椁		墓向180	鼎2、盖豆2、壶2、球腹壶2、盘1、匜1、碗1	位于棺北、西两侧壁内	战国中期晚段
M19	一棺一椁		145	鼎2、盖豆1、壶3	位于北侧的棺椁之间	战国中期晚段
M21	一棺一椁	仰身直肢	147	鼎2、盖豆2、壶2、匜2	位于墓主人脚端的棺椁之间	战国中期晚段
M23	一棺一椁		墓向133	鼎2、豆2、壶2、匜2	位于棺东侧壁内	战国中期晚段
M24	一棺一椁	侧身屈肢	1	鼎1、豆1、壶1	位于西侧的棺椁之间	
M26	一棺一椁		墓向71	鼎2、盖豆2、壶2、盘2、匜1	位于西端的棺椁之间（或棺内）	战国中期晚段
M27	一棺一椁	屈肢	326	罐1、残片1	位于东、西壁龛内	
M28	一棺一椁		墓向348	鼎2、豆2、壶2、盘1	位于南端的棺内（或棺椁之间）	
M29	一棺一椁		墓向350	鼎1、豆4、壶2	位于棺内西侧壁的北半段	
M33	二棺	仰身直肢	225	鼎1、盖豆1、壶1	壶位于头端两棺之间；盖豆、鼎位于右棺内	战国中期早段
M034	一棺一椁		墓向360	鬴1	位于棺内东北角	战国中期早段
M35	一棺一椁	仰身屈肢	332	鼎2、盖豆2、陶器2	位于棺内墓主人脚下和小腿右侧	战国晚期
M36	一棺	仰身直肢	105	鼎1、盖豆1、壶1、球腹壶1、匜1	位于棺内墓主人右腿骨旁	战国中期晚段
M38	一棺一椁	仰身直肢	58	鼎1、盖豆1、罐1	位于棺内墓主人头骨右侧	战国早期
M39	一棺	仰身直肢	250	罐2、盖豆1	位于北侧墓圹与棺之间	战国中期早段
M40	一棺一椁		344	鼎1、盖豆2、豆1、壶2、球腹壶2	位于北端的棺椁之间（或棺内）	战国中期晚段
M42	一棺一椁	仰身直肢	240	鼎1、豆2、壶1、罐1	位于棺内墓主人上半身右侧	

墓号	葬具	葬式	头向（墓向）（度）	陶器组合	陶器位置	年　代
M44	一棺一椁	仰身直肢	240	罐1、盖豆1、鬴1	位于棺内墓主人头部左侧	战国中期早段
M46	一棺一椁		58	鼎1、豆1、壶1	位于墓主人头骨上方的棺内（或棺椁之间）	
M47	一棺		306	盖豆1、罐2	位于棺内墓主人下半身左侧	战国中期早段
M48	一棺一椁	仰身屈肢	326	盖豆1、豆1、罐1	位于棺内墓主人头骨顶部	
M49	一棺	仰身屈肢	60	鼎1、盖豆1、平盘豆1、陶器1、陶片1	位于棺内墓主人头上和脚下	战国中期晚段
M51	一棺		墓向345	鼎1、盖豆1、罐1、盘1	位于棺内西侧北半段	
M52	一棺一椁	仰身直肢	345	鼎1、盖豆1、壶1、盘1	位于墓主人脚下的棺椁之间	战国中期晚段
M53	无		墓向320	盖豆2、罐1	位于墓圹东壁的南端	战国中期早段
M54	一棺	仰身直肢	333	盖豆1、罐1	位于棺内墓主人头左侧	战国中期早段
M57	一棺一椁	仰身直肢	345	鼎1、盖豆1、豆1	位于棺内墓主人头骨上部	战国中期早段
M58	一棺		336	盖豆1、壶1、罐1、鬲1	位于棺内墓主人脚下部	战国中期早段
M59	一棺一椁	仰身直肢	342	鼎1、豆2、壶1、球腹壶1	位于墓主人左侧上半身的棺椁之间	战国中期晚段
M60	一棺一椁	仰身屈肢	330	鼎1、盖豆1	位于墓主人右侧上半身的棺椁之间	战国晚期
M64	一棺	仰身直肢	347	鼎1、豆1、罐1	位于壁龛内	战国早期
M66	一棺一椁		墓向	鼎1、豆2、壶1、盘1	位于东端的棺椁之间（或棺内）	
M69	一棺一椁		335	盖豆2、壶1	位于墓主人脚端的棺椁之间	
M72	一棺一椁	仰身直肢	350	鼎1、盖豆1、壶1	位于墓主人右侧下半身的棺椁之间	战国中期早段
M74	一棺	仰身直肢	340	陶盆1	位于头骨左侧的棺与墓圹之间	

表5-3 岗北墓地南区陶器墓葬统计表

墓号	葬具	葬式	头向（墓向）（度）	陶器组合	陶器位置	
M83	一椁双棺	仰身直肢	5	盖豆2、瓿2、罐2	位于墓主人头上部的棺椁之间	战国中期早段
M86	一棺一椁	仰身屈肢	25	壶1、盆1、瓿1	位于墓主人右侧下半身的棺椁之间	春秋晚期
M87	一棺一椁	屈肢	90	鼎2、盖豆2、壶2、球腹壶2、匜1、碗1	位于墓主人头顶部的棺椁之间	战国中期晚段
M96	一棺一椁	仰身直肢	360	鼎2、豆2、罐1	位于墓主人头部右侧和脚下部的棺椁之间	战国中期早段
M100	一棺		墓向5	陶豆盘1	位于南侧的棺外与墓圹之间	
M101	一棺一椁	侧身屈肢	60	豆2、壶2、盘1、匜1、瓿1	位于棺内墓主人右侧和脚下	战国中期早段
M102	一棺一椁	仰身屈肢	15	罐1	位于棺内墓主人脚下部	
M103	一棺一椁	仰身直肢	15	瓿1、罐1	位于棺内墓主人小腿右侧	战国中期早段
M104	一棺一椁	仰身直肢	180	鼎2、盖豆2、壶2、盘2、球腹壶1、匜1	位于墓主人脚下的棺椁之间	战国中期早段
M105	一棺一椁	侧身屈肢	70	鼎1、盖豆2、壶2、双耳盘1、匜1（皆彩绘）	位于墓主人头上的棺椁之间	战国中期晚段
M106	一椁双棺	仰身直肢	355	鼎2、盖豆2、壶2	位于两棺之间和左侧墓主人脚下的棺椁之间	战国晚期
M107	一棺	仰身直肢	45	罐1	位于棺内	
M108	一棺一椁	仰身直肢	80	鼎2、盖豆2、壶2、盘1、匜1、碗1	位于墓主人头顶和左侧的棺椁之间	战国中期晚段
M109	一棺一椁	仰身屈肢	85	鼎1、豆1、壶2、球腹壶2、盘1	位于墓主人脚下的棺椁之间	战国中期晚段
M112	一棺一椁	仰身屈肢	55	鼎2、盖豆2、壶2、盘1、匜1	位于墓主人脚下的棺椁之间	战国晚期
M113	一棺一椁	仰身屈肢	350	鼎1、盖豆2、壶2	位于墓主人头顶的棺椁之间	战国中期晚段
M115	一棺一椁	仰身直肢	350	鼎2、盖豆2、壶2、球腹壶1、盘2、匜1	位于墓主人头顶部的棺椁之间	战国中期晚段

墓号	葬具	葬式	头向（墓向）（度）	陶器组合	陶器位置	
M116	一棺	仰身直肢	260	豆1、罐1	位于墓主人脚下的棺与墓圹之间	战国早期
M118	一棺一椁	仰身直肢	90	鼎2、盖豆2、壶2、球腹壶2、碗1、匜1	位于北侧西半段的棺椁之间	战国中期早段
M120	一棺一椁	仰身直肢	350	鼎1、豆1、小件陶器1	位于墓主人脚端的棺椁之间	
M122	一棺一椁	仰身直肢	70	鼎2、盖豆2、豆1、球腹壶2、匜1、盆1、碗1、罐1	位于墓主人脚端的棺椁之间	战国中期早段
M134	一棺一椁	仰身直肢	65	鼎1、盖豆2、壶2、双耳罐1	位于墓主人脚下部的棺椁之间	战国早期
M139	一棺一椁	仰身直肢	360	鼎1、盖豆1、壶1	位于墓主人上身左侧的棺椁之间	战国晚期
M140	一棺一椁	屈肢	70	豆1、罐1	位于墓主人脚下部的棺椁之间和椁与墓圹之间	战国中期早段
M141	一棺一椁	仰身屈肢	348	豆1	位于墓主人头端的棺椁之间	
M143	一棺一椁	仰身直肢	360	鼎1、盖豆2、壶2、匜1	位于脚下部的棺椁之间	战国中期晚段
M145	一棺一椁	仰身直肢	85	鼎2、盖豆2、壶2、球腹壶2、平盘豆2、鸟柱盆1、筒形器1、匜1、碗1	位于墓主人脚下部和右侧的棺椁之间	战国中期早段
M147	一棺一椁	仰身直肢	10	盖豆1、罐1、甗1	位于墓主人脚下部的棺椁之间	战国中期早段
M151	一棺一椁		165	鼎2、壶2	位于墓主人脚端的棺椁之间	
M152	一棺一椁		235	鼎2、盖豆2、壶2、匜2	位于墓主人头端的棺椁之间	战国晚期
M153	一棺一椁	仰身屈肢	330	甗2	位于墓主人脚端的棺椁之间	战国中期早段
M154	一棺一椁	仰身直肢	335	鼎1、豆1、壶2、甗1	位于墓主人头端的棺椁之间	战国中期早段

墓号	葬 具	葬 式	头向（墓向）（度）	陶器组合	陶器位置	
M156	一棺一椁	仰身直肢	60	鼎2、盖豆2、豆2、壶2、球腹壶1、盆2	位于墓主人脚下部的棺椁之间	战国中期晚段
M157	一棺一椁	仰身	330	鼎1、豆2、壶2	位于墓主人头顶和脚下部的棺椁之间	
M160	一棺一椁	仰身直肢	325	鼎3、豆1、壶2、球腹壶2、盘1、匜1	位于墓主人头顶和脚下部的棺椁之间	战国中期晚段
M161	一棺一椁	仰身直肢	325	盖豆1、罐2、鬲1	位于墓主人脚下部的棺椁之间	战国中期早段
M162	一棺一椁	仰身直肢	250	鼎1、豆1、壶1	位于墓主人头顶部和右侧的棺椁之间	
M163	一棺一椁	仰身屈肢	45	鼎2、盖豆2、壶2	位于墓主人头顶端的棺椁之间	
M168	一棺一椁		5	鼎1、盖豆2、壶1	位于墓主人脚端的棺椁之间	战国中期早段
M170	一棺一椁	仰身直肢	340	鼎1、豆1、壶1、球腹壶1、碗1、匜1	位于墓主人头端的棺椁之间	战国中期晚段
M171	一棺	仰身直肢	350	鼎1、盖豆1、壶1	位于棺内墓主人下半身右侧	战国中期早段
M172	一棺	直肢	5	鼎1、壶2	位于棺内墓主人头顶部	战国晚期
M174	一棺一椁	屈肢	340	鼎2、盖豆2、壶2、残陶器1	位于墓主人头端的棺椁之间	

三、墓向与葬式

岗北墓地墓葬皆为长方形竖穴土坑墓，墓葬形制相同。葬具有棺、椁者，有单棺者，也有未见葬具者，这些与墓主人生前的社会地位和经济实力相关。而墓葬方向、葬式等埋葬习俗却与文化传统相关。

岗北墓地北区可统计墓葬74座。其中南北向墓葬56座，包括5座墓葬为正南北向，4座墓葬为北偏东，方向在1°～10°之间；2座墓葬为南偏东，方向在168°～169°之间；45座墓葬为北偏西，方向在315°～359°之间；东西向墓葬18座，包括6座墓葬为北偏东，方向在58°～84°之间，3

座墓葬为北偏西,方向在290°~313°之间,7座墓葬为南偏西,方向在230°~255°之间,2座墓葬为南偏东,方向在105°~109°之间。

可辨墓主人头向者53座。其中头向北者35座,3座方向在1°~10°之间,31座方向在315°~359°之间,1座方向为360°;头向南者2座,方向在168°~169°之间;头向东者6座,5座方向在58°~82°之间,1座为105°;头向西者10座,7座方向在230°~255°之间,3座方向在290°~313°之间。

可辨墓主人葬式者51例,其中直肢葬35例,屈肢葬15例。

岗北墓地南区可统计墓葬78座。其中南北向墓葬53座,包括11座墓葬为正南北向,22座墓葬为北偏东,方向在3°~25°之间,20座墓葬为北偏西,方向在325°~355°之间;东西向墓葬25座,包括4座墓葬为正东西向,16座墓葬为北偏东,方向在45°~87°之间,5座墓葬为南偏西,方向在235°~265°之间。

可辨墓主人头向者76座。其中头向北者51座:10座方向为360°,21座方向在3°~25°之间,20座方向在325°~255°之间;头向南者1座,方向为180°;头向东者18座:3座方向为90°,15座方向在45°~87°之间;头向西者6座:1座方向为270°,5座方向在235°~265°之间。

可辨葬式者70例,其中直肢葬50例,屈肢葬20例。

整个岗北墓地可统计墓葬152座。其中南北向的墓葬108座,占墓葬总数的71%;东西向的墓葬44座,占墓葬总数的29%。可辨墓主人头向者131例,头向北者88例,占可辨墓主人头向者总数的约67%;头向南者3例,占可辨墓主人头向者总数的3%;头向东者24例,占可辨墓主人头向者总数的约18%;头向西者16例,占可辨墓主人头向者总数的约12%。可辨墓主人葬式者111例,直肢葬者78例,占可辨墓主人葬式总数的70%;屈肢葬者33例,占可辨墓主人葬式总数的30%。见表四、表五。

通过表四、表五的归纳,可以看出下列相关问题。

(1)南北向墓葬且墓主人头向北、直肢葬者,是岗北墓地埋葬习俗的主流,并同时流行东西向(头向或东或西)、屈肢葬的习俗。

(2)通过对可确定方向(头向)、葬式、年代墓葬的梳理,及其在墓地中的分布情况的观察,发现墓葬的方向(头向)、葬式与年代、分布之间不存在对应关系。

(3)值得注意的是墓主人头向南的M62、M63、M169,三座墓葬皆为长方形竖穴土坑墓,口大底小。M62、M63位于岗北墓地北区的东南部,东西相邻,"M62,女,M63,男,夫妇并穴合葬",M62墓口长250厘米,宽150厘米;墓底长230厘米,宽130厘米;墓深290厘米。葬具为一棺一椁。人骨架一具,侧身屈肢,面向朝东,头向168°。无随葬品。M63墓口长270厘米,宽160厘米;墓底长250厘米,宽140厘米;墓深290厘米。葬具为一棺。人骨架一具,仰身屈肢,头向169°。无随葬品。M169位于岗北墓地南区的西侧,墓口长270厘米,宽140厘米;墓底长236厘米,宽110厘米;墓深360厘米。葬具为一棺一椁。人骨架一具,仰身屈肢,面向朝上,头向180°。随葬器物仅1件琉璃花珠。三座墓葬的规模皆较小,葬具一棺一椁或一棺,葬式皆为屈肢,随葬品仅M169出土1件琉璃珠。葬俗如此相同,可以说明它们属于同一类型。是什么原因使这三座墓葬区别于岗北墓地的其他墓葬?还需进一步的探讨。

表 5-4　岗北墓地墓葬方向、葬式统计表（北区）

南北向墓 56 座（其中 19 座不能辨别头向）					东西向墓 18 座（其中 2 座不能辨别头向）					备　注
头向北者 35 例 方向 0°～10°和 324°～359°			头向南者 3 例 方向 168°～180°		头向东者 6 例 方向 58°～105°			头向西者 11 例 方向 225°～306°		
直肢葬（22 例）	屈肢葬（11 例）	不辨葬式（2 例）	屈肢葬（2 例）	不辨葬式（1 例）	直肢葬（4 例）	屈肢葬（1 例）	不辨葬式（1 例）	直肢葬（9 例）	屈肢葬（2 例）	
1、2、7、12、21、25、30、41、50、52、54、57、58、59、64、65、67、68、69、72、73、74	09、24、27、35、48、55、56、60、70、71、75—1	6、19	62、63	75—2	36、38、61、067	49	46	3、33—1、33—2、37、39、42、43、44、45	15、47	北区可统计墓葬 74 座。可辨头向者 55 例（其中 M75 为 2 人合葬，头向相反，M33 为 2 人合葬，头向一致）；不能辨别头向的墓葬 21 座，其中南北向 19 座，东西向 2 座。可辨葬式 51 例，其中直肢葬 35 例，屈肢葬 16 例。

表 5-5　岗北墓地墓葬方向、葬式统计表（南区）

南北向墓 53 座（其中 1 座不能辨别头向）				东西向墓 25 座（其中 1 座不能辨别头向）					备　注
头向北者 51 座 方向 0°～25°和 325°～355°			头向南者 1 例 方向 180°	头向东者 18 例 方向 45°～90°			头向西者 6 例 方向 235°～270°		
直肢葬墓 34	屈肢葬墓 12	不辨葬式 5	屈肢葬墓 1	直肢葬墓 9	屈肢葬墓 7	不辨葬式 2	直肢葬墓 5	不辨葬式 1	
83—1、83—2、89、90、91、93、94、95、96、103、104、106—1、106—2、115、117、119、120、121、127、128、130、131、136、137、139、143、145、147、148、154、160、161、165、170、171、172	81、86、88、92、102、110、111、113、129、141、153、174	80、82、151、157、168	169	97、107、108、118、122、134、144、145、156	87、163、101、105、109、112、140	87、99	116、123、126、155、162	152	北区可统计墓葬 78 座。头向可辨者 78 例（M83、M106 为二人合葬）。不能辨别头向的墓 2 座，1 座南北向，1 座东西向。可辨葬式 70 例，其中直肢葬 50 例，屈肢葬 20 例。

（4）灵寿岗北墓地还存在二人同穴合葬墓（M33、M75、M83、M106）和二人并穴合葬墓[1]（M016和M017、M62和M63、M170和M171）的现象。由于该批墓葬缺乏人骨鉴定资料，我们只能依据发掘者的意见来对待这类墓葬。发掘者在发掘日记中写道："M83，夫妇合葬，男左女右。M106，可能为夫妇合葬，男左女右。M016、M017系并穴合葬，二墓相距10～20厘米，可能为夫妇并葬。M62，女，M63，男，夫妇并穴合葬。M170、M171可能为夫妇并穴合葬。"

同穴二人合葬墓4座，2座位于北区，2座位于南区。M33葬具为两棺，两棺并列放置，之间以生土棱隔开，二人均仰身直肢，头向225°，年代为战国中期早段。M75葬具为一棺，人骨架二具，下面一具仰身屈肢，面向朝上，头向正北；上面一具仅存部分下肢骨和头骨，下肢骨叠放在下面人骨的胸部，头骨位于下面人骨的脚骨右侧，无随葬品。M83葬具为一椁双棺，双棺并列放置在椁内，男左女右，为夫妇合葬墓，二人均仰身直肢，头向5°，年代为战国中期早段。M106葬具为一椁双棺，双棺并列放置于椁内，为二人同穴合葬，二人均仰身直肢，头向355°，年代为战国晚期。M33、M83和M106合葬方式基本相同，差别只是有椁和无椁。唯M75是同穴一棺，且上面一人仅存部分骨骼，与上述3座合葬墓区别较大。如果M75确属同穴合葬，那么，其当为另一种合葬方式。由于受目前材料的限制，关于同穴合葬的问题，不便过多讨论，还需今后的发现去进一步验证。这里只是提出了这方面的问题，以引起大家在今后工作中的关注。

并穴合葬墓3组，2组位于北区，1组位于南区。M016和M017，无人骨架，葬具为一棺一椁；M016墓圹方向355°，无随葬品，M017墓圹方向360°，年代为战国中期晚段。M62和M63中，M62葬具为一棺一椁，侧身屈肢，头向168°，M63葬具为一棺，仰身直肢，头向169°，均无随葬品。M170和M171中，M170葬具为一棺一椁，仰身直肢，头向340°，M171葬具为一棺，仰身直肢，头向350°，年代均为战国中期晚段。

并穴合葬墓是夫妻异穴合葬的一种方式，通常被称为"对子墓"。这种夫妻并列异穴合葬的方式在中原地区的西周至战国晚期墓地中普遍存在，如年代为西周中晚期至春秋战国之际的侯马上马墓地[2]、春秋晚期到战国晚期的长治分水岭墓地[3]等。已发掘的中山国王厝墓，亦是并穴合葬的形式，"据厝墓兆域图知埋葬时王与两王后并列，两夫人排列两侧稍后错，成为并穴合葬的形式"，可能是受到中原文化影响的后果。

四、墓葬等级

岗北墓地的发掘分为南北两区，两区南北相距约300米。"墓地因历年取土已形成两处黄粘

[1] 徐海峰：《河北省灵寿县岗北东周墓地》，刘庆柱主编：《中国考古学年鉴（1997）》，文物出版社，1999年，103～104页。
[2] 山西省考古研究所：《上马墓地》，文物出版社，1994年。
[3] 山西省考古研究所等：《长治分水岭东周墓地》，文物出版社，2010年。

土质的高台"[1]，说明南北两区之间被后世取土破坏，有无墓葬及分布情况已无从得知。因此，南北两区是按现有墓葬分布划分的发掘区，而不是墓地原有的区划。

从岗北墓地南北两区墓葬的分布、葬俗、出土器物等方面看，两区没有明显差异，基本一致。另外，在岗北墓地分期的基础上，对墓地南北两区能够确定年代的墓葬在各自区域中的位置进行观察，可知分布在南北两区的墓葬年代基本相同，各有早晚之别，且各时代墓葬相间而处，没有集中分布区域（图5-1、5-2）。

由此，岗北墓地南北两区既有可能原为相邻的两处墓地，又有可能原为一处墓地。但从南北两区墓葬的规模、葬具、随葬陶器等方面观察，还是有一些差别的。

从岗北墓地墓葬统计表中可以看出，152座墓葬中，北区墓圹深在300厘米以上者25座，约占墓葬总数的16.5%；深在500厘米以上者2座，约占墓葬总数的1.3%。南区墓圹深在300厘米以上者53座，约占墓葬总数的35%；深在500厘米以上者10座，约占墓葬总数的6.6%。北区葬具为一棺一椁者37座，一棺者31座，双棺者1座，未见葬具者5座；2座合葬墓一座为单棺，一座为双棺；南区葬具为一椁双棺者2座，一棺一椁者55座，一棺者19座，未见葬具者2座，2座合葬墓皆为一椁双棺。

从岗北墓地陶器墓葬统计表（表5-2、5-3）中可以看出，陶器组合1、2、4、5皆在南区；陶器组合3南北两区之比为12∶8。

从以上比较我们不难看出，等级高的墓葬南区比北区多，且等级最高的几座大墓皆在南区。就整个墓区而言，南区的规格相对北区要高。

灵寿岗北墓地墓葬排列十分密集，且排列大致有序；不同时期的墓葬相间而处，相互间无打破关系（仅M9打破M09西侧的一小部分，且两座墓葬的方向完全一致）。那么为了避免晚期埋入的墓葬打破早期墓葬，当时应是依据一定的规则和规划来安排墓葬的位置和墓地的使用的。"这似印证了《周礼》的记载。《周礼·冢人》曰：'掌公墓之地，辨其兆域而为之图，先王之葬居中，以昭穆为左右；凡诸侯居左右以前，卿大夫士居后，各以其族。'《周礼·墓大夫》又云：'掌凡邦墓之地域为之图，令国民族葬，而掌其禁令。' 说明贵族有公墓墓地，平民有聚族而葬的邦墓地。所以初步认定该墓地应为平民族葬墓地。"[2]

总之，发现于灵寿城北的岗北平民族葬地，对我们全面认识这一区域内中山国平民墓葬丧葬制度、文化交流与融合具有重要意义。

[1] 徐海峰：《河北省灵寿县岗北东周墓地》，刘庆柱主编：《中国考古学年鉴（1997）》，文物出版社，1999年，103～104页。
[2] 徐海峰：《河北省灵寿县岗北东周墓地》，刘庆柱主编：《中国考古学年鉴（1997）》，文物出版社，1999年，103～104页。

附录

无法确定出土单位的遗物(选录)[1]

鼎　98LG：1,修复。泥质灰陶,表皮脱落较重。缺盖;子口内敛,方圆唇,弧腹,圜底,三柱形足,双耳残缺。高14.2厘米,口径19.3厘米。

鼎　98LG：2,修复。夹细砂灰陶,器壁较薄,火候较高。缺盖;子口内敛,斜方唇,圆肩,弧腹,圜底,三柱形足,口侧附加对称"∏"形双耳,耳外撇。通高16厘米,口径11.5厘米。

鼎　98LG：3,夹细砂灰褐陶,陶色不匀,器壁较薄,火候较高。缺盖;子口内敛,斜方唇,圆肩,弧腹,圜底,三柱形足,口侧附加对称"∏"形双耳,耳外撇。腹部饰2匝凸弦纹。通高18.3厘米,口径15.9厘米。

鼎　98LG：4,修复。夹细砂灰褐陶,陶色不匀,器壁较薄,火候较高。覆盘形弧顶盖,盖面中部有三个等距半环形钮,斜方唇;鼎子口内敛,斜方唇,圆肩,弧腹,圜底,三柱形足,口侧附加对称"∏"形双耳,耳外撇。鼎肩部饰一圈不规则压划交叉短斜线纹,腹中部饰1匝凹弦纹。盖口径14.5厘米,高3厘米。鼎口径10.7厘米,通高17.5厘米。

鼎　98LG：5,修复。泥质灰黑陶。覆钵形弧顶盖,方圆唇;鼎子口内敛,方圆唇,弧腹,圜底,三柱形足,足下部中空,口侧附加对称"∏"形双耳。表皮脱落严重。盖口径19厘米,高5.2厘米。鼎口径16.7厘米,通高18厘米。

鼎　98LG：6,修复。泥质灰褐陶,陶色不匀。覆钵形弧顶盖,盖面中部有三个等距半圆板状钮,方唇;鼎子口内敛,方圆唇,弧腹,圜底,三柱形足,口侧附加对称"∏"形双耳。盖口径21.7厘米,高6厘米。鼎口径19.5厘米,通高19.4厘米。

鼎　98LG：7,修复。泥质灰陶,表皮脱落较重。覆钵形弧顶盖,盖面中部有三个等距半圆板状钮,方唇;鼎子口内敛,方圆唇,弧腹,圜底,三柱形足,口侧附加对称"∏"形双耳,耳稍外撇。盖口径22厘米,高6.3厘米。鼎口径21.4厘米,通高20厘米。

鼎　98LG：8,夹云母灰黑陶,火候较高。覆钵形弧顶盖,盖面中部有三个等距环形钮,斜方唇;鼎子口内敛,斜方唇,弧肩,弧腹,圜底,三蹄形足,口侧附加对称"∏"形双耳,耳外撇。肩部饰两圈麻点纹,其间有一圈凹弦纹。盖口径22厘米,高6.3厘米。鼎口径21.4厘米,通高20厘米。

---

[1]　参见附图1~13,附录图版一至二六。

鼎 98LG：9，修复。泥质灰黑陶，陶色不匀。覆钵形弧顶盖，方唇；鼎子口内敛，方圆唇，弧腹，圜底，三蹄形足，其中一足底中部有一细孔，一足底中部内凹，口侧附加对称"∏"形双耳，耳外撇。器表饰黑色压光纹带和凹弦纹，脱落严重。盖面可见压光纹带，中部饰2匝凹弦纹，其间饰一圈波折纹；鼎腹上部两圈压光纹带间为一圈网格纹。盖口径20厘米，高5.6厘米。鼎口径18厘米，通高20厘米。

鼎 98LG：10，修复。泥质灰黑陶，陶色不匀。覆钵形弧顶盖，盖面中部有三个等距半环形钮，方唇；鼎子口内敛，方唇，口沿下带状内凹，弧腹，圜底，三蹄形足，足下部中空，口侧附加对称"∏"形双耳，耳外撇。器表饰黑色压光纹带和凹、凸弦纹，脱落严重。盖面中部为圆形压光纹带，向外有2圈压光纹带，压光纹带间为波折纹，外圈波折纹内外各有1匝凹弦纹；鼎腹上部有一窄一宽两道压光纹带，其间饰一圈波折纹，底部有1匝凹弦纹。盖口径21.5厘米，高5.3厘米。鼎口径19.4厘米，通高20厘米。

鼎 98LG：11，修复。夹细砂灰陶，器壁较薄，火候较高。覆盘形弧顶盖，盖面中部有三个等距半环形钮，斜方唇；鼎子口内敛，斜方唇，折腹，圜底，三蹄形足，口侧附加对称"∏"形双耳，耳外撇。折腹上部有1匝凹弦纹加戳点纹。盖口径13.5厘米，高3.7厘米。鼎口径12.2厘米，通高15.8厘米。

鼎 98LG：12，修复。泥质灰陶，陶色不匀。覆钵形弧顶盖，方圆唇；鼎子口内敛，方圆唇，弧腹，圜底，三蹄形足，口侧附加对称长方形实耳，耳外撇。盖口径21厘米，高5厘米。鼎口径19.4厘米，通高20.3厘米。

鼎 98LG：13，修复。泥质灰黑陶。覆钵形弧顶盖，盖面中部有三个等距半圆板状钮，方圆唇；鼎子口内敛，圆唇，弧腹，圜底，三蹄形足，口侧附加对称"∏"形双耳。器表可见黑色压光，表皮脱落严重。盖口径21.6厘米，高6.1厘米。鼎口径18.4厘米，通高20厘米。

鼎 98LG：14，修复。泥质灰陶。覆盘形弧顶盖，方唇；鼎子口内敛，方唇，弧腹，圜底，三蹄形足，足下部中空，口侧附加对称"∏"形双耳，耳外撇。底部有1匝凹弦纹，表皮脱落严重。盖口径19.5厘米，高4.1厘米。鼎口径16.6厘米，通高16.6厘米。

鼎 98LG：15，修复。泥质灰陶，陶色不匀。覆盘形弧顶盖，方圆唇；鼎子口内敛，方圆唇，弧腹，圜底，三柱形足，口侧附加对称圆角长方形实耳，耳外撇。盖口径19厘米，高3.6厘米。鼎口径16.5厘米，通高16.4厘米。

鼎 98LG：16，修复。泥质灰陶。覆钵形尖顶盖，盖面中部有三个等距半环形钮，方圆唇；鼎子口内敛，方圆唇，弧腹，圜底，三柱形足，足下部中空，口侧附加对称"∏"形双耳。表皮脱落严重。盖口径20.4厘米，高6.5厘米。鼎口径18.4厘米，通高18.3厘米。

鼎 98LG：17，修复。泥质灰陶，陶色不匀。覆钵形弧顶盖，盖面中部有三个等距近方形板状钮，方圆唇；鼎子口内敛，圆唇，弧腹，圜底，三柱形足，足下部中空，口侧附加对称长方形实耳，耳外撇。表皮脱落严重。盖口径20厘米，高6厘米。鼎口径16.5厘米，通高17.6厘米。

鼎 98LG：18，缺盖。泥质灰陶，陶色不匀。子口内敛，方圆唇，弧腹，圜底，三柱形足，口侧附加对称长方形实耳，耳外撇。腹部有2道瓦棱形纹。口径16.7厘米，通高17厘米。

鼎 98LG：19，缺盖。泥质灰陶，陶色不匀。子口内敛，方圆唇，弧腹，圜底，三柱形足，口侧

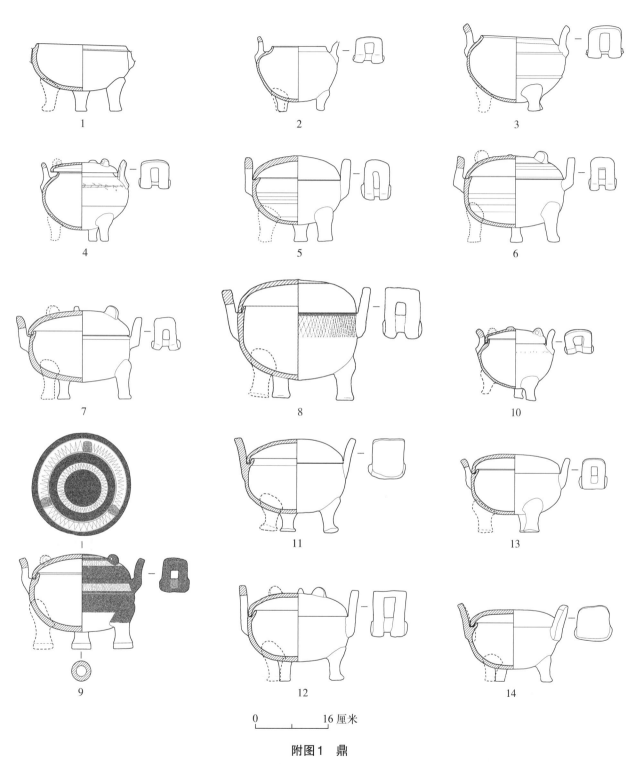

0　　　　16 厘米

附图1　鼎

1.98LG：1　2.98LG：2　3.98LG：3　4.98LG：4　5.98LG：5　6.98LG：6　7.98LG：7
8.98LG：9　9.98LG：10　10.98LG：11　11.98LG：12　12.98LG：13　13.98LG：14　14.98LG：15

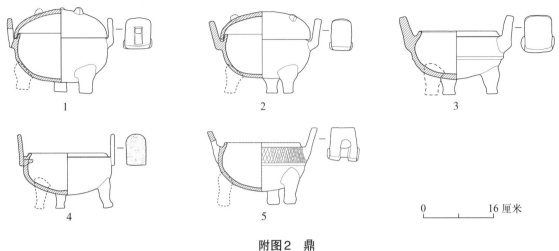

附图2　鼎

1. 98LG：16　2. 98LG：17　3. 98LG：18　4. 98LG：19　5. 98LG：20

附加对称舌形实耳,耳与腹结合为榫卯结构。表皮脱落较重。口径17厘米,通高16厘米。

鼎　98LG：20,缺盖。泥质红褐陶,陶色不匀。子口内敛,方唇,弧腹,圜底,三柱形足,口侧附加对称"∏"形双耳,耳外撇。口沿下饰一圈压光网格纹,腹中部1匝带状凸弦纹,纹饰脱落严重。口径17厘米,通高17厘米。

盖豆　98LG：21,残。泥质灰陶,陶色不匀。覆钵形盖身,短束腰圆柄上接圆饼状捉手,捉手顶面内凹,方唇;豆子口内敛,方圆唇,弧腹,内圜底,柄及底座缺失。盖面上部饰2道瓦棱形纹,豆腹部饰3道瓦棱形纹,表皮脱落严重。盖口径18.8厘米,高8.7厘米。豆口径16.6厘米,残通高17厘米。

盖豆　98LG：22,缺盖。泥质灰陶,陶色不匀。子口内敛,方圆唇,弧腹,束腰圆柄下接喇叭口形底座。表皮脱落严重。高16厘米,口径15厘米,底座径11.8厘米。

盖豆　98LG：23,缺盖。泥质灰陶,陶色不匀。子口内敛,方圆唇,弧腹,内底外鼓,中心有一锥状小凸起,束腰圆柄下接喇叭口形底座。表皮脱落严重。高16厘米,口径16厘米,底座径12.4厘米。

盖豆　98LG：24,缺盖。泥质灰陶,陶色不匀。子口内敛,圆唇,弧腹,束腰圆柄下接喇叭口形底座。腹上部有1匝凹弦纹。表皮脱落较重。高19厘米,口径16.2厘米,底座径13.5厘米。

盖豆　98LG：25,缺盖。泥质灰陶。子口内敛,圆唇,弧腹,内圜底,束腰圆柄下接喇叭口形底座。腹中部有1匝凹弦纹。表皮脱落严重。高15.3厘米,口径16.1厘米,底座径12.9厘米。

盖豆　98LG：26,缺盖。泥质灰陶。子口内敛,方圆唇,弧腹,内圜底,束腰圆柄下接喇叭口形底座。表皮脱落严重。高16厘米,口径17.9厘米,底座径10厘米。

盖豆　98LG：27,缺盖。泥质灰陶,陶色不匀。子口内敛,圆唇,鼓腹,束腰圆柄下接喇叭口形底座。腹部饰3道瓦棱形纹。表皮脱落严重。高15.6厘米,口径16.7厘米,底座径12厘米。

盖豆　98LG：28,缺盖。泥质灰黑陶。子口内敛,圆唇,弧腹,束腰圆柄下接喇叭口形底座。腹部饰3道瓦棱形,表皮脱落严重。高15厘米,口径17厘米,底座径14厘米。

盖豆　98LG：29,缺盖。泥质灰陶。子口内敛,圆唇,弧腹,束腰圆柄下接喇叭口形底座。表皮脱落较重。高16.8厘米,口径16厘米,底座径10.7厘米。

盖豆　98LG：30，残。泥质灰陶，陶色不匀。覆钵形盖身，短束腰圆柄，捉手残，方唇；豆子口内敛，圆唇，弧腹，内圜底，束腰圆柄下接喇叭口形底座。腹中部有2道瓦棱形纹。表皮脱落严重。盖口径18.7厘米，残高9.2厘米。豆口径16.7厘米，底座径12.3厘米，残高23厘米。

盖豆　98LG：31，缺盖。泥质灰黑陶。子口内敛，方圆唇，弧腹，束腰圆柄下接喇叭口形底座。表皮脱落严重。高17.7厘米，口径15.6厘米，底座径10.7厘米。

盖豆　98LG：32，缺盖。泥质灰黑陶，陶色不匀。子口内敛，方圆唇，弧腹，束腰圆柄下接喇叭口形底座。腹部有2道瓦棱形纹，并有黑色压光纹。表皮脱落严重。高15.2厘米，口径17厘米，底座径13.9厘米。

盖豆　98LG：33，缺盖。泥质灰陶。子口内敛，方圆唇，弧腹，束腰圆柄下接喇叭口形底座。表皮脱落严重。高15.6厘米，口径17.6厘米，底座径12.5厘米。

盖豆　98LG：34，残。泥质灰陶，陶色不匀。覆钵形盖身，捉手残缺，方圆唇；豆子口内敛，圆唇，弧腹，束腰圆柄下接喇叭口形底座。豆腹部饰3道瓦棱形纹。表皮脱落较重。盖口径19.7厘米，残高6.9厘米。豆口径16.4厘米，底座径12厘米，残高23厘米。

盖豆　98LG：35，缺盖。泥质灰陶，陶色不匀。子口内敛，方圆唇，弧腹，束腰圆柄下接喇叭口形底座。表皮脱落较重。高16.5厘米，口径15.8厘米，底座径10厘米。

盖豆　98LG：36，残，缺盖和底座。泥质灰陶。子口内敛，方圆唇，弧腹，束腰圆柄。表皮脱落严重。残高13厘米，口径17厘米。

豆座　98LG：37，残。泥质红褐陶，陶色不匀。喇叭口形底座。表皮脱落严重。残高5厘米，底座径11厘米。

豆座　98LG：38，残。泥质灰陶。束腰圆柄下接喇叭口形底座。表皮脱落严重。残高7.4厘米，底座径11.2厘米。

盖豆　98LG：39，修复。泥质灰黑陶，陶色不匀。覆钵形盖身，短束腰圆柄上接圆饼状捉手；豆子口内敛，方唇，弧腹，束腰圆柄下接喇叭口形底座。器表饰黑色压光纹带、瓦棱形纹和凹、凸弦纹，脱落较重。捉手顶面中部饰2道瓦棱形纹，其外饰3圈压光弦纹，弦纹间为两圈波折纹；盖面上下部压光，中部2匝凹弦纹间为1圈波折纹；豆腹中部饰1匝凸弦纹。盖口径19厘米，高9厘米。豆口径16.7厘米，底座径12.8厘米，通高23.7厘米。

盖豆　98LG：40，缺盖。泥质灰陶，陶色不匀。子口内敛，方圆唇，弧腹，束腰圆柄下接喇叭口形底座。表皮脱落较重。高15.1厘米，口径15.8厘米，底座径10.7厘米。

盖豆　98LG：41，缺盖。泥质灰褐陶，陶色不匀。子口内敛，方唇，弧腹，内底外鼓，束腰圆柄下接喇叭口形底座。腹中部饰2道瓦棱形纹，其下至底座饰黑色压光螺旋形纹。高14.7厘米，口径16.5厘米，底座径12.2厘米。

盖豆　98LG：42，缺盖。泥质灰黑陶。子口内敛，方圆唇，弧腹，内底外鼓，中心有一锥状小凸，束腰圆柄下接喇叭口形底座。纹饰脱落殆尽，局部可见黑色压光纹。高15厘米，口径16.5厘米，底座径10.9厘米。

盖豆　98LG：43，缺盖。泥质灰陶。子口内敛，方圆唇，弧腹，束腰圆柄下接喇叭口形底座。

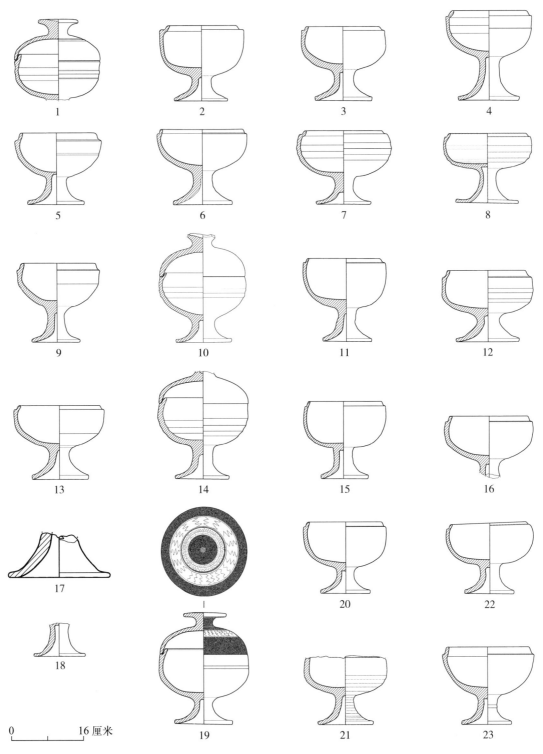

附图3　盖豆、豆座

1. 盖豆(98LG：21)　2. 盖豆(98LG：22)　3. 盖豆(98LG：23)　4. 盖豆(98LG：24)　5. 盖豆(98LG：25)　6. 盖豆(98LG：26)
7. 盖豆(98LG：27)　8. 盖豆(98LG：28)　9. 盖豆(98LG：29)　10. 盖豆(98LG：30)　11. 盖豆(98LG：31)　12. 盖豆(98LG：32)
13. 盖豆(98LG：33)　14. 盖豆(98LG：34)　15. 盖豆(98LG：35)　16. 盖豆(98LG：36)　17. 豆座(98LG：37)　18. 豆座(98LG：38)
19. 盖豆(98LG：39)　20. 盖豆(98LG：40)　21. 盖豆(98LG：41)　22. 盖豆(98LG：42)　23. 盖豆(98LG：43)

表皮脱落较重。高16.5厘米，口径17.9厘米，底座径11厘米。

盖豆 98LG：44，缺盖。泥质灰陶。子口内敛，方圆唇，弧腹，束腰圆柄下接喇叭口形底座。表皮脱落严重。高16.6厘米，口径17厘米，底座径13.5厘米。

盖豆 98LG：45，缺盖。泥质灰黑陶。子口内敛，方圆唇，弧腹，束腰圆柄下接喇叭口形底座。表皮脱落较重。高14.8厘米，口径16.3厘米，底座径11.9厘米。

盖豆 98LG：46，缺盖。泥质灰陶。子口内敛，圆唇，弧腹，束腰圆柄下接喇叭口形底座。表皮脱落严重。腹中部有一圈压光波折纹。高16.8厘米，口径16.2厘米，底座径12厘米。

盖豆 98LG：47，缺盖。泥质灰陶。子口内敛，方圆唇，弧腹，束腰圆柄下接喇叭口形底座。表皮脱落严重。高14.8厘米，口径15.9厘米，底座径10.8厘米。

盖豆 98LG：48，修复。泥质灰黑陶。覆钵形盖身，短束腰圆柄上接圆饼状捉手，捉手顶面中心有一锥状小凸，方唇；豆子口内敛，方圆唇，弧腹，内圜底，束腰圆柄下接喇叭口形底座。器表饰黑色压光纹带、瓦棱形纹和凹、凸弦纹，脱落严重。捉手顶面饰3道瓦棱形纹，内2道压光纹带，外饰波折纹；盖面上下为压光纹带，中部2匝凹弦纹，其间饰波折纹；豆口沿至底座纹饰依次为压光窄纹、波折纹、1组2匝凹弦纹、压光宽纹、多圈螺旋形纹和多圈压光纹。盖口径19.8厘米，高8.5厘米。豆口径17.8厘米，底座径12.9厘米，通高32.4厘米。

盖豆 98LG：49，缺盖。泥质灰褐陶，陶色不匀。子口内敛，方圆唇，弧腹，束腰圆柄下接喇叭口形底座。表皮脱落较重。高14.8厘米，口径15.5厘米，底座径12.3厘米。

盖豆 98LG：50，修复，缺盖。泥质灰黑陶。子口内敛，圆唇，圆弧腹，束腰圆柄下接喇叭口形底座。残高15.5厘米，口径15.8厘米，底座径12.2厘米。

盖豆 98LG：51，修复。泥质灰褐陶。缺盖。子口，方圆唇，弧腹，束腰圆柄下接喇叭口形底座。高16厘米，口径16.4厘米，底座径11厘米。

盖豆 98LG：52，缺盖。泥质灰褐陶，陶色不匀，器形不正。子口内敛，方圆唇，弧腹，束腰圆柄下接喇叭口形底座。高17厘米，口径16.6厘米，底座径11厘米。

盖豆 98LG：53，缺盖。泥质灰黑陶。子口内敛，圆唇，弧腹，高圈足外撇。腹部可见压光纹带，腹中部饰1匝带状凸弦纹。表皮脱落较重。高11厘米，口径15.4厘米，足径9.5厘米。

盖豆 98LG：54，缺盖。泥质灰褐陶，陶色不匀。子口内敛，圆唇，弧腹，内底外鼓，束腰圆柄下接喇叭口形底座。表皮有脱落。高15.5厘米，口径15.7厘米，底座径12.3厘米。

盖豆 98LG：55，修复。泥质灰黑陶。覆钵形盖身，短束腰圆柄上接圆饼状捉手；豆子口内敛，方唇，弧腹，内圜底，束腰圆柄下接喇叭口形底座。器表饰黑色压光纹带，脱落严重。盖和豆腹部可见压光纹带，豆柄及底座满饰螺旋形纹。盖口径15.6厘米，高8.1厘米。豆口径13.9厘米，底座径10.5厘米，通高22.5厘米。

盖豆 98LG：56，缺盖。泥质灰陶，陶色不匀。子口内敛，方圆唇，弧腹，内圜底，束腰圆柄下接喇叭口形底座。表皮脱落严重。高16.8厘米，口径16.6厘米，底座径11厘米。

盖豆 98LG：57，缺盖。泥质灰陶。子口内敛，圆唇，弧腹，束腰圆柄下接喇叭口形底座。表皮脱落严重。高17.4厘米，口径15.9厘米，底座径11.5厘米。

盖豆 98LG∶58,缺盖。泥质灰陶。子口内敛,方圆唇,弧腹,内圜底,束腰圆柄下接喇叭口形底座。表皮脱落严重。高15.6厘米,口径16.4厘米,底座径11.9厘米。

器底座 98LG∶59,泥质灰陶。束腰圆柄下接喇叭口形底座。表皮脱落较重。底座径8.1厘米,残高3.8厘米。

平盘豆 98LG∶60,微残。泥质灰黑陶。敞口,圆唇,内弧斜壁近底折收,长圆柄下接喇叭口形底座。器表饰黑色压光带状纹和螺旋形纹,纹饰脱落较重。口径14厘米,底座径10.5厘米,高18.4厘米。

平盘豆 98LG∶61,修复。泥质灰陶。敞口,直壁近底折收,圆唇,长圆柄上粗向下渐细,喇叭口形底座。表皮脱落严重。口径10.9厘米,底座径7.9厘米,高15.2厘米。

豆盘 98LG∶62,仅存豆盘。泥质黑陶。敞口,圆唇,斜直壁近底折收。器表饰黑色压光纹带和凸弦纹,脱落严重。盘内底中部三圈、外缘至口沿一圈宽压光纹带,其间一圈S形卷云纹;外壁压光。口径3.9厘米,残高3厘米。

平盘豆 98LG∶63,修复。泥质灰陶。敞口,圆唇,斜直壁近底折收,长圆柄上粗向下渐细,喇叭口形底座。器表饰多圈压光纹。口径12.7厘米,底座径10.4厘米,高17.7厘米。

平盘豆 98LG∶64,修复。泥质灰陶。敞口,方圆唇,斜壁近底折收,长圆柄下接喇叭口形底座。表皮脱落较重。口径11.8厘米,底座径8.1厘米,高13.4厘米。

平盘豆 98LG∶65,修复。泥质灰陶。敞口,方圆唇,直壁近底折收,长圆柄上粗向下渐细,喇叭口形底座。表皮脱落较重。柄部可见压光纹。口径12.8厘米,底座径10厘米,高17.8厘米。

豆盘 98LG∶66,仅存豆盘。泥质灰陶。敞口,圆唇,内弧斜壁近底折收。表皮脱落严重。口径12.7厘米,残高3厘米。

豆盖 98LG∶67,修复。泥质灰褐陶,陶色不匀。覆钵形盖身,短束腰圆柄上接喇叭口形捉手。表皮脱落严重。高7厘米,口径18.3厘米,捉手径8.9厘米。

豆盖 98LG∶68,修复。泥质灰褐陶,陶色不匀。覆钵形盖身,短束腰圆柄上接喇叭口形捉手。表皮有脱落。高7.9厘米,口径18.9厘米,捉手径9.6厘米。

豆盖 98LG∶69,修复。泥质灰褐陶,陶色不匀。覆钵形盖身,短束腰圆柄上接圆饼状捉手,捉手顶面内凹。表皮脱落严重。高8.6厘米,口径19厘米,捉手径9厘米。

豆盖 98LG∶70,修复。泥质灰褐陶,陶色不匀。覆钵形盖身,短束腰圆柄上接喇叭口形捉手。表皮脱落严重。高7.8厘米,口径19厘米,捉手径8.8厘米。

豆盖 98LG∶71,修复。泥质灰黑陶。覆钵形盖身,短束腰圆柄上接喇叭口形捉手。器表饰多圈黑色压光纹带,纹带间纹饰漫漶不清。高7.5厘米,口径18厘米,捉手径9厘米。

豆盖 98LG∶72,修复。泥质灰陶,陶色不匀。覆钵形盖身,短束腰圆柄上接喇叭口形捉手。表皮脱落严重。高7.3厘米,口径19.5厘米,捉手径8.5厘米。

豆盖 98LG∶73,修复。泥质灰黑陶。覆钵形盖身,短束腰圆柄上接圆饼状捉手,顶面内凹。捉手顶面有数圈黑色压光同心圆纹,边缘一圈压光纹;盖身有2匝凹弦纹。高7.3厘米,口径20.5厘米,捉手径9厘米。

豆盖 98LG∶74,修复。泥质灰黑陶。覆钵形盖身,短束腰圆柄上接喇叭口形捉手。器表饰

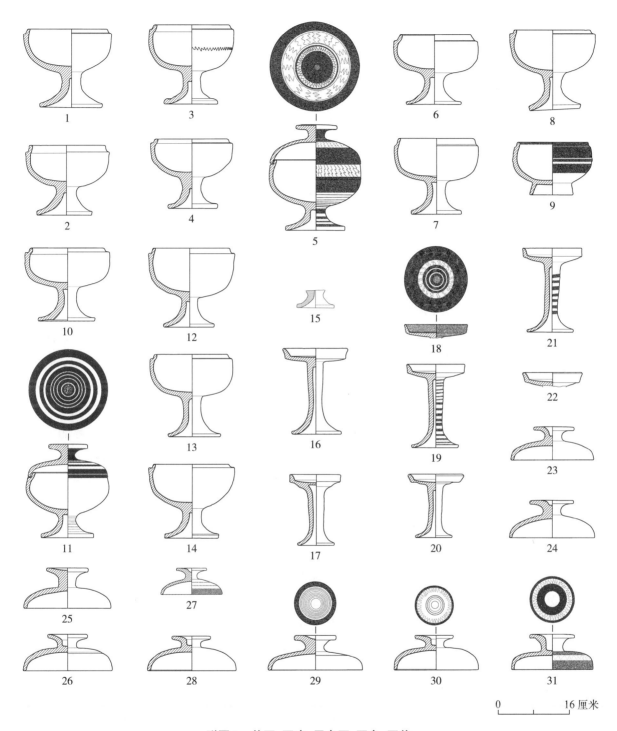

附图4　盖豆、豆座、平盘豆、豆盘、豆盖

1. 盖豆（98LG：44）　2. 盖豆（98LG：45）　3. 盖豆（98LG：46）　4. 盖豆（98LG：47）　5. 盖豆（98LG：48）　6. 盖豆（98LG：49）

7. 盖豆（98LG：51）　8. 盖豆（98LG：52）　9. 盖豆（98LG：53）　10. 盖豆（98LG：54）　11. 盖豆（98LG：55）　12. 盖豆（98LG：56）

13. 盖豆（98LG：57）　14. 盖豆（98LG：58）　15. 豆座（98LG：59）　16. 平盘豆（98LG：60）　17. 平盘豆（98LG：61）

18. 豆盘（98LG：62）　19. 平盘豆（98LG：63）　20. 平盘豆（98LG：64）　21. 平盘豆（98LG：65）　22. 豆盘（98LG：66）

23. 豆盖（98LG：67）　24. 豆盖（98LG：68）　25. 豆盖（98LG：69）　26. 豆盖（98LG：70）　27. 豆盖（98LG：71）

28. 豆盖（98LG：72）　29. 豆盖（98LG：73）　30. 豆盖（98LG：74）　31. 豆盖（98LG：75）

黑色压光纹带,脱落严重。捉手顶面内有多圈压光窄纹,边缘一圈压光宽纹,其间饰一圈波折纹;盖面上下各有一圈压光纹带,其间饰一圈网格纹。高7.4厘米,口径18.7厘米,捉手径8.5厘米。

豆盖　98LG：75,修复。泥质灰黑陶。覆钵形盖身,短束腰圆柄上接喇叭口形捉手。器表饰黑色压光纹带,脱落严重。捉手顶面和盖身内外各有一圈压光纹带,其间饰一圈波折纹。高7.5厘米,口径18厘米,捉手径9.9厘米。

豆盖　98LG：76,修复。泥质灰黑陶。覆钵形盖身,短束腰圆柄上接圆饼状捉手,捉手顶面中心有一半圆形内凹。器表饰黑色压光纹带和凹弦纹,脱落严重。捉手顶面中心圆形压光纹带,外一圈波折纹;盖身中部有2匝凹弦纹,其间为横压竖排波折纹,波折纹上下各有1匝凹弦纹和压光纹。高7.7厘米,口径19厘米,捉手径9厘米。

豆盖　98LG：77,修复。泥质灰陶。覆钵形盖身,短束腰圆柄上接圆饼状捉手,捉手顶面内凹。盖身上部有3道瓦棱形纹。表皮脱落严重。高7.6厘米,口径23.6厘米,捉手径10.2厘米。

豆盖　98LG：78,修复。泥质灰陶。覆钵形盖身,短束腰圆柄上接圆饼状捉手。表皮脱落严重。高8.8厘米,口径17.9厘米,捉手径7.8厘米。

豆盖　98LG：79,修复。泥质灰黑陶。覆钵形盖身,短束腰圆柄上接圆饼状捉手。器表饰黑色压光纹带和瓦棱形纹,脱落严重。捉手顶面内外各有一圈压光纹带,其间为一圈S卷云纹;盖身上部饰3道瓦棱形纹,中部瓦棱纹上为一圈波折纹,其上下压光。高8厘米,口径19.3厘米,捉手径9.4厘米。

盖豆　98LG：80,修复。泥质灰黑陶。覆钵形盖身,短束腰圆柄上接圆饼状捉手,捉手顶面中心微内凹。豆子口内敛,圆唇,弧腹,束腰圆柄下喇叭口形底座。器表饰黑色压光纹带,脱落严重,捉手顶面中部饰数圈同心圆纹,边沿一圈压光纹带;盖身上部有2匝凹弦纹,其间饰一圈波折纹。盖口径18.7厘米,捉手径8.4厘米,高9.3厘米;豆口径15.5厘米;通高12厘米。

豆盖　98LG：81,修复。泥质灰黑陶。覆钵形盖身,短束腰圆柄上接圆饼状捉手,捉手顶部内凹。高8.9厘米,口径18厘米,捉手径9厘米。

豆盖　98LG：82,修复。泥质灰黑陶。覆钵形盖身,短束腰圆柄上接喇叭口状捉手。器表饰黑色压光纹带和凹弦纹,脱落严重。捉手顶面中部饰数圈同心圆纹,边沿饰一圈压光纹;盖面中部饰2匝凹弦纹,其间为一圈波折纹,其上下压光。残高8.9厘米,口径18厘米,捉手径9.8厘米。

豆盖　98LG：83,修复。泥质灰黑陶。覆钵形盖身,短束腰圆柄上接圆饼状捉手。器表饰黑色压光纹带,脱落严重。盖身饰三圈压光纹带,其间各饰一圈波折纹。高7.9厘米,口径18.9厘米,捉手径7.4厘米。

豆盖　98LG：84,修复。泥质灰陶,陶色不匀。覆钵形盖身,短束腰圆柄上接圆饼状捉手,捉手顶面外弧。表皮脱落严重。高7.8厘米,口径18.5厘米,捉手径8.5厘米。

豆盖　98LG：85,修复。泥质灰陶,陶色不匀。覆钵形盖身,短束腰圆柄上接喇叭口状捉手。表皮脱落较重。高9厘米,口径18.9厘米,捉手径10.3厘米。

豆盖　98LG：86,修复。泥质灰陶。覆钵形盖身,短束腰圆柄上接圆饼状捉手。盖面上部饰3道瓦棱形纹。表皮脱落严重。高7.2厘米,口径19.1厘米,捉手径10.9厘米。

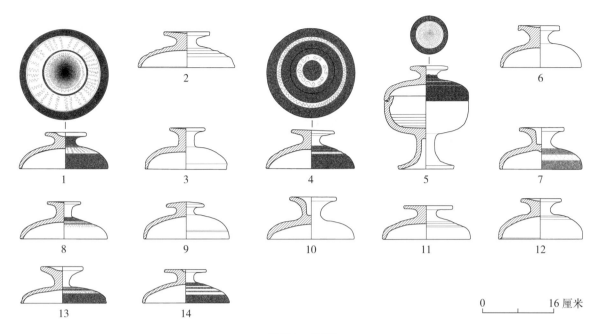

附图5　豆盖

1. 98LG：76　　2. 98LG：77　　3. 98LG：78　　4. 98LG：79　　5. 98LG：80　　6. 98LG：81　　7. 98LG：82　　8. 98LG：83　　9. 98LG：84
10. 98LG：85　　11. 98LG：86　　12. 98LG：87　　13. 98LG：88　　14. 98LG：89

　　豆盖　　98LG：87，修复。泥质灰陶，陶色不匀。覆钵形盖身，短束腰圆柄上接圆饼状捉手，捉手顶面内凹。盖面上部饰3道瓦棱形纹。表皮脱落严重。高8.6厘米，口径18.5厘米，捉手径8.9厘米。

　　豆盖　　98LG：88，修复。泥质灰黑陶。覆钵形盖身，短束腰圆柄上接喇叭口形捉手。器表饰黑色压光纹带，可见压光纹带和波折纹，脱落严重，大多漫漶不清。高7.8厘米，口径18.6厘米，捉手径9.3厘米。

　　豆盖　　98LG：89，修复。泥质灰黑陶。覆钵形盖身，短束颈上接圆饼状捉手，捉手顶面中心有一半圆形内凹。器表可见多圈压光纹带，表皮脱落严重。高7厘米，口径18.8厘米，捉手径9.2厘米。

　　鼎盖　　98LG：90，修复。泥质灰黑陶。覆钵形弧顶盖，方圆唇。器表饰黑色压光纹带和凹弦纹。盖顶面饰4匝同心凹弦纹，内3匝凹弦纹间纹饰漫漶不清，第3、4匝凹弦纹间饰一圈如意云头纹。高5.5厘米，口径20.7厘米。

　　鼎盖　　98LG：91，修复。泥质灰黑陶。覆钵形弧顶，方唇。表皮脱落殆尽。高4.8厘米，口径20.4厘米。

　　鼎盖　　98LG：92，修复。泥质灰黑陶。覆钵形弧顶，方圆唇。器表饰黑色压光纹带和凹弦纹。盖顶面饰4匝同心凹弦纹，第2、3匝凹弦纹间为1圈荷花形纹，第3、4匝凹弦纹间为1圈如意云头纹。高5.4厘米，口径21厘米。

　　鼎盖　　98LG：93，修复。泥质灰陶，陶色不匀。覆钵形，直壁折收，上下缘起棱，弧顶。高5.7厘米，口径21厘米。

鼎盖　98LG：94，修复。泥质灰陶。覆钵形尖顶，方唇。表皮脱落严重。高4.8厘米，口径19.6厘米。

鼎盖　98LG：95，修复。泥质灰陶。覆钵形弧顶，方圆唇。表皮脱落严重。高4.8厘米，口径15.9厘米。

鼎盖　98LG：96，修复。泥质灰陶。覆盘形平顶，盖面有三个等距半圆板状钮，斜方唇。表皮脱落较重。高3.6厘米，口径16.4厘米。

鼎盖　98LG：97，修复。泥质灰黑陶。覆钵形弧顶，盖面中部有三个等距半圆板状钮，圆方唇。器表饰黑色压光纹带，脱落较重。盖面有3圈压光纹带，其间为短斜线纹。高4.7厘米，口径20厘米。

鼎盖　98LG：98，修复。泥质灰黑陶。覆钵形弧顶，方唇。器表饰黑色压光纹带，脱落较重。纹饰由中心向外依次为螺旋形纹、网格纹、压光窄纹、纹饰（漫漶不清）和压光宽纹。高4.9厘米，口径18厘米。

鼎盖　98LG：99，修复。泥质灰黑陶。覆钵形弧顶，方圆唇。器表饰黑色压光纹带和凹弦纹，脱落殆尽。盖面中部有2匝凹弦纹，其间可见横压竖排波折纹；局部残存有压光纹。高4.8厘米，口径19.3厘米。

鼎盖　98LG：100，修复。泥质灰陶。覆钵形弧顶，方圆唇。表皮脱落严重。高4.5厘米，口径19厘米。

鼎盖　98LG：101，修复。泥质灰褐陶，陶色不匀。覆钵形弧顶，盖面中部有三个等距半圆板状钮，方唇。表皮脱落严重。高3.9厘米，口径19厘米。

鼎盖　98LG：102，修复。泥质灰陶，陶色不匀。覆盘形弧顶，方圆唇。表皮脱落较重。高3.5厘米，口径18.5厘米。

鼎盖　98LG：103，修复。泥质灰黑陶。覆钵形弧顶，方圆唇，盖面有三圈黑色压光纹带，纹带间纹饰不清，表皮脱落较重。高3.8厘米，口径16.6厘米。

鼎盖　98LG：104，修复。泥质红褐陶，陶色不匀。覆钵形弧顶，方圆唇。表皮脱落较重。高3.2厘米，口径16.6厘米。

壶盖　98LG：105，修复。泥质灰陶。覆盘形弧顶，子口。高2.5厘米，盖面径13.8厘米，子口径10.7厘米。

壶盖　98LG：106，修复。泥质灰陶。圆饼状外弧，子口。表皮脱落严重。高2.4厘米，盖面径14厘米，子口径11.8厘米。

壶盖　98LG：107，修复。泥质灰陶。斗笠形盖，盖面中部有三个等距半环形钮，子口。盖面有两圈黑色压光纹带，其间为一圈黑色压光S形卷云纹，脱落严重。高3.6厘米，盖面径12.5厘米，子口径6.1厘米。

壶盖　98LG：108，修复。泥质灰陶。斗笠形，盖面中部有三个等距半环形钮，子口。器表饰黑色压光纹带，脱落严重。中心和边沿各有一圈压光纹带，其间为一圈交叉S形卷云纹。高3.5厘米，盖面径12.6厘米，子口径6.5厘米。

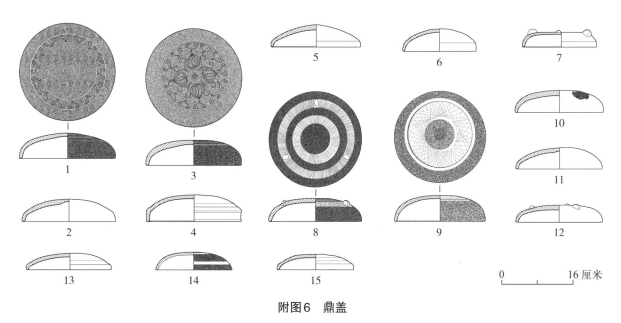

附图6　鼎盖

1.98LG：90　2.98LG：91　3.98LG：92　4.98LG：93　5.98LG：94　6.98LG：95　7.98LG：96　8.98LG：97　9.98LG：98
10.98LG：99　11.98LG：100　12.98LG：101　13.98LG：102　14.98LG：103　15.98LG：104

壶盖　98LG：109，修复。泥质灰陶。斗笠形，圆唇。表皮脱落严重。高3.1厘米，口径11.2厘米。

壶盖　98LG：110，微残。泥质灰陶。斗笠形，圆唇。表皮脱落严重。高3厘米，口径12.3厘米。

壶盖　98LG：111，修复。泥质灰陶。斗笠形，子口。表皮脱落严重。高3.7厘米，盖面径14.3厘米，子口径11厘米。

壶盖　98LG：112，修复。泥质灰黑陶。斗笠形，子口内敛。高3.5厘米，盖面径14.7厘米，子口径11.6厘米。

壶盖　98LG：113，修复。泥质灰黑陶。斗笠形，子口内敛。纹饰漫漶不清。高3.9厘米，盖面径14厘米，子口径11.1厘米。

壶盖　98LG：114，修复。泥质灰黑陶。斗笠形，子口。器表可见3圈黑色压光纹带，纹带间纹饰漫漶不清。高4.9厘米，盖面径14.9厘米，子口径10.6厘米。

壶盖　98LG：115，稍残。泥质灰陶。斗笠形，子口内敛。表皮脱落严重。高3.5厘米，盖面径13.7厘米，子口径10厘米。

壶盖　98LG：116，修复。泥质灰黑陶。斗笠形，子口内敛。表皮脱落严重。高4厘米，盖面径13.4厘米，子口径9.6厘米。

壶盖　98LG：117，修复。泥质灰黑陶。斗笠形，子口内敛。表皮脱落严重，可见黑色压光纹。高4厘米，盖面径13.4厘米，子口径10.6厘米。

壶盖　98LG：118，修复。泥质灰陶，陶色不匀。斗笠形，子口内敛。表皮脱落殆尽。高3.1厘米，盖面径13.7厘米，子口径10.8厘米。

壶盖　98LG：119，修复。泥质灰陶。斗笠形。盖面有1道瓦棱形纹。表皮脱落严重。盖面径13厘米，高2.6厘米。

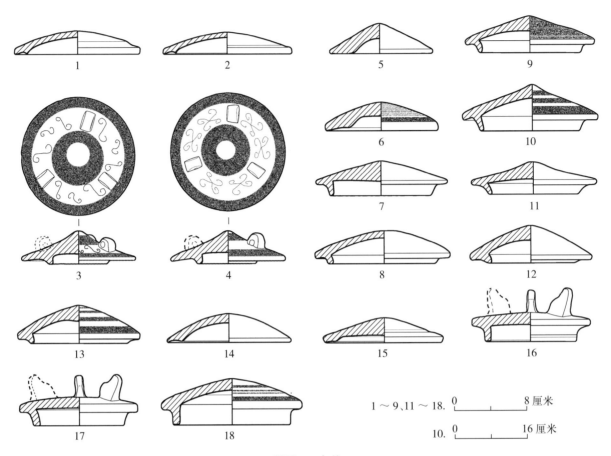

附图7 壶盖

1. 98LG：105　2. 98LG：106　3. 98LG：107　4. 98LG：108　5. 98LG：109　6. 98LG：110　7. 98LG：111　8. 98LG：112
9. 98LG：113　10. 98LG：114　11. 98LG：115　12. 98LG：116　13. 98LG：117　14. 98LG：118　15. 98LG：119　16. 98LG：120
17. 98LG：121　18. 98LG：122

　　壶盖　98LG：120，修复。泥质灰黑陶。圆饼状盖身，稍外弧，盖面中部有三个等距兽首形扁钮，子口内敛。表皮脱落严重。高5.5厘米，盖面径14厘米，子口径9.8厘米。

　　壶盖　98LG：121，修复。泥质灰陶。圆饼状盖身，稍外弧，盖面中部有三个等距兽首形扁钮，子口内敛。表皮脱落严重。高5.3厘米，盖面径13厘米，子口径9.7厘米。

　　壶盖　98LG：122，修复。泥质灰黑陶。斗笠形，子口。表皮脱落严重，盖面可见黑色压光纹。高2.5厘米，子口径7.8厘米。

　　球腹壶　98LG：123，残。夹砂灰陶，陶色不匀。方圆唇，直领，溜肩，鼓腹，底部残缺。表皮脱落严重。口径2.6厘米，残高8.7厘米。

　　球腹壶　98LG：124，修复。泥质灰陶。方圆唇，矮领，球腹，束腰圆柄下接喇叭口形底座，底座下部残缺。腹上部饰2道瓦棱形纹。表皮脱落严重。口径4.2厘米，残高11.8厘米。

　　球腹壶　98LG：125，残。泥质灰黑陶。口、颈残缺，溜肩，鼓腹，束腰圆柄下接喇叭口形底座。肩部饰3道瓦棱形纹，下腹部有多道黑色压光弦纹。表皮脱落严重。底座径7.1厘米，残高12.5厘米。

球腹壶　98LG：126，残。泥质灰黑陶，陶色不匀。直口，方唇，球腹，柄以下残缺。腹上部饰4道瓦棱形纹。残高12.3厘米。

壶　98LG：127，修复。泥质灰陶。敞口，方圆唇，束颈，溜肩，鼓腹，平底。口径6.7厘米，底径5.6厘米，高13.2厘米。

盆　98LG：129，微残。泥质灰陶。直口，外折下斜平沿，直领，弧腹，假圈足，平底。表皮脱落严重。口径17厘米，底径8.2厘米，高11.3厘米。

盆　98LG：131，微残。泥质灰陶。敞口，外折窄平沿，圆唇，斜弧壁，平底。表皮脱落严重。口径16.2厘米，底径7.9厘米，高10厘米。

罐　98LG：128，修复。泥质灰黑陶，陶色不匀。敞口，外折下斜平沿，方唇，鼓腹，假圈足，平底。器表可见多圈压光纹带，表皮脱落较重。口径10.4厘米，底径11.8厘米，高21厘米。

罐　98LG：130，微残。泥质灰陶。敛口，外折窄平沿，尖圆唇，弧腹，平底。口径11厘米，底径10厘米，高11.5厘米。

罐　98LG：132，微残。夹砂灰陶。敞口，外折窄平沿，方唇，矮领，鼓腹，下腹斜收，平底。满饰绳纹。口径14.6厘米，底径14厘米，高22.5厘米。

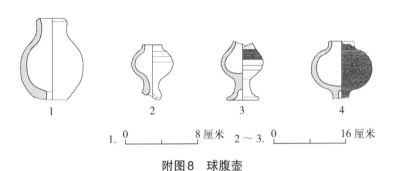

附图8　球腹壶

1.98LG：123　2.98LG：124　3.98LG：125　4.98LG：126

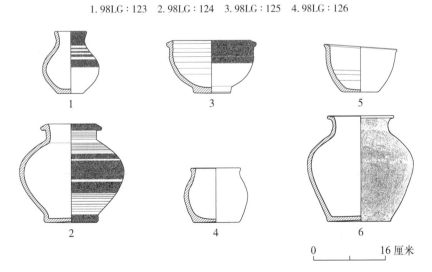

附图9　壶、罐、盆

1.壶（98LG：127）　2.罐（98LG：128）　3.盆（98LG：129）　4.罐（98LG：130）　5.盆（98LG：131）　6.罐（98LG：132）

盘　98LG：133，修复。泥质灰陶。敞口，外折窄平沿，方圆唇，斜弧壁，假圈足，平底。表皮脱落严重。口径22.8厘米，底径10.8厘米，高5.5厘米。

盘　98LG：134，修复。泥质灰黑陶，陶色不匀。敞口，方圆唇，斜弧壁，假圈足，平底。表皮脱落严重。口径19厘米，底径8.3厘米，高6.8厘米。

盘　98LG：135，修复。泥质灰陶。直口，方圆唇，斜弧壁，假圈足，平底。表皮脱落殆尽。口径19.3厘米，底径10厘米，高6.1厘米。

盘　98LG：136，修复。泥质灰褐陶，陶色不匀。敞口，外折窄平沿，方圆唇，斜弧壁近底折收，假圈足，平底。表皮脱落较重。口径18厘米，底径8厘米，高4.5厘米。

盘　98LG：137，修复。泥质灰黑陶。直口，方唇，斜弧壁，矮圈足，底稍内凹。壁上部有黑色压光纹。表皮脱落严重。口径19厘米，底径10厘米，高6.2厘米。

盘　98LG：138，修复。泥质灰陶，陶色不匀。直口，方圆唇，直领，斜弧壁，假圈足，平底。口径14.8厘米，底径9.2厘米，高5.5厘米。

盘　98LG：139，修复。泥质灰陶，陶色不匀。直口，方唇，斜弧壁，假圈足，平底。口径15厘米，底径8厘米，高4.7厘米。

盘　98LG：140，修复。泥质灰陶。侈口，尖圆唇，斜弧壁，假圈足，底略内凹。表皮脱落较重。口径12.6厘米，底径7.2厘米，高5.4厘米。

盘　98LG：144，修复。泥质红褐陶，陶色不匀。敞口，方圆唇，斜弧壁，假圈足，平底。表皮脱落严重。口径12.8厘米，底径6.8厘米，高3.5厘米。

盘　98LG：145，修复。泥质灰陶，陶色不匀。直口，方圆唇，斜弧壁，假圈足，平底。口径15.4厘米，底径8厘米，高4.5厘米。

匜　98LG：141，微残。泥质灰陶，陶色不匀。匜口平面呈桃形，一侧有尖嘴状流，尖部残缺，对应一侧弧形内凹，弧壁，假圈足，平底。口大径15厘米、小径14.5厘米，底径10.6厘米，高4.2厘米。

匜　98LG：142，修复。泥质灰陶。匜口平面呈桃形，一侧有箕形流，对应一侧有瘤状錾，圈足。外壁上部有4道瓦棱形纹。表皮脱落严重。口大径17厘米、小径16厘米，底径7.9厘米，高5.5厘米。

匜　98LG：143，修复。泥质灰陶，陶色不匀。匜口平面呈桃形，一侧有箕形流，弧壁，假圈足，平底。口大径15厘米、小径13.8厘米，底径5.9厘米，高5.8厘米。

器底　98LG：146，泥质灰陶，陶色不匀。仅存下腹和底，弧腹上有4个倒梯形孔，孔上部残缺，假圈足，平底。底径7.4厘米，残高6厘米。

器底　98LG：147，泥质灰陶，陶色不匀。仅存下腹和底，弧腹上有5个倒梯形孔，孔上部残缺，假圈足，平底。底径7.7厘米，残高7.2厘米。

壶　98LG：148，修复。泥质灰陶。敞口，方圆唇，长束颈，溜肩，鼓腹，假圈足，平底。表皮脱落严重。口径11.2厘米，底径11.2厘米，高26.4厘米。

壶　98LG：149，修复。泥质灰黑陶。斗笠形盖，子口内敛，方圆唇；壶敞口，方唇，长束颈，溜肩，鼓腹，圈足。器表饰黑色压光纹带和凹、凸弦纹，脱落严重。盖面中心饰压光圆形纹，其外至边沿有3圈压光纹带，纹带间纹饰不清；壶口至下腹部依次为压光纹带、一组3匝凹弦纹加压光

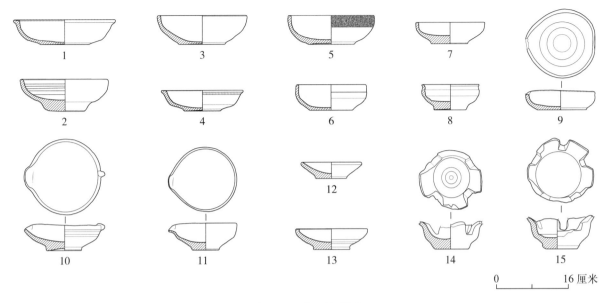

0 _____ 16 厘米

附图10 盘、匝、器底

1. 盘（98LG：133）　2. 盘（98LG：134）　3. 盘（98LG：135）　4. 盘（98LG：136）　5. 盘（98LG：137）　6. 盘（98LG：138）
7. 盘（98LG：139）　8. 盘（98LG：140）　9. 匜（98LG：141）　10. 匜（98LG：142）　11. 匜（98LG：143）　12. 盘（98LG：144）
13. 盘（98LG：145）　14. 器底（98LG：146）　15. 器底（98LG：147）

纹带、"H"形边框内填波折纹、1匝凸弦纹加压光纹带、网格纹、1匝凸弦纹加压光纹。盖口径14厘米,高4.2厘米。口径12.8厘米,底径12厘米,高33.6厘米。

　　壶　98LG：150,修复。泥质灰陶。敞口,方唇,长束颈,溜肩,弧腹,假圈足,平底。颈部饰一组3匝凹弦纹,肩部、腹中部和腹下部各饰一组2匝凹弦纹。表皮脱落较重。口径14厘米,底径12.5厘米,高38.1厘米。

　　壶　98LG：151,修复。泥质灰褐陶。敞口,方唇,长束颈,溜肩,圆鼓腹,假圈足。颈部饰3圈凹弦纹,肩部、腹中部和腹下部各饰一组2圈凹弦纹。口径13.8厘米,底径13厘米,高39厘米。

　　壶　98LG：152,口残。泥质灰黑陶。溜肩,鼓腹,平底。器表饰黑色压光纹带和凸弦纹。颈肩结合处饰1圈波折纹,肩部、腹中部和腹下部各饰1圈凸弦纹,凸弦纹间各饰1圈叶纹,内填齿状纹及网格纹,肩部有一个三角纹,内填齿状纹。底径11.5厘米,残高24.6厘米。

　　壶　98LG：153,修复。泥质灰褐陶,陶色不匀。敞口,方唇,长束颈,溜肩,鼓腹,假圈足,平底。表皮脱落严重,器表可见多圈压光纹。口径10.3厘米,底径9.9厘米,高23.6厘米。

　　壶　98LG：154,残。泥质灰陶,陶色不匀。口部残缺,鼓腹,下腹斜收并内弧,假圈足,平底。表皮脱落严重。底径10厘米,残高20厘米。

　　壶　98LG：155,修复。泥质灰黑陶。斗笠形盖,子口内敛,圆唇;壶敞口,方唇,长束颈,鼓腹,平底。盖面可见黑色压光纹;腹部有3匝凸弦纹。盖口径17厘米,高3.4厘米。壶口径12.1厘米,底径10.9厘米,通高29.5厘米。

　　壶　98LG：156,修复。泥质灰黑陶。斗笠形盖,子口;壶敞口,方唇,束颈,溜肩,鼓腹,假圈足,平底。器表饰黑色压光纹带和凸弦纹及瓦棱形纹,脱落严重。盖面饰3圈压光纹带,其间各饰

1圈平行斜线纹；壶颈部饰3道瓦棱形纹并压光，其下依次为1圈云朵纹、2匝凸弦纹并加饰压光纹带、1圈方格纹。盖口径13.1厘米，高3.3厘米。壶口径12.3厘米，底径11厘米，通高26.6厘米。

　　壶　98LG：157，修复。泥质灰陶。斗笠形盖，子口；壶敞口，方唇，长束颈，溜肩，鼓腹，平底。表皮脱落严重。盖口径14厘米，高12.5厘米。壶口径14厘米，底径9.7厘米，高36厘米。

　　壶　98LG：158，修复。泥质灰陶。口残，长束颈，溜肩，鼓腹，假圈足外撇，底稍内凹。表皮脱落严重。底径12.6厘米，残高21厘米。

　　罐　98LG：159，修复。夹细砂灰陶。敞口，外折平沿，方圆唇，束颈，弧腹，底稍内凹，腹、底间无明显分界。腹部及底满饰绳纹，肩部为竖压绳纹，腹及底部为横压绳纹；腹上部饰1匝凹弦纹。口径15.1厘米，底径8.3厘米，高26厘米。

　　壶　98LG：160，修复。泥质灰陶，陶色不匀。敞口，方唇，束颈，溜肩，鼓腹，平底。表皮脱落严重。口径13.5厘米，底径11.7厘米，高28厘米。

　　壶　98LG：161，残。泥质灰陶。口部残缺，溜肩，垂腹，平底。表皮脱落殆尽。底径14.7厘米，残高39厘米。

　　壶　98LG：162，修复。泥质灰黑陶，陶色不匀。敞口，方唇，长束颈，鼓腹，下腹斜收，底残缺。颈部有多圈黑色压光纹。口径12厘米，底径10.3厘米，高22.3厘米。

　　壶　98LG：163，修复。泥质灰陶。斗笠形盖，子口内敛；壶敞口，方唇，长束颈，溜肩，弧腹，假圈足外撇，平底。颈、肩、腹上部和中部各饰一组2匝凹弦纹，上面三组凹弦纹间饰波折纹。表皮脱落严重。盖口径10.4厘米，高4.1厘米。壶口径10厘米，底径11.6厘米，通高38厘米。

　　壶　98LG：164。泥质灰陶。斗笠形盖，子口内敛；壶敞口，方唇，长束颈，溜肩，弧腹，假圈足外撇，平底。颈、肩、腹上部和中部各饰一组2匝凹弦纹。表皮脱落严重。盖口径10.7厘米，高4厘米。壶口径10.6厘米，底径11.6厘米，通高38.4厘米。

　　壶　98LG：165，修复。泥质灰褐陶。敞口，方唇，短束颈，溜肩，鼓腹，圈足。器表饰黑色压光纹带和瓦棱形纹、凸弦纹。颈肩结合处饰瓦棱纹，肩部饰1圈卷云纹、带状凸弦纹和波折纹，腹部饰1圈带状凸弦纹及网格纹。盖口径13.2厘米，高3.4厘米。口径12.4厘米，底径11厘米，高26.7厘米。

　　壶　98LG：166，修复。泥质灰黑陶，陶色不匀。敞口，方唇，长束颈，溜肩，鼓腹，平底。器表饰黑色压光纹带、凸弦纹和瓦棱形纹，脱落严重。颈部压光且下部有5道瓦棱形纹，肩部、腹上部和中部各饰一匝带状凸弦纹，其间由上至下分别为卷云纹、横压竖排波折纹、方格纹。口径12厘米，底径10厘米，高27厘米。

　　壶　98LG：167，修复。泥质灰褐陶，陶色不匀。圆饼状外弧盖，子口；壶敞口，方圆唇，长束颈，溜肩，鼓腹，平底。颈肩结合部饰一组2匝凹弦纹，肩腹部饰等距3匝凹弦纹，其间各为1圈压光网格纹，纹饰脱落严重。盖口径17.3厘米，高2.8厘米。壶口径16.6厘米，底径12厘米，通高41厘米。

　　壶　98LG：168，修复。泥质灰褐陶，陶色不匀。敞口，方唇，长束颈，溜肩，鼓腹，平底。口径12.6厘米，底径10.4厘米，高28.8厘米。

　　壶　98LG：169，修复。泥质灰黑陶，陶色不匀。敞口，方唇，长束颈，溜肩，鼓腹，平底。器

0　　　　16 厘米

附图11　壶

1. 98LG：148　2. 98LG：149　3. 98LG：150　4. 98LG：153　5. 98LG：154　6. 98LG：155　7. 98LG：156　8. 98LG：157
9. 98LG：158　10. 98LG：159　11. 98LG：160　12. 98LG：161　13. 98LG：162　14. 98LG：163　15. 98LG：164

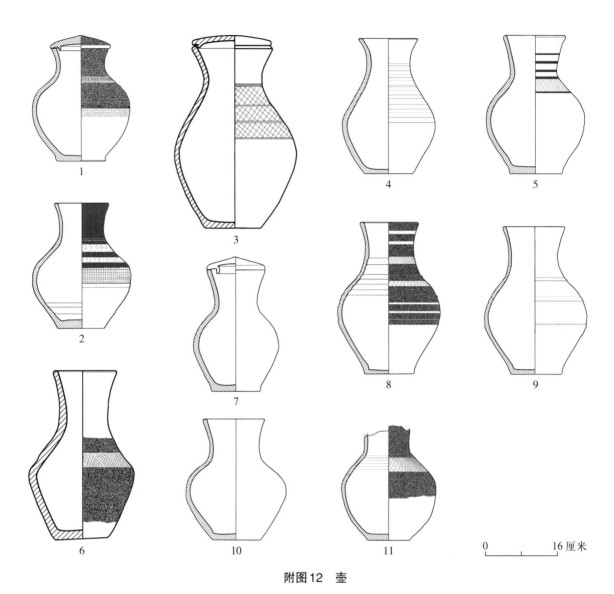

附图12　壶

1. 98LG∶165　2. 98LG∶166　3. 98LG∶167　4. 98LG∶168　5. 98LG∶169　6. 98LG∶170　7. 98LG∶171　8. 98LG∶172
9. 98LG∶173　10. 98LG∶174　11. 98LG∶175

表饰黑色压光纹带，脱落严重。颈、腹部有多圈压光纹带，肩部纹带间有一圈网格纹，其他纹饰不清。口径13.2厘米，底径11.6厘米，高29.3厘米。

　　壶　98LG∶170，修复。泥质灰黑陶。敞口，方唇，长束颈，折肩，斜腹，平底。表皮脱落严重，肩部可见黑色压光纹带和网格纹，其余漫漶不清。口径13.5厘米，底径11.5厘米，高35.7厘米。

　　壶　98LG∶171，修复。泥质灰陶。斗笠形盖，子口；壶敞口，方唇，长束颈，鼓腹，假圈足，平底。表皮脱落殆尽。盖口径12.7厘米，高3.6厘米。壶口径12.7厘米，底径10.7厘米，高28.6厘米。

　　壶　98LG∶172，修复。泥质灰黑陶。敞口，方唇，长束颈，溜肩，鼓腹，下腹斜收，平底。器表饰黑色压光纹带和凸弦纹，脱落严重。口沿至腹中部纹饰依次为多圈压光纹带、1圈波折纹、1匝凸弦纹并加饰压光纹带、1圈波折纹、1匝凸弦纹并加饰压光纹带和多圈压光纹。口径12.6厘米，底径10.7厘米,高32厘米。

壶　98LG：173,修复。泥质灰陶。敞口,方唇,长束颈,溜肩,鼓腹,下腹斜收并内弧,平底。肩、腹部有3匝凸弦纹。口径11厘米,底径11厘米,高25.8厘米。

壶　98LG：174,修复。泥质灰陶。敞口,方唇,长束颈,鼓腹,下腹斜收,平底。表皮脱落严重。口径13.5厘米,底径10.5厘米,高25.7厘米。

壶　98LG：175,残。泥质灰陶。口部残缺,直颈,溜肩,鼓腹,平底。肩部有一圈压光网格纹。底径9厘米,残高25厘米。

鼎　98LG：临1,残。泥质灰黑陶。子口内敛,弧腹,口侧附加对称"⊓"形双耳,三足残。腹上部有一圈黑色压光波折纹带。口径17.6厘米,残高9.9厘米。

器盖　98LG：临2,残。泥质灰陶。覆钵形弧顶,器表饰2匝凹弦纹。口径20厘米,残高4.1厘米。

盖豆　98LG：临3,残。泥质灰陶。子口内敛,弧腹。腹中部有1匝凸弦纹。口径14.3厘米,残高8.6厘米。

壶　98LG：临4,残。泥质灰陶。敞口,方唇,束颈,鼓腹。颈腹结合部和腹上部各有1匝带状凸弦纹。口径12.4厘米,残高22.6厘米。

壶　98LG：临5,残。泥质灰陶。弧腹,圈足。足径13.4厘米,残高14.6厘米。

球腹壶　98LG：临6,残。泥质灰陶。直口,方圆唇,鼓腹。器表有多圈黑色压光纹。口径

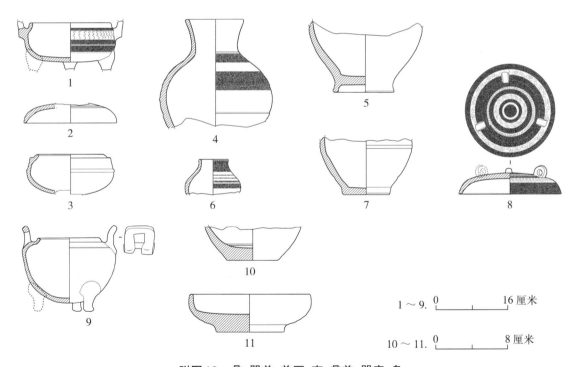

附图13　鼎、器盖、盖豆、壶、鼎盖、器底、盘

1.鼎（98LG：临1）　2.器盖（98LG：临2）　3.盖豆（98LG：临3）　4.壶（98LG：临4）　5.壶（98LG：临5）　6.球腹壶（98LG：临6）
7.器底（98LG：临7）　8.鼎盖（98LG：临8）　9.鼎（98LG：临9）　10.器底（98LG：临10）　11.盘（98LG：临11）

6.2厘米，残高7.6厘米。

器底 98LG：临7，残。泥质灰陶。弧腹，假圈足，平底。腹部饰1匝带状凸弦纹。足径10.5厘米，残高11.4厘米。

鼎盖 临8，残。泥质灰黑陶。覆钵形弧顶，盖面中部有三个环形钮。器表饰黑色压光纹。由内至外分别为压光圆形纹、压光纹带、卷云纹、压光纹带、平行短线纹、凹弦纹加压光纹带、卷云纹、压光纹。口径20厘米，高6厘米。

鼎 临9，修复。夹砂灰陶。缺盖；鼎子口内敛，弧腹，圜底，三兽首形足，口侧附加对称"Π"形双耳。腹上部饰1匝凹弦纹。口径13.2厘米，通高18.2厘米。

器底 临10，残。泥质灰陶。弧腹，平底。底径11厘米，残高6.8厘米。

盘 临11，残。泥质灰陶。直口，弧壁，假圈足，平底。足径7.2厘米，高4厘米。

球腹壶[1] 1件。98LGM150：无号，修复。泥质灰黑陶。敞口，方唇，短束颈，球腹，束腰圆柄下接喇叭口形底座。腹上部有6道瓦棱形纹，颈部和瓦棱形纹黑色压光。口径4.9厘米，底座径8.9厘米，高15.5厘米。

鼎 1件。98LGM150：无号，修复，缺盖。泥质灰黑陶。子口内敛，方唇，弧腹，圜底，三蹄形足，足下部中空，口侧附加对称"Π"形双耳，耳稍外撇。器表饰黑色压光纹带和带状凸弦纹，脱落严重。口沿下1圈窄压光纹带，腹中部1匝带状凸弦纹加压光宽纹，两纹带间饰云头纹。口径19.3厘米，通高23.2厘米。

鼎 1件。98LGM150：1，修复。泥质灰黑陶。覆钵形弧顶盖，盖顶中部有三个等距环形钮；鼎子口内敛，方唇，弧腹，圜底，三蹄形足，足下部中空，口侧附加对称"Π"形双耳，耳稍外撇。器表饰黑色压光纹带和带状凸弦纹，脱落严重。盖面中心饰压光圆形纹，其外4圈压光纹带，第2、3纹带间饰云头纹，第3、4纹带间饰平行短线纹；鼎口沿下1圈窄压光纹带，腹中部1匝带状凸弦纹加压光宽纹，两纹带间饰云头纹。盖口径22.7厘米，高5厘米；鼎口径19厘米；通高22.7厘米。

鸭形尊 1件。98LGM150：4，残。泥质灰黑陶。直口，方唇，直领，鼓腹，腹上部一侧出鸭首，曲颈，首残缺，对应一侧出鸭尾，鸭尾弧角长方形，上翘，底出双鸭板足。口径7.7厘米，通高20厘米。

平盘豆 1件。98LGM150：5，残。泥质灰黑陶。豆盘残缺，圆柱形长柄，上粗，向下渐细，下端有一圆箍，下接喇叭口形底座。器表饰黑色压光纹带，脱落严重。柄部饰螺旋形纹，底座上部一圈窄压光纹带，下部瓦棱形纹并压光，两纹带间饰云头纹。底座径11.5厘米，残高16.5厘米。

豆座 1件。98LGM150：6，残。泥质灰黑陶。豆盘及柄上部残缺，圆柱形柄，下端有一圆箍，下接喇叭口形底座。器表饰黑色压光纹带，脱落严重。底座饰瓦棱形纹并压光，中间一道瓦棱形纹上饰波折纹。底座径11.4厘米，残高7.3厘米。

---

[1] 下列器物本身有器物号，但对应的墓葬或无任何发掘资料，或发掘资料（平面图、小件登记表、文字记录）无此器物。现按无号器物处理。

豆 1件。98LGM150：10，残。泥质灰黑陶。仅存底座，圆柄下接喇叭口形底座。器表饰黑色压光纹带，脱落严重。底座上部饰螺旋形纹，下部有3圈压光纹。底座径14.3厘米，残高12厘米。

壶 1件。98LGM150：9，残。泥质灰黑陶。鼓腹，假圈足，平底。腹部饰3匝带状凸弦纹。足径12.2厘米，残高25厘米。

鼎[1] 98LGM141：1，修复。泥质灰黑陶。覆钵形弧顶盖；鼎子口内敛，弧腹，圜底，三蹄形足，口侧附加对称圆角长方形双耳，耳稍外撇。器表饰黑色压光纹带，脱落严重。盖口径18厘米，高5.8厘米。鼎口径15.6厘米，通高18厘米。

壶 98LGM141：3，修复。泥质灰黑陶。斗笠形盖，子口；壶口残缺，鼓腹，平底。表皮脱落殆尽。盖口径13.4厘米，高4.1厘米，底径10.4厘米，残高26.4厘米。

铜锥 1件。98LGM39：1，残断。青铜，长条形，上粗下细，上部横断面呈长方形、下部近圆形。残长6厘米。

骨簪 1件。98LGM44：3，残。长条状，一端为钝尖，体横断面呈梯形。残长14.3厘米，宽0.33～0.43厘米，厚0.44厘米。

骨簪 1件。98LGM44：5，残。动物肢骨磨制。残长16厘米，最宽0.37厘米，最厚0.28厘米。

铜带钩 1件。98LGM82：1，残。青铜，范铸。琵琶形，面有脊线2道，钩首残缺，圆钮。钩面刻云雷纹。

环 8件。形制相同，大小不一。

98LGM82：2-1，白玛瑙，磨制。外环钝刃，孔壁外弧，并有多个不甚规则的棱面，横断面近弧底等腰三角形。

98LGM82：2-2，白玛瑙，磨制。外环钝刃，孔壁外弧，并有多个不甚规则的棱面，横断面近弧底等腰三角形。

98LGM82：2-3，白玛瑙，磨制。外环钝刃，孔壁外弧，并有多个不甚规则的棱面，横断面近弧底等腰三角形。

98LGM82：2-4，白玛瑙，磨制。外环钝刃，孔壁外弧，并有多个不甚规则的棱面，横断面近弧底等腰三角形。

98LGM82：2-5，白玛瑙，磨制。外环钝刃，孔壁外弧，并有多个不甚规则的棱面，横断面近弧底等腰三角形。

98LGM82：2-6，白玛瑙，磨制。外环钝刃，孔壁外弧，并有多个不甚规则的棱面，横断面近弧底等腰三角形。

98LGM82：2-7，残。黑色石质，磨制。外环钝刃，孔壁外弧，并有多个不甚规则的棱面，横断面近弧底等腰三角形。

98LGM82：2-8，残。白色玛瑙，磨制。外环钝刃，孔壁外弧，并有多个不甚规则的棱面，横断

---

[1] 98LGM141发掘记录只记录有1件陶豆，未见M141：1和M141：3这两件器物。

面近弧底等腰三角形。

算筹 5件。98LGM82：3，形制相同，大小不一。

98LGM82：3-1，动物肢骨磨制，浅绿色。长条形，横断面近梯形，两端及中部各钻一小圆孔。

98LGM82：3-2，动物肢骨磨制，浅绿色。长条形，横断面近梯形，两端及中部各钻一小圆孔。

98LGM82：3-3，动物肢骨磨制，浅绿色。长条形，横断面近梯形，两端及中部各钻一小圆孔。

98LGM82：3-4，动物肢骨磨制，浅绿色。长条形，横断面近梯形，两端及中部各钻一小圆孔。

98LGM82：3-5，残。动物肢骨磨制，浅绿色。长条形，横断面近梯形，两端及中部各钻一小圆孔。

铜带钩 1件。98LGM95：1，残。青铜，范铸。狭长琵琶形，钩首残缺，圆钮。钩面错银卷云纹。残长7厘米，最宽1.45厘米。

铜带钩 1件。98LGM125：1，残。青铜，范铸。琵琶形，钩首残缺，圆钮。长4.8厘米，最宽1.65厘米，最厚0.6厘米。

铜环 2件。98LGM125：8，青铜，形制相同，大小相若。

98LGM125：8-1，横断面呈圆形。外径4厘米，内径3.2厘米。

98LGM125：8-2，横断面呈圆形。外径4厘米，内径3厘米。

陶纺轮 1件。98LGM130：4，泥质灰黑陶；算珠形，光素。直径3.6厘米，高2厘米，孔径0.9厘米。

石圭 1组。

98LGM143：2，大小不一。青灰色石质，板状。

98LGM143：2-1，体狭长，近等腰三角形，平底。长8.9厘米，底宽1.7厘米，最厚0.34厘米。

98LGM143：2-2，体狭长，长方形上部抹斜成尖，平底。长8.6厘米，底宽1.65厘米，最厚0.36厘米。

98LGM143：2-3，体狭长，长方形一边抹斜成尖，平底。长10.2厘米，底宽1.83厘米，最厚0.36厘米。

铜带钩 1件。98LGM152：1，青铜，范铸。蝌蚪形，兽首形钩，圆钮，钩颈后部有两道箍。长7.5厘米，最宽3.1厘米，最厚0.9厘米。

串珠 1组。98LGM155：9，石、玛瑙和水晶。石制圆珠最大者径长0.8厘米，最小者径长0.5厘米；玛瑙珠最大径者0.8厘米，最小者0.6厘米；水晶珠长1.8厘米，最宽处0.8厘米。7颗石制圆珠，残；10颗玛瑙珠，8颗呈圆环状，1颗呈橄榄状，1颗呈圆球状；水晶珠呈橄榄状。皆穿孔。

铜带钩 1件。98LGM164：1，青铜，范铸。狭长琵琶形，兽首钩，圆钮。钩面纹饰漫漶不清。长11厘米，最宽2.1厘米，最厚1厘米。

铜带钩 1件。98LGM132：1，青铜，范铸。横剖面呈圆形，中粗向两端渐细，兽首形钩，圆钮。钩体包有四组银箍，除前端一组为1圈外，其余三组皆为2圈；箍间的钩面错银花纹，为双线S形卷云纹，间填小圆点。长12.2厘米，最宽1.2厘米，最厚0.8厘米。

后记（一）

《河北灵寿岗北墓地考古发掘报告》即将付梓，欣喜之余，更多的是深深的自责。距离这批墓葬的发掘已过去20余年资料方公布，实在有愧于学界。

从20世纪90年代中期开始，河北省配合基建开展的考古工作呈蓬勃发展之势，大型工程相继开展。1998年岗北墓地的发掘任务完成后，我随即转战京沪、石黄、陕京输气管线、三峡库区，直至南水北调中线工程等，一个项目接一个项目，田野资料的整理一拖再拖，资料也越积越多，有点"麻木"而成惰性。而我们都知道，田野资料的整理需要"趁热打铁""紧锣密鼓""一鼓作气"的决心，否则，错过最佳时机，极易形成积压而致"恶性循环"。工作繁忙不能成为理由，自身原因是根本，是自律性差、自制力差，得过且过的思想在作祟。其间这批资料又辗转搬迁，还遭受过"天灾"，以致部分资料残缺。后来，我工作发生了变动，更无暇顾及，直至2018年初，在河北省文物研究所张文瑞所长的直接过问和协调下，承蒙中国人民大学历史文化学院考古系学弟王晓琨的襄助，资料整理工作才正式启动。王晓琨老师率领其团队，从器物修复、日记、记录、图纸核对，重新绘制器物线图等基础工作做起，付出了艰辛的努力。由于年久日深，整理团队与我就部分资料反复核对、讨论，以人大考古人一贯的淳朴、严谨和执着，历时一年多完成了资料的整理和报告的编写，可以说是抢救出了这批田野资料，功莫大焉！现在回首过去，20余年前田野考古手段不够多样，信息提取不够全面，文物保护意识也欠缺，给报告的编写带来了不少难题，今天能顺利完成，实属不易。而于我而言则是一个深刻教训，田野考古资料的及时整理、报告的及时编写，是我们的职责所在，更是专业的良心所在。

徐海峰
故宫研究院研究员、岗北墓地发掘领队

后记(二)

2017年12月1日,我到河北南部考察参观,回京的路上,到石家庄拜访河北省文物研究所(今河北省文物考古研究院),张文瑞所长热情地邀请我参观他们新启动的鹿泉整理基地。基地在石家庄西郊、果岭湾小区南面,在一个拥挤不堪的小胡同里,高低不平的路上停满了各种车辆。胡同尽头是两扇蓝色油漆大门,门内别有洞天。基地内有一栋气派的大楼,西侧是民国时期的深宅大院,南侧是餐厅,整个院子有考古基地特有的安定祥和的氛围。在基地遇到了多年不见的吉林大学校友刘连强师兄,他们当时正将市区里的文物标本一件件转移到鹿泉基地的库房里。张所长、刘师兄热情地带我看了一个又一个库房。看到一个个尘封的箱子,禁不住为河北省考古同仁们取得的成绩高兴,同时也了解到其中大量的资料尚未发表。近年随着国内经济建设的持续推进,考古材料的积压一直是学界普遍面临的难题。想到1997～2005年在内蒙古文物研究所工作期间,我自己也常常东奔西跑,考古发掘工地一个接着一个,资料整理实在是力不从心。一方面考古研究机构大量资料闲置、积压,另一方面考古高校师生的论文写作,常常或因缺乏基础材料而捉襟见肘,或因缺少新鲜的考古材料而缺少创新。因此我就跟张文瑞所长商量是否可以合作整理积压的资料。我的想法得到了张所长的大力支持,马上就启动了河北最具特色的中山国一系列报告的整理工作。该合作开创了高校与科研机构合作的新模式,合作可以产生多赢的效果:其一,积压的考古材料得以整理出来,让考古成果呈现在公众面前,有助于推动中山国考古学文化研究;其二,有助于高校培养学生,从器物修复开始,经历绘图、照相、做卡片、区分型式、分期排队,直至编写报告整个整理过程,对他们将来编写考古报告极具借鉴意义;其三,考古报告发表之后,将器物移交当地文物部门或博物馆展出,真正践行了习近平总书记提出的"让收藏在博物馆里的文物、陈列在广阔大地上的遗产、书写在古籍里的文字都活起来,让中华文明同世界各国人民创造的丰富多彩的文明一道,为人类提供正确的精神指引和强大的精神动力"的指示精神。

《河北灵寿岗北墓地考古发掘报告》是这一系列考古报告的第二部。1998年,为配合朔黄铁路沿线的建设,当时的河北省文物考古所动用了几乎全部的业务力量,组织实施了平山县、灵寿县两个铁路沿线的考古发掘工作。发掘面积超过2万平方米,清理墓葬超过1 000座。参加岗北墓地1998年发掘的人员主要有:徐海峰(领队)、杨景峰、王建伟、任涛(绘图)、王青(绘图)、李瑞林、康三全、郗国法等。

　　自2018年底开始，投身于岗北墓葬资料整理工作的人员主要包括王晓琨、张文治、王灯良、邱国斌、张文静、刘爽、孙静怡、李锐莎、聂佩芸、方晴、王秦岭、董耘、阿热阿依以及任晨琪等。这份报告乃是集体智慧与辛勤努力所凝聚而成的结晶。

　　报告全文共分为五个部分，且各部分的人员分工明确。其一为历史及环境背景部分，由徐海峰与陈地成负责撰写；其二是岗北墓地概况，由徐海峰和任涛撰写；其三是岗北墓地北区，由张文静、任涛、孙静怡以及王晓琨共同撰写；其四为岗北墓地南区，由张文静、任涛、陈地成与任晨琪合力完成；其五则是结语部分，由王晓琨与陈地成撰写。而全书的统稿工作则由王晓琨、邱国斌担当。

　　在对这批资料进行整理的过程中，参与的师生们于修复、粘对、器物描述以及类型学比对等实践操作能力方面均得到了切实的锻炼，收获颇丰。与此同时，还成功挖掘出了全新的科研突破方向。这无疑是一次多方协作实现共赢的良好范例，我们由衷地期望能够与河北省文物考古研究院继续携手前行，在未来创造出更为丰硕的合作成果，为考古事业的发展添砖加瓦，让更多珍贵的历史文化内涵得以揭示与传承。

王晓琨

中国人民大学考古文博系教授

图　版

◀铜剑（98LGM2：1）

◀铜带钩（98LGM2：2）

▲匜（98LGM2：3）

▲盘（98LGM2：10）

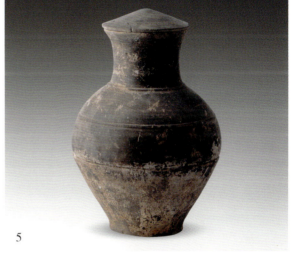

▲壶（98LGM2：8）

▲壶（98LGM2：9）

▲石圭（98LGM2：13）

图版二

1

▲球腹壶（98LGM2：4）

2

▲球腹壶（98LGM2：5）

3

▲盖豆（98LGM2：7）

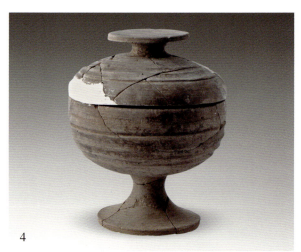

4

▲盖豆（98LGM2：11）

5

▲鼎（98LGM2：6）

6

▲鼎（98LGM2：12）

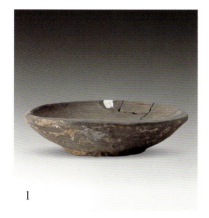

1

▲盘（98LGM4：1）

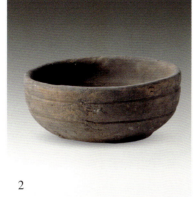

2

▲盘（98LGM4：7）

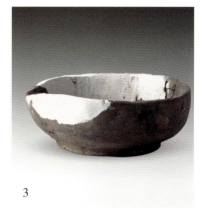

3

▲匜（98LGM4：6）

4

▲鼎（98LGM4：2）

5

▲鼎（98LGM4：3）

石圭（98LGM4：12）▶　　6

图版四

1

▲盖豆（98LGM4∶9）

2

▲盖豆（98LGM4∶11）

3

▲壶（98LGM4∶4）

4

▲壶（98LGM4∶5）

1

▲匜（98LGM5∶2）

2

▲壶（98LGM5∶3）

3

▲壶（98LGM5∶4）

4

▲鼎（98LGM5∶7）

图版六

1

▲铜带钩（98LGM6：1）

1

▲壶（98LGM7：2）

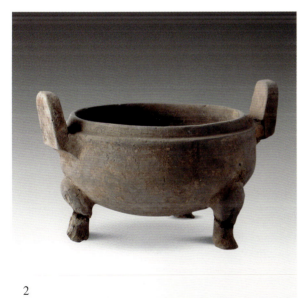

2

▲鼎（98LGM7：3）

3

▲豆盖（98LGM7：4）

4

▲豆盖（98LGM7：5）

5

▲铜带钩（98LGM7：6）

1

▲盘（98LGM8：1）

2

▲盖豆（98LGM8：2）

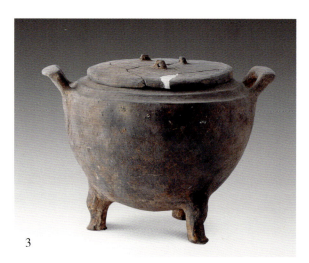

3

▲鼎（98LGM8：4）

4

▲铜带钩（98LGM12：1）

5

▲壶（98LGM12：2）

1

▲豆盖（98LGM15：2）

2

▲壶（98LGM15：3）

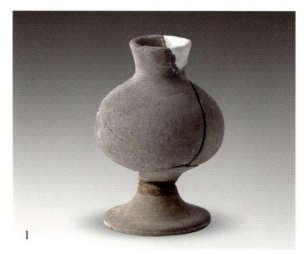

1

▲球腹壶（98LGM017：2）

2

▲球腹壶（98LGM017：3）

3

▲盖豆（98LGM017：4）

4

▲盖豆（98LGM017：5）

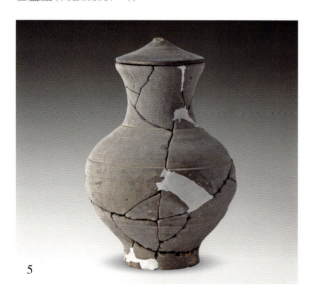

5

◀壶（98LGM017：10）

1

▲匜（98LGM017：6）

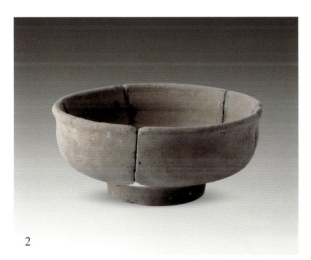

2

▲碗（98LGM017：7）

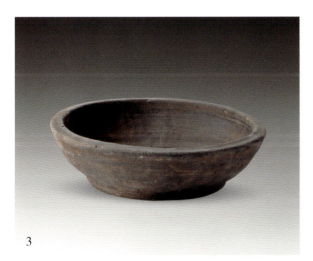

3

▲盘（98LGM017：8）

4

▲鼎（98LGM017：9）

5

▲鼎（98LGM017：11）

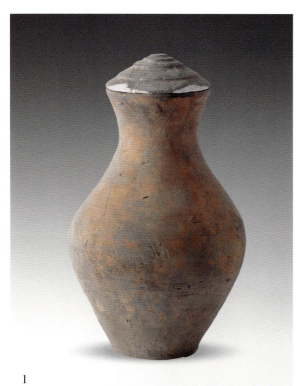

1

▲壶（98LGM19∶1）

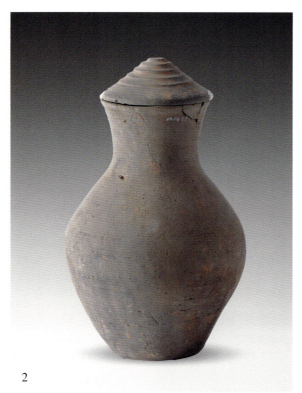

2

▲壶（98LGM19∶3）

3

▲鼎（98LGM19∶5）

4

▲鼎（98LGM19∶6）

5

▲盖豆（98LGM19∶2）

1

▲盖豆（98LGM21：1）

2

▲盖豆（98LGM21：6）

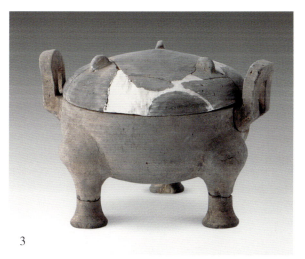

3

▲鼎（98LGM21：2）

4

▲鼎（98LGM21：3）

5

▲匜（98LGM21：7）

6

▲匜（98LGM21：8）

1

▲ 匜（98LGM23：1）

2

▲ 盖豆（98LGM23：4）

3

▲ 壶（98LGM23：5）

4

▲ 壶（98LGM23：7）

1

▲壶（98LGM26∶1）

3

▲匜（98LGM26∶4）

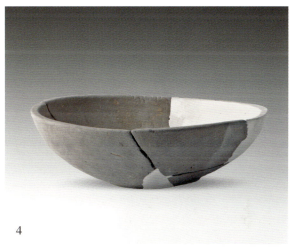

4

▲盘（98LGM26∶8）

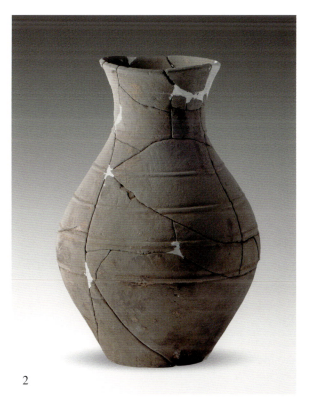

2

▲壶（98LGM26∶3）

5

▲盘（98LGM26∶9）

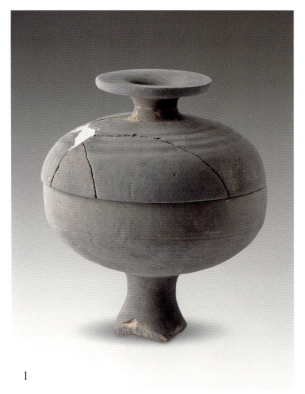

1

▲ 盖豆（98LGM26：2）

2

▲ 盖豆（98LGM26：5）

3

▲ 鼎（98LGM26：6）

4

▲ 鼎（98LGM26：7）

1

▲鼎（98LGM33：3）

2

▲壶（98LGM33：1）

3

▲盖豆（98LGM33：2）

4

▲鬴（98LGM034：1）

5

▲蚌壳（98LGM33：4）

1

▲盖豆（98LGM35∶4）

2

▲盖豆（98LGM35∶3）

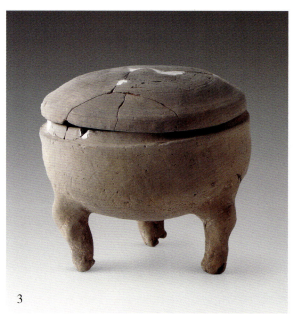

3

▲鼎（98LGM35∶6）

4

▲鼎（98LGM35∶5）

5

▲铜带钩（98LGM35∶7）

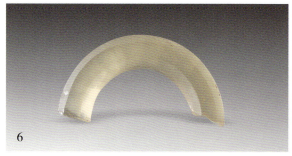

6

▲玛瑙环（98LGM35∶8）

1

▲球腹壶（98LGM36：1）

2

▲盖豆（98LGM36：3）

4

▲鼎（98LGM36：4）

3

▲壶（98LGM36：5）

5

▲匜（98LGM36：2）

图版二〇

1

▲双耳罐形鼎（98LGM38：1）

2

▲罐（98LGM38：2）

3

▲盖豆（98LGM38：3）

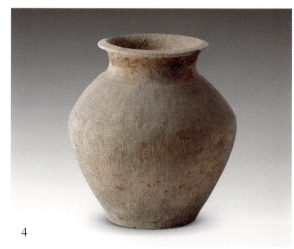

4

▲罐（98LGM39：3）

5

▲罐（98LGM39：2）

6

▲盖豆（98LGM39：1）

1

▲ 盖豆（98LGM40：1）

2

▲ 鼎（98LGM40：5）

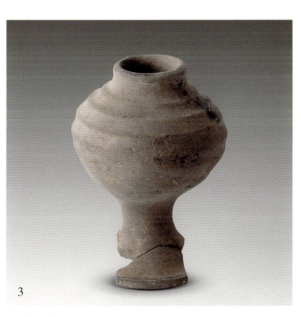

3

▲ 球腹壶（98LGM40：7）

4

▲ 球腹壶（98LGM40：8）

铜带钩（98LGM41：1）▶　　5

图版二二

1

▲罐（98LGM44：1）

2

▲鬴（98LGM44：3）

3

◀盖豆（98LGM44：2）

4

▲铜带钩（98LGM46：1）

5

▲铜带钩（98LGM46：2）

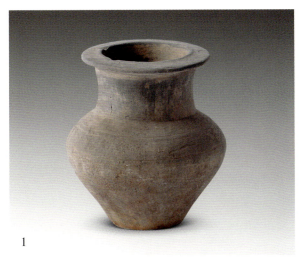

1

▲罐（98LGM47：2）

2

▲盖豆（98LGM47：4）

3

▲铜带钩（98LGM47：1）

罐（98LGM48：1）▶

4

5

▲豆（98LGM48：2）

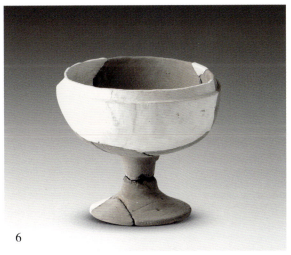

6

▲盖豆（98LGM48：3）

1

▲平盘豆（98LGM49：2）

2

▲盖豆（98LGM49：3）

3

▲鼎（98LGM49：5）

4

▲盖豆（98LGM51：1）

5

▲罐（98LGM51：3）

6

▲盘（98LGM51：4）

▲盖豆（98LGM52：3）

▲鼎（98LGM52：4）

▲盖豆（98LGM53：1）

▲盖豆（98LGM53：2）

▲双耳罐（98LGM54：2）

▲盖豆（98LGM54：3）

铜带钩（98LGM54：1）▶

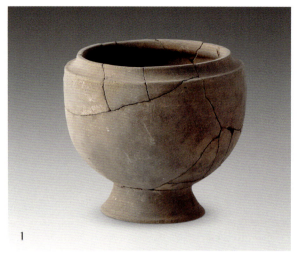

▲盖豆（98LGM57：2）

▲鼎（98LGM57：3）

▲罐（98LGM58：1）

▲盖豆（98LGM58：3）

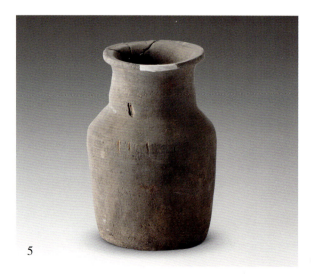

◀壶（98LGM58：4）

1

▲壶（98LGM59：1）

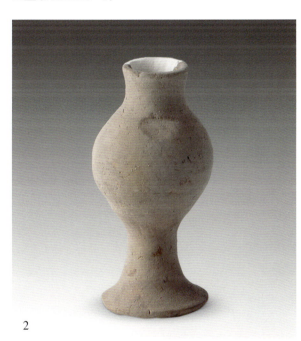

2

▲球腹壶（98LGM59：5）

3

▲鼎（98LGM60：1）

4

▲盖豆（98LGM60：2）

铜带钩（98LGM60：3）▶   5

图版二八

▲双耳罐形鼎（98LGM64：2）

▲壶（98LGM66：1）

▲铜带钩（98LGM067：1）

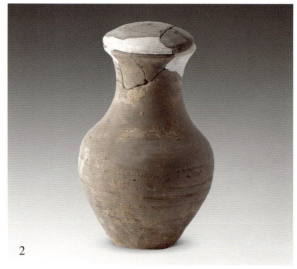

▲盖豆（98LGM69：1）

▲石器（98LGM067：2）

▲盖豆（98LGM69：3）

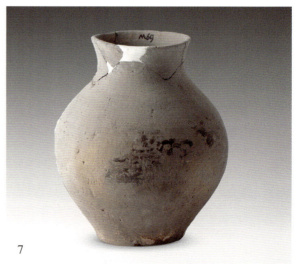

▲壶（98LGM69：2）

1

▲骨簪（98LGM71∶1）

2

▲铜带钩（98LGM72∶1）

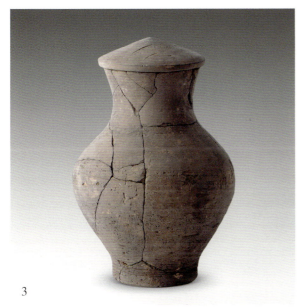

3

▲壶（98LGM72∶2）

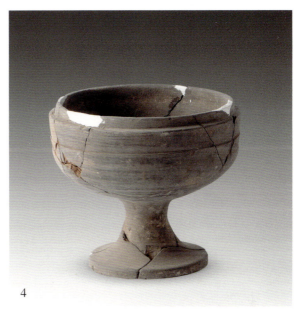

4

▲盖豆（98LGM72∶3）

◀鼎（98LGM72∶4）

▼铜带钩（98LGM74∶1）

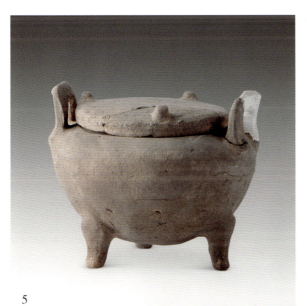

5

6

图版三〇

▲铜带钩（98LGM82：1-1）

▲铜带钩（98LGM82：1-2）

▲玛瑙环（98LGM82：2-1）

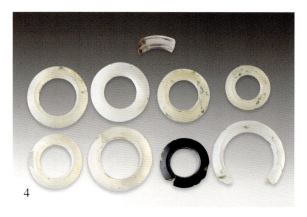

▲玛瑙环（98LGM82：2）

▲算筹（98LGM82：3）

▲铜铃（98LGM82：4）

▲桥形饰（98LGM82：5）

▲甌（98LGM83：1）

▲甌（98LGM83：2）

▲罐（98LGM83：3）

▲罐（98LGM83：4）

▲盖豆（98LGM83：5）

▲盖豆（98LGM83：6）

铜带钩（98LGM83：7）▶

1

◀铜带钩（98LGM86∶1）

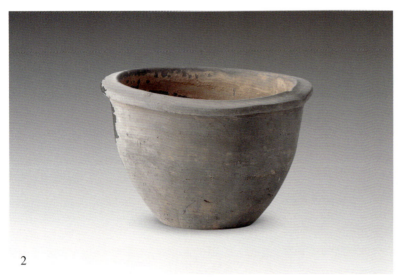

2

◀盆（98LGM86∶2）

3

◀鬲（98LGM86∶3）

铜带钩（98LGM87：1）▶ 1

2

▲鼎（98LGM87：2）

3

▲鼎（98LGM87：6）

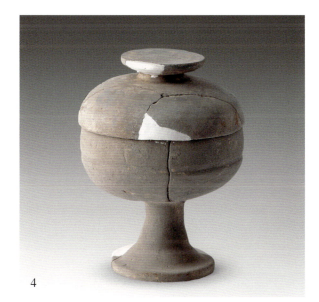

4

▲盖豆（98LGM87：3）

5

▲盖豆（98LGM87：4）

图版三四

1

▲壶（98LGM87：5）

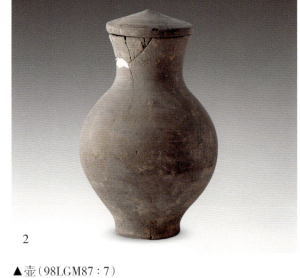

2

▲壶（98LGM87：7）

3

▲球腹壶（98LGM87：8）

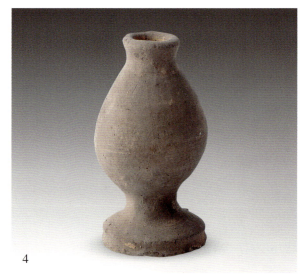

4

▲球腹壶（98LGM87：9）

5

▲匜（98LGM87：10）

6

▲碗（98LGM87：11）

1

▲铜镜（98LGM88：1）

2

▲铜镜（98LGM88：2）

3

▲铜带钩（98LGM88：3）

4

▲陶纺轮（98LGM88：4）

5

▲玉环（98LGM88：5）

6

▲铜带钩（98LGM88：6）

1

▲铜带钩（98LGM89：1）

2

▲铜带钩（98LGM90：1）

3

▲铜带钩（98LGM90：3）

4

▲铁圭形器（98LGM90：2）

5

▲蚌饰（98LGM90：4）

1

▲铁带钩(98LGM91:1)

2

▲铁带钩(98LGM91:2)

3

▲骨簪(98LGM92:1)

4

▲铁带钩(98LGM92:2)

5

▲铜带钩(98LGM93:1)

6

▲铁锛(98LGM93:2)

图版三八

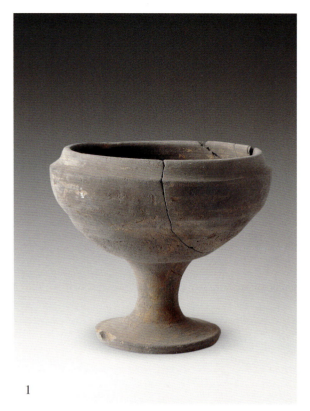

1

▲盖豆（98LGM96：3）

2

▲罐（98LGM96：2）

3

◀鼎（98LGM96：5）

1

▲铜带钩（98LGM101：1）

2

▲壶（98LGM101：2）

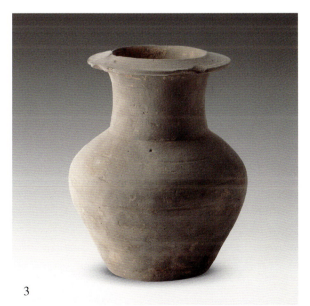

3

▲壶（98LGM101：3）

4

▲甂（98LGM101：4）

5

▲盘（98LGM101：7）

6

▲匜（98LGM101：8）

▲铜带钩（98LGM102：1-1）

▲铜带钩（98LGM102：1-2）

▲铜带钩（98LGM103：5-1）

▲铜弓形饰（98LGM103：5-4）

▲骨簪（98LGM103：8-1）

▲骨锥（98LGM103：8-2）

▲石圭（98LGM103：6）

▲牙齿、人骨（98LGM103）

1

▲ 瓺（98LGM103：1）

2

▲ 壶（98LGM103：2）

3

▲ 陶纺轮（98LGM103：3）

4

▲ 陶纺轮（98LGM103：4）

5

▲ 铜帽（98LGM103：5-2）

6

▲ 铜桥形饰（98LGM103：5-3）

7

▲ 铁钩（98LGM103：7）

▲铜带钩（98LGM104：1）

▲蚌饰（98LGM104：2）

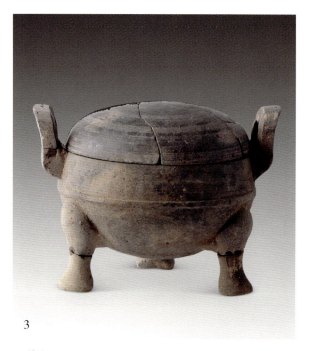

3

▲鼎（98LGM104：3）

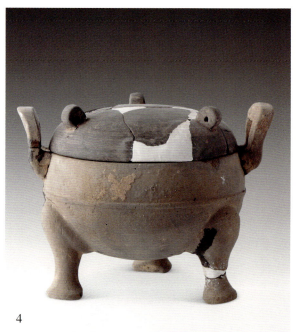

4

▲鼎（98LGM104：11）

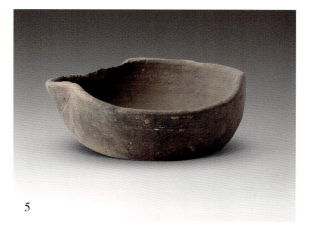

5

▲匜（98LGM104：9）

6

▲盘（98LGM104：10）

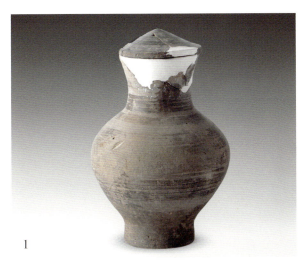

1

▲壶（98LGM104：4）

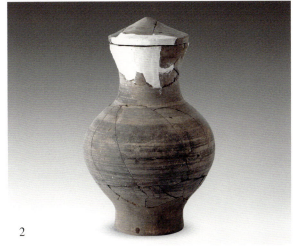

2

▲壶（98LGM104：7）

3

▲盖豆（98LGM104：5）

4

▲盖豆（98LGM104：12）

球腹壶（98LGM104：6）▶

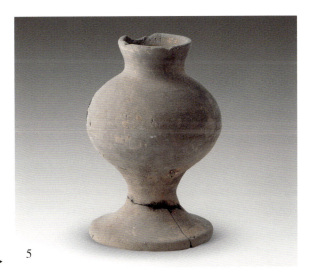

5

1

▲壶（98LGM105：2）

2

▲壶（98LGM105：3）

3

▲盖豆（98LGM105：4）

4

▲盖豆（98LGM105：7）

5

▲鼎（98LGM105：8）

6

◀铜带钩（98LGM105：1）

7

▲匜（98LGM105：5）

8

▲双耳盘（98LGM105：6）

1

▲铜带钩（98LGM106：1）

2

▲铜带钩（98LGM106：4）

3

▲石环（98LGM106：2）

4

▲玛瑙环（98LGM106：3）

5

▲盖豆（98LGM106：5）

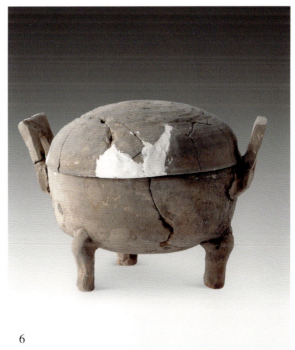

6

▲鼎（98LGM106：6）

图版四六

1

▲罐（98LGM107∶1）

4

▲铜镞形器（98LGM108∶2）

2

◄铜剑（98LGM108∶1）

3

◄铜带钩（98LGM108∶3）

1

▲壶（98LGM108：4）

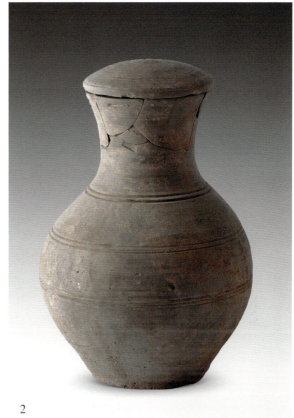

2

▲壶（98LGM108：5）

3

▲鼎（98LGM108：12）

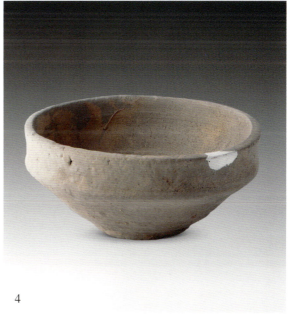

4

▲碗（98LGM108：11）

图版四八

1

▲壶（98LGM109：1）

2

▲壶（98LGM109：2）

3

▲球腹壶（98LGM109：6）

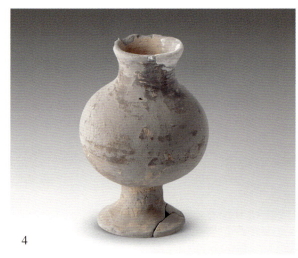

4

▲球腹壶（98LGM109：7）

◀鼎（98LGM109：3）

▼盘（98LGM109：5）

5

6

1

▲盖豆（98LGM112：1）

2

▲盖豆（98LGM112：3）

3

▲壶（98LGM112：2）

4

▲壶（98LGM112：5）

5

▲鼎（98LGM112：4）

6

▲鼎（98LGM112：8）

7

▲盘（98LGM112：6）

8

▲匜（98LGM112：7）

1

▲盖豆（98LGM113：1）

2

▲盖豆（98LGM113：2）

3

▲鼎（98LGM113：3）

4

▲壶（98LGM113：4）

5

◀壶（98LGM113：5）

1

▲鼎（98LGM115：12）

2

▲鼎（98LGM115：13）

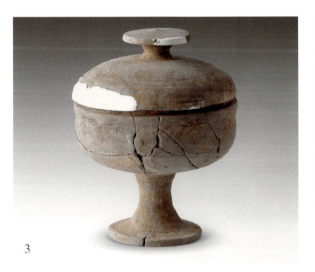

3

▲盖豆（98LGM115：14）

4

▲盖豆（98LGM115：18）

球腹壶（98LGM115：15）▶　　5

1

▲盘（98LGM115：19）

2

▲盘（98LGM115：17）

3

▲匜（98LGM115：16）

4

▲玉璧（98LGM115：3）

5

▲玉环（98LGM115：4）

6

▲石环（98LGM115：5）

1

▲铜带钩（98LGM115∶1）

2

▲海贝（98LGM115∶2）

3

▲牙坠（98LGM115∶6）

4

▲铜环（98LGM115∶8-1）

5

▲铜环（98LGM115∶8-2）

6

▲串珠（98LGM115∶9）

▲双耳罐（98LGM116：2）

▲碗（98LGM118：13）

▲鼎（98LGM118：4）

▲鼎（98LGM118：5）

▲盖豆（98LGM118：6）

▲盖豆（98LGM118：11）

1

▲球腹壶（98LGM118：7）

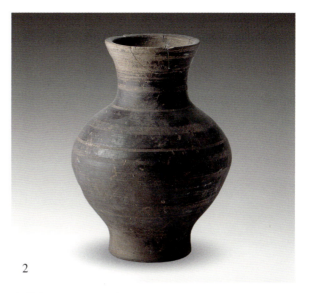

2

▲壶（98LGM118：9）

4

▲铜带钩（98LGM118：1）

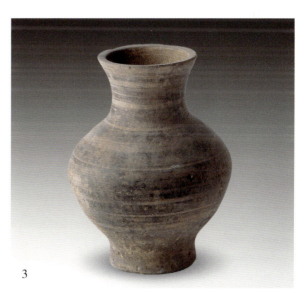

3

▲壶（98LGM118：10）

5

▲玛瑙环（98LGM118：3）

石圭（98LGM118：2）▶

6

图版五六

1

◀铜带钩（98LGM121：1）

2

▲骨簪（98LGM121：2）

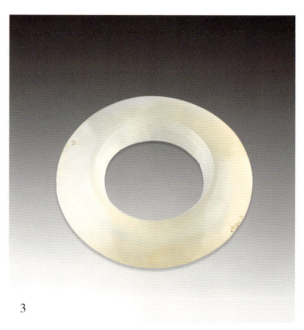

3

▲玛瑙环（98LGM123：1）

4

▲铜带钩（98LGM123：2）

1

▲盖豆（98LGM122：1）

2

▲盖豆（98LGM122：9）

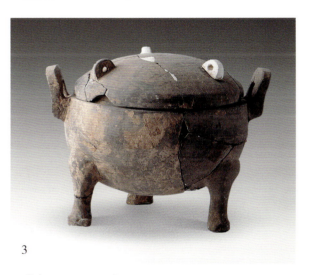

3

▲鼎（98LGM122：2）

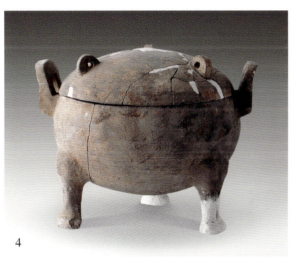

4

▲鼎（98LGM122：11）

罐（98LGM122：4）▶　　5

图版五八

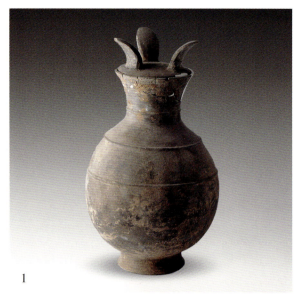

1

▲壶（98LGM122：3）

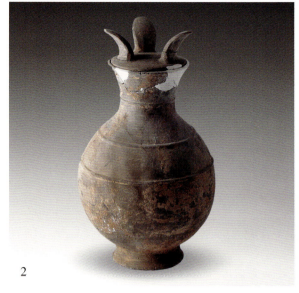

2

▲壶（98LGM122：8）

◀球腹壶（98LGM122：12）

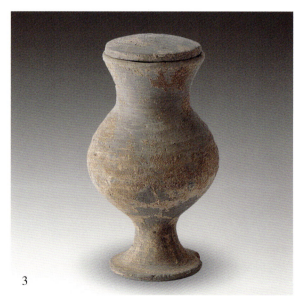

3

▼盆（98LGM122：5）

4

5

▲碗（98LGM122：6）

6

▲匜（98LGM122：7）

1

▲铜镜（98LGM126：1）

2

▲铜带钩（98LGM126：2）

3

▲铜带钩（98LGM127：1）

4

▲铜带钩（98LGM128：1）

5

▲铜带钩（98LGM129：1）

1

▲骨簪（98LGM130：1）

2

▲铁器（98LGM130：2）

3

◀石圭（98LGM130：3）

1

▲鼎（98LGM134：1）

2

▲双耳罐（98LGM134：6）

3

▲壶（98LGM134：2）

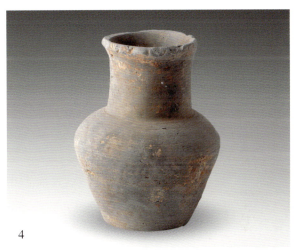

4

▲壶（98LGM134：4）

5

▲盖豆（98LGM134：3）

6

▲盖豆（98LGM134：5）

1

▲玛瑙环（98LGM136：1）

3

▲铜带钩（98LGM136：3）

2

▲石圭（98LGM136：2）

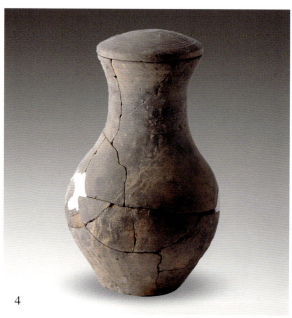

4

▲壶（98LGM139：1）

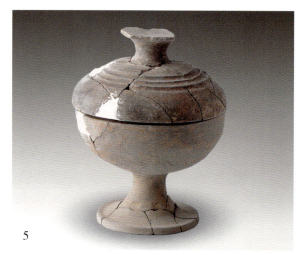

5

▲盖豆（98LGM139：3）

6

▲罐（98LGM140：2）

1

▲盖豆（98LGM143：4）

2

▲盖豆（98LGM143：7）

3

▲壶（98LGM143：6）

4

▲鼎（98LGM143：5）

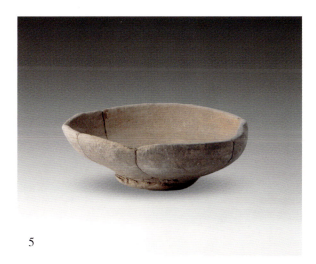

5

▲匜（98LGM143：2）

6

▲铜带钩（98LGM143：1）

图版六四

1

▲玛瑙环（98LGM144：1）

2

▲铜带钩（98LGM144：2）

3

▲铜铃（98LGM144：3）

4

▲铜带钩（98LGM145：1）

5

▲铜帽（98LGM145：2）

6

▲匜（98LGM145：3）

1

▲平盘豆（98LGM145：5）

2

▲平盘豆（98LGM145：6）

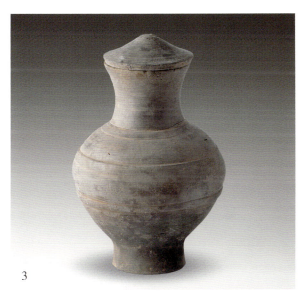

3

▲壶（98LGM145：7）

4

▲壶（98LGM145：8）

5

▲球腹壶（98LGM145：9）

6

▲球腹壶（98LGM145：10）

图版六六

1

▲鸟柱盘（98LGM145：12）

2

▲碗（98LGM145：16）

3

▲盖豆（98LGM145：14）

4

▲盖豆（98LGM145：15）

5

▲筒形器（98LGM145：4）

6

▲鼎（98LGM145：13）

1

▲玛瑙环（98LGM146：1-1）

2

▲玛瑙环（98LGM146：1-2）

3

▲玛瑙环（98LGM146：4）

4

▲铜桥形饰（98LGM146：2）

5

▲铜带钩（98LGM146：3）

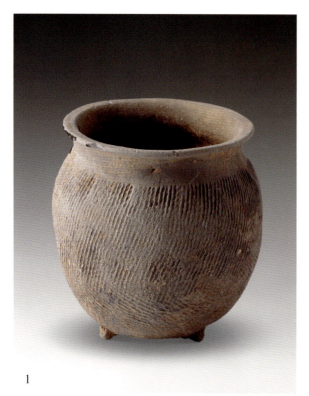

1

▲甂（98LGM147：4）

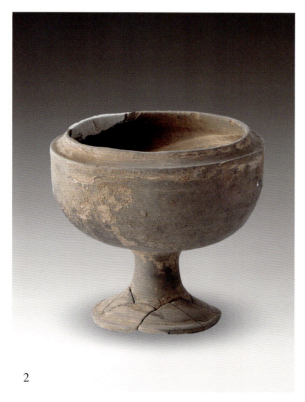

2

▲盖豆（98LGM147：3）

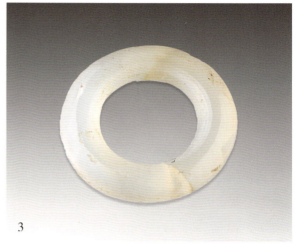

3

▲玛瑙环（98LGM147：1）

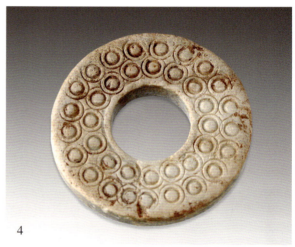

4

▲玉璧（98LGM148：5）

5

▲玛瑙环（98LGM148：1）

1

▲铜带钩（98LGM148：2）

2

▲石圭（98LGM148：3）

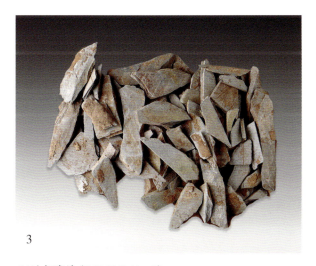

3

▲石圭残片（98LGM148：4）

4

▲铜铃（98LGM148：6）

5

▲琉璃珠和料珠（98LGM148：7）

6

▲桥形饰（98LGM148：8）

1

▲鼎（98LGM151：1）

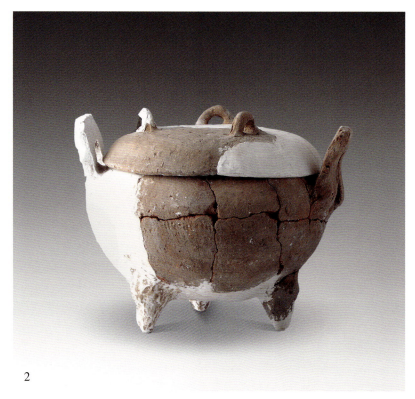

2

▲鼎（98LGM151：2）

1

▲鼎（98LGM152：1）

2

▲鼎（98LGM152：2）

3

▲鼎（98LGM152：6）

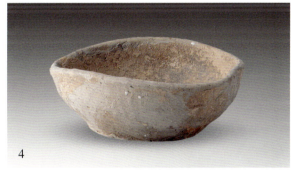

4

▲匜（98LGM152：7）

5

▲匜（98LGM152：9）

1

▲盖豆（98LGM152：4）

3

▲壶盖（98LGM152：3）

4

▲铜铍（98LGM152：8）

2

▲盖豆（98LGM152：5）

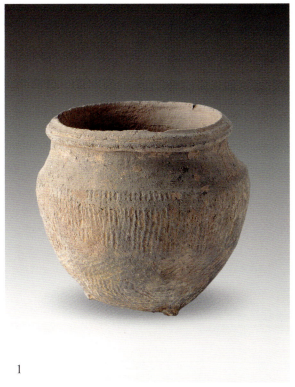

1

▲罐（98LGM153：1）

▲罐（98LGM153：2）

3

4

▲水晶璧（98LGM154：1）

◀罐（98LGM154：4）

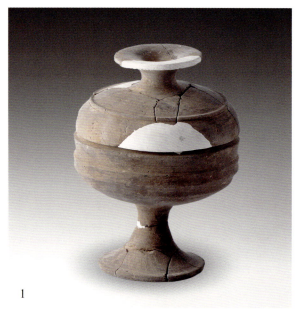

1

▲盖豆（98LGM156：1）

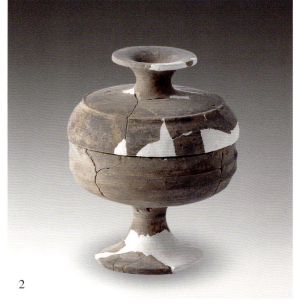

2

▲盖豆（98LGM156：3）

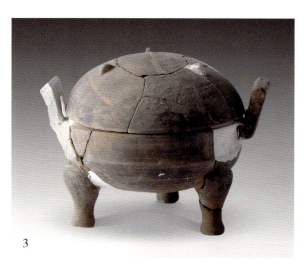

3

▲鼎（98LGM156：4）

4

▲鼎（98LGM156：7）

5

▲盆（98LGM156：8）

6

▲盆（98LGM156：9）

玛瑙环（98LGM157∶1）▶

1

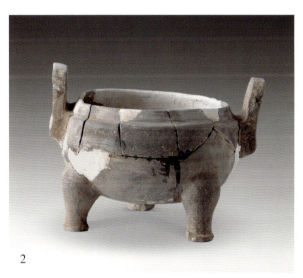

2

▲鼎（98LGM160∶1）

3

▲鼎（98LGM160∶3）

4

▲盖豆（98LGM161∶3）

5

▲鬴（98LGM161∶4）

1

▲球腹壶（98LGM160：4）

2

▲盖豆（98LGM160：5）

3

▲匜（98LGM160：9）

4

▲盘（98LGM160：10）

1

▲刀币（98LGM162：1）

2

▲铜原料（98LGM162：2）

3

▲壶（98LGM162：3）

◀蚌饰（98LGM162：6）

4

▼骨簪（98LGM163：1）

5

6

▲壶（98LGM163：2）

7

▲壶（98LGM163：3）

图版七八

1

▲骨簪（98LGM168：1）

2

▲玛瑙环（98LGM168：2）

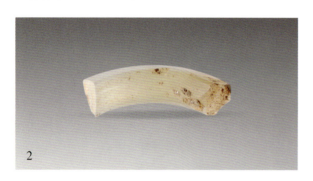

3

▲鼎（98LGM168：4）

4

▲盖豆（98LGM168：5）

5

▲玻璃珠（98LGM169：1）

6

▲石片（98LGM169：2）

1

▲ 壶（98LGM170：5）

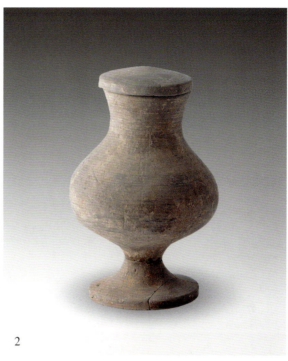

2

▲ 球腹壶（98LGM170：6）

3

▲ 匜（98LGM170：7）

4

▲ 碗（98LGM170：8）

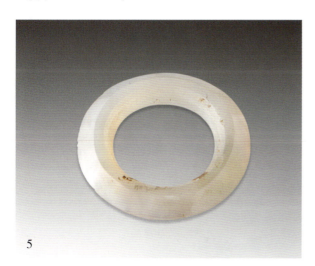

5

▲ 玛瑙环（98LGM170：1）

6

▲ 铜带钩（98LGM170：2）

▲盖豆（98LGM171：1）

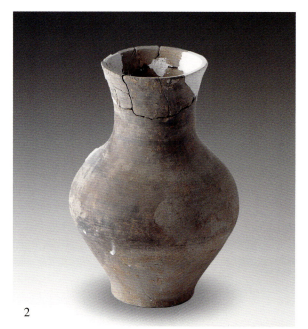

▲壶（98LGM171：3）

▲壶（98LGM172：1）

▲壶（98LGM172：3）

◀鼎（98LGM172：2）

铍（98LGM174：1）▶　1

铜削刀（98LGM174：2）▶　2

铜带钩（98LGM174：3）▶　3

铜带钩（98LGM174：4）▶　4

1

▲盖豆（98LGM174∶7）

2

▲盖豆（98LGM174∶9）

3

▲壶（98LGM174∶8）

4

▲壶（98LGM174∶10）

5

◀骨器（98LGM174∶11）

1

▲鼎（98LG：1）

2

▲鼎（98LG：2）

3

▲鼎（98LG：3）

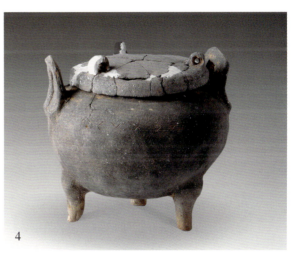

4

▲鼎（98LG：4）

5

▲鼎（98LG：5）

6

▲鼎（98LG：6）

1

▲ 鼎（98LG：7）

2

▲ 鼎（98LG：9）

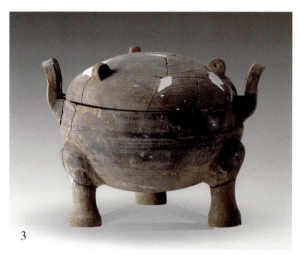

3

▲ 鼎（98LG：10）

4

▲ 鼎（98LG：11）

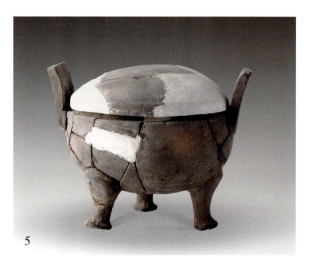

5

▲ 鼎（98LG：12）

6

▲ 鼎（98LG：13）

▲鼎（98LG：14）

▲鼎（98LG：15）

▲鼎（98LG：16）

▲鼎（98LG：17）

▲鼎（98LG：18）

▲鼎（98LG：19）

鼎（98LG：20）▶

1

▲盖豆（98LG：21）

2

▲盖豆（98LG：22）

3

▲盖豆（98LG：23）

4

▲盖豆（98LG：24）

5

▲盖豆（98LG：25）

6

▲盖豆（98LG：26）

7

▲盖豆（98LG：27）

8

▲盖豆（98LG：28）

1

▲盖豆（98LG：29）

2

▲盖豆（98LG：30）

3

▲盖豆（98LG：31）

4

▲盖豆（98LG：32）

5

▲盖豆（98LG：33）

6

▲盖豆（98LG：34）

7

▲盖豆（98LG：35）

8

▲盖豆（98LG：36）

附录图版六

1

▲豆座（98LG：38）

2

▲盖豆（98LG：39）

3

▲盖豆（98LG：40）

4

▲盖豆（98LG：41）

5

▲盖豆（98LG：42）

6

▲盖豆（98LG：43）

7

▲盖豆（98LG：44）

8

▲盖豆（98LG：45）

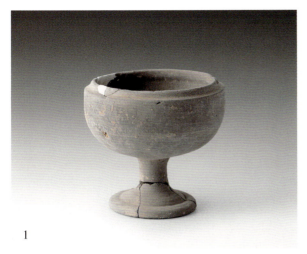

1

▲盖豆（98LG：46）

2

▲盖豆（98LG：47）

3

▲盖盖豆（98LG：48）

4

▲盖豆（98LG：49）

5

▲盖豆（98LG：52）

6

▲盖豆（98LG：53）

1

▲盖豆（98LG：54）

2

▲盖豆（98LG：55）

3

▲盖豆（98LG：56）

4

▲盖豆（98LG：57）

5

▲盖豆（98LG：58）

6

▲豆座（98LG：59）

1

▲平盘豆（98LG：60）

2

▲平盘豆（98LG：61）

3

▲豆盘（98LG：62）

4

▲平盘豆（98LG：63）

5

▲平盘豆（98LG：64）

6

▲平盘豆（98LG：65）

7

▲豆盘（98LG：66）

8

▲豆盖（98LG：67）

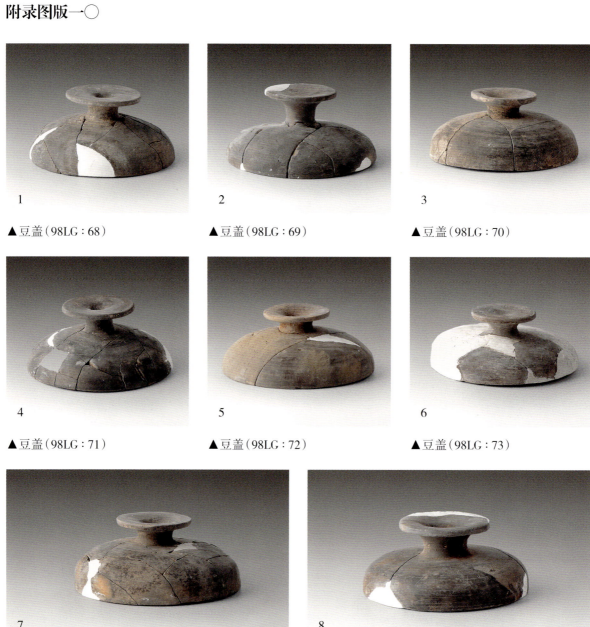

1
▲豆盖（98LG：68）

2
▲豆盖（98LG：69）

3
▲豆盖（98LG：70）

4
▲豆盖（98LG：71）

5
▲豆盖（98LG：72）

6
▲豆盖（98LG：73）

7
▲豆盖（98LG：74）

8
▲豆盖（98LG：75）

9
▲豆盖（98LG：76）

10
▲豆盖（98LG：77）

1

▲豆盖（98LG：78）

2

▲豆盖（98LG：79）

3

▲盖豆（98LG：80）

4

▲豆盖（98LG：81）

5

▲豆盖（98LG：82）

6

▲豆盖（98LG：83）

豆盖（98LG：84）▶

7

1

▲豆盖（98LG∶85）

2

▲豆盖（98LG∶86）

3

▲豆盖（98LG∶87）

4

▲豆盖（98LG∶88）

5

▲豆盖（98LG∶89）

6

▲鼎盖（98LG∶90）

7

▲鼎盖（98LG∶91）

8

▲鼎盖（98LG∶92）

9

▲鼎盖（98LG∶93）

10

▲鼎盖（98LG∶94）

▲ 鼎盖（98LG：95）　　　　▲ 鼎盖（98LG：96）　　　　▲ 鼎盖（98LG：97）

▲ 鼎盖（98LG：98）　　　　▲ 鼎盖（98LG：99）　　　　▲ 鼎盖（98LG：100）

▲ 鼎盖（98LG：101）　　　　　　　　▲ 鼎盖（98LG：102）

▲ 鼎盖（98LG：103）　　　　　　　　▲ 鼎盖（98LG：104）

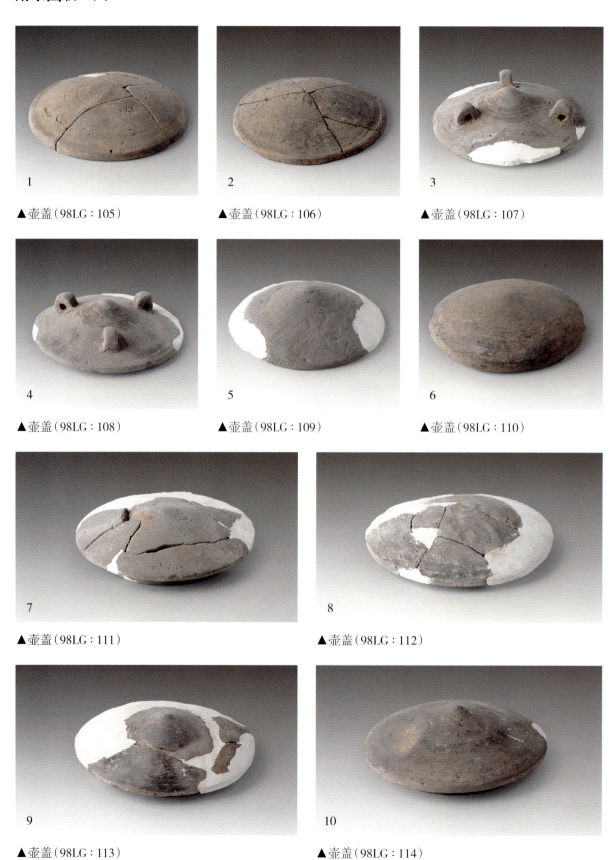

1 ▲壶盖（98LG：105）

2 ▲壶盖（98LG：106）

3 ▲壶盖（98LG：107）

4 ▲壶盖（98LG：108）

5 ▲壶盖（98LG：109）

6 ▲壶盖（98LG：110）

7 ▲壶盖（98LG：111）

8 ▲壶盖（98LG：112）

9 ▲壶盖（98LG：113）

10 ▲壶盖（98LG：114）

1

▲壶盖（98LG：115）

2

▲壶盖（98LG：116）

3

▲壶盖（98LG：117）

4

▲壶盖（98LG：118）

5

▲壶盖（98LG：119）

6

▲壶盖（98LG：120）

7

▲壶盖（98LG：121）

8

▲壶盖（98LG：122）

9

▲球腹壶（98LG：123）

附录图版一六

1

▲球腹壶（98LG：124）

2

▲球腹壶（98LG：125）

3

▲球腹壶（98LG：126）

4

▲壶（98LG：127）

5

▲盆（98LG：129）

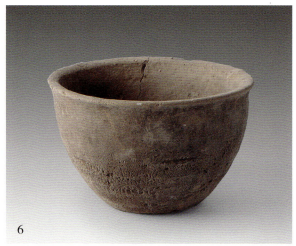

6

▲盆（98LG：131）

罐（98LG：128）▶ 1

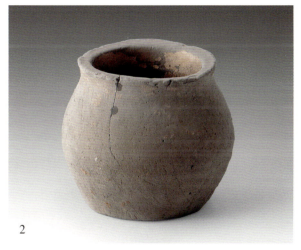

2

▲罐（98LG：130）

3

▲罐（98LG：132）

4

▲盘（98LG：133）

5

▲盘（98LG：134）

附录图版一八

1
▲盘（98LG：135）

2
▲盘（98LG：136）

3
▲盘（98LG：137）

4
▲盘（98LG：138）

5
▲盘（98LG：139）

6
▲盘（98LG：140）

7
▲匜（98LG：141）

8
▲匜（98LG：142）

9
▲匜（98LG：143）

10
▲盘（98LG：144）

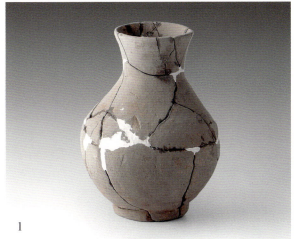

1

▲壶（98LG：148）

2

▲壶（98LG：149）

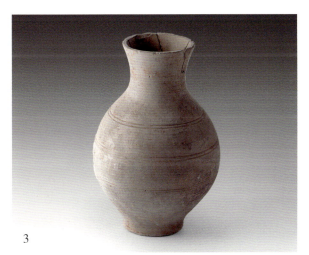

3

▲壶（98LG：150）

4

▲壶（98LG：153）

5

▲壶（98LG：154）

6

▲壶（98LG：155）

1

▲壶（98LG：156）

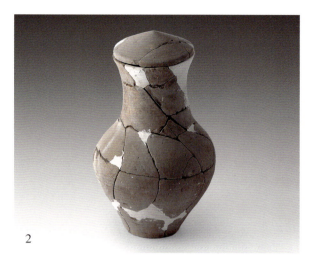

2

▲壶（98LG：157）

3

▲壶（98LG：158）

4

▲壶（98LG：160）

5

▲壶（98LG：161）

6

▲壶（98LG：162）

1

▲壶（98LG：163）

2

▲壶（98LG：164）

3

▲壶（98LG：165）

4

▲壶（98LG：166）

5

▲壶（98LG：167）

6

▲壶（98LG：168）

1

▲壶（98LG：169）

2

▲壶（98LG：170）

3

▲壶（98LG：171）

4

▲壶（98LG：172）

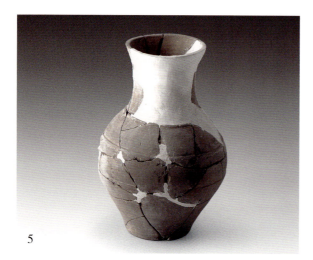

5

▲壶（98LG：173）

6

▲壶（98LG：174）

盘（98LG：145）▶ 1

2

3

▲器底（98LG：146）

▲器底（98LG：147）

4

5

▲罐（98LG：159）

▲壶（98LG：175）

1

▲鼎（98LG：临1）

2

▲器盖（98LG：临2）

3

▲盖豆（98LG：临3）

4

▲器底（98LG：临7）

5

▲鼎盖（98LG：临8）

6

▲鼎（98LG：临9）

1

▲壶（98LG：临4）

2

▲壶（98LG：临5）

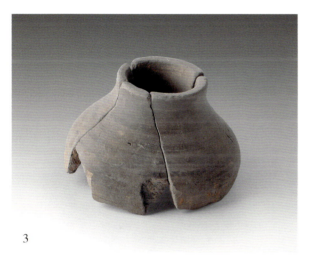

3

▲球腹壶（98LG：临6）

4

▲器底（98LG：临10）

盘（98LG：临11）▶

5

附录图版二六

▲ 鼎（98LGM150：1）

▲ 鼎（98LGM150：无号）

▲ 鸭形尊（98LGM150：4）

▲ 豆座（98LGM150：5）

▲ 豆座（98LGM150：6）

▲ 豆座（98LGM150：10）

图书在版编目(CIP)数据

河北灵寿岗北墓地考古发掘报告 / 河北省文物考古
研究院,中国人民大学考古文博系编著;任涛,
王晓琨主编. —上海:上海古籍出版社,2024.12
  ISBN 978-7-5732-0997-9

Ⅰ.①河… Ⅱ.①河… ②中… ③任… ④王… Ⅲ.
①墓葬(考古)-发掘报告-灵寿县 Ⅳ.①K878.85

中国国家版本馆CIP数据核字(2023)第236771号

责任编辑:缪　丹
装帧设计:阮　娟
技术编辑:耿莹祎

河北灵寿岗北墓地考古发掘报告

河北省文物考古研究院
中国人民大学考古文博系　编著

任　涛　王晓琨　主编

上海古籍出版社出版发行
(上海市闵行区号景路159弄1-5号A座5F　邮政编码201101)
(1)网址:www.guji.com.cn
(2)E-mail:guji1@guji.com.cn
(3)易文网网址:www.ewen.co

上海雅昌艺术印刷有限公司印刷
开本889×1194　1/16　印张23.25　插页64　字数566,000
2024年12月第1版　2024年12月第1次印刷
ISBN 978-7-5732-0997-9

K·3528　定价:298.00元
如有质量问题,请与承印公司联系